三国志 精粹

[晋]陈寿 ◎ 著

杨占军 ◎ 译注

江苏人民出版社

图书在版编目（CIP）数据

三国志精粹 /（晋）陈寿著；杨占军译注 . — 南京：
江苏人民出版社，2023.5
ISBN 978-7-214-26736-8

Ⅰ . ①三… Ⅱ . ①陈… ②杨… Ⅲ . ①中国历史 – 三
国时代 – 纪传体②《三国志》– 译文 Ⅳ . ① K236.042

中国版本图书馆 CIP 数据核字（2021）第 251158 号

书　　　名	三国志精粹
著　　　者	［晋］陈寿
译　　　注	杨占军
责 任 编 辑	胡海弘
装 帧 设 计	凤凰含章
出 版 发 行	江苏人民出版社
地　　　址	南京市湖南路 1 号 A 楼，邮编：210009
印　　　刷	文畅阁印刷有限公司
开　　　本	710 mm × 1 000 mm　1/16
印　　　张	25
插　　　页	4
字　　　数	479 000
版　　　次	2023 年 5 月第 1 版
印　　　次	2023 年 5 月第 1 次印刷
标 准 书 号	ISBN 978-7-214-26736-8
定　　　价	58.00 元

（江苏人民出版社图书凡印装错误可向承印厂调换）

前言

　　《三国志》与《史记》《汉书》《后汉书》并称"前四史"。该书记载了从东汉末至西晋初近百年的历史。其作者陈寿，曾于蜀汉任职，蜀汉灭亡之后，回乡隐居。西晋代魏以后，被征入洛阳担任著作郎。

　　在《三国志》之前，魏、吴两国先已有史，如王沈的《魏书》、鱼豢的《魏略》、韦昭的《吴书》，此三书当是陈寿依据的基本史料，蜀国无史，故自行采集，仅得 15 卷。因此《三国志》是三国分立结束后文化重新整合的产物。《三国志》最早以《魏书》《蜀书》《吴书》三书单独流传，直到北宋咸平六年（1003 年）三书才合为一书，流传至今。

　　元末明初，罗贯中综合当时的民间传说和戏曲、话本，结合陈寿《三国志》和裴松之注，根据他个人对社会人生的体悟，创作了《三国志通俗演义》。现存最早刊本是明嘉靖年间所刊刻的，俗称"嘉靖本"，共 24 卷。清康熙年间，毛纶、毛宗岗父子对其进行删改后，成为今日通行的 120 回本《三国演义》。

作者介绍——

　　陈寿，字承祚，巴西安汉（今四川省南充市）人，蜀汉建兴十一年（233 年）出生，西晋元康七年（297 年）卒。陈寿出生之时正是魏、蜀、吴三国鼎立之际。在他出生前，他父亲就已经投身行伍，后来成为马谡的参军。蜀国街亭战败后，他父亲便退出军队，回到老家安汉。

陈寿自幼接受严格的家教，他的父母花费家资，在城西果山脚下修建万卷楼作为他的读书之所，聘用当地名儒任塾师。后主延熙（238年—257年）中后期，陈寿告别父母，去当时蜀国首都成都的太学学习。当时名士秦宓的弟子、蜀中大儒谯周在成都任典学从事，并亲自教授太学生。

太学里，陈寿勤奋学习儒家经典《尚书》和《春秋三传》，学习先贤治民兴国之道。他尤其钟爱史学，司马迁的《史记》、班固的《汉书》是他最爱读的书，常至夜阑人静，仍独对孤灯。谯周也十分器重陈寿，常单独教他。

延熙末年，陈寿开始了仕宦生涯，他先是担任卫将军姜维的主簿，后调任东观任秘书郎、黄门散骑侍郎。当时正值蜀国国力日减、北边魏国强兵压境的危急之际，蜀后主荒嬉，终日不理朝政，宦官黄皓借机专擅威权，蜀国陷入空前的混乱之中。陈寿因不愿趋附，仕途受挫。在这期间，陈寿父亲过世。父亲丧事办完后，陈寿卧病不起。此间因与侍婢过度亲近（古代居丧期间不得近女色），为乡里所讥，以至升迁无望。

蜀炎兴元年（263年），司马昭三路大军攻蜀，蜀国无力抵御，只得称臣。次年，满怀国仇家恨的陈寿返归故里。此后他开始了在安汉老家近十年的幽居生活。

魏咸熙二年（266年），司马炎废魏元帝曹奂称帝，西晋建立，改号泰始。为消灭吴国，统一中华，西晋广泛网罗人才，不计前嫌，任用大量魏、蜀遗臣。泰始四年（268年）春，武陵太守罗宪因早年与陈寿同为太学同学，向朝廷举荐陈寿，晋武帝召陈寿入洛阳叙用。

陈寿被授佐著作郎职，兼领巴西郡中正。中书令关内侯和峤奏请晋武帝将编订《诸葛亮集》的重任交予陈寿。不久陈寿受命出补平阳侯相。此时正值西晋大力督劝重农兴利之际，陈寿一面处理政务，一面用余暇编订《诸葛亮集》，历时数年编成，将诸葛亮生前安民强国、治军振武的经验全面整理和记录下来。泰始十年（274年）二月，陈寿自平阳回京奏呈此书，晋武帝大加赞赏，召陈寿出补著作郎职。之后陈寿由平阳调回洛阳，继续担任巴西郡中正。

太康元年（280年），西晋灭吴国，中华大地历经百余年分裂，终复归统一。陈寿责无旁贷，担当起撰著"三国史"之重任。此后他勤奋搜集整理三国时代的各种档案文献，访问知晓历史事件的人物，打听逸闻轶事、民间传闻，考核旧史人物的姓氏、年纪、官爵、行事，前后共历时十年，约于太康十年（289年）大体完成了《三国志》的编撰工作。

《三国志》共65卷，外《叙录》一卷（已失传），总计约40万字，记叙了自东汉末至晋初近百年间中华由分裂走向统一的历史进程。之后陈寿又对全书进行了数次修订补正，直到元康七年（297年）于洛阳病故之前，尚未辍笔。

东晋人常璩盛誉《三国志》可与《史记》《汉书》媲美，且著《华阳国志》多取材于此。后常宽著《续益部耆旧传》也沿袭《三国志》体系。后世裴松之注《三国志》、郦道元作《水经注》、徐坚辑《初学记》，以及宋编《太平御览》都曾大量征引《三国志》以注补旧史之阙，或增广旧闻轶事，足见世人对这部书的重视。

该书的优点——

《三国志》取材精审，作者经过认真的考订、慎重的选择，对史料进行了严格的审核，不妄加评论和编写，慎重地选择取材。裴松之《三国志注》记汉魏交替之际的表奏、册诏有20篇之多，陈寿在《三国志·文帝纪》中，只用一篇173字的册命就把这件大事写了出来。对孙策之死，陈寿舍弃《搜神记》等书上的妄诞传说，只记孙策为许贡的刺客袭击，以致重伤而死。这些都反映了他对史料认真考订、慎重选择的态度。

《三国志》善于叙事，文笔简洁，剪裁得当，这些优点在当时就受到多方面的赞许。与陈寿同时的夏侯湛欲作《魏书》，看到《三国志》后，认为没有另写新史的必要，于是毁弃了自己的著作。后人更是认为，记载三国历史的著作，独有陈寿的《三国志》可以同《史记》《汉书》等相媲美。因此，其他各家的三国史都相继湮没无闻，只有《三国志》一直流传到今天。

南朝梁人刘勰在《文心雕龙·史传》篇中说："魏代三雄，记传互出，《阳秋》《魏略》之属，《江表》《吴录》之类，或激抗难征，或疏阔寡要。唯陈寿《三志》，文质辨洽，荀（勖）、张（华）比之（司马）迁、（班）固，非妄誉也。"就是说，那些同类的史书，不是立论偏激、根据不足，就是文笔疏阔、不得要领。只有陈寿的作品达到了人物史实与文字表述的高度统一。

陈寿还能在叙事中做到隐讳而不失实录，扬善而不避缺点。陈寿所处时代，各种政治关系复杂，历史与现实问题纠缠在一起，陈寿在用曲折方式反映历史真实方面下了很大功夫。《三国志》对汉魏关系有所隐讳，但措辞微而不诬，并于别处透露出来一些真实情况。如建安元年（196年），汉献帝迁都许昌，本是曹操企图"挟天子以令诸侯"之举。在这里陈寿不用明文写曹操的政治企图，这是隐讳。但写迁都而不称天子，却说董昭等劝太祖都许，这就是微词。而且他在《荀彧传》《董昭传》和《吕蒙传》中都记载了当时的真实情况。另外，陈寿对蜀汉虽怀故国之情，却不隐讳刘备、诸葛亮的过失，记下了刘备以私怨杀张裕和诸葛亮错用马谡等事。这也是良史之才的一个表现。

《三国志》不仅是一部史学巨著，也是一部文学巨著。陈寿在尊重史实的基础上，以简练、优美的语言为我们绘制了一幅幅三国人物肖像图，人物塑造得非常生动，行文简明干净，可读性极强。

例如，《先主传》记曹操与刘备煮酒论英雄，曹操说"今天下英雄，唯使君与操耳。本初之徒，不足数也"，"先主方食，失匕箸"，短短几行字，刘备韬晦隐忍的性格跃然纸上。《吕蒙传》记曹操听到孙权舍荆州资助刘备立足时，"方作书，落笔于地"，寥寥数语，曹操对孙、刘联盟的忌惮跃然纸上。书中写名士的风雅、谋士的方略、武将的威猛，大多着墨不多，却栩栩如生。

此外，陈寿在书中还表现出品题人物的兴趣。他说刘备是英雄，曹操是超世之英杰，孙策、孙权是英杰，诸葛亮、周瑜、鲁肃是奇才，庞统、程昱、郭嘉、董昭是奇士，董和、刘巴是令士，和洽、常林是美士，徐邈、胡质是彦士，王粲、秦宓是才士，关羽、张飞、程普、黄盖是虎臣，陈震、董允、薛综是良臣，张辽、乐进是良将，这都反映了当时的时代风尚。

该书的不足之处——

《三国志》名为志，其实无志。《魏书》有本纪、列传，《蜀书》和《吴书》二志只有列传。陈寿作为晋臣，晋承魏而得天下，所以《三国志》尊魏为正统。因此，《三国志》为曹操、曹丕、曹叡分别写了《武帝纪》《文帝纪》《明帝纪》，而《蜀书》则记刘备、刘禅为《先主传》《后主传》。记孙权为《吴主传》，记孙亮、孙休、孙皓为《三嗣主传》。这是编史书为政治服务的一个例子，也是《三国志》

的一个特点。

就记事的方法而言，《先主传》和《吴主传》也都是年经事纬，与本纪完全相同，只是不称"纪"而已。陈寿这样处理，是符合当时实际情况的。《三国志》总体来说记事比较简略，这可能与史料的多少有关。陈寿修《三国志》在当时属于当代史，很多事是他亲身经历、耳闻目见的，比较真切。但因为时代近，有许多史料还没有披露出来。同时，因为恩怨还没有消除，褒贬很难公允。这些也给材料的选用和修史带来了一定的困难。

从魏、蜀、吴三书比较来看，《蜀书》仅得 15 卷，较魏、吴两书更简。这大概是魏、吴两国的史料多于蜀国史料的缘故。陈寿写《三国志》时，魏国已有王沈的《魏书》，吴国也有韦昭的《吴书》可作为参考，这给陈寿搜集史料提供了极大方便。而蜀汉既没有史官，也没有现成的史书可借鉴，搜集史料就非常困难。陈寿费了很大气力，注意搜寻一些零篇残文，《蜀书》才仅得 15 卷。《蜀书》中的许多重要人物的事迹，记载都十分简略，可见蜀汉的史料是相当缺乏的。

陈寿受后人批评的另一弊病是，书中时有曲笔，对当权人物多有袒护。唐刘知幾在《史通·内篇·直书》中，批评陈寿和王隐在修史时对当权人物曹操、司马懿多有袒护。最为严重的曲笔是高贵乡公被杀之事，据《汉晋春秋》《魏氏春秋》以及《世说新语》《魏末传》所载，高贵乡公曹髦与司马昭冲突，实为司马昭的谋篡行为，而陈寿却轻描淡写，一笔带过。难怪清人赵翼感叹："本纪如此，又无列传散见其事，此尤曲笔之甚者矣，然此犹曰身仕于晋，不敢不为晋讳也。至曹魏则隔朝之事，何必亦为之讳。"

赵翼的责难，尖锐深刻，例证还多，如曹操征陶谦时滥杀无辜，都是轻描淡写，一笔带过。记曹魏对蜀之战，"专以讳败夸胜为得体"，以至于赵翼认为，陈寿不仅对最高统治者袒护，列传中也多所讳饰。当然，也有可能是陈寿所参考的魏、晋资料原来就是这样记载，陈寿未作订正，也不敢妄加篡改。贵真实，不虚美，不隐恶，应是史家必须恪守的准则，曲笔自然是不足为训的。出于陈寿所处的特定历史环境，以及修当代史的尴尬，也是可以理解的。因此后人认为，除了涉及魏晋易代的敏感问题与当权人物之外，该书其他叙写仍属翔实可信的。

《三国志》拥有文辞简约的特点，但也造成史料不足的缺点。宋元嘉六年

（429年），裴松之奉宋文帝刘义隆之命，为《三国志》作注释，以补缺、备异、惩妄、论辩等为宗旨，博采群书140余种，保存大量史料，其注文较正文多出三倍，开创了作注的新例。二者相得益彰，堪使《三国志》屹立于"二十四史"之林。

注译及精粹说明——

《三国志》原典卷帙浩繁，作为一般读者，通读全注全译本不仅精力不允，而且也无必要。因此，笔者慎重遴选了其中最有代表性的篇章加以注译，汇编为这本《三国志精粹》。阅读本书可以让读者在了解东汉末年至西晋初年的基本史实的同时，对原书的行文风格、作者的著史观念和立场也有个大略的印象。通读此书，读者可以厘清《三国演义》的演绎与正史的出入，当不失为一件有趣和有益的事情。

为保存原著的面貌，笔者在注译本书的过程中，一般都录入全文，也有一些诏书、奏章内容空泛，篇幅冗长，文意曲奥，笔者做了适当的删节。对于裴松之的附注，由于篇幅体量巨大，一般不作收录，只是将史实结果在题解、注释中反映出来。

该书原典中出现许多通假字，由于篇幅所限，不一一作注，而是在原文中以括注的形式直接标出。例如，"琅邪"通"琅琊"，"略"通"掠"，"畔"通"叛"，本书标注为"琅邪（琊）"，"略（掠）"，"畔（叛）"。

笔者注译本书的目的，不为供专业研究之用，只为帮助普通读者了解历史，因此，注释时不讲究考据，只说明结论；有些常用的典故，也不说明来源。限于笔者水平，书中难免有许多疏漏，敬请广大读者批评指正。

目录

魏书

蜀书

吴书

武帝纪

题解

曹操（155年—220年），字孟德，小名阿瞒、吉利，沛国谯（今安徽亳州）人。东汉末年杰出的政治家、军事家、文学家。在政治、军事方面，曹操消灭了众多割据的势力，统一了北方大部分区域，并实行一系列恢复经济生产和社会秩序的政策，奠定了曹魏立国的基础。文学方面，在曹操父子的推动下形成了以"三曹"（曹操、曹丕、曹植）为代表的建安文学，其雄健深沉、慷慨悲凉的艺术风格，文学史上称之为"建安风骨"。曹魏建立后，曹操被尊为"武皇帝"，庙号"太祖"。

原文

太祖武皇帝，沛国谯人也，姓曹，讳操，字孟德，汉相国参之后。桓帝世，曹腾为中常侍大长秋，封费亭侯。养子嵩嗣，官至太尉，莫能审其生出本末。嵩生太祖。太祖少机警，有权数①，而任侠放荡，不治行业，故世人未之奇也。惟梁国桥玄、南阳何颙（yóng）异焉。玄谓太祖曰："天下将乱，非命世②之才不能济也，能安之者，其在君乎！"年二十，举孝廉为郎，除洛阳北部尉，迁顿丘令，征拜议郎。

光和末，黄巾起。拜骑都尉，讨颍川贼。迁为济南相，国有十余县，长吏多阿附贵戚，赃污狼藉，于是奏免其八。禁断淫祀③，奸宄逃窜，郡界肃然。久之，征还为东郡太守，不就，称疾归乡里。顷之，冀州刺史王芬、南阳许攸、

沛国周旌等连结豪杰，谋废灵帝，立合肥侯。以告太祖，太祖拒之，芬等遂败。

　　金城边章、韩遂杀刺史郡守以叛，众十余万，天下骚动。征太祖为典军校尉。会灵帝崩，太子即位，太后临朝。大将军何进与袁绍谋诛宦官，太后不听。进乃召董卓，欲以胁太后。卓未至而进见杀。卓到，废帝为弘农王而立献帝，京都大乱。卓表太祖为骁骑校尉，欲与计事。太祖乃变易姓名，间行④东归。出关，过中牟，为亭长所疑，执诣县，邑中或窃识之，为请得解。卓遂杀太后及弘农王。太祖至陈留，散家财，合义兵，将以诛卓。冬十二月，始起兵于己吾，是岁中平六年也。

注释

　　①权数：权术。②命世：世间知名。③淫祀：指不合礼制的祭祀，不当祭的祭祀，妄滥之祭。④间行：走小路。

译文

太祖武皇帝，沛国谯县人，姓曹名操，字孟德，乃西汉相国曹参的后代。东汉桓帝在位时，曹腾任中常侍大长秋，封为费亭侯。他的养子名曹嵩，继承了他的封爵，曾官至太尉，但没有人知道他是从谁家过继来的。曹嵩生下了太祖。太祖从小的时候起就机灵能干，遇到事情会随机应变，但放浪形骸，意气用事，不注意德行和学业的修养，所以当时的人都没有注意到他，只有梁国人桥玄、南阳人何颙两个人能赏识他的雄才大略。桥玄曾对太祖说："天下将大乱，非治国安邦之才不能拯救，能平定天下的，恐怕就是你吧！"太祖二十岁时，被举为孝廉，做了郎官，后又任洛阳北部尉，升任为顿丘县令，被召入朝廷做议郎。

汉灵帝光和末年（184年），发生了黄巾军起义。太祖被任命为骑都尉，率军讨伐颍川的贼寇，后升为济南国相。济南国下辖十几个县，各县长官大都攀附皇亲国戚，贪赃枉法，太祖上奏皇帝，罢免了其中八个官员。太祖严禁过分祭祀鬼神，使作奸违法之徒纷纷逃避，一时济南国中秩序井然，百姓安居乐业。过了许久，太祖被召回朝廷任东郡太守，但没有赴任，以生病为由回了老家。不久之后，冀州刺史王芬、南阳许攸、沛国周旌等人网罗八方豪杰，密谋废汉灵帝，拥立合肥侯为皇帝。他们联络太祖参加，太祖拒绝了。王芬等的谋反果然失败了。

金城人边章、韩遂斩杀刺史、郡守，聚集十多万人，大举叛乱，一时天下动荡。朝廷命太祖为典军校尉。时逢汉灵帝去世，太子刘辩即位，由何太后掌握朝中的权力。大将军何进便和袁绍商量将宦官杀死，太后没有同意他们的做法。何进便召董卓入京，想用董卓来胁迫太后。董卓的军队还没有进入京都，何进已经被宦官杀死。董卓进京都后，废皇帝为弘农王，另立刘协为献帝，京都之中一片大乱。董卓上奏举荐太祖做骁骑校尉，准备与他共掌朝政。太祖改名换姓，走小路向东悄悄返回家乡。太祖出虎牢关，途经中牟县时，引起当地亭长怀疑，被抓回县城。县城中有人暗中认出他，为他求情而被释放。董卓此时已杀掉太后和弘农王。太祖到了陈留县，变卖家产，募集义军，准备征讨董卓。十二月，太祖开始在己吾县树旗起兵，这时已是汉灵帝中平六年（189年）。

原文

初平元年春正月，后将军袁术、冀州牧韩馥、豫州刺史孔伷（zhòu）、兖州刺史刘岱、河内太守王匡、勃海太守袁绍、陈留太守张邈、东郡太守桥瑁、山阳太守袁遗、济北相鲍信同时俱起兵。众各数万，推袁绍为盟主，太祖行奋武将军。

二月，卓闻兵起，乃徙天子都长安。卓留屯洛阳，遂焚宫室。是时绍屯

河内，邈、岱、瑁、遗屯酸枣，术屯南阳，伷屯颍川，馥在邺。卓兵强，绍等莫敢先进。太祖曰："举义兵以诛暴乱，大众已合，诸君何疑？向使董卓闻山东兵起，倚王室之重，据二周①之险，东向以临天下。虽以无道行之，犹足为患。今焚烧宫室，劫迁天子，海内震动，不知所归，此天亡之时也。一战而天下定矣，不可失也。"遂引兵西，将据成皋。邈遣将卫兹分兵随太祖。到荥阳汴水，遇卓将徐荣，与战不利，士卒死伤甚多。太祖为流矢所中，所乘马被创，从弟洪以马与太祖，得夜遁去。荣见太祖所将兵少，力战尽日，谓酸枣未易攻也，亦引兵还。

太祖到酸枣，诸军兵十余万，日置酒高会，不图进取。太祖责让②之，因为谋曰："诸君听吾计，使勃（渤）海引河内之众临孟津，酸枣诸将守成皋，据敖仓，塞轘辕、太谷，全制其险。使袁将军率南阳之军军丹、析，入武关，以震三辅。皆高垒深壁，勿与战，益为疑兵，示天下形势，以顺诛逆，可立定也。今兵以义动，持疑而不进，失天下之望，窃为诸君耻之！"邈等不能用。

注释

①二周：东周和西周。这里指洛阳和长安。②责让：指责。

译文

汉献帝初平元年（190 年）正月，后将军袁术、冀州牧韩馥、豫州刺史孔伷、兖州刺史刘岱、河内太守王匡、勃海太守袁绍、陈留太守张邈、东郡太守桥瑁、山阳太守袁遗、济北国相鲍信同时起兵征讨董卓。他们都各自拥兵数万，共推袁绍为盟主，太祖代理奋武将军。

这年的二月，董卓知道了各地兴兵征讨自己的消息，胁迫献帝迁都长安。董卓仍统兵驻守洛阳，纵火烧毁了皇宫。这时袁绍驻兵河内，张邈、刘岱、桥瑁、袁遗驻兵酸枣，袁术驻兵南阳，孔伷驻兵颍川，韩馥驻兵邺城。董卓兵众将广，袁绍等都惧怕当先遣军。太祖说："我们义军是讨伐叛乱，现各路军兵都已会合，各位还有什么疑虑呢？要是董卓获知山东起兵的消息，仰恃天子的圣威，占据长安、洛阳一带的险要地方，遣兵东进控制天下。尽管他的行动是不合道义的，对我们来说仍然是很大的忧患。如今他焚烧宫殿，挟持天子西迁，天下惊恐，百姓不知依附何人，这正是天意要将他灭亡的大好时机。一战便能安定天下，机不可失。"于是太祖便领兵西进，准备攻占成皋县。只有张邈派部将卫兹带一部兵马协助太祖。太祖部队到了荥阳汴水，与董卓部将徐荣遭遇，双方激战，太祖军队失利，士兵死伤很多。太祖在激战中被流箭射中，坐骑也受了伤，他的堂弟曹洪把自己的战马让给太祖，才得以连夜逃离险境。徐荣见太祖带的兵虽少，但都能齐心

奋战，坚持了一天，认为酸枣不易攻克，也领兵返回。

太祖回到酸枣，见到各路军队共计十多万人，终日设筵大吃大喝，不思进取。太祖前去责备他们，并谋划说："诸位听我的计谋，让勃海太守袁绍率河内郡的部队到孟津，酸枣的各路将领驻守成皋，控制敖仓，封锁辕辕、太谷二关，占据所有险要地势。再让袁术将军率领南阳的军队进军丹水县和析县，挺进武关，威震三辅地区。各路大军都高垒墙、深挖沟，避免与敌交锋，多设疑兵，迷惑敌方，彰明我们的行动是以正义讨伐叛逆，天下可以立刻平定。现在已经以正义之名召集了各路军队，却瞻前顾后，不敢进兵，令天下人大失所望，我替你们感到羞耻！"张邈等人没有采纳他的计谋。

原文

太祖兵少，乃与夏侯惇等诣扬州募兵，刺史陈温、丹杨太守周昕与兵四千余人。还到龙亢，士卒多叛。至铚（zhì）、建平，复收兵得千余人，进屯河内。刘岱与桥瑁相恶，岱杀瑁，以王肱领东郡太守。袁绍与韩馥谋立幽州牧刘虞为帝，太祖拒之。绍又尝得一玉印，于太祖坐中举向其肘，太祖由是笑而恶焉。

二年春，绍、馥遂立虞为帝，虞终不敢当。夏四月，卓还长安。秋七月，袁绍胁韩馥，取冀州。黑山^①贼于毒、白绕、眭固等十余万众略魏郡、东郡，王肱不能御。太祖引兵入东郡，击白绕于濮阳，破之。袁绍因表太祖为东郡太守，治东武阳。

三年春，太祖军顿丘^②，毒等攻东武阳。太祖乃引兵西入山，攻毒等本屯。毒闻之，弃武阳还。太祖要击眭固，又击匈奴于夫罗于内黄，皆大破之。夏四月，司徒王允与吕布共杀卓。卓将李傕、郭汜等杀允攻布，布败，东出武关。傕等擅朝政。

注释

①黑山：位于太行山脉的南端，约为今山西东南部与河南中西部交界。②顿丘：今属河南濮阳。

译文

太祖因兵少，便与夏侯惇等人同去扬州招募士兵，扬州刺史陈温、丹杨太守周昕把四千多名士兵交接给他。回到龙亢县时，大部分兵士都叛逃了，到了铚县、建平县，又重新招募了一千多名士兵，进驻河内郡。刘岱与桥瑁之间存在很深的积怨，刘岱将桥瑁杀死了，让王肱兼任东郡太守。袁绍与韩馥商议要立幽州牧刘虞为皇帝，被太祖拒绝。袁绍曾得到一块玉印，在席中推到太祖肘边让他看，太祖便笑了笑，然而对他的这种做法却很厌恶。

初平二年（191 年）春，袁绍、韩馥推举刘虞做皇帝，但刘虞终究不敢答应。这年四月，董卓回到长安。七月，袁绍威逼韩馥，夺取了冀州。黑山贼寇于毒、白绕、眭固等率领十多万人到魏郡、东郡抢劫，王肱无力抵抗。太祖领兵赶往东郡，在濮阳同白绕遭遇，大破贼兵。袁绍为此上奏朝廷，举太祖为东郡太守，郡治设在东武阳。

初平三年（192 年）春，太祖驻军顿丘，于毒等进犯东武阳。太祖统兵向西，抄袭于毒在黑山的大本营。于毒收到消息，放弃东武阳回师。太祖半路上截击眭固，又在内黄县攻击匈奴人于夫罗，把他们悉数击溃。这年四月，司徒王允与吕布联合将董卓杀死。董卓的部将李傕、郭汜等又斩杀了王允，攻打吕布，吕布兵败，向东逃出武关。朝政由李傕等人把持。

原文

青州黄巾众百万入兖州，杀任城相郑遂，转入东平。刘岱欲击之，鲍信谏曰："今贼众百万，百姓皆震恐，士卒无斗志，不可敌也。观贼众群辈相随，军无辎重，唯以钞略（抄掠）为资。今不若畜①士众之力，先为固守。彼欲战不得，攻又不能，其势必离散，后选精锐，据其要害，击之可破也。"岱不从，遂与战，果为所杀。

信乃与州吏万潜等至东郡迎太祖，领兖州牧。遂进兵击黄巾于寿张东，信力战斗死，仅而破之。购求信丧②不得，众乃刻木如信形状，祭而哭焉。追黄巾至济北，乞降。冬，受降卒三十余万，男女百余万口，收其精锐者，号为青州兵。袁术与绍有隙，术求援于公孙瓒，瓒使刘备屯高唐，单经屯平原，陶谦屯发干③，以逼绍。太祖与绍会击，皆破之。

四年春，军鄄城。荆州牧刘表断术粮道，术引军入陈留，屯封丘，黑山余贼及于夫罗等佐之。术使将刘详屯匡亭。太祖击详，术救之，与战，大破之。术退保封丘，遂围之，未合，术走襄邑。追到太寿，决渠水灌城。走宁陵，又追之，走九江。夏，太祖还军定陶。下邳阙宣聚众数千人，自称天子。徐州牧陶谦与共举兵，取泰山华、费，略任城。秋，太祖征陶谦，下十余城，谦守城不敢出。是岁，孙策受袁术使渡江，数年间遂有江东。

注释

①畜：蓄积。②丧：尸首。③发干：在今山东冠县东。

译文

青州黄巾军百万之众攻入兖州，杀死任城国相郑遂，转而进入东平境内。兖州刺史刘岱准备出兵阻击，济北国相鲍信劝阻说："现在贼寇人数过百万，百姓惶恐不安，我部士气低落，不能与他们正面交锋。我观察贼兵随营有成群老少，军队缺少补给，仅靠抢掠供给部队。如今我们应养精蓄锐，先固守城池。他们求战不得，又攻城不下，这种情势下他们必然离散，然后我们再选派精兵强将，占据要害之地，到时就可一举攻破贼寇。"刘岱没有听从，带着兵马便与黄巾军交战，结果被杀死。

鲍信便和州吏万潜等人一同到东郡迎接太祖，请他做兖州牧。太祖带兵在寿张东与黄巾军展开激战，鲍信力战身亡，勉强击溃贼军。太祖悬赏寻找鲍信的尸体，没有找到，众人只好用木头刻出鲍信的形象，哭着祭奠他。太祖追赶黄巾军一直到济北，黄巾军求降。这一年的冬天，太祖得到降兵三十多万，男女百余万人，收编了其中的精锐，号称"青州兵"。这时袁术和袁绍产生了矛盾，袁术向公孙瓒求援，公孙瓒派刘备驻守高唐，单经驻守平原，陶谦驻守发干，用他们来进逼袁绍。太祖和袁绍联合进兵，一一击溃了他们。

初平四年（193年）春，太祖移军鄄城。荆州牧刘表切断袁术的粮道，袁术领兵进入陈留郡，驻扎在封丘，黑山贼寇余部和于夫罗等都援助他。袁术派部将刘详驻守匡亭。太祖率兵攻打刘详，袁术带兵救援，双方激战，太祖大获全胜。袁术兵败，退守封丘，太祖率军包围，没能成功，袁术又逃往襄邑。太祖追到太寿，决开渠水灌城。袁术逃往宁陵，太祖乘胜追击，袁术只得逃往九江。这年夏天，太祖收兵，驻扎在定陶县。下邳县阙宣聚集数千人，自称皇帝。徐州牧陶谦也与他一同出兵，攻占泰山郡的华县、费县，攻打任城。秋天，太祖征讨陶谦，攻克城池十多座，陶谦紧闭城门，不敢出来。这一年，孙策受袁术的派遣过江，几年后就占据了江东一带。

原文

　　兴平元年春，太祖自徐州还。初，太祖父嵩，去官后还谯，董卓之乱，避难琅邪（琊），为陶谦所害，故太祖志在复雠（仇）东伐。夏，使荀彧、程昱守鄄城，复征陶谦，拔五城，遂略地至东海。还过郯，谦将曹豹与刘备屯郯东，要太祖。太祖击破之，遂攻拔襄贲，所过多所残戮。

　　会张邈与陈宫叛，迎吕布，郡县皆应。荀彧、程昱保鄄城，范、东阿二县固守，太祖乃引军还。布到，攻鄄城不能下，西屯濮阳。太祖曰："布一旦得一州，不能据东平，断亢父、泰山之道乘险要我，而乃屯濮阳，吾知其无能为也。"遂进军攻之。布出兵战，先以骑犯青州兵。青州兵奔，太祖陈（阵）乱，驰突火出，坠马，烧左手掌。司马楼异扶太祖上马，遂引去。未至营止，诸将未与太祖相见，皆怖。太祖乃自力劳军，令军中促为攻具，进复攻之，与布相守百余日。蝗虫起，百姓大饿，布粮食亦尽，各引去。

秋九月，太祖还鄄城。布到乘氏，为其县人李进所破，东屯山阳。于是绍使人说太祖，欲连和。太祖新失兖州，军食尽，将许之。程昱止太祖，太祖从之。冬十月，太祖至东阿。是岁谷一斛^①五十余万钱，人相食，乃罢吏兵新募者。陶谦死，刘备代之。

注释

①斛：量器。汉代十斗为一斛，约合今 15 千克。

译文

兴平元年（194 年）春，太祖从徐州返回兖州。当初，太祖的父亲曹嵩解职归隐谯县，因发生董卓之乱，到琅琊避难，结果被陶谦杀害，所以太祖立志向东讨伐陶谦，以报父仇。这年夏，太祖派荀彧、程昱驻守鄄城，自己则领军征讨陶谦，接连攻克五座城池，夺取了直至东海郡的大片地盘。收兵经过郯县时，陶谦的部将曹豹和刘备截击太祖，被太祖击败。太祖又乘胜攻下襄贲县，所经之处，大多进行了残酷的屠杀。

适逢张邈和陈宫叛乱，迎接吕布，各郡县纷纷响应。荀彧、程昱保住了鄄城，范县和东阿县也因死守而幸免，太祖领兵返回。吕布一到，就进攻鄄城，攻城不下后领兵向西，驻扎在濮阳。太祖说："吕布一天之中便得一州，却不占领东平，切断亢父、泰山之间的通道，凭险要地势拦击我，反而驻兵濮阳，我因此断定他没有大的作为。"于是

太祖率军攻打吕布。吕布出战，先派骑兵攻击青州兵。青州兵被冲散，太祖军阵势大乱，他飞马冒火突围，掉下马来，烧伤了左手掌。行军司马楼异扶太祖上马，带他冲出重围。没有到达营地之前，众将因不见太祖，十分害怕。太祖强自支撑，带伤慰问部队，命令部队赶做攻城的器械，准备再次进军，与吕布相持一百多天。这时闹起了蝗灾，百姓们饥饿不堪，吕布军中的粮食也吃光了，于是双方各自撤兵。

这年九月，太祖回到了鄄城。吕布兵至乘氏县，被当地人李进击败，向东退驻山阳。此时袁绍派人劝说太祖，想与太祖和解，联合行动。太祖刚失去了兖州，军粮也没有了，打算答应他。程昱劝阻太祖，太祖听从了他。当年十月，太祖到达了东阿县。这一年的谷米一斛值五十多万钱，以至于人吃人，太祖便解散了刚招募来的士兵。此时陶谦已死，刘备接替他当上了徐州牧。

原文

二年春，袭定陶。济阴太守吴资保南城，未拔。会吕布至，又击破之。夏，布将薛兰、李封屯钜野，太祖攻之，布救兰，兰败，布走，遂斩兰等。布复从东缗与陈宫将万余人来战，时太祖兵少，设伏，纵奇兵击，大破之。布夜走，太祖复攻，拔定陶，分兵平诸县。布东奔刘备，张邈从布，使其弟超将家属保雍丘。秋八月，围雍丘。冬十月，天子拜太祖兖州牧。十二月，雍丘溃，超自杀。夷邈三族。邈诣袁术请救，为其众所杀。兖州平，遂东略陈地。是岁，长安乱，天子东迁，败于曹阳，渡河幸安邑。

建安元年春正月，太祖军临武平，袁术所置陈相袁嗣降。太祖将迎天子，诸将或疑，荀彧、程昱劝之，乃遣曹洪将兵西迎。卫将军董承与袁术将苌奴拒险，洪不得进。汝南、颍川黄巾何仪、刘辟、黄邵、何曼等，众各数万，初应袁术，又附孙坚。二月，太祖进军讨，破之，斩辟、邵等，仪及其众皆降。天子拜太祖建德将军，夏六月，迁镇东将军，封费亭侯。秋七月，杨奉、韩暹以天子还洛阳，奉别屯梁。太祖遂至洛阳，卫京都，暹遁走。天子假太祖节钺，录尚书事。洛阳残破，董昭等劝太祖都许。九月，车驾出辕而东，以太祖为大将军，封武平侯。自天子西迁，朝廷日乱，至是宗庙社稷制度始立。

译文

兴平二年（195年）春，太祖率兵袭击定陶。因济阴太守吴资奋力保卫定陶南城，而

未能攻克。正巧吕布来到，太祖又将他击败。这年夏，吕布派薛兰、李封驻守巨野，太祖前往攻击，吕布带兵救援，但薛兰已败，吕布只好退回，薛兰等人被斩首。吕布又会合陈宫所带一万多人从东缗赶来，此时太祖兵少，设下伏兵，派奇兵出击，大破吕布。吕布连夜逃离，太祖追击，又攻克定陶，分兵驻守平定诸县。吕布向东投奔刘备，张邈与吕布同行，让他弟弟张超带家属驻守雍丘。这年八月，太祖围攻雍丘。十月，天子封太祖为兖州牧。十二月，雍丘守军溃败，张超自杀身亡。太祖诛杀张邈三族。张邈向袁术处请救兵，结果被他的部下所杀。兖州平定后，挥师东进，攻打陈国。这一年，长安城中大乱，献帝东迁，护卫军在曹阳被乱党打败，献帝渡过黄河，到达安邑县。

　　汉献帝建安元年（196年）正月，太祖率军队到了武平，袁术任命的陈国相袁嗣向太祖投降。太祖准备迎接献帝，众将中有人产生了疑虑，荀彧、程昱极力劝说，太祖便派曹洪带兵西行，迎接献帝。卫将军董承和袁术部将苌奴踞险阻止曹军前进，曹洪的军队无法前进。汝南、颍川一带的黄巾军头领何仪、刘辟、黄邵、何曼等人，都有数万之众。当初追随袁术，后又依附孙坚。二月，太祖派兵征讨，大败贼军，刘辟、黄邵等被斩首，何仪投降。献帝封太祖为建德将军，六月，又升任为镇东将军，封为费亭侯。七月，杨奉、韩暹护送献帝回洛阳，杨奉另派兵驻守梁县。太祖便赶到洛阳，保卫京都，韩暹逃走。献帝授予太祖符节、黄钺，领尚书事务。此时洛阳城已残破不堪，董昭等人力劝太祖迁都许县。九月，汉献帝驾车出辕辕关，向东进发。献帝任命太祖为大将军，封为武平侯。自从献帝（被董卓威逼）西迁长安，朝廷日渐混乱，直到此时，各项祭祀制度才又确立起来。

原文

天子之东也，奉自梁欲要（邀）①之，不及。冬十月，公征奉，奉南奔袁术，遂攻其梁屯，拔之。于是以袁绍为太尉，绍耻班在公下，不肯受。公乃固辞，以大将军让绍。天子拜公司空，行车骑将军。是岁用枣祗、韩浩等议，始兴屯田。吕布袭刘备，取下邳。备来奔。程昱说公曰："观刘备有雄才而甚得众心，终不为人下，不如早图之。"公曰："方今收英雄时也，杀一人而失天下之心，不可。"张济自关中走南阳。济死，从子绣领其众。

二年春正月，公到宛。张绣降，既而悔之，复反。公与战，军败，为流矢所中，长子昂、弟子安民遇害。公乃引兵还舞阴，绣将骑来钞，公击破之。绣奔穰②，与刘表合。公谓诸将曰："吾降张绣等，失不便取其质，以至于此。吾知所以败。诸卿观之，自今已后不复败矣。"遂还许。

袁术欲称帝于淮南，使人告吕布。布收其使，上其书。术怒，攻布，为布所破。秋九月，术侵陈，公东征之。术闻公自来，弃军走，留其将桥蕤、李丰、梁纲、乐就。公到，击破蕤等，皆斩之。术走渡淮。公还许。公之自舞阴还也，南阳、章陵诸县复叛为绣，公遣曹洪击之，不利，还屯叶，数为绣、表所侵。冬十一月，公自南征，至宛。表将邓济据湖阳。攻拔之，生擒济，湖阳降。攻舞阴，下之。

注释

①要：拦截，截击。②穰：在今河南邓州东南。

译文

献帝迁都许县时，杨奉准备在梁县拦截，但是错过了时机。这一年的十月，曹公领兵征讨杨奉，杨奉南逃到袁术那里，于是曹公进攻他在梁县的驻军，占据了梁县。这时献帝封袁绍为太尉，袁绍以职位在曹公之下而深感耻辱，不肯接受。曹公便辞去自己的职位，将大将军之职让给了袁绍。因此，献帝任命曹公为司空，代理车骑将军。这一年，曹公又采纳了枣祗、韩浩等人的建议，开始实行屯田制。吕布袭击刘备，攻克下邳。刘备投奔曹公。程昱劝曹公说："依我看刘备有雄才大略，又深得民心，不会久居人下的，不如趁早将他除掉。"曹公回答说："如今正是招揽贤才之时，为杀一人而失去天下人的心，得不偿失。"张济从关中逃到南阳。张济死后，侄子张绣统领了他的人马。

建安二年（197年）正月，曹公到达宛县。张绣投降，事后又后悔，复又反叛。曹公前往讨伐，遭到失败，自己被流箭射中，大儿子曹昂、侄子曹安民被杀死。曹公退回舞阴县，张绣率骑兵抄袭，被曹公击败。张绣逃往穰县，与刘表合兵。曹公对众将说："我让张绣等人投降，却犯了没有立即扣押人质的错误，所以遭到了失败。我明白了失败的原因。请大家看着，从今以后我不会再失败了。"便撤兵回许都。

袁术准备在淮南称帝，派人告知吕布。吕布扣留了他的使者，把他的信呈送给朝廷。袁术大怒，派兵攻打吕布，被吕布击败。这年九月，袁术率军进犯陈国，曹公率兵东征。袁术听说曹公亲自来攻，弃军逃走，留下部将桥蕤、李丰、梁纲、乐就。曹公一到，便击败了桥蕤等人，把他们全部斩首。袁术逃回淮南。曹公回到许都。曹公从舞阴回来以后，南阳、章陵等县复又反叛，归附张绣，曹公派曹洪去征讨，师出不利，曹洪撤军，驻守叶县，又多次遭到张绣、刘表的袭击。这年十一月，曹公亲自南征，来到宛城。刘表的部将邓济占据湖阳。曹公进攻湖阳，活捉邓济，湖阳投降。曹公又进攻舞阴，舞阴也被攻下。

原文

三年春正月，公还许，初置军师祭酒。三月，公围张绣于穰。夏五月，刘表遣兵救绣，以绝军后。公将引还，绣兵来追，公军不得进，连营稍①前。公与荀彧书曰："贼来追吾，虽日行数里，吾策②之，到安众，破绣必矣。"到安众，绣与表兵合守险，公军前后受敌。公乃夜凿险为地道，悉过辎重，设奇兵。会明，贼谓公为遁也，悉军来追。乃纵奇兵步骑夹攻，大破之。秋七月，公还许。荀彧问公："前以策贼必破，何也？"公曰："虏遏吾归师，而与吾死地战，吾是以知胜矣。"

吕布复为袁术使高顺攻刘备，公遣夏侯惇救之，不利。备为顺所败。九月，公东征布。冬十月，屠彭城，获其相侯谐。进至下邳，布自将骑逆击，大破之，获其骁将成廉。追至城下，布恐，欲降。陈宫等沮其计，求救于术，劝布出战，战又败，乃还固守，攻之不下。时公连战，士卒罢，欲还，用荀攸、郭嘉计，遂决泗、沂水以灌城。

月余，布将宋宪、魏续等执陈宫，举城降，生禽布、宫，皆杀之。太山臧霸、孙观、吴敦、尹礼、昌豨各聚众，布之破刘备也，霸等悉从布。布败，获霸等，公厚纳待，遂割青、徐二州附于海以委焉，分琅邪（琊）、东海、北海为城阳、利城、昌虑郡。

注释

①稍：渐渐，慢慢。②策：估计。

译文

　　建安三年（198 年）正月，曹公回到许都，初次设置军师祭酒之职。三月，曹公在穰县包围了张绣。五月，刘表派兵救援张绣，切断曹军的后路。曹公撤退，张绣追来，曹军不能前行，于是结成连营，得以慢慢前进。曹公在给荀彧的信中写道："贼军紧追我军，虽然我们每天只能走几里路，但我算计好了，到安众县时，一定会打败张绣。"到了安众县，张绣和刘表联军守在险要地方，曹军前后受敌。曹公派人乘天黑在险要处挖凿一条地道，把辎重物资全部偷运过去，又设下伏兵。此时已天亮，贼军认为曹公已逃走，全军追赶。曹公便派出步兵、骑兵两面夹攻，把贼军打得大败。七月，曹公回到许都。荀彧问曹公："战前您料定一定会打败贼兵，有何根据呢？"曹公回答："敌人阻止我回归的部队，与我背水作战，我由此而知一定会胜利。"

　　吕布再次帮助袁术，派高顺攻打刘备，曹公派夏侯惇去救援，曹军失利。刘备被高顺击败。九月，曹公东征吕布。十月，曹军大肆屠杀彭城的守军和百姓，活捉了彭城国相侯谐。曹军继续前进，来到下邳，吕布亲自率骑兵迎战，结果被曹公打得大败，他的勇将成廉也被活捉。曹军乘胜追击，直逼城下，吕布十分害怕，想要投降。陈宫等人劝阻吕布，他们一边向袁术请求救兵，一边鼓励吕布出城迎战。再次失败后，吕布退回城中坚守，曹军一时难以攻下。此时因连续作战，曹军已疲惫不堪，准备收兵，便采用荀攸、郭嘉的计谋，挖开泗水和沂水，淹灌下邳城。

　　过了一个多月，吕布的部将宋宪、魏续等人抓住陈宫，献城投降，曹公活捉吕布、陈宫，把他们全部杀掉。泰山郡臧霸、孙观、吴敦、尹礼、昌豨等人的队伍，在吕布攻打刘备时，都跟随吕布。吕布败后，曹公擒获臧霸等人，对他们盛情款待，还分割青州、徐州靠近海边的地方委任他们治理，又从琅琊、东海、北海三个郡国中分出部分地区，设置城阳、利城、昌虑郡。

初，公为兖州，以东平毕谌为别驾。张邈之叛也，邈劫谌母弟妻子。公谢遣之，曰："卿老母在彼，可去。"谌顿首无二心，公嘉之，为之流涕。既出，遂亡归。及布破，谌生得，众为谌惧，公曰："夫人孝于其亲者，岂不亦忠于君乎？吾所求也。"以为鲁相。

四年春二月，公还至昌邑。张杨将杨丑杀杨，眭固又杀丑，以其众属袁绍，屯射犬①。夏四月，进军临河，使史涣、曹仁渡河击之。固使杨故长史薛洪、河内太守缪尚留守，自将兵北迎绍求救，与涣、仁相遇犬城。交战，大破之，斩固。公遂济河，围射犬。洪、尚率众降，封为列侯。还军敖仓，以魏种为河内太守，属以河北事。初，公举种孝廉。兖州叛，公曰："唯魏种且不弃孤也。"及闻种走，公怒曰："种不南走越、北走胡，不置汝也！"既下射犬，生禽（擒）种，公曰："唯其才也！"释其缚而用之。

注释

①射犬：在今河南武涉东北。

译文

当初，曹公做兖州牧时，任命东平人毕谌为别驾。张邈叛乱，劫走了毕谌的母亲、弟弟、妻子和儿女。曹公便辞退毕谌，对他说："你的老母亲在叛贼那里，你可以离开我。"毕谌向曹公叩头，表示绝不因此而怀有二心，曹公十分赞赏他的行动，并感动得流下了眼泪。毕谌离开曹公后，就归附了张邈。等到吕布被打败，毕谌被活捉时，众人为他担心，曹公说："凡是孝敬父母的人，难道不也是忠君之人吗？这正是我所需要的人。"于是封他为鲁国相。

建安四年（199年）二月，曹公回师昌邑县。张杨被部将杨丑杀死，杨丑又被眭固所杀，带领他的部队归附袁绍，驻扎在射犬邑。四月，曹军到了黄河岸边，派史涣、曹仁渡过黄河进攻眭固。眭固命令张杨原来的长吏薛洪和河内太守缪尚原地驻防，自己则领兵北行，迎接袁绍，请求援兵，不料却和史涣、曹仁在犬城遭遇。两军交战，曹军大胜，眭固被斩首。曹公渡过黄河，包围射犬。薛洪、缪尚率众投降，被封为列侯。曹公回师敖仓，任命魏种为河内太守，把黄河以北的地方都委托给他治理。当初，曹公举荐魏种为孝廉。兖州叛乱时，曹公说："只有魏种不会反叛我。"当听到魏种逃走的消息，曹公愤怒地说："只要你魏种南逃不到越地，北逃不到胡地，我一定不会饶恕你！"等到攻下射犬，活捉魏种时，曹公又说："只因他是个有才能的人啊！"便给他松绑，仍然重用他。

原文

　　是时袁绍既并公孙瓒，兼四州之地，众十余万，将进军攻许。诸将以为不可敌，公曰："吾知绍之为人，志大而智小，色厉而胆薄，忌克而少威，兵多而分画不明，将骄而政令不一，土地虽广，粮食虽丰，适足以为吾奉也。"秋八月，公进军黎阳，使臧霸等入青州破齐、北海、东安，留于禁屯河上。九月，公还许，分兵守官渡。冬十一月，张绣率众降，封列侯。十二月，公军官渡。

　　袁术自败于陈，稍困，袁谭自青州遣迎之。术欲从下邳北过，公遣刘备、朱灵要之，会术病死。程昱、郭嘉闻公遣备，言于公曰："刘备不可纵。"公悔，追之不及。备之未东也，阴与董承等谋反，至下邳，遂杀徐州刺史车胄，举兵屯沛。遣刘岱、王忠击之，不克。庐江太守刘勋率众降，封为列侯。

　　五年春正月，董承等谋泄，皆伏诛。公将自东征备，诸将皆曰："与公争天下者，袁绍也。今绍方来而弃之东，绍乘人后，若何？"公曰："夫刘备，人杰也，今不击，必为后患。袁绍虽有大志，而见事迟，必不动也。"郭嘉亦劝公，遂东击备，破之，生禽（擒）其将夏侯博。备走奔绍，获其妻子。备将关羽屯下邳，复进攻之，羽降。昌豨叛为备，又攻破之。公还官渡，绍卒不出。

译文

　　这时袁绍已消灭公孙瓒，兼并了青、冀、幽、并四州的土地，有士兵十多万，准备进军攻打许都。众将都认为难以抵挡，曹公说："我知道袁绍的为人，志大却少谋，外表强硬而缺少胆识，心胸狭窄而缺乏威严，虽兵多但指挥不当，将领们的骄横使政令不能统一，所以他虽然土地广阔，粮食丰富，但这正好作为献给我的礼物。"八月，曹公进军黎阳县，命臧霸等人进入青州，攻下齐国、北海国、东安国，留下于禁驻守在黄河边上。九月，曹公回到许都，分兵防守官渡。十一月，张绣率众投降，被封为列侯。十二月，曹公驻军官渡。

　　袁术自从在陈国失败后，逐渐衰弱，袁谭从青州派人迎接他。袁术想从下邳北面通过，曹公派刘备、朱灵在途中拦阻，正巧袁术因病而死。程昱、郭嘉听说曹公派出刘备，就对曹公说："不该放走刘备。"曹公也后悔了，忙派人追赶却没有追上。刘备还没有走之前，私下与董承等人商议谋反，到了下邳，便杀死徐州刺史车胄，领兵驻守沛县。曹公派刘岱、王忠攻打刘备，没有取胜。庐江太守刘勋率部投降，被封为列侯。

　　建安五年（200年）正月，董承等人的反叛阴谋败落而被处死。曹公想亲自率兵马东征刘备，众将都劝说："和您争夺天下的人是袁绍，现在袁绍要来讨战，您却弃之不顾，还要东征刘备，如果袁绍乘机从背后进攻，那该如何是好呢？"曹公回答：
"刘备是个大英雄，现在不除掉他，以后一定会成为心腹大患。袁绍虽然有远大的志
向，但反应迟钝，不会马上出兵。"郭嘉也支持曹公的看法，于是东征刘备，将其打败，
活捉了他的部将夏侯博，刘备逃到袁绍处，就将他的妻儿捉住了。刘备的大将关羽驻
守下邳，曹公乘胜进攻，关羽投降。昌豨先前背叛后转而投向了刘备，此时也被打败。
曹公回师官渡，袁绍终究没有出兵。

原文

　　二月，绍遣郭图、淳于琼、颜良攻东郡太守刘延于白马，绍引兵至黎阳，
将渡河。夏四月，公北救延。荀攸说公曰："今兵少不敌，分其势乃可。
公到延津，若将渡兵向其后者，绍必西应之，然后轻兵袭白马，掩其不备，
颜良可禽（擒）也。"公从之。绍闻兵渡，即分兵西应之。公乃引军兼行
趣白马，未至十余里，良大惊，来逆战。使张辽、关羽前登，击破，斩良。
遂解白马围，徙其民，循河而西。绍于是渡河追公军，至延津南。

　　公勒兵驻营南阪下，使登垒望之，曰："可五六百骑。"有顷，复白：
"骑稍多，步兵不可胜数。"公曰："勿复白。"乃令骑解鞍放马。是时，
白马辎重就道。诸将以为敌骑多，不如还保营。荀攸曰："此所以饵敌，
如何去之？"绍骑将文丑与刘备将五六千骑前后至。诸将复白："可上马。"
公曰："未也。"有顷，骑至稍多，或分趣辎重。公曰："可矣。"乃皆上马。
时骑不满六百，遂纵兵击，大破之，斩丑。良、丑皆绍名将也，再战，悉禽（擒），
绍军大震。公还军官渡。绍进保阳武。关羽亡归刘备。

译文

　　二月，袁绍派郭图、淳于琼、颜良攻打驻守白马的东郡太守刘延，袁绍领兵抵达黎阳，
准备渡过黄河。四月，曹公北上救援刘延。荀攸劝说曹公说："现在我军兵少，与敌军
差距甚大，必须分散敌军的兵力才行。主公先领兵到延津，做出好像要渡过黄河，断敌
后路的样子，袁绍必定会分兵向西应战，然后主公以轻骑部队偷袭白马，攻其不备，一
定能活捉颜良。"曹公听从了他。袁绍听说曹公要渡黄河，马上分兵西去应战。曹公领
兵昼夜兼行，直奔白马，离白马还有十多里，颜良闻讯大感意外，慌忙前来迎战。曹公
命令张辽、关羽先与敌军交战，将敌军击败后，颜良被斩首。解了白马之围后把当地的
居民全部迁走，沿着黄河向西转移。这个时候袁绍已经渡过黄河，追击曹军，一直到了

延津关的南面。

曹公阻止军队前进，在白马山南坡安营扎寨，派人登高瞭望敌情，报告说："袁军大概有骑兵五六百。"过了一会儿后，又报告说："骑兵还在增多，步兵不计其数。"曹公说："不要再报告了。"便命令骑兵解下马鞍，放开战马。这时，从白马缴获来的辎重物资满道皆是。众将认为敌人骑兵太多，不如退回保守营寨。荀攸说："这正是为了引诱敌人，为何要退回呢？"袁绍的骑兵大将文丑与刘备带着五六千骑兵先后赶到。众将又说："可以上马出兵了。"曹公却说："时候未到。"一会儿，敌人的骑兵又增加了一些，有的去抢夺辎重物资。曹公说："可以出击了。"于是众将士全部上马。当时曹军骑兵不到六百人，挥马出击，大败敌军，文丑也被杀。颜良、文丑都是袁绍手下有名的战将，他们的被杀，使袁绍部队的人感到十分震惊。曹公回师官渡，袁绍进军保卫阳武县。关羽逃回刘备那里。

原文

八月，绍连营稍前，依沙塠①为屯，东西数十里。公亦分营与相当，合战不利。时公兵不满万，伤者十二三。绍复进临官渡，起土山地道。公亦于内作之，以相应。绍射营中，矢如雨下，行者皆蒙楯（盾），众大惧。时公粮少，与荀彧书，议欲还许。彧以为："绍悉众聚官渡，欲与公决胜败。公以至弱当至强，若不能制，必为所乘，是天下之大机也。且绍，布衣之雄耳，能聚人而不能用。夫以公之神武明哲而辅以大顺，何向而不济！"公从之。孙策闻公与绍相持，乃谋袭许，未发，为刺客所杀。汝南降贼刘辟等叛应绍，略许下。绍使刘备助辟，公使曹仁击破之。备走，遂破辟屯。

袁绍运谷车数千乘至，公用荀攸计，遣徐晃、史涣邀击，大破之，尽烧其车。公与绍相拒连月，虽比战②斩将，然众少粮尽，士卒疲乏。公谓运者曰："却③十五日为汝破绍，不复劳汝矣。"冬十月，绍遣车运谷，使淳于琼等五人将兵万余人送之，宿绍营北四十里。绍谋臣许攸贪财，绍不能足，来奔，因说公击琼等。左右疑之，荀攸、贾诩劝公。公乃留曹洪守，自将步骑五千人夜往，会明至。琼等望见公兵少，出陈门外。公急击之，琼退保营，遂攻之。

注释

①沙塠：沙堆。塠，同"堆"。②比战：接连交战。③却：退，后。

译文

　　八月，袁绍前后连营，积极推进，并依沙丘扎寨，东西军营长达数十里。曹公也分开阵营，与袁军相互对抗，但交战时失败了。曹公的军队不到一万，其中还有受伤的二三千。袁绍又重新进军，进逼官渡，堆土山，挖地道。曹公也在营中堆山挖沟，组织抵抗。袁绍令士兵向曹营放箭，一时之间箭如雨下，营内走路的人都得举着盾牌，众人都很恐慌。这时曹军粮食缺少，曹公给荀彧写了一封信，和他商量，准备撤回许都。荀彧认为："袁绍全部兵马都集于官渡，准备与主公决一胜负。主公用最弱的军队抵挡最强的军队，如果不能胜敌，则被敌战胜，这是决定天下的关键时刻啊。况且袁绍不过是一个普通人中的豪杰而已，能聚集人，却不能正确调用。凭着主公的聪明威武，雄才大略，再加上奉天子之命讨伐叛乱，就会无往不胜！"曹公便听从了他的话。孙策听说曹公与袁绍相持不下，便密谋袭击许都，结果还没有出兵，就被刺客刺杀而死。汝南投降的贼寇刘辟等发动叛乱，作为袁绍的内应，抢劫许都附近城郊。袁绍派刘备去援助刘辟，曹公让曹仁迎击，将刘备打败。刘备仓皇逃回，于是曹军便将刘辟的营寨攻克。

　　袁绍几千辆运粮的军车来到，曹公采用荀攸的计谋，让徐晃、史涣前去截击，大败袁军，烧毁全部粮车。曹公与袁绍相持几个月，虽然每次交锋都斩杀袁军的大将，但兵少粮尽，士气低落。曹公对运粮的人说："半月后，一定打败袁绍，不再劳累你们了。"十月，袁绍派兵运粮，命淳于琼等五人带一万多人护送，在袁绍大寨北面四十里之地宿营。袁绍的谋士许攸很是贪财，袁绍不能满足他的要求，便前来投奔曹公，劝说曹公派兵抄袭淳于琼等人。曹公左右的人都不相信他，只有荀攸、贾诩二人劝说曹公采纳他的建议。曹公便让曹洪留守大营，亲领步骑兵五千人连夜出发，在天亮前赶到。淳于琼等看曹公的兵少，就在营外摆开阵势。曹公下令攻击，淳于琼退回营内固守，曹军攻打营寨。

20

原文

　　绍遣骑救琼。左右或言："贼骑稍近，请分兵拒之。"公怒曰："贼在背后，乃白！"士卒皆殊死战，大破琼等，皆斩之。绍初闻公之击琼，谓长子谭曰："就彼攻琼等，吾攻拔其营，彼固无所归矣！"乃使张郃、高览攻曹洪。郃等闻琼破，遂来降。绍众大溃，绍及谭弃军走，渡河。追之不及，尽收其辎重及图书珍宝，虏其众。公收绍书中，得许下及军中人书，皆焚之。冀州诸郡多举城邑降者。

　　初，桓帝时有黄星见于楚、宋之分，辽东殷馗善天文，言后五十岁当有真人起于梁、沛之间，其锋不可当。至是凡五十年，而公破绍，天下莫敌矣。

　　六年夏四月，扬兵河上，击绍仓亭军，破之。绍归，复收散卒，攻定诸叛郡县。九月，公还许。绍之未破也，使刘备略汝南，汝南贼共都等应之。遣蔡扬击都，不利，为都所破。公南征备。备闻公自行，走奔刘表，都等皆散。

　　七年春正月，公军谯，令曰："吾起义兵，为天下除暴乱。旧土人民，死丧略尽，国中终日行，不见所识，使吾凄怆伤怀。其举义兵已来，将士绝无后者，求其亲戚以后之，授土田，官给耕牛，置学师以教之，为存者立庙，使祀其先人，魂而有灵，吾百年之后何恨哉！"遂至浚仪，治睢阳渠，遣使以太牢祀桥玄。进军官渡。绍自军破后，发病呕血，夏五月死。小子尚代，谭自号车骑将军，屯黎阳。秋九月，公征之，连战。谭、尚数败退，固守。

译文

　　袁绍派骑兵救援淳于琼。左右有人说："敌人骑兵越来越近了，请分兵迎敌。"曹公大怒说："等敌人到了背后，再来报告！"曹军殊死奋战，将淳于琼等打得大败，并将他们杀死。袁绍刚闻知曹公攻打淳于琼，对大儿子袁谭说："趁他攻打淳于琼，我们偷袭他的大本营，他就无处可归了。"于是便派张郃、高览抄袭曹洪。张郃等人听说淳于琼兵败，就投降了曹公。袁绍的军队一败涂地，袁绍和袁谭等弃军逃跑，渡过黄河。曹军的追兵没有追赶上，但是却缴获了他们的全部辎重物资、图册书藏、珍珠宝物，俘虏了大量士兵。曹公在得到的袁绍的书信中，发现了许都的官员和自己军队里的人给袁绍的信件，立即全部烧掉了。冀州各郡见曹公打败了袁绍，纷纷献城投降。

　　当初，汉桓帝时，有一颗黄星出现在楚国和宋国一带的天空中，辽东人殷馗擅长观天文，预言五十年后将有真龙天子诞生在梁国和沛国一带，其锐不可当。到现在正好五十年，而且曹公打败了袁绍，天下再也无人能抵挡了。

　　建安六年（201年）四月，曹公率军到黄河岸边，攻打袁绍在仓亭的驻军，击败了袁军。

魏书

袁绍逃往冀州后，又收罗打散的士兵，攻占并平定了那些叛变的郡县。九月，曹公回到许都。袁绍未败之时，派刘备攻占汝南郡，汝南的贼寇共都等人都归附刘备。曹公派蔡扬攻打共都，战斗失利，被共都所败。曹公南征刘备。刘备听说曹公亲自领兵征讨自己，便逃奔刘表，共都等人也四散逃命去了。

建安七年（202 年）正月，曹公驻军谯县，下令说："我举义旗，招兵马，是为了铲除天下暴乱。可是我的乡人都要死光了，我在境内走了一天，没有看见一个熟识之人，这种情形真叫我悲伤。自从我起兵以来，将士们凡是牺牲了没有后代的，让他的亲戚过继作为他的后嗣，官府分给他们田地，配给耕牛，设置学校对他们进行教育，为活着的人修建宗庙，使他们能够祭祀自己的祖先，如果皇天有灵，我死也没有什么后悔的了！"从这里又到了浚仪县，治理好睢阳渠，又派使者去祭祀已故太尉桥玄。然后曹公进军官渡。袁绍自从部队被击溃以后，得病吐血，五月就死了。他的小儿子袁尚接替了他的职位，袁谭自封车骑将军，驻守于黎阳。这年的九月，曹公征讨他们，连打几仗。袁谭、袁尚屡战屡败，退回城中死守。

原文

八年春三月，攻其郭，乃出战。击，大破之，谭、尚夜遁。夏四月，进军邺。五月还许，留贾信屯黎阳。己酉，令曰："司马法①'将军死绥'，故赵括之母乞不坐②括。是古之将者，军破于外，而家受罪于内也。自命将征行，但赏功而不罚罪，非国典也。其令诸将出征，败军者抵罪，失利者免官爵。"

秋七月，令曰："丧乱已来，十有五年，后生者不见仁义礼让之风，吾甚伤之。其令郡国各修③文学，县满五百户置校官，选其乡之俊造而教学之，庶几先生之道不废，而有以益于天下。"

八月，公征刘表，军西平。公之去邺而南也，谭、尚争冀州，谭为尚所败，走保平原。尚攻之急，谭遣辛毗（pí）乞降请救。诸将皆疑，荀攸劝公许之，公乃引军还。冬十月，到黎阳，为子整与谭结婚。尚闻公北，乃释平原还邺。东平吕旷、吕翔叛尚，屯阳平，率其众降，封为列侯。

注释

①司马法：即司马穰苴的兵法。司马穰苴，春秋末齐国人，田齐公室的支庶，著名军事家。著有《司马穰苴兵法》。②坐：因罪牵连。③修：提倡。

译文

建安八年（203年）三月，曹公攻打黎阳城外城，袁氏兄弟出战。曹军奋勇冲击，大败袁军，袁谭、袁尚连夜逃走。四月，曹公进军邺城。五月回许都，留贾信驻守黎阳。五月二十日，曹公下令说："兵书《司马法》上规定，'将军临阵脱逃要处以死刑'，所以赵括的母亲请求不因儿子兵败被连坐。古代的将军征战，在国外打了败仗，而在国内的家人同样要受罚。可我调兵遣将，领兵征战，只奖有功之人，而不罚有过之人，这不是国家的法律。现在公布命令，以后众将出征，打败仗的要依法治罪，作战失败的要免去爵位。"

七月，曹公又颁布政令："自战乱以来，已有十五年了，年轻人没见过仁义礼让的风尚，我为此非常担忧。现公布法令，从今以后，各郡国要提倡和研究儒家经典，有五百户的县就要设置学官，选拔当地优秀学生入校，这样或许可以使圣贤的思想不致废弃，有利于天下。"

八月，曹公征讨刘表，驻军西平县。先前曹公离开邺城南下时，袁谭、袁尚为争夺冀州而交战，袁谭被袁尚打败，逃到平原县固守。袁尚攻城很急，袁谭派辛毗到曹公处投降，请求救兵。众将都存有疑虑，荀攸劝说曹公答应下来，于是曹公带兵返回。十月，曹公到了黎阳，让儿子曹整娶袁谭的女儿为妻。袁尚听到曹公北返的消息，撤走了平原的围兵，回到邺城。东平县的吕旷、吕翔叛离袁尚，驻军阳平县，带着自己的部队投降了曹公，被封为列侯。

原文

建安九年春正月，济河，遏淇水入白沟以通粮道。二月，尚复攻谭，留苏由、审配守邺。公进军到洹水，由降。既至，攻邺，为土山、地道。武安长尹楷屯毛城，通上党粮道。夏四月，留曹洪攻邺，公自将击楷，破之而还。尚将沮鹄守邯郸，又击拔之。易阳令韩范、涉长梁岐举县降，赐爵关内侯。五月，毁土山、地道，作围堑，决漳水灌城。城中饿死者过半。

秋七月，尚还救邺，诸将皆以为"此归师，人自为战，不如避之"。公曰："尚从大道来，当避之。若循西山来者，此成禽（擒）耳。"尚果循西山来，临滏水为营。夜遣兵犯围，公逆击破走之，遂围其营。未合，尚惧，遣故豫州刺史阴夔及陈琳乞降。公不许，为围益急。尚夜遁，保祁山，追击之。其将马延、张顗等临陈降，众大溃，尚走中山。尽获其辎重，得尚印绶节钺，使尚降人示其家，城中崩沮。

八月，审配兄子荣夜开所守城东门内兵。配逆战，败，生禽配，斩之，邺定。公临祀绍墓，哭之流涕。慰劳绍妻，还其家人宝物，赐杂缯絮，廪食之。

译文

　　建安九年（204年）正月，曹公率兵渡过黄河，截断淇水引入白沟，作为运粮的通道。二月，袁尚又攻打袁谭，只留下苏由、审配守卫邺城。曹公率兵到了洹水，苏由投降。一到邺城就发动攻击，堆起土山，挖掘地道。武安县令尹楷驻守毛城，保证通往上党的粮道畅通。四月，曹公留下曹洪攻打邺城，自己带兵攻打尹楷，打败他后又回师邺城。袁尚的部将沮鹄守卫邯郸县，被曹军攻克。易阳县县令韩范、涉县县长梁岐献城投降，赐给他们关内侯的封爵。五月，曹军毁去土山和地道，绕邺城挖了一圈大壕沟，挖开漳水河淹灌邺城。城中的人饿死了一大半。

　　七月，袁尚回兵救邺城，众将都认为："这是回返驻地的部队，人人都会奋力作战，不如避开他们。"曹公说："袁尚如果从大道上返回，应当避让。如果沿着西山而来，这次就会被捉住。"袁尚果然沿着西山前来，靠着滏水河扎下营寨。半夜里派兵偷袭围城的曹军，曹公迎战袁军，大败袁军，并下令乘胜包围他们的营寨。还没等到合围，袁尚就害怕了，派原来的豫州刺史阴夔和陈琳求降。曹公没有答应，加紧围攻。袁尚连夜逃走，退守祁山，曹军追击他们。袁尚的部将马延、张顗等人临阵投降，袁军瓦解，袁尚逃往中山国。曹军缴获了袁军全部辎重物资，还得到了袁尚的印章、绶带、符节、斧钺，又让袁军降兵举着这些东西给他们城中家属看，城中人心慌乱。

　　八月，审配哥哥的儿子审荣趁夜打开自己守卫的城东门，引曹军入城。审配迎战失败，被活捉后斩首，邺城平定了。曹公亲自到袁绍墓旁祭祀，痛哭不已。还慰藉袁绍的妻子，送还他家的仆人和珍宝，又赐给袁家各种丝绸棉絮，令官府供给他们粮食。

原文

　　初，绍与公共起兵，绍问公曰："若事不辑，则方面何所可据？"公曰："足下意以为何如？"绍曰："吾南据河，北阻燕、代，兼戎狄之众，南向以争天下，庶可以济乎？"公曰："吾任天下之智力，以道御之，无所不可。"

　　九月，令曰："河北罹袁氏之难，其令无出今年租赋。"重豪强兼并之法，百姓喜悦。天子以公领冀州牧，公让还兖州。公之围邺也，谭略取甘陵、安平、勃海、河间。尚败，还中山。谭攻之，尚奔故安，遂并其众。公遗谭书，责以负约，与之绝婚，女还，然后进军。谭惧，拔平原，走保南皮。十二月，公入平原，略定诸县。

　　十年春正月，攻谭，破之，斩谭，诛其妻子，冀州平。下令曰："其与袁氏同恶者，与之更始①。"令民不得复私雠（仇），禁厚葬，皆一之于法。是月，袁熙大将焦触、张南等叛，攻熙、尚。熙、尚奔三郡乌丸。触等举其县降，封为列侯。

注释

①更始：改过自新。

译文

当初袁绍与曹公一起举兵之时，袁绍曾问曹公："如果功业不成，那么什么地方可以据守呢？"曹公说："您认为怎么办好呢？"袁绍回答："我南面据守黄河，北面依靠燕、代之地的险要，再加上戎、狄的兵力，然后南进去争夺天下，这样或许就能成大事了吧？"曹公回答："我任用天下的人才，用道义来驾驭他们，定能百战百胜。"

九月，曹公颁布命令："黄河以北遭受袁氏父子之害的百姓，不交今年的租税。"曹公又加重了处罚豪强兼并土地的法令，百姓都很高兴。献帝下令让曹公兼任冀州牧，曹公便辞去了兖州牧之职。曹公包围邺城的时候，袁谭攻占了甘陵县、安平县、勃海国、河间县几地。袁尚战败后，逃回中山国。袁谭又进攻中山国，袁尚只得逃往固安县，他的部队被袁谭吞并。曹公写信给袁谭，谴责他违背和约，并与他断绝儿女亲家关系，让自己的女儿回娘家来，然后进军讨伐。袁谭十分害怕，就从平原县撤了出来，跑到了南皮县。十二月，曹公进入平原县，收回被袁谭攻占的郡县。

建安十年（205年）正月，曹公对袁谭发起进攻，打败了袁军，把袁谭斩首，并杀死了他的妻子儿女，冀州被平定了。曹公又颁布命令："凡是与袁氏一同做过坏事的人，允许他们改过自新。"又命令百姓们不得再报私仇，禁止铺张浪费办丧事，违法的人一概依法惩处。这个月内，袁熙的大将焦触、张南等反叛，攻打袁熙、袁尚。他们二人逃往辽西、上谷、右北平三郡的乌丸地区。焦触等人献出县城投降，被封为列侯。

原文

初讨谭时，民亡椎冰①，令不得降。顷之，亡民有诣门首者，公谓曰："听汝则违令，杀汝则诛首。归深自藏，无为吏所获。"民垂泣而去，后竟捕得。夏四月，黑山贼张燕率其众十余万降，封为列侯。故安赵犊、霍奴等杀幽州刺史、涿郡太守。三郡乌丸攻鲜于辅于犷平。秋八月，公征之，斩犊等，乃渡潞河救犷平。乌丸奔走出塞。

九月，令曰："阿党比周，先圣所疾也。闻冀州俗，父子异部，更相毁誉。昔直不疑无兄，世人谓之盗嫂。第五伯鱼三娶孤女，谓之挝妇翁②。王凤擅权，谷永比之申伯。王商忠议，张匡谓之左道。此皆以白为黑，欺天罔君者也。吾欲整齐风俗，四者不除，吾以为羞。"

冬十月，公还邺。初，袁绍以甥高干领并州牧，公之拔邺，干降，遂以为刺史。干闻公讨乌丸，乃以州叛，执上党太守，举兵守壶关口。遣乐进、李典击之。干还守壶关城。

注释

①亡椎冰：指为躲避凿冰的劳役而逃亡。②挝妇翁：命硬，克自己的岳父。

译文

当初讨伐袁谭时，一些百姓逃避破冰行船的差役，曹公下令官吏们不准接受他们投降。不久，逃亡的人到军中自首的，曹公对他们说："接受你们自首就违背了军令，杀死你们又处死了认罪之人。你们最好回去躲藏起来吧，不要让官吏们捉着。"百姓们流着泪走了，后来终于都被捕获。这一年的四月，黑山贼首张燕率领十多万人马投降，被封为列侯。故安人赵犊、霍奴等人杀死了幽州刺史、涿郡太守。三郡的乌丸族在犷平攻打鲜于辅。八月，曹公带兵出征，把赵犊等人斩首，又渡过潞河救援犷平。乌丸人逃到了塞外。

九月，曹公颁布命令："结党营私，互相勾结，是古代圣贤们所不齿的事情。听说冀州一带，父子各立宗派，或相互诽谤，或胡乱吹捧。从前直不疑连哥哥都没有，却有很多人诽谤他与嫂子通奸。第五伯鱼娶了三位没有父亲的夫人，却有人诬蔑他命硬克自己岳丈。王凤专权，把持朝政，谷永却将他与贤相申伯相提并论。王商忠正不阿，张匡却诋毁他搞歪门邪道。这些都是颠倒黑白，欺骗上天，蒙蔽君王的事情。我将整治社会风俗，上面列举的四项陋习不革除，是我终生的耻辱。"

十月，曹公回到了邺城。当初，袁绍让他的外甥高干做并州牧，曹公攻克邺城的时候，高干投降，曹公让他做刺史。高干听说曹公前往讨伐乌丸族，趁机在并州叛乱，挟持了上党太守，派兵守住壶关口。曹公派乐进、李典二人前去平叛。高干退到壶关城固守。

原文

十一年春正月，公征干。干闻之，乃留其别将守城，走入匈奴，求救于单于，单于不受。公围壶关三月，拔之。干遂走荆州，上洛都尉王琰捕斩之。秋八月，公东征海贼管承，至淳于，遣乐进、李典击破之，承走入海岛。割东海之襄贲、郯、戚以益琅邪（琊），省昌虑郡。三郡乌丸承天下乱，破幽州，略有汉民合十余万户。袁绍皆立其酋豪为单于，以家人子①为己女，妻焉。辽西单于蹋顿尤强，为绍所厚，故尚兄弟归之，数入塞为害。公将征之，凿渠，自呼沱入泒水，名平虏渠。又从泃河口凿入潞河，名泉州渠，以通海。

十二月春二月，公自淳于还邺。丁酉，令曰："吾起义兵诛暴乱，于今十九年，所征必克，岂吾功哉？乃贤士大夫之力也！天下虽未悉定，吾当要与贤士大夫共定之，而专飨②其劳，吾何以安焉！其促定功行封。"于是大封功臣二十余人，皆为列侯，其余各以次受封，及复死事之孤，轻重各有差。

注释

①家人子：本族里的女子。②飨：赏赐。

译文

建安十一年（206年）正月，曹公亲自领兵征讨高干。高干闻讯，就留下其他将领守壶关城，自己逃到匈奴，向匈奴单于求救，但单于没有出兵。曹公围困壶关城三个月后攻下了它。高干于是逃到荆州，被上洛县都尉王琰抓住并斩首。八月，曹公东征海贼管承，到了淳于县，派遣乐进、李典进攻，将他击败，管承逃到海岛上去了。曹公分割东海郡的襄贲、郯、戚三个县以扩充琅琊郡，撤销了昌虑郡。三郡乌丸趁天下大乱，攻破幽州，抢掠汉族百姓十多万户。袁绍曾把他们的酋长和首领都立为单于，并把本族人的女儿作为自己的女儿，嫁给他们为妻。其中辽西单于蹋顿势力最大，最受袁绍厚爱，所以袁尚兄弟来投奔他，他们多次侵入边塞抢掠。曹公准备征讨乌丸，先开凿河渠，从呼沱河直到泒水，命名为平虏渠。又从泃河口凿通潞河，命名为泉州渠，通向大海。

建安十二年（207年）二月，曹公自淳于返回邺城。二月初五，下令说："自我举起义旗，平定暴乱到现在，已整整十九年了，这期间每战必胜，难道这是我一个人的功劳吗？这都是贤才智士、文武百官尽忠尽力的结果呀！现在虽然天下还没有完全太平，还需我和他们一起去平定，但是我独享功劳，怎能安心呢！应该尽快给大家论功行赏。"于是大封功臣，功劳卓著的二十多人封为列侯，其余的也论功行赏，还免除为国死难者子女的徭役租税，轻重各有不同。

原文

将北征三郡乌丸，诸将皆曰："袁尚，亡虏耳，夷狄贪而无亲，岂能为尚用？今深入征之，刘备必说刘表以袭许。万一为变，事不可悔。"惟郭嘉策表必不能任备，劝公行。夏五月，至无终。秋七月，大水，傍海道不通，田畴请为乡导，公从之。引军出卢龙塞，塞外道绝不通，乃堑山堙谷五百余里，经白檀，历平冈，涉鲜卑庭，东指柳城。未至二百里，虏乃知之。尚、熙与蹋顿、辽西单于楼班、右北平单于能臣抵之等将数万骑逆军。

八月，登白狼山，卒与虏遇，众甚盛。公车重在后，被甲者少，左右皆惧。公登高，望虏陈（阵）不整，乃纵兵击之，使张辽为先锋。虏众大崩，斩蹋顿及名王已下，胡、汉降者二十余万口。辽东单于速仆丸及辽西、北平诸豪，弃其种人，与尚、熙奔辽东，众尚有数千骑。初，辽东太守公孙康恃远不服。及公破乌丸，或说公遂征之，尚兄弟可禽（擒）也。公曰："吾方使康斩送尚、熙首，不烦兵矣。"

九月，公引兵自柳城还，康即斩尚、熙及速仆丸等，传其首。诸将或问："公还而康斩送尚、熙，何也？"公曰："彼素畏尚等，吾急之则并力，缓之则自相图，其势然也。"十一月至易水，代郡乌丸行单于普富卢、上郡乌丸行单于那楼将其名王来贺。

译文

曹公想要北征三郡乌丸，众将都说："袁尚，只不过是个四散逃亡的敌人而已，乌丸人又贪财忘义，不讲究亲朋交情，怎么能被袁尚利用呢？如今大兵深入其境征伐，刘备一定会劝说刘表袭击许都。万一真的发生变故，就会悔恨不及。"唯有郭嘉断定刘表不会相信刘备，鼓励曹公出兵。五月，曹公带兵来到无终县。七月，发大水，靠海边的道路都不通，田畴请求当向导，曹公答应了。田畴带领大军出了卢龙塞，塞外道路被断绝不通，只

28

好挖山填谷五百余里，经过白檀县，穿越平冈县，深入鲜卑族的居住地，向东直奔柳城县。距柳城二百多里的时候，敌寇已得知消息。袁尚、袁熙与蹋顿，以及辽西单于楼班、右北平单于能臣抵之等带几万骑兵前来迎战。

八月，曹公登上白狼山，突然与敌兵遭遇，敌人数量很多。当时曹公的辎重物资都在后面，穿战甲的人很少，左右随从有些害怕。曹公登上高处，望见敌军队伍混乱不整，便率先主动向敌人发起进攻，命张辽为先锋。乌丸军四散崩溃，蹋顿以及部族中许多头领都被斩首，胡、汉两族投降的有二十多万。辽东单于速仆丸及辽西、右北平的众位头目，丢弃他们的族人，与袁尚、袁熙逃往辽东，仅剩下几千骑兵。当初，辽东太守公孙康自恃地域偏远，不服从管辖。等到曹公打败了乌丸，有人劝曹公应该征伐公孙康，那样就可活捉袁氏兄弟。曹公说："我正要叫公孙康砍掉袁尚、袁熙的脑袋送来，不用再派兵了。"

九月，曹公带兵从柳城回返，公孙康立即把袁尚、袁熙、速仆丸等人斩首，把头送到曹公军中。有的将领问："主公回兵，而公孙康却砍下他们脑袋送来，这是什么缘故呢？"曹公说："公孙康平素就惧怕袁尚等人，我进攻太急，他们就会合力对付我们，暂缓进攻，他们就会自相残杀，这是必然的。"十一月，曹公到达易水岸边，代郡乌丸代理单于普富卢、上郡乌丸代理单于那楼带领本族的头领赶来庆贺。

原文

十三年春正月，公还邺，作玄武池以肄①舟师。汉罢三公官，置丞相、御史大夫。夏六月，以公为丞相。秋七月，公南征刘表。八月，表卒，其子琮代，屯襄阳，刘备屯樊。九月，公到新野，琮遂降，备走夏口。公进军江陵，下令荆州吏民与之更始。乃论荆州服从之功，侯者十五人，以刘表大将文聘为江夏太守，使统本兵，引用荆州名士韩嵩、邓义等。益州牧刘璋始受征役，遣兵给军。十二月，孙权为备攻合肥。公自江陵征备，至巴丘，遣张憙救合肥。权闻憙至，乃走。公至赤壁，与备战，不利。于是大疫，吏士多死者，乃引军还。备遂有荆州、江南诸郡。

十四年春三月，军至谯，作轻舟，治水军。秋七月，自涡入淮，出肥水，军合肥。辛未，令曰："自顷②已来，军数征行，或遇疫气，吏士死亡不归，家室怨旷③，百姓流离，而仁者岂乐之哉？不得已也。其令死者家无基业不能自存者，县官勿绝廪④，长吏存恤抚循，以称吾意。"置扬州郡县长吏，开芍陂屯田。十二月，军还谯。

魏书

29

注释

①肄：训练。②顷：最近。③怨旷：夫妻无法团聚。④绝廪：断绝救济。

译文

建安十三年（208年）正月，曹公回到邺城，开凿玄武池训练水军。这时朝廷废除了三公，设置丞相、御史大夫。六月，曹公被任命为丞相。七月间，曹公南征刘表。八月，刘表病死，他的儿子刘琮接替其职位，驻守襄阳，刘备驻守樊城。九月，曹公率兵抵达新野县，刘琮于是投降，刘备逃往夏口。曹公进兵江陵，命荆州一带的官吏和百姓同他们一起开始新的生活。还评定荆州降官的功劳，封侯的有十五人，任命原刘表手下的大将文聘为江夏太守，让他领管自己的兵马，并举荐任用荆州名士韩嵩、邓义等人。益州牧刘璋开始接受朝廷的征兵和纳税，遣送士兵给曹公补充军队。十二月，孙权帮助刘备进攻合肥。曹公从江陵发兵征讨刘备，到达巴丘山，派张喜去援救合肥。孙权得知张喜到来，才撤兵离开。曹公抵达赤壁，与刘备交战，战斗失利，这时发生了大瘟疫，官兵死了很多，曹公便带兵北回。于是刘备占领了荆州所辖的江南各郡县。

建安十四年（209年）三月，曹公进军到了谯县，制造快船，操习水军。七月，曹军从涡水进入淮河，经过淝水，在合肥住下。八月二十四日，曹公下令说："最近几年来，军队多次远征，有时还遇到瘟疫，很多官兵死亡不能再回家乡，夫妻难以团聚，百姓流离失所，这难道是仁爱之人愿意看到的吗？是不得已才这样做。特此命令，凡是死的士兵家中没有产业，难以维持生活的，政府不得停止供应食粮，官吏必须慰问救济他们，这才合我意。"这年又在扬州设置郡县长官，开垦芍陂屯田。十二月，部队返谯。

原文

十五年春，下令曰："自古受命及中兴之君，曷尝不得贤人君子与之共治天下者乎！及其得贤也，曾不出闾巷，岂幸相遇哉？上之人不求之耳。今天下尚未定，此特求贤之急时也。'孟公绰为赵、魏老则优，不可以为滕、薛大夫。'若必廉士而后可用，则齐桓其何以霸世？今天下得无有被褐怀玉而钓于渭滨者乎？又得无盗嫂受金而未遇无知者乎？二三子其佐我明扬仄陋，唯才是举，吾得而用之。"冬，作铜爵台①。

十六年春正月，天子命公世子丕为五官中郎将，置官属，为丞相副。太原商曜等以大陵叛，遣夏侯渊、徐晃围破之。张鲁据汉中。三月，遣钟繇讨之，公使渊等出河东与繇会。是时关中诸将疑繇欲自袭，马超遂与韩遂、杨秋、李堪、成宜等叛。遣曹仁讨之。超等屯潼关。公敕诸将："关西兵精悍，

坚壁勿与战。"

　　秋七月，公西征，与超等夹关而军。公急持之，而潜遣徐晃、朱灵等夜渡蒲阪津，据河西为营。公自潼关北渡，未济，超赴船急战。校尉丁斐因放牛马以饵贼，贼乱取牛马，公乃得渡，循河为甬道而南。贼退，拒渭口，公乃多设疑兵，潜以舟载兵入渭，为浮桥。夜，分兵结营于渭南。贼夜攻营，伏兵击破之。超等屯渭南，遣信求割河以西请和，公不许。

注释

①铜爵台：即铜雀台。此处"爵"通"雀"。

译文

　　建安十五年（210年）春天，曹公又颁布命令："自古以来，凡是秉受天命和中兴的君主，无不靠贤人君子帮助共治天下！君主得到贤才，足不出巷，这难道是侥幸碰上的吗？是高高在上的执政者早先没去寻访罢了。如今天下还未平定，这是正需要贤才的时候。孔子说：'孟公绰做赵、魏两家的家臣才力有余，却不能做滕、薛二小国的大夫。'假如一定要得到廉洁之士后才能任用，那齐桓公怎能称霸天下呢？难道现在天下就真没有像吕尚那样富有才华却穿着破衣服在渭水边垂钓的人吗？又难道没有像陈平那样被诬与嫂子私通、接受贿赂却还没有遇到识才的魏无知的人吗？各位一定要帮我明察举荐出身低微的有才之士，只要有才就举荐，使我能够重用他们。"这年冬天，建铜雀台。

　　建安十六年（211年）正月，汉献帝任命曹公的世子曹丕为五官中郎将，并安置所属官员，让他做副丞相。太原商曜等人据守大陵县反叛，曹公派夏侯渊、徐晃带兵包围大陵，打败了商曜。张鲁占据汉中郡。三月，曹公派钟繇前去征讨，又命令夏侯渊等人从河东郡出兵，与钟繇会合。这时，占据关中的各将都怀疑钟繇要袭击自己，于是，马超与韩遂、杨秋、李堪、成宜等人起兵反叛。曹公派曹仁去征讨。马超等人驻守潼关。曹公告诫众将说："关西兵勇敢强悍，你们坚守营寨，不得与他们交战。"

　　七月，曹公西征，与马超的军队隔着潼关对峙。曹公急于拖住马超的部队，暗中派徐晃、朱灵等将乘天黑渡过蒲阪津，占领黄河以西，安营扎寨。曹公在潼关北面强渡黄河，渡了一半，马超赶来，猛攻曹军船只。校尉丁斐见情况危急，放出大批牛马引诱贼兵，贼兵争抢牛马，队形大乱，曹公才得以渡过黄河，沿河边向南修筑通道。贼兵败退，占据渭口抵抗，曹公便多设疑兵，暗中用船将部队送入渭水，架设浮桥。夜里，曹公分兵在渭水南岸扎营。贼军于夜间偷袭曹营，曹公派伏兵将他们击败。马超等人驻守渭南，派人送信，以割让黄河以西为条件求和，曹公不应。

原文

九月，进军渡渭。超等数挑战，又不许。固请割地，求送任子①，公用贾诩计，伪许之。韩遂请与公相见。公与遂父同岁孝廉，又与遂同时侪辈，于是交马语移时，不及军事，但说京都旧故，拊手欢笑。既罢，超等问遂："公何言？"遂曰："无所言也。"超等疑之。他日，公又与遂书，多所点窜，如遂改定者，超等愈疑遂。公乃与克日会战，先以轻兵挑之，战良久，乃纵虎骑夹击，大破之，斩成宜、李堪等。遂、超等走凉州，杨秋奔安定，关中平。

诸将或问公曰："初，贼守潼关，渭北道缺，不从河东击冯翊而反守潼关，引日而后北渡，何也？"公曰："贼守潼关，若吾入河东，贼必引守诸津，则西河未可渡。吾故盛兵向潼关，贼悉众南守，西河之备虚，故二将得擅取西河。然后引军北渡，贼不能与吾争西河者，以有二将之军也。连车树栅，为甬道而南，既为不可胜，且以示弱。渡渭为坚垒，虏至不出，所以骄之也。故贼不为营垒而求割地。吾顺言许之，所以从其意，使自安而不为备。因畜士卒之力，一旦击之，所谓疾雷不及掩耳。兵之变化，固非一道也。"

始，贼每一部到，公辄有喜色。贼破之后，诸将问其故。公答曰："关中长远，若贼各依险阻，征之，不一二年不可定也。今皆来集，其众虽多，莫相归服，军无适主②，一举可灭，为功差易，吾是以喜。"冬十月，军自长安北征杨秋，围安定。秋降，复其爵位，使留抚其民人。十二月，自安定还，留夏侯渊屯长安。

注释

①任子：送世子为人质。任：犹言接任。②适主：嫡主，统一的主帅。

译文

九月，大军渡过渭水。马超等人多次挑战，曹公并不应战。再三请求割地，并让自己的儿子做人质求和，曹公听从贾诩之计，假意先应下来。韩遂请求与曹公会面。曹公与韩遂的父亲同一年被举为孝廉，又与韩遂是平辈，因此两人马靠马在阵前谈了很长时间，不谈军事，只叙朋友旧事，说到高兴处，二人拍手大笑。会见结束后，马超问韩遂："曹公说了些什么？"韩遂回答："没说什么。"于是马超等人对他产生了猜疑。过了几天，曹公又给韩遂写了封信，上面故意涂改许多地方，好像是韩遂改的，马超等人更加怀疑。于是曹公与他们约定日期会战，先用轻装部队挑衅敌军，打了很长时间后，派出精锐骑

兵夹攻，大败他们，成宜、李堪等都被斩首。韩遂、马超等人逃到凉州，杨秋到安定郡，关中平定了。

众将有的问曹操："开始时，贼兵守卫潼关，渭水以北没有防守之兵，我们不从河东出去攻打冯翊，反而在潼关与敌兵对峙，拖延许久才北渡黄河，这是为何？"曹公回答："贼兵占据潼关，如果我军进入河东，贼兵必将带兵守住黄河各渡口，我们就不能渡到河西。我故意重兵逼近潼关，贼兵全力来守南边，西河的防备空虚，因此徐晃、朱灵二将才能轻易占领西河。在此之后我带大军北渡黄河，贼兵不敢与我们争夺西河，是因为有他们二将的军队。连接战车，树起栅栏，做通道向南前进，既是创造了我军不可战胜的条件，同时又向敌人示弱（麻痹他们）。渡过渭水后深沟固垒，敌军挑战不应，是为了使敌军骄傲自大。所以贼军不造营垒，只求割地讲和。我顺着他们的意思答应下来，之所以依着他们的意图，是为了使他们自以为平安无事而毫无防备。我军此时养精蓄锐，一旦出击，就有迅雷不及掩耳之势。用兵之道，本来不能墨守成规，只求一种方法。"

当初，贼兵每到一支部队，曹公就面露喜色。贼兵被打败以后，众将问他高兴的原因。曹公回答："关中地域辽阔，如果贼兵各自依险阻抵抗，征伐他们，没有一二年的时间不能平定。如今都聚集于此，虽然人数众多，但都彼此不和，没有统一的主帅，所以消灭敌人容易成功，取得成功很容易，所以我高兴。"十月，曹军从长安出发，北征杨秋，包围了安定。杨秋投降，又恢复了他的爵位，让他留下治理所辖之地。十二月，从安定返回，留下夏侯渊驻守长安。

魏书

原文

十七年春正月，公还邺。天子命公赞拜不名，入朝不趋，剑履上殿，如萧何故事。马超余众梁兴等屯蓝田，使夏侯渊击平之。割河内之荡阴、朝歌、林虑，东郡之卫国、顿丘、东武阳、发干，巨鹿之瘿陶、曲周、南和，广平之任城，赵之襄国、邯郸、易阳以益魏郡。冬十月，公征孙权。

十八年春正月，进军濡须口，攻破权江西营，获权都督公孙阳，乃引军还。诏书并十四州，复为九州。夏四月，至邺。五月丙申，天子使御史大夫郗虑持节策命公为魏公，曰："朕以不德，少遭愍凶[①]，越在西土，迁于唐、卫。当此之时，若缀旒然，宗庙乏祀，社稷无位。群凶觊觎，分裂诸夏，率土之民，朕无获焉，即我高祖之命将坠于地。朕用夙兴假寐，震悼于厥心，曰：'惟祖惟父，股肱先正，其孰能恤朕躬？'乃诱天衷，诞育丞相，保乂[②]我皇家，弘济[③]于艰难，朕实赖之。今将授君典礼，其敬听朕命。

注释

①愍凶：忧患灾难。②乂：安定。③弘济：全面拯救。

译文

建安十七年（212年）正月，曹公回到邺城。汉献帝命令曹公朝拜时赞礼官不必在旁点名唱礼，入朝时可以不像别的大臣那样小步快走，可以穿靴、佩剑，就像西汉丞相萧何那样。马超的余党梁兴等人驻守蓝田县，曹公命令夏侯渊出兵征伐，平定了他们。划割出河内郡的荡阴、朝歌、林虑等县，东郡的卫国、顿丘、东武阳、发干等县，巨鹿郡的瘿陶、曲周、南和等县，广平郡的任城县，赵郡的襄国、邯郸、易阳县以扩充魏郡。十月，曹公征讨孙权。

建安十八年（212年）正月，曹公进军濡须口，攻破孙权在长江以西的营寨，抓住了孙权的都督公孙阳，然后回师。此时，汉献帝下诏合并十四州，恢复九州的建制。四月，曹公回到邺城。五月初十，汉献帝派御史大夫郗虑拿着皇帝的符节到邺城，册封曹公为魏公，策文说："因我无德，小时就遭忧患和灾难，被远远地劫持到西边（长安），后又流亡到唐、卫。那时，我四处漂泊，祖宗的祠庙无人祭祀，国无固定疆界。那些凶恶之徒都觊觎皇位，割裂天下，全国的百姓，我无法管治，我汉高祖开创的基业快崩溃了。我早起晚睡，不敢安息，内心痛苦异常，祷告说：'我的祖宗啊，有才能的先臣们，谁能怜悯我呢？'于是感动了上天，诞生了曹丞相，保护我们皇室平安，在艰难之中把我拯救出来，使我有了依仗。如今要举行授您魏公的典礼，请您敬听我的命令。

原文

昔者董卓初兴国难，群后释位以谋王室。君则摄进，首启戎行，此君之忠于本朝也。后及黄巾反易天常，侵我三州，延及平民，君又翦之以宁东夏，此又君之功也。韩暹、杨奉专用威命，君则致讨，克黜其难，遂迁许都，造我京畿，设官兆祀，不失旧物，天地鬼神于是获乂，此又君之功也。袁术僭（僭）逆，肆于淮南，慑惮君灵。用丕显谋，蕲阳之役，桥蕤授首，棱威南迈，术以陨溃，此又君之功也。回戈东征，吕布就戮，乘辕将返，张杨殂毙，眭固伏罪，张绣稽服①，此又君之功也。

袁绍逆乱天常，谋危社稷，凭恃其众，称兵内侮，当此之时，王师寡弱，天下寒心，莫有固志。君执大节，精贯白日，奋其武怒，运其神策，致届官渡，大歼丑类，俾我国家拯于危坠，此又君之功也。济师洪河，拓定四州，袁谭、高干，咸枭其首，海盗奔迸，黑山顺轨，此又君之功也。乌丸三种，崇乱二世，袁尚因之，逼据塞北，束马县车，一征而灭，此又君之功也。刘表背诞，不供贡职，王师首路，威风先逝，百城八郡，交臂屈膝，此又君之功也。

注释

①稽服：顺服，投降。

译文

过去董卓使国家蒙难，各地郡守放弃自己的政务，一同解救王室。您督促众人进军，并率先与贼兵交战，可见您对王室的忠诚。后来黄巾军违背天命，发动叛乱，侵占三州，祸乱波及百姓，您又铲除他们，平定东方，这又是您的功劳。韩暹、杨奉二人专权，乱发命令，您讨伐他们，清除他们引起的动乱，又把都城迁到许县，建造京都，重设百官，修建宗庙，恢复先代的规章制度、文物，此举使天地鬼神都得到安宁，这也是您的功劳。袁术称帝，虽在淮南横行一时，但也惧怕您的神威。您施展宏谋，在蕲阳战役中，斩首桥蕤，威势不断，继续南行，使袁术丧命，部下崩溃，这又是您的功劳。回师东征，诛杀吕布，班师途中，处死张杨，眭固认罪受死，张绣俯首称臣，这又是您的功劳。

袁绍淆乱天纲，举行叛乱，阴谋颠覆国家，倚仗兵多将广，起兵侵凌朝廷，这时，国家兵少力小，普天之众，个个心惊胆寒，无人有坚定的信心。忠于国家的您运用您的神机妙算，亲赴官渡指挥作战，歼灭众多贼兵，把国家从危难中拯救出来，这又是您的功劳。率师渡过黄河，开拓平定四州，袁谭、高干二人被斩首，众海盗四散逃窜，黑山贼寇投靠朝廷，这又是您的功劳。三郡乌丸，已两代作乱，袁尚依靠他们，盘踞在塞北，您率军翻山越岭，一战消灭他们，这又是您的功劳。刘表背叛朝廷，不再上贡，您率军出发，神威先行，荆州诸郡，望风而降，这又是您的功劳。

原文

马超、成宜，同恶相济，滨据河、潼，求逞所欲，殄之渭南，献馘①万计，遂定边境，抚和戎狄，此又君之功也。鲜卑、丁零，重译②而至，单于箄于、白屋，请吏率职，此又君之功也。君有定天下之功，重之以明德，班叙③海内，宣美风俗，旁施勤教，恤慎刑狱，吏无苛政，民无怀慝④。敦崇帝族，表继绝世，旧德前功，罔不咸秩。虽伊尹格于皇天，周公光于四海，方之蔑如也。

朕闻先王并建明德，胙之以土⑤，分之以民，崇其宠章，备其礼物，所以藩卫王室，左右厥世也。其在周成，管、蔡不静，惩难念功，乃使邵康公赐齐太公履，东至于海，西至于河，南至于穆陵，北至于无棣，五侯九伯，实得征之，世祚太师，以表东海。爰及襄王，亦有楚人不供王职，又命晋文登为侯伯，锡以二辂、虎贲、铁钺、秬鬯、弓矢[6]，大启南阳，世作盟主。故周室之不坏，繄二国是赖。今君称丕显德，明保朕躬，奉答天命，导扬弘烈，缓爰九域，莫不率俾，功高于伊、周，而赏卑于齐、晋，朕甚恧[7]焉。

注释

①馘（guó）：古代战争中割取敌人的左耳以计数献功。②重（chóng）译：辗转翻译。意为相继臣服。③班叙：整肃秩序。④愿：恶。⑤祚之以土：分封诸侯的一种仪式。祚：赐。⑥二辂：天子所乘用的车辆大路与戎路。虎贲：精选的卫士。铁钺：斫刀和大斧。腰斩、砍头的刑具。秬鬯（jù chàng）：古代以黑黍和郁金香草酿造的酒，用于祭祀降神及赏赐有功的诸侯。弓矢：特指诸侯天子赐予诸侯的红色和黑色的大弓和箭。意为授予征伐权。⑦恧（nù）：惭愧。

译文

马超和成宜狼狈为奸，据守黄河、潼关，企图称王称霸，您在渭水南将他们消灭，杀敌数万，安定了边境，与戎狄和好，这又是您的功劳。鲜卑族、丁零族相继臣服，到京城朝见，罩于族、白屋族，俯首称臣，这又是您的功劳。您有平定天下的大功，您用德行教化民众，使天下秩序井然，宣传改善风俗，不断向百姓施以教导，小心谨慎地施以刑罚，使官吏们不施行苛政，百姓没有狡诈之心。您极其尊崇皇帝的亲族，使没有后人的能被继承下来，对于以前德高功大之人，无不发给合理的俸禄。即使像伊尹那样德高及于皇天，周公那样光照四海的贤人，与您相比也显得逊色多了。

我听说先代的帝王分封大德之人，要赏赐给他土地，分给他百姓，用官爵之位表示尊崇，将典礼厚礼准备周全。之所以这样做，是为了让他保卫王室辅佐君王。在周成王时，管叔和蔡叔作乱，他们被平定后，成王顾念有功之臣，便派邵康公赐给齐国姜太公土地，东到大海、西到黄河、南到穆陵关、北到无棣边境，各国王侯、九州长官有罪，都可以征讨，世代担任太师，以彰其功绩。到了周襄王时，也有楚国人不称臣、不献贡，又命晋文王为诸侯的盟主，赏赐给他两辆辂车、勇士、铁钺、美酒和弓箭，将南阳的大片土地封给他，让其世代担任诸侯盟主。所以周王室不灭，完全依靠齐国和晋国。如今您功德显赫，您保护我的安全，顺应天命，发扬弘业，安定九州，无人不顺服，您的功劳比伊尹、周公还高，但赏赐比齐太公、晋文公少，我感到很惭愧。

原文

朕以眇眇之身，托于兆民之上，永思厥艰，若涉渊冰，非君攸济，朕无任焉。今以冀州之河东、河内、魏郡、赵国、中山、常山、钜鹿、安平、甘陵、平原凡十郡，封君为魏公。锡君玄土，苴以白茅，爰契尔龟，用建冢社。

昔在周室，毕公、毛公入为卿佐，周、邵师保出为二伯。外内之任，君实宜之，其以丞相领冀州牧如故，又加君九锡，其敬听朕命。

以君经纬礼律，为民轨仪，使安职业，无或迁志，是用锡①君大辂、戎辂各一，玄牡二驷。君劝分务本，穑人昏作，粟帛滞积，大业惟兴，是用锡君衮冕之服，赤舄②副焉。君敦尚谦让，俾民兴行，少长有礼，上下咸和，是用锡君轩悬之乐，六佾之舞。君翼宣风化，爰发四方，远人革面，华夏充实，是用锡君朱户以居。君研其明哲，思帝所难，官才任贤，群善必举，是用锡君纳陛以登。

君秉国之钧，正色处中，纤毫之恶，靡不抑退，是用锡君虎贲之士三百人。君纠虔天刑，章厥有罪，犯关干纪，莫不诛殛，是用锡君鈇钺各一。君龙骧虎视，旁眺八维，掩讨逆节，折冲四海，是用锡君彤弓一，彤矢百，旅弓③十，旅矢千。君以温恭为基，孝友为德，明允笃诚，感于朕思，是用锡君秬鬯一卣，珪瓒④副焉。魏国置丞相已下群卿百寮，皆如汉初诸侯王之制。往钦哉，敬服朕命！简恤尔众，时亮庶功，用终尔显德，对扬我高祖之休命！"

注释

①锡：赏赐。②赤舄（xì）：红色的礼鞋。③旅（lú）弓：黑弓。④珪瓒：古代祭祀用的玉器。

译文

我以此渺小之身，居在亿万百姓之上，常常忧虑执政的艰难，如临深渊，如履薄冰，如果没有您的辅助，我定不能胜任。现在把冀州的河东、河西、魏郡、赵国、中山、常山、巨鹿、安平、甘陵、平原共十个郡县都赏给您，封您为魏公。赐给您用白茅草包的黑土，您可以去烧龟占卜，修建魏国的宗庙社稷。从前在周朝时，毕公、毛公都曾入朝做公卿，周公、邵公不但在朝中做太师、太保，也在外做一方之伯。内外兼职，对于您是非常合适的，您仍以丞相的身份兼任冀州牧，另赐给您九锡，您敬听我的命令。

因为您制定礼制法律，给百姓规定行为规范，使他们安分守己，没有人怀有二心。所以赐给您金辂车、战车各一辆，黑红色的公马八匹。因您教导百姓们有无相济、崇本务农，使农民努力耕织，积蓄了大量的粮食和布帛，国业兴旺发达，所以赏给您绣龙的礼服和礼帽，配上一双红色的鞋子。因您推崇谦虚礼让的美德，使百姓们效仿实行，老少之间互相礼让，上下之间彼此和睦，所以赏给您三面悬挂的乐器，用六队三十六人的舞蹈。因您以教令感化百姓，远达四方，使边远不发达民族都洗心革面，中原地区更加充实富有，所以赐给您红门的房子。因您研究先王的智慧，思考连尧帝都为难的事情，选择官员只看其有无才德，凡优秀人才一定被举荐，所以赐给您上殿登阶的权力。

因您执掌国家大权，为政庄严，不偏不倚，即使有一丝一点的恶行，也要加以斥责和黜退，所以赐给您三百名勇士。因您小心谨慎的督察刑罚，公布揭露那些罪犯，凡触犯国家法律的，没有不被惩处的，所以赐给您铁、钺各一件。因您高瞻远瞩，旁观八方，征讨乱臣贼子，捍卫四海平安，所以赐给您红色的弓一张，红色的箭一百支，黑色的弓十张，黑色的箭一千支。因您以温良恭俭为根本，以孝顺双亲、友爱兄弟为美德，聪明、守信、笃实、忠诚，感动了我的心，所以赏给你美酒一卣，还配玉制的钩子一把。魏国可以设置丞相以下的百官，都像西汉初年各诸侯王的建制一样。望您到魏国后，恭敬地服从我的命令，选拔、安抚您的部下，随时明察政事，完成您的伟大功德，弘扬汉高祖宏伟的事业！"

原文

秋七月，始建魏社稷宗庙。天子聘公三女为贵人，少者待年于国。九月，作金虎台，凿渠引漳水入白沟以通河。冬十月，分魏郡为东西部，置都尉。十一月，初置尚书、侍中、六卿。马超在汉阳，复因羌、胡为害，氐王千万叛应超，屯兴国。使夏侯渊讨之。

十九年春正月，始耕籍田。南安赵衢、汉阳尹奉等讨超，枭其妻子，超奔汉中。韩遂徙金城，入氐王千万部，率羌、胡万余骑与夏侯渊战，击，大破之，遂走西平。渊与诸将攻兴国，屠之。省安东、永阳郡。

安定太守毌丘兴将之官，公戒之曰："羌、胡欲与中国通，自当遣人来，慎勿遣人往。善人难得，必将教羌、胡妄有所请求，因欲以自利。不从便为失异俗意，从之则无益事。"兴至，遣校尉范陵至羌中，陵果教羌，使自请为属国都尉。公曰："吾预知当尔，非圣也，但更事多耳。"三月，天子使魏公位在诸侯王上，改授金玺、赤绂、远游冠。秋七月，公征孙权。

译文

这年七月，开始修建魏国的社稷和宗庙。汉献帝聘娶了曹公的三个女儿，封他们为贵人，其中年纪最小的暂时留在魏国，等长大后再进宫。九月，曹公修筑金虎台，开凿渠道，把漳河水引入白沟，流入黄河。十月，把魏郡分为东西两部分，设置都尉。十一月，魏国开始设置尚书、侍中、六卿等官职。马超在汉阳郡，又依靠羌人和其他少数民族作乱，氐王杨千万，也叛变响应马超，他们驻守在兴国。曹公命夏侯渊讨伐他们。

建安十九年（214年）正月，曹公开始亲耕籍田。南安郡赵衢、汉阳郡尹奉等人率兵讨伐马超，杀了他的家小，马超逃往汉中。韩遂迁移到金城，进入氐王杨千万的部落里，率领羌族一万多骑兵与夏侯渊交战，被夏侯渊打得大败，韩遂逃往西平郡。夏侯渊与众将一同进攻兴国，屠戮金城。撤销了安东、永阳两郡。

安定郡新任太守毌丘兴要赴任，曹公告诫他说："羌族想与中原往来，自会派人前来，注意千万别派人前去。好人难得，坏人一定会教唆羌族求得非分之物，以便自己从中渔利，要是不答应便会使羌人失望，要是答应则对国家不利。"毌丘兴上任后，派校尉到羌人那里，范陵果然唆使羌人，请求自己做属国校尉。曹公说："我预知事情一定会这样，这不是因为我是先知圣人，只是经历的事情多罢了。"三月，汉献帝把魏公的地位迁升到诸侯王之上，改授给他金印章、红色绶带和远游冠（三者皆东汉诸王之制）。七月，曹公征讨孙权。

原文

　　初，陇西宋建自称河首平汉王，聚众枹罕，改元，置百官，三十余年。遣夏侯渊自兴国讨之。冬十月，屠枹罕，斩建，凉州平。公自合肥还。十一月，汉皇后伏氏坐昔与父故屯骑校尉完书，云帝以董承被诛怨恨公，辞甚丑恶，发闻，后废黜死，兄弟皆伏法。十二月，公至孟津。天子命公置旄头，宫殿设钟虡[1]。

　　乙未，令曰："夫有行之士未必能进取，进取之士未必能有行也。陈平岂笃行？苏秦岂守信邪？而陈平定汉业，苏秦济弱燕。由此言之，士有偏短，庸可废乎？有司明思此义，则士无遗滞，官无废业矣。"又曰："夫刑，百姓之命也，而军中典狱者或非其人，而任以三军死生之事，吾甚惧之。其选明达法理者，使持典刑。"于是置理曹掾属。

　　二十年春正月，天子立公中女为皇后。省云中、定襄、五原、朔方郡，郡置一县领其民，合以为新兴郡。三月，公西征张鲁，至陈仓，将自武都入氐。氐人塞道，先遣张郃、朱灵等攻破之。夏四月，公自陈仓以出散关，至河池。氐王窦茂众万余人，恃险不服。五月，公攻屠之。西平、金城诸将麹演、蒋石等共斩送韩遂首。

注释

　　[1]钟虡（jù）：亦作"钟簴"，饰以猛兽形象的悬乐钟的格架。

译文

　　当初，陇西郡宋建自称河首平汉王，在枹罕聚众为乱，改年号，设百官，已有三十多年了。曹公派夏侯渊从兴国发兵征讨他。这年十月，攻占枹罕县城，杀死宋建，凉州被平定。曹公从合肥回到邺城。十一月，汉献帝皇后伏氏因从前给她做屯骑校尉的父亲伏完的一封信而犯罪，信上说献帝因董承被杀而怨恨曹公，言辞十分恶毒，被发觉后，伏氏被取消皇后称号，处以死刑，她的兄弟也一同被诛杀。十二月，曹公到达孟津。汉献帝命曹公出行时设置和皇帝一样的先驱骑兵，宫殿中摆设刻着猛兽的钟磬大架。

十二月十九日，曹公下令说："有德之士未必能够上进，上进之士未必都能有德。陈平难道有德吗？苏秦难道守信吗？但陈平奠定了汉朝的基业，苏秦辅佐弱小的燕国渡过难关。由此而论，才智之士即使有缺点，难道就不能重用吗？各级官府要仔细考虑，弄清这一点，那么有才能的人就不致被遗漏，不致不被提拔。"又说："刑罚，有关百姓的生命，如果军队中主管刑狱的官员有不称职的，却把三军将士生死之大权委任给他，我非常害怕。应该选用通晓法律的人，让他主持刑罚。"因此又设理曹掾属之职。

建安二十年（215年）正月，汉献帝把曹公的二女儿立为皇后。撤销云中、定襄、五原、朔方四郡，各郡设一县治，合并四县为新兴郡。三月，曹公西征张鲁，抵达陈仓县，准备从武都郡进入氐族部落。氐族人挡住道路，曹公派张郃、朱灵等人进攻并击败他们。四月，曹公从陈仓出发，经大散关，到达河池县。氐王窦茂带领手下一万多人，倚仗险要地势，并不服从。五月，曹公向他们发动进攻，将他们全部诛杀。西平、金城将领麴演、蒋石等人一起杀了韩遂，把他的首级献给曹公。

原文

秋七月，公至阳平。张鲁使弟卫与将杨昂等据阳平关，横山筑城十余里，攻之不能拔，乃引军还。贼见大军退，其守备解散。公乃密遣解慓、高祚等乘险夜袭，大破之，斩其将杨任，进攻卫，卫等夜遁。鲁溃，奔巴中。公军入南郑，尽得鲁府库珍宝。巴、汉皆降。复汉宁郡为汉中。分汉中之安阳、西城为西城郡，置太守。分锡、上庸郡，置都尉。

八月，孙权围合肥，张辽、李典击破之。九月，巴七姓夷王朴胡、賨[1]邑侯杜濩举巴夷、賨民来附，于是分巴郡，以胡为巴东太守，濩为巴西太守，皆封列侯。天子命公承制封拜诸侯守相。冬十月，始置名号侯至五大夫，与旧列侯、关内侯凡六等，以赏军功。十一月，鲁自巴中将其余众降。封鲁及五子皆为列侯。刘备袭刘璋，取益州，遂据巴中。遣张郃击之。十二月，公自南郑还，留夏侯渊屯汉中。

二十一年春二月，公还邺。三月壬寅，公亲耕籍田。夏五月，天子进公爵为魏王。代郡乌丸行单于普富卢与其侯王来朝。天子命王女为公主，食汤沐邑。秋七月，匈奴南单于呼厨泉将其名王来朝，待以客礼，遂留魏，使右贤王去卑监其国。八月，以大理钟繇为相国。冬十月，治兵，遂征孙权，十一月至谯。

注释

①賨（cóng）：秦汉时，四川、湖南等地少数民族所缴的一种赋税。亦指这些少数民族。

译文

　　七月，曹公到达阳平。张鲁让他的弟弟张卫和部将杨昂等占据阳平关，沿山腰修筑十多里长的城墙，曹军难以攻克，便撤军而走。贼兵见曹公领兵退走，便解除了这里的防备。曹公暗中派解慓、高祚等人冒险乘夜偷袭，把敌军打得大败，杀了杨任，又攻打张卫，张卫等人连夜逃走。张鲁溃不成军，逃往巴中。曹公大军进入南郑县，张鲁府库中的珍宝全被缴获。巴郡、汉中郡全部投降。把汉宁郡的名称恢复为汉中郡。划出汉中郡的安阳、西城新设西城郡，设太守。分设锡郡、上庸郡，设置都尉。

　　八月，孙权围攻合肥，被张辽、李典击败。九月，巴郡的七姓夷王朴胡、賨邑侯杜濩率巴地夷人和賨民前来归附，于是曹公把巴郡分为东西两部分，让朴胡做巴东太守，杜濩做巴西太守，都封为列侯。汉献帝命令曹公依天子之意，分封任命诸侯、太守、国相。十月，开始设置直到五大夫的各种爵位，与以前的列侯、关内侯加在一起共六等，用来封赏有战功的人。十一月，张鲁从巴中率残部来降。曹公封张鲁及其五个儿子为列侯。刘备袭击刘璋，夺取益州，占领巴中。曹公派张郃前去征讨。十二月，曹公自南郑返回，留下夏侯渊驻守汉中。

　　建安二十一年（216年）二月，曹公回到邺城。三月初三，他亲自到籍田中耕种。五月，汉献帝加封曹公为魏王。代郡乌丸代理单于普富卢和部下的侯王来朝见汉献帝。献帝封魏王的女儿为公主，并赐给她汤沐为食邑地。七月，匈奴南单于呼厨泉率领他的部下来朝贺，魏王用客礼款待他们，并留他们住在魏国，让右贤王去卑监管他们的国家。八月，魏王任命大理钟繇做魏国相。十月，魏王训练军队，然后征伐孙权，十一月到了谯县。

原文

　　二十二年春正月，王军居巢，二月，进军屯江西郝谿。权在濡须口筑城拒守，遂逼攻之，权退走。三月，王引军还，留夏侯惇、曹仁、张辽等屯居巢。夏四月，天子命王设天子旌旗，出入称警跸。五月，作泮宫。六月，以军师华歆为御史大夫。冬十月，天子命王冕十有二旒，乘金根车，驾六马，设五时副车，以五官中郎将丕为魏太子。刘备遣张飞、马超、吴兰等屯下辩。遣曹洪拒之。

　　二十三年春正月，汉太医令吉平与少府耿纪、司直韦晃等反，攻许，烧丞相长史王必营，必与颍川典农中郎将严匡讨斩之。曹洪破吴兰，斩其将任夔等。三月，张飞、马超走汉中，阴平氐强端斩吴兰，传其首。夏四月，代郡、上谷乌丸无臣氏等叛，遣鄢陵侯彰讨破之。

六月，令曰："古之葬者，必居瘠薄之地。其规西门豹祠西原上为寿陵，因高为基，不封不树。周礼冢人掌公墓之地，凡诸侯居左右以前，卿大夫居后，汉制亦谓之陪陵。其公卿大臣列将有功者，宜陪寿陵，其广为兆域，使足相容。"

秋七月，治兵，遂西征刘备，九月，至长安。冬十月，宛守将侯音等反，执南阳太守，劫略吏民，保宛。初，曹仁讨关羽，屯樊城，是月，使仁围宛。

译文

建安二十二年（217年）正月，魏王驻军居巢，二月进军，驻扎在江西郝溪。孙权在濡须口修筑城池抵抗，魏王率军猛攻，孙权败退。三月，魏王带兵返回，留下夏侯惇、曹仁、张辽等人驻守居巢。四月，汉献帝命令魏王使用皇帝专用的旌旗，出入时和皇帝一样加强警戒，清理道上行人。五月，魏王建造学宫。六月，魏王任命军师华歆作魏国的御史大夫。十月，汉献帝命令魏王冠冕上用只有皇帝才能用的十二根玉串，乘坐金根车，套六匹马，配五色副车，还任命五官中郎将曹丕为魏太子。刘备派张飞、马超、吴兰等人驻守下辩。魏王令曹洪迎击。

建安二十三年（218年）正月，汉朝太医令吉平与少府耿纪、司直韦晃等密谋反叛，偷袭许都，火烧丞相长史王必的兵营，王必和颍川典农中郎将严匡带兵讨伐，将他们全部斩首。曹洪击败吴兰，杀了他的部将任夔等人。三月，张飞、马超逃往汉中，阴平道氐族人强端杀了吴兰，将他的首级献上。四月，代郡、上谷乌丸氏族无臣等人反叛，魏王派鄢陵侯曹彰领兵征讨，击败他们。

六月，魏王下令说："古代丧葬，一定要用贫瘠的土地。如今我把西门豹祠以西的高原地带划为墓地，就照原来的地基的高度，不再培土加高，也不种树。《周礼》上说由冢人掌管国家墓地，所有的诸侯葬在王墓左右靠前的地方，卿大夫葬在后面，汉朝的制度称之为陪葬。凡是公卿大臣和众将有功之人，都应在寿陵陪葬，要扩大墓地的范围，让它足能容下众人。"

七月，魏王操练士兵，然后西征刘备。九月，到了长安。十月，宛城守将侯音等人反叛，擒获南阳太守，抢劫官吏和百姓，据守宛城。当初，曹仁征讨关羽，驻扎在樊城，当月派曹仁包围了宛城。

原文

二十四年春正月，仁屠宛，斩音。夏侯渊与刘备战于阳平，为备所杀。三月，王自长安出斜谷，军遮要以临汉中，遂至阳平。备因险拒守。夏五月，

引军还长安。秋七月，以夫人卞氏为王后。遣于禁助曹仁击关羽。八月，汉水溢，灌禁军，军没，羽获禁，遂围仁，使徐晃救之。九月，相国钟繇坐西曹掾魏讽反免。冬十月，军还洛阳。孙权遣使上书，以讨关羽自效。王自洛阳南征羽，未至，晃攻羽，破之，羽走，仁围解。王军摩陂。

二十五年春正月，至洛阳。权击斩羽，传其首。庚子，王崩于洛阳，年六十六。遗令曰："天下尚未安定，未得遵古也。葬毕，皆除服①。其将兵屯戍者，皆不得离屯部。有司各率乃职。敛以时服，无藏金玉珍宝。"谥曰武王。二月丁卯，葬高陵。

评曰：汉末，天下大乱，雄豪并起，而袁绍虎视四州，强盛莫敌。太祖运筹演谋，鞭挞宇内，揽申、商②之法术，该韩、白③之奇策，官方授材，各因其器，矫情任算，不念旧恶，终能总御皇机，克成洪业者，惟其明略最优也。抑可谓非常之人，超世之杰矣。

注释

①除服：脱去丧服。②申、商：申不害、商鞅，俱为法家代表人物。③韩、白：韩信、白起，俱为著名战将。

魏书

43

译文

建安二十四年（219年）正月，曹仁破城，侯音被斩首。夏侯渊与刘备在阳平开战，被刘备斩首。三月，魏王从长安出兵经过斜谷，派出先头部队扼守险要之处向汉中进军，进军到阳平。刘备倚仗险要地势顽抗。五月，魏王回师长安。七月，魏王的夫人卞氏被立为王后。魏王派于禁协助曹仁攻打关羽。八月，汉水泛滥，淹灌了于禁的军队，全军覆没后，于禁被活捉，关羽乘机包围了曹仁，魏王派徐晃去救援。九月，魏相国钟繇因为西曹掾魏讽谋反而被解职。十月，大军回师洛阳。孙权派使者来送信，希望征讨关羽以示自己的忠心。魏王从洛阳发兵南征关羽，大军还未到，徐晃向关羽进攻，并将他打败，关羽逃走，曹仁被解围。魏王在摩陂驻下。

建安二十五年（220年）正月，魏王到洛阳。孙权打败关羽并将他斩首，献上了他的首级。正月二十三日，魏王在洛阳去世，终年六十六岁。临终时说："天下还未安定，不能遵循古代的旧制。下葬以后，就除去丧服。凡是带兵在外戍守的将领，都不准离开驻守之地。官吏们要各尽其职。装殓用当时所穿的衣服，不要放金银珠宝作陪葬。"魏王谥号为"武王"。二月二十一日，安葬在高陵。

史官评说：东汉末年，天下大乱，群雄四起。袁绍虎视四州，兵强地广，无人能敌。太祖运筹帷幄，高瞻远瞩，东征西讨，足迹遍九州，运用申不害、商鞅的治国之方，兼采韩信、白起的奇谋妙策，视才授官，克制自己的感情，不计私怨，最终能够总揽朝政大权，完成宏大的事业，是因为他的聪明才智超出常人的缘故。他也真可以称得上是一个非凡的人物，超绝一世的豪杰吧！

文帝纪

题解

曹丕（187年—226年），曹操次子，卞氏所生，在立嗣之争中击败弟弟曹植，被立为王世子。曹操逝世后，曹丕逼迫汉献帝禅位，代汉称帝，改国号魏，为魏国的开国君王，也是三国中第一个称帝的君主。后刘备伐吴时，孙权假意向魏国称藩，曹丕大喜。刘备被孙权打败，孙权随之与曹丕反目。曹丕大怒，起兵伐吴国，结果被孙权的大将徐盛火攻击败，回洛阳后，大病不起，临终托付曹睿于曹真、司马懿等人，终年四十岁。

原文

文皇帝讳丕，字子桓，武帝太子也。中平四年冬，生于谯。建安十六年，为五官中郎将、副丞相。二十二年，立为魏太子。太祖崩，嗣位为丞相、魏王。尊王后曰王太后。改建安二十五年为延康元年。

元年二月壬戌，以大中大夫贾诩为太尉，御史大夫华歆为相国，大理王朗为御史大夫。置散骑常侍、侍郎各四人，其宦人为官者不得过诸署令。为金策著令，藏之石室。

初，汉熹平五年，黄龙见谯，光禄大夫桥玄问太史令单飏（yáng）："此何祥也？"飏曰："其国后当有王者兴，不及五十年，亦当复见。天事恒象，此其应也。"内黄殷登默而记之。至四十五年，登尚在。三月，黄龙见谯，登闻之曰："单飏之言，其验兹乎！"

魏书

45

己卯，以前将军夏侯惇为大将军。濊（秽）貊、扶余单于、焉耆、于阗王皆各遣使奉献。夏四月丁巳，饶安县言白雉见。庚午，大将军夏侯惇薨。

译文

魏文帝名丕，字子桓，他是魏武帝曹操的太子。汉灵帝中平四年（187年）冬天，他出生在谯县。建安十六年（211年），他受封为五官中郎将、副丞相。建安二十二年（217年），被立为魏太子，太祖死后，他继位丞相、魏王。尊魏王后为王太后。把建安二十五年（220年）改为延康元年。

延康元年二月十六日，魏王封大中大夫贾诩为太尉，御使大夫华歆为相国，大理王朗为御使大夫。置散骑常侍、侍郎各四人，诏令太监职位不得超过众署令级别。并把这个诏令刻在金册上，收藏在石室之中。

早在汉灵帝熹平五年（176年），谯县上空出现了黄龙，光禄大夫桥玄问太史令单飏说："这是何吉兆？"单飏回答："以后必有称王的人在这里诞生，不到五十年，还会有黄龙出现，天象经常和人事相应，这就是天人感应。"内黄人殷登把这话默默记下来。四十五年后，殷登还健在。延康元年三月，黄龙又在谯县再现，殷登听到这个消息时说："单飏的话，现在果然应验了。"

三月九日，魏王任前将军夏侯惇为大将军。秽貊、扶余族的单于、焉耆、于阗族的首领均派使者送来贡品。四月十二日，饶安县报告说出现白雉。二十五日，大将军夏侯惇去世。

三国志精粹

原文

五月戊寅，天子命王追尊皇祖太尉曰太王，夫人丁氏曰太王后，封王子叡为武德侯。是月，冯翊山贼郑甘、王照率众降，皆封列侯。酒泉黄华、张掖张进等各执太守以叛。金城太守苏则讨进，斩之。华降。

六月辛亥，治兵于东郊，庚午，遂南征。秋七月庚辰，令曰："轩辕有明台之议，放勋有衢室之问，皆所以广询于下也。百官有司，其务以职尽规谏，将率陈军法，朝士明制度，牧守申政事，缙绅考六艺，吾将兼览焉。"

孙权遣使奉献。蜀将孟达率众降。武都氐王杨仆率种人内附，居汉阳郡。甲午，军次于谯，大飨六军及谯父老百姓于邑东。八月，石邑县言凤皇集。

冬十月癸卯，令曰："诸将征伐，士卒死亡者或未收敛，吾甚哀之。其告郡国给椟槚①殡敛，送致其家，官为设祭。"丙午，行至曲蠡。

注释

①椟槚（huì dú）：仅能容身的小棺材，亦泛指棺材。

译文

五月三日，汉献帝命令魏王追赠皇祖太尉曹嵩为太王，夫人丁氏称王太后，封魏王的儿子曹叡为武德侯。这个月，冯翊一带的山贼郑甘、王照率领部下投降，都被册封为列侯。酒泉人黄华、张掖人张进等都挟持本郡太守叛乱。金城太守苏则讨伐张进，张进被斩首。黄华投降。

六月七日，魏王在东郊操练士兵，二十六日，开始南征。七月六日，魏王下令说："黄帝轩辕特设明台议政，尧帝放勋筑室于道，听取民言，都是为了广征民意。文武百官，务必要尽到规谏的职责，出征将帅要陈述兵法，朝中大臣要深明治国之道，州牧郡守要述说政事，缙绅要考核六艺，我要兼听众人的意见。"

孙权派使者进献礼物。蜀将孟达率部投降。武都王杨仆率族人来归附，让他居住在汉阳郡。七月二十日，大军停驻在谯县，魏王在城东设宴，犒赏六军和谯县的父老乡亲。八月，石邑县报告说大群凤凰飞翔，而后聚于一处。

十月一日，魏王下令说："众将征战讨伐，士卒死亡尸体还有没有收殓的，我备感哀痛。特此通告各郡国供给小棺材收殓，送到亡者家中，官府为他们祭祀。"四月，魏王来到曲蠡。

47

原文

汉帝以众望在魏，乃召群公卿士，告祠高庙。使兼御史大夫张音持节奉玺绶禅位，册曰："咨尔魏王：昔者帝尧禅位于虞舜，舜亦以命禹，天命不于常，惟归有德。汉道陵迟①，世失其序，降及朕躬，大乱兹昏，群凶肆逆，宇内颠覆。赖武王神武，拯兹难于四方，惟清区夏②，以保绥我宗庙，岂予一人获乂，俾九服实受其赐。今王钦承前绪，光于乃德，恢文武之大业，昭尔考之弘烈。皇灵降瑞，人神告征，诞惟亮采，师锡朕命，金曰尔度克协于虞舜，用率我唐典，敬逊尔位。於戏！天之历数在尔躬，允执其中，天禄永终。君其祗顺大礼，飨兹万国，以肃承天命。"乃为坛于繁阳。庚午，王升坛即阼，百官陪位。事讫，降坛，视燎成礼而反（返）。改延康为黄初，大赦。

黄初元年十一月癸酉，以河内之山阳邑万户奉汉帝为山阳公，行汉正朔，以天子之礼郊祭，上书不称臣，京都有事于太庙，致胙。封公之四子为列侯。追尊皇祖太王曰太皇帝，考武王曰武皇帝，尊王太后曰皇太后。赐男子爵人一级，为父后及孝悌力田人二级。以汉诸侯王为崇德侯，列侯为关中侯。以颖阴之繁阳亭为繁昌县。封爵增位各有差。改相国为司徒，御史大夫为司空，奉常为太常，郎中令为光禄勋，大理为廷尉，大农为大司农。郡国县邑，多所改易。更授匈奴南单于呼厨泉魏玺绶，赐青盖车、乘舆、宝剑、玉玦。十二月，初营洛阳宫，戊午幸洛阳。是岁，长水校尉戴陵谏不宜数行弋猎，帝大怒。陵减死罪一等。

注释

①陵迟：国运衰微。②区夏：诸夏之地，指华夏、中国。

译文

汉献帝因人心归属于魏，便召集文武百官，在汉高祖庙祭告。派御使大夫张音拿着符节、捧着玉玺把皇位禅让给魏王。在策命书中写道："咨尔魏王：昔日尧禅位于舜，舜也同样禅位于禹，天命无常，只归有德之人。汉朝国运衰微，世道处于无序状态，皇位传到我身上，天下大乱，凶恶的逆贼乱境，国家濒于颠覆崩溃。幸亏魏武王神明英武，拯救危难，使华夏清平，保护我祖宗庙宇平安，全国百姓都得感激武王的厚赐。如今您继承先王的事业，弘扬崇高的品德，完备文武大业，发扬光大您父亲的宏伟业绩。皇天有灵，降下了祥瑞，人神传告征兆，都明白地告诉我，您的德行智慧堪比虞舜，我将遵循尧帝之典，恭敬地把皇位让给您。呜呼！天之历数在您的身上，您要秉诚执中，否则天之福禄就会终结。您应恭敬地接受大礼，享有万国，以顺承天命。"于是在繁阳修筑

拜天的祭坛。二十八日，魏王登上祭坛，接受了皇位的禅让，文武官都在两旁陪拜。事后，魏王下坛，参加完燃火祭天地的大礼后返回。把年号延康改为黄初，并大赦天下。

　　黄初元年（220 年）十一月一日，尊汉献帝为山阳公，把河内郡山阳邑一万户作为他的封地，使用汉朝的历法年号，可以用天子的礼仪祭天，上奏不用称臣，朝廷在太庙举行祭祀典礼时，可分享祭品。又封山阳公的四个儿子为列侯。魏文帝追赠皇祖为太王，父武王为武皇帝，尊王太后为皇太后。赏赐每个男子爵位一级，为父后及孝悌力田者每人赏给爵位二级。把汉朝的众位诸侯王封为崇德侯，列侯封为关中侯。把颍阴的繁阳亭改为繁昌县，增封爵位各有不同。把相国改称司徒，御史大夫改称司空，奉常改称太常，郎中令改称光禄勋，大理改称廷尉，大农改称大司农。郡国县邑，也有许多改动。还把原魏国的玉玺授给匈奴南单于呼厨泉，另赏赐他青盖车、乘舆、宝剑、玉玦。十二月，开始营修洛阳宫，八月，驾临洛阳。这年，长水校尉戴陵规劝不应该常常打猎，文帝大怒。戴陵被判死罪，后刑罚降低一等，免除死刑。

原文

　　二年春正月，郊祀天地、明堂。甲戌，校猎至原陵，遣使者以太牢祠汉世祖。乙亥，朝日于东郊。初令郡国口满十万者，岁察孝廉一人。其有秀异，无拘户口。辛巳，分三公户邑，封子弟各一人为列侯。壬午，复颍川郡一年田租。改许县为许昌县。以魏郡东部为阳平郡，西部为广平郡。

诏曰："昔仲尼资大圣之才，怀帝王之器，当衰周之末，无受命之运，在鲁、卫之朝，教化乎洙、泗之上。栖栖焉，遑遑焉，欲屈己以存道，贬身以救世。于时王公终莫能用之，乃退考五代之礼，脩（修）素王之事，因鲁史而制《春秋》，就太师而正《雅》《颂》，俾千载之后，莫不宗其文以述作，仰其圣以成谋，咨！可谓命世之大圣，亿载之师表者也。遭天下大乱，百祀堕坏，旧居之庙，毁而不脩（修），褒成之后，绝而莫继，阙里不闻讲颂之声，四时不睹蒸尝①之位，斯岂所谓崇礼报功，盛德百世必祀者哉？其以议郎孔羡为宗圣侯，邑百户，奉孔子祀。"令鲁郡脩起旧庙，置百户吏卒以守卫之，又于其外广为室屋以居学者。

注释

①蒸尝：本指秋冬二祭。后泛指祭祀。

译文

黄初二年（221年）正月，在郊外祭祀天地和祖先。三日，围猎到了原陵，派使者备牛、羊、猪三牲之礼祭祀汉世祖光武帝刘秀。四月，在东郊举行祭日神之礼。又诏令各郡国：凡是人口满十万的，每年推举孝廉一人。其中有优秀卓越之人，不受户口数限制。十日，离析三公户邑，三公的儿子及弟弟各择一人封为列侯。十一日，免除颍川郡一年的田租。把许县改称许昌县。把魏郡东部称阳平郡，魏郡西部称广平郡。

魏文帝颁布诏令："从前孔子有圣人的才能，帝王的本领，却身处衰微的周朝末年，没有接受天命的运数，只得在鲁卫两国、洙泗二水一带，以仁德教导人们。虽每日奔波忙碌，但委屈自己以保存古代圣王的思想，抑损自己以拯救众生。当时天子和诸侯王最终没有重用他，他只得隐居，考证了黄帝、唐、虞、夏、殷五个朝代的礼制，撰写远古帝王的纪事，根据鲁史而写成《春秋》，参照太师的音乐而订正《雅》《颂》，千百年来，人们把他的著作视为经典，仰望他的圣德和智谋，啊！孔子可谓世间的大圣人，他可以称得上万世师表啊！如今天下大乱，礼仪荒弛，昔日的庙宇，都因长久不修而毁坏，对孔氏家族的封爵也废止了，他的故乡阙里再也听不到讲礼颂诗的声音，四时看不到祭拜的情形，这难道是那些要崇尚礼德、奖励功业、功德不朽的百代帝王要祭祀的人的样子吗？特封议郎孔羡为宗圣侯，享食邑百户，侍奉孔子的祀庙。"诏令鲁郡把旧时的庙宇重新修建，置一百户官兵守卫，又在外围建造许多房屋，让志学之士汇聚于此。

原文

三月，加辽东太守公孙恭为车骑将军。初复五铢钱。夏四月，以车骑将军曹仁为大将军。五月，郑甘复叛，遣曹仁讨斩之。六月庚子，初祀五岳四渎，咸秩群祀。丁卯，夫人甄氏卒。戊辰晦，日有食之，有司奏免太尉，诏曰："灾异之作，以谴元首，而归过股肱，岂禹、汤罪己之义乎？其令百官各虔厥职，后有天地之眚，勿复劾三公。"

秋八月，孙权遣使奉章，并遣于禁等还。丁巳，使太常邢贞持节拜权为大将军，封吴王，加九锡。冬十月，授杨彪光禄大夫。以谷贵，罢五铢钱。己卯，以大将军曹仁为大司马。十二月，行东巡。是岁筑陵云台。

三年春正月丙寅朔，日有蚀之。庚午，行幸许昌宫。诏曰："今之计、孝^①，古之贡士也。十室之邑，必有忠信，若限年然后取士，是吕尚、周晋不显于前世也。其令郡国所选，勿拘老幼。儒通经术，吏达文法，到皆试用。有司纠故不以实者。"

二月，鄯善、龟兹、于阗王各遣使奉献，诏曰："西戎即叙，氐、羌来王，诗、书美之。顷者西域外夷并款塞内附，其遣使者抚劳之。"是后西域遂通，置戊己校尉。

注释

①计、孝：考评官吏曰计，推荐孝廉曰孝。

译文

三月，文帝加封辽东太守公孙恭为车骑将军。恢复使用五铢钱。四月，车骑将军曹仁升任大将军。五月，郑甘再次叛乱，文帝派曹仁征讨并把他斩首。六月一日，开始祭祀五岳四渎，按次序进行各种祭祀。文帝夫人甄氏去世。二十九日，出现了日食，官吏奏请免去太尉之职，文帝下诏说："天有不祥之兆，是对元首的谴责，现在却归罪大臣，难道是大禹、商汤归罪于自己的道理吗？特令文武百官小心虔诚地各尽其职，以后凡属自然灾害，不要再弹劾三公。"

八月，孙权派使节送来奏章，并送回于禁等人。十九日，文帝派太常邢贞为特使，拿着符节去江东，封孙权为大将军、吴王，赏赐九锡。十月，任命杨彪为光禄大夫。因为谷物价贵，停止使用五铢钱。十二日，改任大将军曹仁为大司马。十二月，往东方巡视。这一年修筑陵云台。

黄初三年（222年）正月初一，出现了日食。五日，文帝驾临许昌宫。发布诏令："现在考评官吏、推荐孝廉，同古时推举才士一样。十户的小邑，一定会有忠信的贤人，如

魏书

果限制年龄来取士，那么吕尚、周晋就不会在前代显达。特令各郡国选士，应不分老幼。只要儒生通晓经术，吏人明达文法，都可以考试选用。官府追究那些虚假的做法。"

二月，鄯善、龟兹、于阗各族首领都派使臣来进献贡品，文帝下诏说："从前西戎各国臣服，氏族、羌族来朝称臣，《诗》《书》都称颂此事。现在西域各族都来通好依附我们，特此派使者去慰劳安抚。"从此以后便与西域通好，设置戊己校尉。

原文

三月乙丑，立齐公叡为平原王，帝弟鄢陵公彰等十一人皆为王。初制封王之庶子为乡公，嗣王之庶子为亭侯，公之庶子为亭伯。甲戌，立皇子霖为河东王。甲午，行幸襄邑。夏四月戊申，立鄄城侯植为鄄城王。癸亥，行还许昌宫。五月，以荆、扬、江表八郡为荆州，孙权领牧故也。荆州江北诸郡为郢州。

闰月，孙权破刘备于夷陵。初，帝闻备兵东下，与权交战，树栅连营七百余里，谓群臣曰："备不晓兵，岂有七百里营可以拒敌者乎！'苞原隰①险阻而为军者，为敌所禽（擒）'，此兵忌也。孙权上事今至矣。"后七日，破备书到。秋七月，冀州大蝗，民饥，使尚书杜畿持节开仓廪以振之。八月，蜀大将黄权率众降。

九月甲午，诏曰："夫妇人与政，乱之本也。自今以后，群臣不得奏事太后，后族之家不得当辅政之任，又不得横受茅土之爵。以此诏传后世，若有背违，天下共诛之。"庚子，立皇后郭氏。赐天下男子爵人二级。鳏、寡、笃、癃②及贫不能自存者赐谷。

注释

①苞原隰（xí）险阻：苞，草木丛生的地方。原，高平之处。隰，低湿的地方。险阻，地势险要的处所。②笃：久病不愈。癃：年老衰弱多病。

译文

三月初一，立齐公曹叡为平原王，文帝之弟鄢陵公曹彰等十一人皆封为王。并规定，封立的庶子称乡公，嗣立的庶子称亭侯，公的庶子称亭伯。十日，封皇子曹霖为河东王。三十日，文帝巡驾襄邑。四月十四日，甄城侯曹植被立为甄城王。二十九日，文帝巡行回到许昌宫。五月，把荆、扬以及长江以南的八郡合并为荆州，孙权任荆州牧。荆州江北各郡归郢州。

这年闰月，孙权在夷陵打败了刘备。当初，文帝听说刘备大军东下，与孙权交战，围栅栏连接营寨七百多里，对群臣说："刘备不懂兵法，哪里有用七百里连营抵抗敌军的！'苞原隰险阻而为军者为敌所擒'，这是兵家大忌。孙权的捷报马上就要到了。"七天后，孙权打败刘备的奏书果然到了。七月，冀州发生大的蝗虫灾害，民不聊生，文帝派尚书杜畿拿着符节到各地开仓放粮，赈济饥民。八月，蜀国大将黄权率部投降。

九月三日，文帝下诏说："妇人参政，是动乱的本源。从今以后，群臣有事不得对太后奏说，外戚不能在朝中担任重将权臣，也不能无功而被封王封侯。把这条法令传给后世，如果有人违背了，天下共诛之。"九日，立郭氏为皇后。赏赐全国男子每人爵位二级。鳏夫、寡妇、残、年迈和贫苦难以生存的人，国家赐给粮食。

原文

冬十月甲子，表首阳山东为寿陵，作终制曰："礼，国君即位为椑，存不忘亡也。昔尧葬谷林，通树之，禹葬会稽，农不易亩，故葬于山林，则合乎山林。封树之制，非上古也，吾无取焉。寿陵因山为体，无为封树，无立寝殿，造园邑，通神道。夫葬也者，藏也，欲人之不得见也。骨无痛痒之知，冢非栖神之宅，礼不墓祭，欲存亡之不黩也，为棺椁足以朽骨，衣衾足以朽肉而已。故吾营此丘墟不食之地，欲使易代之后不知其处。无施苇炭，无藏金银铜铁，一以瓦器，合古涂车、刍灵①之义。棺但漆际会三过，饭含无以珠玉，无施珠襦玉匣，诸愚俗所为也。季孙以玙璠敛，孔子历级而救之，譬之暴骸中原。宋公厚葬，君子谓华元、乐莒不臣，以为弃君于恶。汉文帝之不发，霸陵②无求也。光武之掘，原陵封树也。霸陵之完，功在释之。原陵之掘，罪在明帝。是释之忠以利君，明帝爱以害亲也。忠臣孝子，宜思仲尼、丘明、释之之言，鉴华元、乐莒、明帝之戒，存于所以安君定亲，使魂灵万载无危，斯则贤圣之忠孝矣。

注释

①涂车：泥车。古代的一种随葬品。刍灵：束茅为人马，谓之灵者，神之类。②霸陵：汉文帝陵名。

译文

这年十月三日，选定首阳山东侧为寿陵，发布关于丧葬的规定："按礼制，国君登基以后就应该制做内棺，以示活着的时候不忘记死亡。远古尧葬在谷林，周围都是茂密的树木，禹葬在会稽，农夫安心地耕种，因为葬在山林中，与山林融为一体。聚土造坟、植树为记的做法，不是上古之制，我不采用。寿陵与山成为一体，没有必要造坟植树，也不要建立寝殿，修筑园邑，修设神道。葬，就是藏，就是想让别人看不见。尸骨没有痛痒的知觉，坟冢也不是神栖身的宅院，礼制规定不祭祀坟冢是为了使生者不亵渎死者，只要棺椁能保存到尸体腐烂，衣衾足以保持到肉身枯朽就可以了。我所以在这不长庄稼的地方建造陵墓，是为了使后代人找不到葬我的地方。不要放防腐的灰炭，也不要把金、银、铜、铁等作为陪葬品，全部用陶器，这样才合乎古代殉葬用涂彩的泥车、茅草扎成的人马的规定。棺木只需漆刷三遍，口中不必含有珠玉，也不用穿珍珠做的服装，放在玉制的匣子中，因为这些都是不明智之人做的事。季孙用美玉随葬，孔子加以劝阻，把这种做法比喻成曝尸于原野。宋公被厚葬，有识之士都说华元、乐莒没有尽到臣子的职责，认为他们将君主抛弃在了险恶境地。汉文帝墓保存完好，是因为霸陵中没有什么贵重东西让人贪图。光武帝坟被发掘，是因为原陵造墓种树的缘故。所以霸陵能完整保全，功在张释之。原陵被盗毁，罪归于明帝。这是张释之忠诚为君主带来益处，明帝所谓的爱却有害于亲人的道理。大凡忠臣孝子，都该想想孔仲尼、左丘明、张释之的话，以华元、乐莒、明帝为前车之鉴，心中常常存着一个使君主亲人安定、魂灵万载不受危害的想法，这就是贤圣之人的忠和孝了。

原文

"自古及今，未有不亡之国，亦无不掘之墓也。丧乱以来，汉氏诸陵无不发掘，至乃烧取玉匣金缕，骸骨并尽，是焚如之刑，岂不重痛哉！祸由乎厚葬封树。'桑、霍为我戒'，不亦明乎？其皇后及贵人以下，不随王之国者，有终没皆葬涧西，前又以表其处矣。盖舜葬苍梧，二妃不从，延陵葬子，远在嬴、博①。魂而有灵，无不之也，一涧之间，不足为远。若违今诏，妄有所变改造施，吾为戮尸地下，戮而重戮，死而重死。臣子为蔑死君父，不忠不孝，使死者有知，将不福汝。其以此诏藏之宗庙，副在尚书、秘书、三府。"

是月，孙权复叛。复郢州为荆州。帝自许昌南征，诸军兵并进，权临江拒守。十一月辛丑，行幸宛。庚申晦，日有食之。是岁，穿灵芝池。

四年春正月，诏曰："丧乱以来，兵革未戢，天下之人，互相残杀。今海内初定，敢有私复雠者皆族之。"筑南巡台于宛。三月丙申，行自宛还洛阳宫。癸卯，月犯心中央大星。丁未，大司马曹仁薨。是月大疫。夏五月，

有鹝鹏鸟集灵芝池，诏曰："此诗人所谓污泽也。曹诗'刺恭公远君子而近小人'，今岂有贤智之士处于下位乎？否则斯鸟何为而至？其博举天下俊德茂才、独行君子，以答曹人之刺。"

六月甲戌，任城王彰薨于京都。甲申，太尉贾诩薨。太白昼见。是月大雨，伊、洛溢流，杀人民，坏庐宅。秋八月丁卯，以廷尉钟繇为太尉。辛未，校猎于荥阳，遂东巡。论征孙权功，诸将已下进爵增户各有差。九月甲辰，行幸许昌宫。

注释

①嬴、博：泛指今山东一带。

译文

"从古到今，没有不灭亡的朝廷，也没有不被发掘的陵墓。天下大乱以来，汉代所有的陵墓没有不被发掘的，甚至于用火烧玉匣金缕，骸骨一起被烧尽，受这焚烧的刑罚，岂不非常痛苦！祸害的根源就在于厚葬和造陵种树。'桑弘羊、霍禹的做法是我们的教训'这句话的道理不也是很明显的吗？皇后及贵人以下的嫔妃，凡是不随国王回故乡的，死后都葬在涧西，先前已经说明在何处了。舜帝葬在苍梧，娥黄、女英二妃子没有陪葬，季札埋葬儿子，远在山东一带。魂有灵性，没有到不了的地方，一涧之隔，不能说远。如果谁违背了这条诏令，擅自变更，我在地下就会被戮尸，戮而重戮，死而复死。为臣者轻视已死去的君王、父亲，那才是不忠不孝，假设死者有灵，将不会保佑你。特令将这条诏令收藏在宗庙之中，另抄录副本存在尚书、秘书、三府之中。"

这个月，孙权又反叛。恢复鄂州为荆州。文帝从许昌出发率兵南征，分兵几路并进，孙权依长江拒守。十一月十一日，驾临宛地。三十日，发生日食。这一年，开挖灵芝池。

黄初四年（223年）正月，文帝发布诏令说："自从祸乱以来，兵革未息，天下之人，自相残杀。如今四方刚刚安定，有敢私下里复仇的人都要灭其九族。"在宛城修筑南巡台。三月八日，从宛城回到洛阳宫。十五日，月亮冲杀心宿中央大星。十九日，大司马曹仁去世。这个月发生了大瘟疫。五月，成群鹝鹏鸟聚集在灵芝池，文帝下诏说："这就是诗人所说的污泽呀！《诗经·曹风》中说'刺恭公远君子而近小人'，如今难道有雄才贤士被埋没吗？不然这些鸟为何都来了？特令天下广泛举荐德才兼备之人，以防止曹人所讽刺之事出现。"

六月十七日，任城王曹彰在京都逝世，太尉贾诩逝世。太白星白天出现。这个月大雨连绵，伊水、洛水洪水泛滥，淹死平民、毁坏房屋。八月十一日，任命廷尉钟繇为太尉。十五日，去荥阳打猎，然后东巡。评判征讨孙权的功劳，众将以下均晋爵增户，奖赏不等。九月十九日，驾临许昌宫。

五年春正月，初令谋反大逆乃得相告，其余皆勿听治。敢妄相告，以其罪罪之。三月，行自许昌还洛阳宫。夏四月，立太学，制五经课试之法，置春秋穀梁博士。五月，有司以公卿朝朔望日，因奏疑事，听断大政，论辨得失。

秋七月，行东巡，幸许昌宫。八月，为水军，亲御龙舟，循蔡、颍，浮淮，幸寿春。扬州界将吏士民，犯五岁刑已下，皆原除之。九月，遂至广陵，赦青、徐二州，改易诸将守。冬十月乙卯，太白昼见。行还许昌宫。十一月庚寅，以冀州饥，遣使者开仓廪振之。戊申晦，日有食之。

十二月，诏曰："先王制礼，所以昭孝事祖，大则郊社，其次宗庙，三辰五行，名山大川，非此族也，不在祀典。叔世衰乱，崇信巫史，至乃宫殿之内，户牖之间，无不沃酹，甚矣其惑也。自今，其敢设非祀之祭，巫祝之言，皆以执左道论，著于令典。"是岁穿天渊池。

译文

黄初五年（224年）正月，诏命天下揭发和控告只限谋反的大逆不道之罪，其余的不予理睬。有敢诬陷别人的人，就用他诬陷别人的罪行来惩治他。三月，文帝从许昌回到洛阳宫。四月，设立太学，制定五经课试法，设置《春秋穀梁传》博士。五月，有司因为群臣在初一、十五两天朝见，奏报疑难之事，文帝听取众人意见，制定方针大策，与众臣评品利弊得失。

七月，文帝出发东巡，驾临许昌宫。八月，设立水军，文帝亲自驾驶龙舟，沿蔡、颍二州，渡淮河，到达寿春。扬州郡不论官民，被判五年以下徒刑的罪犯，全部免罪，释放回家。九月，到达广陵，大赦青、徐二州，调换二州的将领和郡守。十月六日，太白星在白天出现。回到许昌宫。十一月十一日，因为冀州发生饥荒，文帝派使者开仓放粮，赈济百姓。二十九日，出现了日食。

十二月，文帝发布诏令说："先王制定祭祀的礼仪，是为了表明对祖先的孝顺，重大的到郊社去祭祀，其次到宗庙中去祭祀，日月星辰、名山大川，祀典中不包括它们。末世衰微，迷信巫史，以至于宫殿内、门窗间，到处置酒祭祀，迷惑众人已经到了不能容忍的地步。自今以后，有人敢举行不该举行的祭祀，以及巫祝的活动，一律当作歪门邪道论处，把此令著录到法典上。"这一年开挖天渊池。

六年春二月，遣使者循行许昌以东尽沛郡，问民所疾苦，贫者振贷之。三月，行幸召陵，通讨虏渠。乙巳，还许昌宫。并州刺史梁习讨鲜卑轲比能，大破之。辛未，帝为舟师东征。五月戊申，幸谯。壬戌，荧惑入太微。六月，利成郡兵蔡方等以郡反，杀太守徐质。遣屯骑校尉任福、步兵校尉段昭与青州刺史讨平之。其见胁略（掠）及亡命者，皆赦其罪。

秋七月，立皇子鉴为东武阳王。八月，帝遂以舟师自谯循涡入淮，从陆道幸徐。九月，筑东巡台。冬十月，行幸广陵故城，临江观兵，戎卒十余万，旌旗数百里。是岁大寒，水道冰，舟不得入江，乃引还。十一月，东武阳王鉴薨。十二月，行自谯过梁，遣使以太牢祀故汉太尉桥玄。

七年春正月，将幸许昌，许昌城南门无故自崩，帝心恶之，遂不入。壬子，行还洛阳宫。三月，筑九华台。夏五月丙辰，帝疾笃，召中军大将军曹真、镇军大将军陈群、征东大将军曹休、抚军大将军司马宣王，并受遗诏辅嗣主。遣后宫淑媛、昭仪已下归其家。丁巳，帝崩于嘉福殿，时年四十。六月戊寅，葬首阳陵。自殡及葬，皆以终制从事。初，帝好文学，以著述为务，自所勒成垂百篇。又使诸儒撰集经传，随类相从，凡千余篇，号曰《皇览》。

评曰：文帝天资文藻，下笔成章，博闻强识，才艺兼该。若加之旷大之度，励以公平之诚，迈志存道，克广德心，则古之贤主，何远之有哉！

译文

黄初六年（225年）二月，文帝派遣使者从许昌以东巡视各地，一直到沛郡，寻访百姓疾苦，对贫苦的人给予赈济和借贷。三月，文帝到达召陵，修通讨虏渠。二十八日，回到许昌宫。并州刺史梁习征讨鲜卑人轲比能，大获全胜。闰月二十四日，文帝亲领战舰东征。五月二日到达谯县。十六日，火星进入太微星分野。六月，利成郡兵丁蔡方等人聚众造反，杀死太守徐质。文帝派遣屯骑校尉任福、步兵校尉段昭与青州刺史前去征讨，平定了反叛。其中被胁迫和逃亡的人，全都被赦罪。

七月，封皇子曹鉴为东武阳王。八月，文帝率领水军从谯地出发，沿着涡水进入淮河，改从陆路到徐州。九月，筑起东巡台。十月，驾临广陵故城，临江检阅军队，士兵十多万人，旌旗数百里。这年天气寒冷，水路封冻了，舟船不能入江，文帝便回返。十一月，东武阳王曹鉴逝世。十二月，从谯县回还路过梁地，派使者用太牢之礼祭祀已故的汉朝太尉桥玄。

黄初七年（226年）正月，文帝准备驾临许昌，许昌城南门无故崩塌，文帝很不高兴，没有去许昌。十日，回到洛阳宫。三月，修筑九华台。五月十六日，文帝病重，宣召中军大将军曹真、镇军大将军陈群、征东大将军曹休、抚军大将军司马懿，他们都接受遗诏辅助继位的皇上。把后宫中淑媛、昭仪以下的嫔妃遣送回家。十七日，文帝在嘉福殿驾崩，年四十岁。六月九日，在首阳陵安葬。从发丧到下葬，都按他生前的文告办理。当初，文帝爱好文学，以著述为业，自己创作作品近百篇。又命令众儒生收集经传，按类排列，共一千多篇，称为《皇览》。

史官评论说：文帝天资聪颖，文采不凡，下笔成章，博闻强记，才艺双全。如果再具备博大的气度，修养公平的德行，追求远大的抱负，心存宏伟的道义，那么与古代的贤君相比，也差不多了。

三国志精粹

曹植传

魏书

题解

　　曹植（192年—232年），字子建，沛国谯（今安徽亳州）人。三国曹魏著名文学家，建安文学代表人物。魏武帝曹操之子，魏文帝曹丕之弟，生前曾为陈王，去世后谥号"思"，因此又称"陈思王"。后人因他文学上的造诣而将他与曹操、曹丕合称为"三曹"，南朝宋文学家谢灵运更有"天下才有一石，曹子建独占八斗"的评价。清代文学家、诗词理论家王士祯论汉魏以来二千年间诗家堪称"仙才"者，"曹植、李白、苏轼三人耳"。

原文

　　陈思王植，字子建。年十岁余，诵读《诗》《论》及辞赋数十万言，善属文。太祖尝视其文，谓植曰："汝倩人①邪？"植跪曰："言出为论，下笔成章，顾当面试，奈何倩人？"时邺铜爵台新成，太祖悉将诸子登台，使各为赋。植援笔立成，可观，太祖甚异之。性简易，不治威仪，舆马服饰，不尚华丽，每进见难问，应声而对，特见宠爱。

　　建安十六年，封平原侯。十九年，徙封临菑侯。太祖征孙权，使植留守邺，戒之曰："吾昔为顿邱令，年二十三。思此时所行，无悔于今。今汝年亦二十三矣，可不勉与？"植既以才见异，而丁仪、丁廙（yì）、杨修等为之羽翼。太祖狐疑，几为太子者数矣，而植任性而行，不自彫②励，饮酒不节。文帝御之以术，矫情自饰，宫人左右，并为之说，故遂定为嗣。

　　二十二年，增置邑五千，并前万户。植尝乘车行驰道中，开司马门出。

太祖大怒，公车令坐死。由是重诸侯科禁，而植宠日衰。太祖既虑终始之变，以杨修颇有才策，而又袁氏之甥也，于是以罪诛修。植益内不自安。

注释

①倩人：央求、请人做某事。②彫：同"雕"，雕刻，刻镂，这里指修饰，装饰。

译文

陈思王曹植字子建，十几岁就诵读《诗经》《论语》以及辞赋几十万字，擅长作文。曹操有次看到他的文章，对他说："你请人代写的？"曹植跪下说："话说出口就是论，下笔就成文章，只要当面考试就知道了，何必请人代写呢？"当时铜雀台刚刚建成，曹操让儿子们都登上去作赋。曹植拿起笔来立刻就写成了，内容很可观，曹操十分惊奇。曹植性情简约平易，不喜欢摆出威严的气派，车马服饰，都不追求华丽，每次见曹操答问辩难，总是应声回答，特别受曹操宠爱。

建安十六年（211年）被封为平原侯。十九年，改封为临菑侯。曹操征讨孙权，让曹植留守邺县，告诫他说："我从前任顿丘令的时候，二十三岁。想起那时候所干的事，到今天也没有后悔的。现在你也二十三岁，能不努力吗？"曹植既因为有才而受宠，丁仪、丁廙、杨修等人便都来辅佐他。曹操有些犹疑，好几次几乎要立曹植为太子，可是他任性行事，不掩饰自己，饮酒没有节制。曹丕使用权术来对待曹操，故意彰显、表现自己，曹操身边的宫人也替曹丕说话，所以终于立曹丕为太子。

建安二十二年（217 年），为曹植增加食邑五千户，连同以前的共一万户。曹植有一次乘车在驰道上行驶，打开司马门出来。曹操大怒，处死了公车令。从那以后加重了对诸侯的约束，而对曹植的宠爱也日渐衰退。曹操顾虑曹植的势力太大会成为后患，因为杨修有才能有智谋，又是袁术的外甥，于是罗织罪名杀了杨修。曹植心里更加不安。

原文

二十四年，曹仁为关羽所围。太祖以植为南中郎将，行征虏将军，欲遣救仁。呼有所敕戒，植醉不能受命，于是悔而罢之。文帝即王位，诛丁仪、丁廙并其男口。植与诸侯并就国。

黄初二年，监国谒者灌均希指，奏"植醉酒悖慢，劫胁使者"。有司请治罪，帝以太后故，贬爵安乡侯。其年改封鄄城侯。三年，立为鄄城王，邑二千五百户。四年，徙封雍丘王。其年，朝京都。六年，帝东征，还过雍丘，幸植宫，增户五百。

太和元年，徙封浚仪。二年，复还雍丘。植常自愤怨，抱利器而无所施，上疏求自试曰……三年，徙封东阿。五年，复上疏求存问亲戚，因致其意曰……帝辄优文答报。

其年冬，诏诸王朝。六年正月。其二月，以陈四县封植为陈王，邑三千五百户。植每欲求别见独谈，论及时政，幸冀试用，终不能得。既还，怅然绝望。时法制，待藩国既自峻迫，寮属皆贾竖下才，兵人给其残老，大数不过二百人，又植以前过，事事复减半。十一年中而三徙都，常汲汲无欢，遂发疾薨，时年四十一。遗令薄葬，以小子志。保家之主也，欲立之。

初，植登鱼山，临东阿，喟然有终焉之心，遂营为墓。子志嗣，徙封济北王。景初中诏曰："陈思王昔虽有过失，既克己慎行，以补前阙，且自少至终，篇籍不离于手，诚难能也。其收黄初中诸奏植罪状，公卿已下议尚书、秘书、中书三府、大鸿胪者皆削除之。撰录植前后所著赋颂诗铭杂论凡百余篇，副藏内外。"志累增邑，并前九百九十户。

译文

建安二十四年（219 年），曹仁被关羽围困。曹操派曹植任南中郎将，行使征虏将军职衔，要让他去救曹仁。召他来要告诫他一番话，曹植喝醉了酒不能起身，曹操后悔罢免了他的职务。曹丕即王位，诛杀丁仪、丁廙和他们全家的男子。曹植和诸侯全部回到自己的封国。

黄初二年（221年），监国谒者灌均迎合曹丕的旨意上奏："曹植醉酒傲慢，劫持要挟使者。"有关部门请求治他的罪，曹丕因为太后的缘故，只将他降为安乡侯。同年又改封鄄城侯。黄初三年（222年），立曹植为鄄城王，食邑二千五百户。黄初四年（223年），转封曹植为雍丘王。那一年，曹植赴京朝见。黄初六年（225年），文帝东征，回去的时候路过雍丘，到曹植的宫中与他见了一面，给他增加了五百户食邑。

明帝太和元年（227年），又改封曹植到浚仪。太和二年（228年），又回到雍丘。曹植常常自悲自怨，空有一身才能却无处施展，上书请求试用说……太和三年（229年），曹植被改封为东阿王。太和五年（231年），曹植再次上书请求问候亲戚，因此而致意说……明帝很客气地写了答报的诏书。

那年冬天，明帝颁布诏书，让诸王来朝见。那是太和六年（332年）。这年二月，把陈郡的四个县分给曹植，封他为陈王，食邑三千五百户。曹植总想与明帝单独见面交谈，讨论时政，希望能够被任用，始终没得到机会。回去以后，心情惆怅，感到绝望。当时的法律对待藩国很严苛，部属都是商贾俗人，士兵给的也都是老弱病残，总数不过二百人。而曹植因为以前的过失，样样又减去一半。太和十一年（337年）中竟然三次迁移，总是郁郁寡欢，就生病去世了，死时四十一岁。遗嘱要求简单地举行葬礼，这是他的生前想法。他觉得小儿子曹志乃守家之主，欲立曹志为嗣。

起初，曹植登上鱼山，下临东阿，喟然叹息，便有了在那儿终老的愿望，于是兴建了坟墓。他的儿子曹志承袭了爵位，又改封济北王。景初年间（237年—239年），明帝下诏说："陈思王过去虽有过失，但已经克制自己，谨慎行事，弥补了以前的缺失，而且从小到老，书籍不离手，实在难能可贵。明帝命令收集黄初年间那些奏报曹植罪状的，公卿以下讨论过的，保存在尚书、秘书、中书三府和大鸿胪的有关文件，一律销毁。记录曹植前后撰写的赋、颂、诗、铭、杂论一共一百多篇，制成副本，收藏在府内外。"曹志几次增加食邑，连同从前的共九百九十户。

卞皇后传

魏书

题解

  武宣皇后卞氏（161年—230年），生平节俭，不喜华丽，二十岁时被曹操在谯纳为妾。建安初年，丁夫人被废，卞夫人成为曹操的正妻。曹丕当太子后，左右向卞后称贺，被卞后婉言谢绝。建安二十四年（219年），拜为王后。文帝践位后，尊其为皇太后。明帝即位，尊太后为太皇太后。卞后在太和四年（230年）去世，与魏武帝曹操合葬高陵。卞后生有四子：文皇帝丕、任城威王彰、陈思王植、萧怀王熊。

原文

  武宣卞皇后，琅邪（琊）开阳人，文帝母也。本倡家^①，年二十，太祖于谯纳后为妾，后随太祖至洛。及董卓为乱，太祖微服东出避难，袁术传太祖凶问。时太祖左右至洛者皆欲归，后止之曰："曹君吉凶未可知，今日还家，明日若在，何面目复相见也？正使祸至，共死何苦！"遂从后言。太祖闻而善之。

  建安初，丁夫人废，遂以后为继室。诸子无母者，太祖皆令后养之。文帝为太子，左右长御贺后曰："将军拜太子，天下莫不欢喜，后当倾府藏赏赐。"后曰："王自以丕年大，故用为嗣，我但当以免无教导之过为幸耳，亦何为当重赐遗乎？"长御还，具以语太祖，太祖悦曰："怒不变容，喜不失节，故是最为难。"

二十四年，拜为王后，策曰："夫人卞氏，抚养诸子，有母仪之德。今进位王后，太子诸侯陪位，群卿上寿。减国内死罪一等。"

二十五年，太祖崩，文帝即王位，尊后曰王太后，及践阼，尊后曰皇太后，称永寿宫。明帝即位，尊太后曰太皇太后。

黄初中，文帝欲追封太后父母。尚书陈群奏曰："陛下以圣德应运受命，创业革制，当永为后式。案典籍之文，无妇人分土命爵之制。在礼典，妇因夫爵。秦违古法，汉氏因之，非先王之令典也。"帝曰："此议是也，其勿施行。以作著诏下藏之台阁，永为后式。"至太和四年春，明帝乃追谥太后祖父广曰开阳恭侯，父远曰敬侯，祖母周封阳都君及敬侯夫人，皆赠印绶。其年五月，后崩。七月，合葬高陵。

注释

①倡家：倡优之家。

译文

武宣卞皇后，是琅琊郡开阳人，文帝之母。卞皇后原本出身于倡优之家，在其二十岁那年，太祖在谯县将之纳为妾，之后便跟随太祖到达洛阳。董卓洛阳叛乱的时候，太祖仓促间微服逃出洛阳东行，不久袁术带来太祖已死的噩耗。太祖身边的一些人都是当初跟随他从故乡来到京师的，听到这个消息大家都吵吵嚷嚷要返回老家去，卞后这时候挺身而出，制止说："曹君吉凶现在并无确切消息，今天大家都跑回家去，明天若是他返回来，我们还有什么面目再见他？就是真的有什么大祸临头，我们大不了一同赴死！"众人佩服她，都愿意听从她的安排。太祖后来听说了这件事，也非常赞赏。

建安之初，丁夫人被废，太祖遂立卞后为续室。太祖把几个儿子都交给卞后抚养和照顾。当太祖立文帝曹丕为太子时，太祖和太子身边的一些随从人员纷纷跑到卞后那里表示祝贺说："将军被立为太子，天下都为之高兴，王后您应当把府库中收藏的金银玉帛全部拿出来进行赏赐。"卞皇后回答他们道："魏王因为曹丕已长大成人，方才立他为太子承嗣王位，我没犯教子无方的过错就已是莫大的荣幸了，又有什么值得大肆张扬，赏赐众人的呢？"人们把这些话转告给太祖，太祖高兴地赞扬卞后："怒不改颜，乐不忘本，这的确不容易啊！"

建安二十四年（219年），太祖封卞后为王后，并发布文书说："夫人卞氏，数年来辛勤抚养各位王子，大有慈母之风范。今特晋位为王后，命太子和各位诸侯王陪位，百官为之上寿。国内犯人死罪各减一等，以示庆贺。"

建安二十五年（220年），太祖病逝，太子曹丕即王位，尊王后为王太后，到曹魏代汉之时，尊王太后为皇太后，居处称为永寿宫。明帝即位后，进而尊称为太皇太后。

　　文帝黄初年中，曾打算追封太后父母。尚书陈群上奏说："陛下以自己的圣德应天承运，开创江山社稷之大业，您所制定的种种礼仪制度，也应当永为子孙后世遵循。从历代典章来看，从没有因妇人之故而封王拜侯的做法，在礼仪上，妇人也只是随着丈夫爵位升高而显贵。秦王朝违背古代的礼法，汉王朝又照着秦王朝去做，但这并不是先王所规定下的。"文帝回答说："你说得很对，我前面的决定就不要执行了。同时把你的这个建议写下来，用我的名义形成诏制，藏于台阁，以作为后世永久的制度。"这样一直到太和四年（230年），明帝才追谥太皇太后的祖父卞广为开阳恭侯，父亲卞远为开阳敬侯，祖母周氏为阳都君及敬侯夫人，并都赠予印绶。这年五月，太皇太后驾崩。七月，与太祖合葬于高陵。

董卓传

三国志精粹

题解

董卓（？—192年），字仲颖，陇西临洮（今甘肃省岷县）人。东汉末年少帝、献帝时权臣，官至太师、郿侯。把持朝政期间，专横跋扈，残暴至极。后为避袁绍等人讨伐，悍然迁都长安，临行前将洛阳付之一炬。又在长安城东修建万岁坞，纵情享乐，经常以杀人取乐。后在司徒王允、孙瑞等人谋划下，董卓为养子吕布所杀。

据《后汉书》记载，当时民间流传着一首民谣："千里草，何青青。十日卜，不得生。"这里"千里草""十日卜"合起来是董卓的名字，"何青青""不得生"则表达了当时百姓对董卓的极度痛恨，都希望他早日死去。这首民谣是东汉末年百姓对董卓整个人生的基本评价，同时也从侧面反映了董卓之乱对东汉末年政治和社会的破坏程度。

原文

董卓，字仲颖，陇西临洮人也。少好侠，尝游羌中，尽与诸豪帅相结，后归耕于野。而豪帅有来从之者，卓与俱还，杀耕牛与相宴乐。诸豪帅感其意，归相敛，得杂畜千余头以赠卓。汉桓帝末，以六郡良家子为羽林郎。卓有才武，旅力少比，双带两鞬，左右驰射。为军司马，从中郎将张奂征并州有功，拜郎中，赐缣九千匹。卓悉以分与吏士。迁广武令，蜀郡北部都尉，西域戊己校尉[①]，免。征拜并州刺史、河东太守，迁中郎将，讨黄巾，军败抵罪。

韩遂等起凉州，复为中郎将，西拒遂。于望垣硖北，为羌、胡数万人所围，粮食乏绝。卓伪欲捕鱼，堰其还道当所渡水为池，使水渟满数十里，默从

堰下过其军而决堰。比羌、胡闻知追逐，水已深，不得渡。时六军上陇西，五军败绩，卓独全众而还。屯住扶风。拜前将军，致封鄵乡侯，征为并州牧。

灵帝崩，少帝即位。大将军何进与司隶校尉袁绍谋诛诸阉官，太后不从。进乃召卓使将兵诣京师，并密令上书曰："中常侍张让等窃幸乘宠，浊乱海内。昔赵鞅兴晋阳之甲，以逐君侧之恶。臣辄鸣钟鼓如洛阳，即讨让等。"欲以胁迫太后。卓未至，进败。中常侍段珪等劫帝走小平津，卓遂将其众迎帝于北邙，还宫。时进弟车骑将军苗为进众所杀，进、苗部曲②无所属，皆诣卓。卓又使吕布杀执金吾丁原，并其众，故京都兵权唯在卓。

注释

①戊己校尉：官名。西汉初元元年（前48年）置，为驻车师屯田的长官。②部曲：部下。

译文

董卓，字仲颖，甘肃西部临洮人。董卓年少的时候就行侠尚武，曾经到西北少数民族羌族屯驻生活的地方漫游，广结羌族的首领为朋友，后回乡务农。羌族首领来看望，董卓看到远道而来的朋友非常高兴，邀众人到家中做客，将用于犁田的耕牛宰杀掉来招待客人，大家开怀痛饮。羌族首领们很感动，他们回去后收集了各类牲畜千余匹赠予董卓。东汉桓帝末年，朝廷从汉阳、陇西、安定、北地、上郡、西河等六个郡中选拔良家子弟来充任负责皇帝宿卫的羽林郎。董卓因为武艺高强，力大过人，能够背两只箭袋在纵马急驰中左右开弓，故而被朝廷选中。他先在军中担任掌管行军之事的军司马，不久跟随中郎将张奂攻打并州立了战功，被提升为负责守卫京城皇宫诸殿的郎中，并赏赐细绢九千匹。董卓把所得的九千匹细绢全部分给手下的官兵。此后，董卓先后担任过广武令、蜀郡北部都尉、主管西域诸民族事务的西域戊己校尉，后被免。不久，董卓任并州刺史、河东太守，后又召回京都，拜中郎将，由于在率部讨伐黄巾起义军的战斗中吃了败仗，被撤职以抵战败的责任。

　　一直到西北韩遂在凉州聚众反叛，朝廷才恢复了他中郎将的职务，派他带兵围剿韩遂。董卓领兵开到望垣硖以北地区，被羌、胡数万兵马包围，粮草匮乏。董卓故意做出捕鱼虾以济军粮的假象，在河道上游筑堰，使数十里河水大涨，汉军从大坝下悄悄穿过，然后掘开水坝。等胡兵闻知汉军突围而组织追击时，河水已深，无法渡过。当时朝廷共派出六路人马出征陇西讨伐韩遂，其他五路都连吃败仗丧师折将，只有董卓指挥的这一路完整地撤退回来，没有遭受什么损失。董卓率师突围后便驻扎在扶风郡。朝廷因其有功就将之提升为前将军，封斄乡侯，并调任为并州牧。

　　灵帝刘宏死后，少帝刘辩继承皇位。大将军何进与司隶校尉袁绍合谋铲除朝中的宦官，皇太后坚决反对何进等人的行动。为了争取外援，何进私下给董卓写信，让他带所统辖的兵马开进京师，并让他给皇上上书说："中常侍张让等人借着太后和陛下的宠幸为非作歹，扰乱朝政，祸国殃民。古时候晋臣赵鞅曾率晋阳的兵马进入京城，铲除了朝中佞臣荀寅和士吉射等人。如今臣下也要鸣钟鼓督师立即开往洛阳，以讨伐张让这些乱臣贼子。"何进要董卓这样做是为了胁迫太后同意诛杀宦官的计划。谁知董卓的军队还没有赶到洛阳，宦官张让等人已先下手杀掉了大将军何进。中常侍段珪等人挟着少帝仓皇逃到黄河岸边的小平津渡口，董卓于是率文武百官到洛阳北郊的北邙山迎接少帝回宫。此时，何进的弟弟、原车骑将军何苗也在京都的这场混战中被何进的部将杀掉，何进、何苗的部属因失去了主帅而无所适从，便都归附了董卓。董卓又唆使吕布杀死负责保卫京师的执金吾丁原，将其军队也收编到了自己手下，董卓便独揽了京都的兵权。

原文

　　先是，进遣骑都尉太山鲍信所在募兵。适至，信谓绍曰："卓拥强兵，有异志，今不早图，将为所制。及其初至疲劳，袭之可禽（擒）也。"绍畏卓，不敢发，信遂还乡里。于是以久不雨，策免司空刘弘而卓代之。俄迁太尉，假节钺虎贲。遂废帝为弘农王，寻又杀王及何太后，立灵帝少子陈留王，是为献帝。卓迁相国，封郿侯，赞拜不名，剑履上殿。又封卓母为池阳君，置家令、丞。

卓既率精兵来，适值帝室大乱，得专废立，据有武库甲兵，国家珍宝，威震天下。卓性残忍不仁，遂以严刑胁众，睚眦之隙必报，人不自保。

尝遣军到阳城，时适二月社^①，民各在其社下。悉就断其男子头，驾其车牛，载其妇女财物，以所断头系车辕轴，连轸而还洛，云攻贼大获，称万岁。入开阳城门，焚烧其头，以妇女与甲兵为婢妾。至于奸乱宫人公主，其凶逆如此。

初，卓信任尚书周毖，城门校尉伍琼等，用其所举韩馥、刘岱、孔伷、张咨、张邈等出宰州郡。而馥等至官，皆合兵将以讨卓。卓闻之，以为毖、琼等通情卖己^②，皆斩之。河内太守王匡，遣泰山兵屯河阳津，将以图卓。卓遣疑兵若将于平阴渡者，潜遣锐众从小平北渡，绕击其后，大破之津北，死者略尽。

注释

①社：庙会。②通情卖己：通报情况，出卖自己。

译文

先前，大将军何进曾派骑都尉太山鲍信到外地招兵买马。鲍信此时正好回到洛阳，见到京都的严峻局面，他找到袁绍说："董卓如今手握重兵，有篡位的野心，我们如不趁早动手将后患无穷。趁他现在刚到京都，军队疲惫不堪，我们给他来个突然袭击，一定可以生擒董卓。"可是袁绍害怕董卓，不敢采取行动，鲍信于是便弃官返回故里了。董卓先是以国内久旱不雨罪在朝臣为借口，逼迫少帝下诏免去司空刘弘，自己取而代之。不久后，他又当上了最高军事官太尉，被授予总领诸军的权力和调动全国兵马的符节。董卓在控制了朝廷军政大权后便废掉了少帝刘辩，把他贬为弘农王，随即又把他和他的生母何太后杀死，然后立灵帝的幼子陈留王刘协为皇帝，就是汉献帝。董卓自以为拥立新君有功，他人无法与之相比，便恢复西汉初年的相国职务，并由自己担任，又封自己为郿侯，享有朝见天子时司礼官只称官职而不直呼姓名，以及可以带着宝剑、穿鞋上殿等特殊待遇。他的母亲也被封为池阳君，并违背朝廷礼法设置家令、家丞一类官职。

因为董卓是带着精锐的兵马来到京都，又恰好赶上朝中百官相互残杀，因而使他能够拥兵自重，拥有操纵皇帝废立的大权，占有东汉王朝的武库甲兵和国家的珍宝财富，从此位重权高，威慑天下。董卓生性残忍暴戾，不讲仁德，如今为了防止百官对他不满，更是不惜以酷刑来威慑众人，即使很小的怨仇他也会报，使得满朝文武大臣人心惶惶，不能自保。

某日董卓派他的部下到洛阳东南不远的阳城巡行，正遇到当地的百姓们在歌舞祭祀神灵，祈求农业丰收。董卓命令士兵把正在举行祭祀仪式的男子全部斩首，把他们的牛车也都抢掠过来，将妇女和财物都装在车上，砍下的脑袋一颗颗挂在车辕上，驱赶牛车一辆接一辆返回洛阳，谎称灭贼大获全胜而归，一路上士卒们发出"万岁"的呼叫。进洛阳开阳门后，将杀戮的人头焚烧，掳掠来的妇女则分给士卒们为婢为妾。董卓竟然目无纲法地淫乱于后宫，肆意霸占奸淫宫中嫔妃和公主，其凶狂残暴已经到了无法无天的地步。

董卓垄断朝政之初，一度很信任尚书周毖和掌管洛阳城门的校尉伍琼等人。周、伍推荐给董卓的韩馥、刘岱、孔伷、张咨、张邈等人，都被安排担任了州牧郡守一级的重要官职。不料韩馥等人到任后，竟联合起各自所辖兵马讨伐董卓。董卓听到后勃然大怒，以为周毖、伍琼与韩馥等人皆为同党，互相勾结起来反对他，于是就将周毖、伍琼斩首。河内太守王匡派遣泰山兵马开到河阳县境内的黄河渡口驻扎，准备进兵洛阳讨伐董卓。董卓先派一支疑兵到平阴县境内的黄河边上，假装从此渡河，而精锐主力则悄悄从洛阳北面的小平津渡口渡过黄河，绕到王匡军队的背后出其不意发起攻击。王匡的军队在河阳津北被董卓打得措手不及，几乎全军覆没。

原文

卓以山东豪杰并起，恐惧不宁。初平元年二月，乃徙天子都长安。焚烧洛阳宫室，悉发掘陵墓，取宝物。卓至西京，为太师，号曰尚父。乘青盖金华车，爪画两𫐐，时人号曰竿摩车。卓弟旻为左将军，封鄠侯。兄子璜为侍中中军校尉典兵。宗族内外并列朝廷。公卿见卓，谒拜车下，卓不为礼。召呼三台尚书以下自诣卓府启事。筑郿坞，高与长安城埒^①，积谷为三十年储，云事成，雄据天下，不成，守此足以毕老。

尝至郿行坞，公卿已下祖道于横门外。卓豫施帐幔饮，诱降北地反者数百人，于坐中先断其舌，或斩手足，或凿眼，或镬煮之，未死，偃转杯案间，会者皆战栗亡匕箸，而卓饮食自若。太史望气，言当有大臣戮死者。故太尉张温时为卫尉，素不善卓，卓心怨之，因天有变，欲以塞咎，使人言温与袁术交关，遂笞杀之。法令苛酷，爱憎淫刑，更相被诬，冤死者千数。百姓嗷嗷，道路以目。悉椎破铜人、钟虡^②，及坏五铢钱。更铸为小钱，大五分，无文（纹）章^③，肉好^④无轮郭，不磨鑢^⑤。于是货轻而物贵，谷一斛至数十万。自是后钱货不行。

注释

①埒：相当。②钟虡（jù）：饰以猛兽形象的悬乐钟的格架。③文章：花纹，文字。④肉好：古代圆形玉器和钱币等的边和孔。肉：铜钱的边。好，钱币中间的孔。④磨鑢（lǜ）：打磨。鑢：磋磨骨、角、铜、铁等使之光滑的工具。

译文

　　董卓看到崤山以东黄河流域的各地诸侯豪杰纷纷起兵讨伐自己，害怕在洛阳不得安宁，便胁迫皇帝和朝廷迁到长安。献帝初平元年（190年）二月，董卓挟持年幼的皇帝和文武百官离开洛阳前往长安，行前纵火将洛阳都城的宫殿付之一炬，又大肆挖掘历代王公贵族的陵墓，抢掠宝物。董卓迁都长安后，位居太师，每以姜太公自比，号称"尚父"。出入乘坐皇太子专用的青盖金华车，这种车用金花装饰，车盖弓头为龙爪形，有两个车厢，极为豪华高贵，时人称之为"竿摩车"。董卓的弟弟董旻被任命为左将军，封鄠侯。他哥哥的儿子董璜，也担任了侍中、中军校尉典兵两个重要职务。一时间，董氏家族亲眷纷纷授官晋爵，权倾朝野，不可一世。文武百官遇到董卓，都要通名报姓拜于车下，董卓根本不予还礼。他还动辄传令让尚书、御史、符节三台尚书以下的朝臣到他家中商议朝政大事。他又在离长安二百多里的地方大兴土木，修建他的私人城池，取名曰"郿坞"，其城墙修得跟长安一样高。董卓把从洛阳等地搜刮来的大量金银财宝和粮食积藏在城中，其中储藏的粮食就足够吃上三十年。董卓扬言说："我的大业成功，整个天下都是我的。即便不成，我守在郿坞中也可享受一辈子了。"

　　有一次他离开长安去郿坞时，朝臣们在长安的城门外为他置酒饯行。董卓命令部下搭起帐篷与群臣畅饮。席间，他突然令人押上在北地郡诱降捕获的反叛士卒和百姓数百人，当着众多王公大臣的面施以酷刑，先割去舌头，然后或砍其手足，或剜其双目，或放在大锅里烹煮，受刑未死之人，在宴席桌案下挣扎哀号，文武百官无不被眼前的惨景惊得浑身发抖，拿不住筷子，唯有董卓坐在那里又吃又喝，像是在自享其乐。掌管天文和历法的太史官观察天象，说要有大臣死在董卓手里了。果然有以前当过太尉、现为九

卿之一卫尉的张温，平日因看不惯董卓的骄横跋扈，颇受董卓怨恨，这次因天象有变，董卓为了搪塞，便捏造罪名说张温与袁术勾结谋反，于是张温就被鞭杖活活打死了。在董卓专权的不长时间里，以严酷的法令和残忍的刑罚，制造了大量冤案，枉死者成百上千，致使天下民怨沸腾。他还凭借权势为所欲为，将宫中铜人和悬挂钟磬的虡全部打坏，改变自汉武帝以来数百年间流通的五铢钱币制度，另铸为五分小钱，上面没有花纹和文字，周边和中间的孔洞也无轮廓，不做磨冶加工，粗糙不堪，结果造成钱币贬值、物价猛涨的严重后果，一斛谷竟卖数十万钱，从此以后没有钱币流通。

原文

　　三年四月，司徒王允、尚书仆射士孙瑞、卓将吕布共谋诛卓。是时，天子有疾新愈，大会未央殿。布使同郡骑都尉李肃等，将亲兵十余人，伪着卫士服守掖门。布怀诏书。卓至，肃等格卓。卓惊呼布所在。布曰"有诏"，遂杀卓，夷三族。主簿田景前趋卓尸，布又杀之。凡所杀三人，余莫敢动。长安士庶咸相庆贺，诸阿附卓者皆下狱死。

　　初，卓女婿中郎将牛辅典兵别屯陕，分遣校尉李傕、郭汜、张济略陈留、颍川诸县。卓死，吕布使李肃至陕，欲以诏命诛辅。辅等逆与肃战，肃败走弘农，布诛肃。其后辅营兵有夜叛出者，营中惊，辅以为皆叛，乃取金宝，独与素所厚支胡赤儿等五六人相随，逾城北渡河，赤儿等利其金宝，斩首送长安。

　　比傕等还，辅已败，众无所依，欲各散归。既无赦书，而闻长安中欲尽诛凉州人，忧恐不知所为。用贾诩策，遂将其众而西，所在收兵，比至长安，众十余万，与卓故部曲樊稠、李蒙、王方等合围长安城。十日城陷，与布战城中，布败走。

　　傕等放兵略长安老少，杀之悉尽，死者狼藉。诛杀卓者，尸王允于市。葬卓于郿，大风暴雨震卓墓，水流入藏，漂其棺椁。傕为车骑将军、池阳侯，领司隶校尉、假节。汜为后将军、美阳侯。稠为右将军、万年侯。傕、汜、稠擅朝政。济为骠骑将军、平阳侯，屯弘农。

译文

　　献帝初平三年（192年）四月，司徒王允、尚书仆射士孙瑞和董卓部将吕布共同商定诛杀逆臣董卓。此时正巧献帝患病新愈，传诏在未央殿会见群臣。吕布派他的同乡亲信、骑都尉李肃带士兵十几人，穿着宫中卫士的服装把守在宫门，吕布怀中藏着诛杀董卓的

诏书。董卓进入宫门后，李肃率伏兵一拥而上，举刀枪击杀，董卓措手不及，惊呼："吕布何在？快来救我！"吕布转出应声喝道："皇帝有诏令杀贼臣董卓！"随即杀死董卓，夷灭三族。朝中主簿田景赶紧扑向董卓的尸体，也被吕布杀掉。这样连杀董卓的亲信三人，其他人皆畏惧不敢动弹。长安城的官吏百姓闻听董卓被诛，都庆贺诛灭国贼。平日投靠奉迎董卓的官吏被一个个抓进监狱处以死刑。

当初，董卓的女婿、中郎将牛辅率军驻守陕县一带，又派出他手下的校尉李傕、郭汜、张济等人分别占据陈留、颍川二郡的一些县。董卓被杀后，吕布派李肃持献帝的诏书去陕县，想借皇威杀掉牛辅。不料牛辅等人作困兽斗，带领部下与李肃拼杀。李肃身边兵少，败退到弘农郡。吕布闻讯大怒，以贻误军机的罪名处死李肃。这之后不久的一个晚上，牛辅军中有些士兵看到没有出路而开小差，军营里人心不安。牛辅心虚，以为部下将要反叛，急带着金银宝物，叫上身边亲信支胡赤儿等五六人悄悄溜出军营，翻越城墙后北渡黄河仓皇逃去。哪知相随的支胡赤儿等人见牛辅携带的金银宝物甚多，竟起贪心。他们杀掉牛辅，瓜分其金银宝物，并把牛辅的首级送到长安邀功。

等到李傕几个得知朝局的剧变赶回陕县老巢时，牛辅已被杀。众人因无首领而打算就此散伙各回老家。一想朝廷并无赦书为他们免罪，跑回家去也不行，又听说长安城中文武百官恨透了董卓及其部属，发誓要杀光凉州人，这越发使他们惶然不知所措。最后他们接受了贾诩的计策，聚拢各部兵马向西直奔长安，沿途又收编董卓部下不少人马，等到达长安城下时，已经有浩浩荡荡十几万人了。他们与董卓旧部樊稠、李蒙、王方等合兵围攻长安城。十日后长安被攻破，又和吕布在城中展开激战，最后吕布败走。

李傕等人纵兵疯狂抢掠长安财富，对全城男女老少不分官吏百姓大肆杀戮。一时间长安城死者不可胜数。同时大肆捕杀参与诛杀董卓的人，司徒王允也被杀死，陈尸街头。叛军还收殓董卓的尸骨送到郿地安葬，葬礼当大风暴雨震撼董卓墓，雨水流入墓穴，把董卓的棺材冲了出来。长安既占，李傕当了车骑将军，封池阳侯，领司隶校尉，统领全国兵马。郭汜为后将军，封美阳侯。樊稠为右将军，封为万年侯。李傕、郭汜、樊稠三人挟持天子，控制了朝政。张济当了骠骑将军，封平阳侯，领兵驻守弘农，拱卫长安。

原文

是岁，韩遂、马腾等降，率众诣长安。以遂为镇西将军，遣还凉州，腾征西将军，屯郿。侍中马宇与谏议大夫种邵、左中郎将刘范等谋，欲使腾袭长安，己为内应，以诛傕等。腾引兵至长平观，宇等谋泄，出奔槐里。稠击腾，腾败走，还凉州。又攻槐里，宇等皆死。时三辅民尚数十万户，傕等放兵劫略，攻剽城邑，人民饥困，二年间相啖食略尽。诸将争权，遂杀稠，并其众。汜与傕转相疑，战斗长安中。

傕质天子于营，烧宫殿城门，略官寺，尽收乘舆服御物置其家。傕使公卿诣汜请和，汜皆执之。相攻击连月，死者万数。傕将杨奉与傕军吏宋果等谋杀傕，事泄，遂将兵叛傕。傕众叛，稍衰弱。张济自陕和解之，天子乃得出，至新丰、霸陵间。郭汜复欲胁天子还都郿。天子奔奉营，奉击汜破之。汜走南山，奉及将军董承以天子还洛阳。傕、汜悔遣天子，复相与和，追及天子于弘农之曹阳。奉急招河东故白波帅韩暹、胡才、李乐等合，与傕、汜大战。奉兵败，傕等纵兵杀公卿百官，略宫人入弘农。

译文

这一年，西北的韩遂、马腾向朝廷投降，各率其部属来到长安。朝廷任命韩遂为镇西将军，率本部回凉州驻守。任命马腾为征西将军，率本部驻守郿县。朝廷里侍中马宇和谏议大夫种邵、右中郎将刘范等人暗中谋划，准备让马腾率精兵自郿县偷袭长安，他们在朝中为内应，一举消灭李傕等叛军首领。不料在马腾进兵到距长安只有五十里的长平观时，里应外合的秘密泄露，马宇等人仓皇逃向槐里县，樊稠率兵迎击马腾。马腾失去内应，无心恋战，败退引军返回凉州。樊稠乘胜进攻槐里县，马宇、种邵、刘范等人均被杀。当时渭水流域长安周围的三辅地区尚有百姓数十万户，是一处比较富庶的地方，李傕等叛将纵容部下肆意劫掠百姓，洗劫城邑，百姓饥饿困苦，两年之内，出现了人吃人的现象，以至于人烟绝迹。叛军首领因争权夺势而内讧，先是李傕杀掉

了樊稠，将他的人马收归自己麾下。继而郭汜与李傕又互相猜疑，并在长安城中各自拥兵展开拼杀。

李傕把天子扣押在他的军营里做人质，纵兵放火烧毁宫殿和城门，又把府库抢掠一空，从皇帝的车马服饰到其他宫廷御物、金银财宝统统归于己有。其后，他便不断派文武百官到郭汜那里去说和，以求双方罢兵。郭汜不愿与他讲和，把受李傕逼迫前来说和的文武官员都关了起来。两人相互争斗数月之久，其部属相互残杀不下万余人。李傕的部将杨奉和军吏宋果密谋杀掉李傕，由于谋划不周，事情败露，于是杨奉带领自己统辖的一支兵马叛离李傕而去。李傕失去杨奉一支精兵，实力受到一定的影响。驻扎在弘农的张济此时也来长安从中调解，这样李傕才答应把扣押的献帝放出来。献帝逃出叛将之手，不敢在长安停留，匆匆来到新丰、霸陵间。郭汜见机，又想把献帝胁迫到郿城，控制在他的手中。献帝赶到杨奉营中避难。杨奉发兵向郭汜进攻，郭汜兵败，向南山一带退走。杨奉和将军董承保护献帝及文武百官还都洛阳。这时李傕、郭汜都后悔不该把献帝放走，于是两军又联合起来，集中兵力向弘农郡的曹阳涧一带追击杨奉。杨奉见李、郭人多势众，料难抵挡，便急向河东的白波军求援。白波军将领韩暹、胡才、李乐等赶来救援。杨奉指挥军队与李傕、郭汜大战于曹阳涧，结果败退。李、郭纵兵杀戮文武百官，然后带着劫掠的后宫嫔妃返回弘农。

原文

天子走陕，北渡河，失辎重，步行，唯皇后贵人从，至大阳，止人家屋中。奉、暹等遂以天子都安邑，御乘牛车。太尉杨彪、太仆韩融近臣从者十余人。以暹为征东、才为征西、乐征北将军，并与奉、承持政。遣融至弘农，与傕、汜等连和，还所略（掠）宫人公卿百官，及乘舆车马数乘。是时蝗虫起，岁旱无谷，从官食枣菜。诸将不能相率，上下乱，粮食尽。

奉、暹、承乃以天子还洛阳。出箕关，下轵道，张杨以食迎道路，拜大司马。语在《杨传》。天子入洛阳，宫室烧尽，街陌荒芜，百官披荆棘，依丘墙间。州郡各拥兵自卫，莫有至者。饥穷稍甚，尚书郎以下，自出樵采，或饥死墙壁间。太祖乃迎天子都许。暹、奉不能奉王法，各出奔，寇徐、扬间，为刘备所杀。董承从太祖岁余，诛。

建安二年，遣谒者仆射裴茂率关西诸将诛傕，夷三族。汜为其将五习所袭，死于郿。济饥饿，至南阳寇略（掠），为穰人所杀，从子绣摄其众。才、乐留河东，才为怨家所杀，乐病死。遂、腾自还凉州，更相寇，后腾入为卫尉，子超领其部曲。

十六年，超与关中诸将及遂等反，太祖征破之。语在《武纪》。遂奔金城，为其将所杀。超据汉阳，腾坐夷三族。赵衢等举义兵讨超，超走汉中从张鲁，后奔刘备，死于蜀。

译文

献帝逃到陕县，又向北渡过黄河，车马全无，只得徒步行走，身边只有皇后与贵人相随。一直到了黄河北边的大阳县，才找到一处房子住了下来。杨奉、韩暹追踪找到献帝后，只好暂且以安邑县治为都城让他住下来，出入也只能坐牛车。身边仅有太尉杨彪、太仆韩融及随从十余人。献帝分别拜韩暹、胡才、李乐三人为征东、征西、征北将军，让他们与杨奉、董承共掌朝政。又派太仆韩融前往弘农与李傕、郭汜谈判，索回了被他们掠走的宫人和文武百官，献帝的乘舆车马也要回了一些。这一年黄河以北地区蝗灾肆虐，加上长时间大旱不雨，农田几乎颗粒无收。朝廷在安邑一带筹集不到粮食，群臣没有饭吃，只好到外摘点青枣，或到田间挖些野菜充饥。军队也断了粮饷，士兵们开始骚动，将领们无法控制不满情绪。

无奈，杨奉、韩暹、董承等人商议还是应该护送献帝到洛阳去。献帝和文武朝臣及军队离开安邑，出箕关，途经轵县的道路，有晋阳侯张杨携带粮食在路边迎接，献帝非常感激张杨在困难中的帮助，拜他为大司马。此事在《张杨传》中也有记载。献帝和朝廷还都洛阳后，见这里的宫殿早已被烧成一片废墟，街陌上也长满了荒草。他们既无粮食充饥，又无房屋居住，只得砍去荆棘荒草，在断壁残墙或土丘旁半躺半卧地歇息。此时各州、郡的长官都拥兵自重，没有哪个来洛阳朝见献帝。仅有的一点粮食越来越少，自尚书郎以下的官员们只好每天到郊外寻些野果填腹，不断有人饿死在断墙残垣间。于是太祖曹操把献帝迎到许县，将许县作为临时都城。韩暹、杨奉不能遵守朝廷礼法，各自带兵离去，在徐州、扬州间流窜骚扰，不久被刘备所擒杀。董承追随太祖一年多时间，也因罪被诛。

建安二年（197年），朝廷派谒者仆射裴茂统领关西各路兵马讨伐李傕，李傕兵败身亡，并被夷灭三族。叛将郭汜被部将五习所杀，死在郿城。张济因军中缺粮，带兵到南阳郡抢掠，在穰县被百姓包围起来杀死，他的侄子张绣收聚并统领了他的残部。胡才、李乐二人留在河东，后来胡才被他的冤家对头谋杀，李乐患病身亡。西北的马腾、韩遂二人自返回凉州后，越发拥兵自重。马腾奉诏入朝任卫尉之职后，其部属由他的儿子马超统领。

建安十六年（211年），马超、韩遂联合关中诸将共同反叛朝廷，太祖率师西征，大败叛军，此事在《武帝纪》中有详细记载。韩遂兵败逃往金城，被部将所杀。马超率残部退居汉阳郡。马腾因为儿子的叛逆大罪而被诛，夷灭三族。又有赵衢等人举义兵讨伐马超，马超引兵前往汉中依附张鲁，随后投奔刘备，最后死在西蜀。

袁绍传

题解

　　袁绍（？—202 年），字本初，汝南汝阳（今河南省商水县）人。出身中原著名的世家大族，其家族累代公侯，"树恩四世，门生故吏遍于天下"。凭借这一得天独厚的优势，袁绍在汉末战乱的多事之秋，很快就做到了高官。但是袁绍又有他自身的致命弱点，正如传文中所说的，"绍外宽雅有局度，忧喜不形于色，而性矜愎自高，短于从善，故至于败"。袁绍在建安五年（200 年）的官渡之战中大败于曹操。建安七年（202 年），在平定冀州叛乱之乱后不久，气病而死。

原文

　　袁绍，字本初，汝南汝阳人也。高祖父安，为汉司徒。自安以下四世居三公位，由是势倾天下。绍有姿貌威容，能折节下士，士多附之，太祖少与交焉。以大将军掾为侍御史，稍迁中军校尉，至司隶。

　　灵帝崩，太后兄大将军何进与绍谋诛诸阉官，太后不从。乃召董卓，欲以胁太后。常侍、黄门闻之，皆诣进谢，唯所错置。时绍劝进便可于此决之，至于再三，而进不许。令绍使洛阳方略武吏，检司诸宦者，又令绍弟虎贲中郎将术选温厚虎贲二百人，当入禁中，代持兵黄门陛守门户。中常侍段珪等矫太后命，召进入议，遂杀之，宫中乱。

　　术将虎贲烧南宫嘉德殿青琐门，欲以迫出珪等。珪等不出，劫帝及帝弟陈留王走小平津。绍既斩宦者所署司隶校尉许相，遂勒兵捕诸阉人，无少长

皆杀之。或有无须而误死者，至自发露形体而后得免。宦者或有行善自守
而犹见及，其滥如此，死者二千余人。急追珪等，珪等悉赴河死，帝得还宫。

译文

　　袁绍，字本初，汝南汝阳县人。高祖父为袁安，在东汉（章帝的时候）曾担任司徒的职位。自袁安以后，又接连四世在朝中官至三公（司徒、司空、太尉）的高位，因而袁氏家族权倾朝野，威震天下。袁绍长得身材魁梧，容貌威严，虽然出身豪门望族，却广结社会底层的贤达之士，因此许多人都投靠在他的门下。太祖（曹操）在年少的时候曾与他有来往。袁绍进入仕途后，先是以大将军属员身份任侍御史，不久之后迁升为中军校尉，之后又做到司隶校尉。

　　灵帝死后，何太后之兄、担任大将军职务的何进和袁绍密谋诛杀朝中的宦官，何太后坚决不同意此事。何进和袁绍便暗中联络并州牧董卓，让他威逼何太后就范。朝中的常侍、黄门等宦官闻讯，都跑到何进家里去求情，任凭何进处置。袁绍劝何进应立刻下手，将这些宦官杀掉，袁绍再三相劝，但何进不听取，只是命他派出洛阳的武吏监视、检查宦官们的行动，同时委派袁绍的弟弟、虎贲中郎将袁术选拔二百名可靠的士兵开进宫中，取代原来那些持兵执刃把守宫门的黄门侍者。中常侍段珪等人不甘心束手就擒，他们假传太后的命令，召何进入宫议事，然后杀了他，一时间宫中大乱。

袁术命士兵火烧南宫嘉德殿的青琐门，以逼迫段珪出来就降。段珪等宦官首领不出来，挟持少帝（刘辩）和他的弟弟陈留王（刘协），逃向黄河边小平津渡口。袁绍（在率兵打开皇宫大门后）先擒杀了宦官所任命的司隶校尉许相，然后命令士兵搜捕阉人，不分老少，一律斩首。有的人只是由于没长胡子，也被士兵们当成宦官胡乱给杀掉了，以至于有的人为了证明自己不是宦官，只好脱下衣服让士兵们当场查验才得以幸免。宦官中有些行为端正、保持操守的也被杀害，可见滥杀的残酷，被杀害者不下两千人。袁绍率兵急追段珪，段珪等人投黄河自杀，少帝得以返回洛阳宫。

原文

董卓呼绍，议欲废帝，立陈留王。是时绍叔父隗为太傅，绍伪许之，曰："此大事，出当与太傅议。"卓曰："刘氏种不足复遗。"绍不应，横刀长揖而去。绍既出，遂亡奔冀州。侍中周毖、城门校尉伍琼、议郎何颙等，皆名士也，卓信之，而阴为绍，乃说卓曰："夫废立大事，非常人所及。绍不达大体，恐惧故出奔，非有他志也。今购之急，势必为变。袁氏树恩四世，门世故吏遍于天下，若收豪杰以聚徒众，英雄因之而起，则山东非公之有也。不如赦之，拜一郡守，则绍喜于免罪，必无患矣。"卓以为然，乃拜绍勃海太守，封邟乡侯。

绍遂以勃海起兵，将以诛卓。语在《武纪》。绍自号车骑将军，主盟，与冀州牧韩馥立幽州牧刘虞为帝，遣使奉章诣虞，虞不敢受。后馥军安平，为公孙瓒所败。瓒遂引兵入冀州，以讨卓为名，内欲袭馥。馥怀不自安。会卓西入关，绍还军延津。因馥惶遽，使陈留高干、颍川荀谌等说馥曰："公孙瓒乘胜来向南，而诸郡应之。袁车骑引军东向，此其意不可知，窃为将军危之。"馥曰："为之奈何？"谌曰："公孙提燕、代之卒，其锋不可当。袁氏一时之杰，必不为将军下。夫冀州，天下之重资也，若两雄并力，兵交于城下，危亡可立而待也。夫袁氏，将军之旧，且同盟也，当今为将军计，莫若举冀州以让袁氏。袁氏得冀州，则瓒不能与之争，必厚德将军。冀州入于亲交，是将军有让贤之名，而身安于泰山也。愿将军勿疑！"

译文

董卓（率兵入京后）叫袁绍前来，商量废掉少帝刘辩，另立陈留王为皇帝的事。此时袁绍的叔父袁隗为朝中太傅，袁绍假装同意，对董卓说："另立新君乃国家大事，让我回头找太傅商量一下。"董卓说："刘氏江山摇摇欲坠，刘家的种也不足以再保存下去了。"袁绍没有说话，横握佩刀深施一个揖礼径自走了。袁绍离开董卓，逃往冀州。朝中大臣如侍中周毖、城门校尉伍琼、议郎何颙等人都是当时的名士，董卓对他们很信任，但这些人却暗地里站在袁绍一边，因而他们劝说董卓："朝廷中君王废立大事，本来就不是一般人可以参与的。袁绍眼光短浅不识大体，他是做错了事害怕您才逃出京城的，并非要谋反。如今您如果对他缉拿过急，把他逼得走投无路，反而会逼他反叛。他们袁氏家族连续四代在朝中做官，门生故吏遍及天下，若是袁绍号召四方英雄豪杰和您作对，那么各地都会纷纷响应而起兵，如此一来山东的大片土地就难控制了。不如宣布赦免袁绍的罪过，任命他为某个郡的太守，这样袁绍必然会为免罪又得官而高兴，您也就没什么可担心的了。"董卓认为这些话有道理，于是宣布任命袁绍为勃海太守，封为邟乡侯。

袁绍马上以勃海郡为基地起兵，檄告天下讨伐董卓。这件事在《武帝纪》中另有记载。袁绍自号为车骑将军，为各路讨董联军的盟主，与冀州牧韩馥商议欲立幽州牧刘虞为皇帝，还派特使把请刘虞即位的奏章送给他，刘虞不敢接受（袁绍等人的奏章）。后来韩馥的军队驻守安平，被公孙瓒率部袭击打败。公孙瓒就引兵进入冀州，名义上打着讨伐董卓的旗号，实际是想除掉韩馥。韩馥自料难敌公孙瓒，心中惶恐，不知怎么办才好。适逢董卓挟献帝迁都长安，退回关西，袁绍率大军东还驻守延津。听说韩馥在公孙瓒的压力下十分紧张，便派手下谋士陈留人高干和颍川人荀谌前往游说韩馥道："公孙瓒乘胜挥师向南进攻，各个郡州都会响应他。袁车骑将军引兵东进，也不知他有什么样的打算，我们实在为将军您目前的处境感到担心啊。"韩馥说："我该怎么办才好？"荀谌说："公孙瓒统辖燕、代二州精锐之师，势不可挡。袁绍为一代豪杰，肯定也不愿居于将军您之下。冀州，恰是争夺天下者必争之地。若公孙瓒、袁绍两人都想占有冀州，交锋于城下，那冀州的危亡就是眼前的事了。袁绍是将军您的朋友，而且又是讨董联盟的盟主。袁绍得到冀州，则公孙瓒无法与他争夺，这样袁绍对将军您必然施以厚德。而您把冀州交给可靠的亲密朋友手中，也留下了让贤的美名，从此可确保您平安无事，请将军早作决断，勿再迟疑。"

原文

馥素恇怯[①]，因然其计。馥长史耿武、别驾闵纯、治中李历谏馥曰："冀州虽鄙，带甲百万，谷支十年。袁绍孤客穷军，仰我鼻息，譬如婴儿在股掌之上，绝其哺乳，立可饿杀，奈何乃欲以州与之？"馥曰："吾，袁氏故吏，且才不如本初，度德而让，古人所贵，诸君独何病焉？"从事赵浮、程奂请以兵拒之，馥又不听，乃让绍。绍遂领冀州牧。

从事沮授说绍曰："将军弱冠登朝，则播名海内。值废立之际，则忠义

奋发。单骑出奔，则董卓怀怖。济河而北，则勃（渤）海稽首。振一郡之卒，撮冀州之众，威震河朔，名重天下。虽黄巾猾乱，黑山跋扈，举军东向，则青州可定。还讨黑山，则张燕可灭。回众北首，则公孙必丧。震胁戎狄，则匈奴必从。横大河之北，合四州之地，收英雄之才，拥百万之众，迎大驾于西京，复宗庙于洛邑，号令天下，以讨未复，以此争锋，谁能敌之？比及数年，此功不难。"

绍喜曰："此吾心也！"即表授为监军、奋威将军。卓遣执金吾胡母班、将作大匠吴脩赍诏书喻绍，绍使河内太守王匡杀之。卓闻绍得关东，乃悉诛绍宗族太傅隗等。当是时，豪侠多附绍，皆思为之报，州郡蜂起，莫不假其名。馥怀惧，从绍索去，往依张邈。后绍遣使诣邈，有所计议，与邈耳语。馥在坐上，谓见图构^②，无何起至溷^③自杀。

注释

①恇怯：懦弱，胆怯。②图构：交头接耳。③溷（hùn）：厕所。

译文

韩馥向来性格懦弱、胆怯，便听从了荀谌的建议。他手下的长史耿武、别驾闵纯、治中李历等官员都劝说他道："冀州虽然贫弱，但能拿起武器打仗的男子不下百万，储存的粮食可以供十年之需。袁绍他带一支穷困的军队远离后方打仗，全靠我们供给才能吃饭，这恰如一婴儿在我股掌之上，断了他的奶水，马上就会饿死，怎么能把我们偌大一个冀州拱手送给袁绍呢？"韩馥道："我韩馥先前就在袁家做过部属，况且我的才能确实不如袁绍，衡量一下自己的德行和才能而让贤，本是自古美德，诸位又何必责难我呢？"从事赵浮、程奂等人请求韩馥派兵抵抗袁军，以防不测，韩馥根本就不听。结果韩馥还是将冀州让给了袁绍，袁绍任冀州牧。

袁绍手下的从事沮授向他进言说："将军您在二十岁的时候入朝做官，名声很快传遍海内。正值奸臣阴谋废君另立之际，又是您正义刚直主持公道，阻止乱臣贼子的胡作非为。您单骑奔出洛阳，使得董卓终究怀有恐惧之心。您渡黄河北行，渤海郡吏民百姓诚挚欢迎您的到来。如今您统率着渤海郡的精兵强将，又聚合了冀州的土地和百姓，真是威震河朔，名声传遍天下。现在这个时候虽然黄巾反贼到处袭扰，黑山一带也有草寇，但只要您挥师东征，则青州的黄巾反贼定可一举歼灭。回师扫荡黑山，盘踞在那里的草寇张燕在劫难逃。锋芒指向北方的幽、燕，公孙瓒必会覆灭。武力威胁戎狄，匈奴也必会俯首称臣。这样将军您占据大河以北，统一四州土地，借此广纳天下英才，麾下拥有百万雄师，把天子和文武百官从长安接到西京，在洛阳重建都城和宗庙，然后您再以朝廷的名义号令天下，征讨那些不肯归附的叛将乱臣。如此之气势，天下谁可与您为敌？用不上几年，这样的盖世功业就要在您的手中完成了。"

袁绍听了沮授的话大为高兴，对他说："您正说出了我心中的抱负和志向啊！"于是马上提升沮授为监军和奋威将军。董卓派朝中执金吾胡母班、将作大匠吴修带着皇帝的诏书去见袁绍，袁绍让河内太守王匡把这两个人抓起来杀掉。董卓得知袁绍已割据关东与他对抗，便把京城中袁氏家族的男女老幼包括袁绍做太傅的叔父袁隗全部杀掉了。当时天下豪侠之士多依附袁绍，都想替袁绍报这个仇。各州、郡纷纷起兵讨伐董卓，几乎都借袁绍的名义。韩馥见此非常害怕，离开袁绍，依附陈留太守张邈。后来袁绍派遣使者到张邈那里有事商议，使者与张邈附耳而谈。韩馥在座见状，怀疑是袁绍派人来与张邈共同谋害他，于是起身到厕所中自杀了。

原文

初，天子之立非绍意，及在河东，绍遣颍川郭图使焉。图还说绍迎天子都邺，绍不从。会太祖迎天子都许，收河南地，关中皆附。绍悔，欲令太祖徙天子都鄄城以自密近，太祖拒之。天子以绍为太尉，转为大将军，封邺侯，绍让侯不受。顷之。击破瓒于易京，并其众。出长子谭为青州，沮授谏绍："必为祸始。"绍不听，曰："孤欲令诸儿各据一州也。"又以中子熙为幽州，甥高干为并州。众数十万，以审配、逢纪统军事，田丰、荀谌、许攸为谋主，颜良、文丑为将率，简精卒十万，骑万匹，将攻许。

先是，太祖遣刘备诣徐州拒袁术。术死，备杀刺史车胄，引军屯沛。绍遣骑佐之。太祖遣刘岱、王忠击之，不克。建安五年，太祖自东征备。田丰说绍袭太祖后，绍辞以子疾，不许，丰举杖击地曰："夫遭难遇之机，而以婴儿之病失其会，惜哉！"太祖至，击破备。备奔绍。

绍进军黎阳，遣颜良攻刘延于白马。沮授又谏绍："良性促狭，虽骁勇不可独任。"绍不听。太祖救延，与良战，破斩良。绍渡河，壁延津南，使刘备、文丑挑战。太祖击破之，斩丑，再战，禽（擒）绍大将。绍军大震。太祖还官渡。沮授又曰："北兵数众而果劲不及南，南谷虚少而货财不及北。南利在于急战，北利在于缓搏。宜徐持久，旷以日月。"

译文

当初，废少帝刘辩，立陈留王刘协为皇帝并不是袁绍的意思，但既成事实，袁绍也不便再废立君主。等献帝和百官逃出长安在安邑住下后，袁绍派部下颍川人郭图前去朝拜。郭图回来后劝说袁绍把献帝迎到邺城，袁绍没采纳他的建议。不久太祖把献帝迎到

许县，用正统朝廷的名义收复了河南一带的土地，关中诸州、郡也都表示臣服。袁绍此时才醒悟借重天子的重要，为当初未听郭图的建议而后悔不已。他试图让曹操把献帝送到鄄城，以便自己有机会接触天子和文武百官，但遭到曹操拒绝。为了安抚和奖励袁绍，献帝任命他为太尉，继而又加封大将军、封邺侯，袁绍推辞了封侯。不久，袁绍军队在易京打败了公孙瓒，将其人马都收编过来。接着，袁绍派遣自己的长子袁谭任青州刺史。沮授极力劝谏，告诫袁绍说："这样做必然是一切灾祸的起始。"袁绍不听，反而说："我正想让我的儿子每人都拥有一个州呢。"于是又派次子袁熙任幽州刺史，外甥高干为并州刺史。此时袁绍实力大增，已拥兵几十万。他任命审配、逢纪统管军事，田丰、荀谌、许攸为谋士之首，颜良、文丑为军中大将，挑选精锐步兵十万，骑兵万余，准备征讨驻守许都的曹操。

先前，太祖曾派刘备去徐州抵挡袁术的进攻。等刘备率部到达下邳，袁术已病死在寿春。刘备不听曹操要他还师的军令，反而突袭曹操任命的徐州刺史车胄，并将其斩首，然后拥兵驻扎在沛县，公开打出反曹的旗号。袁绍也派了一支骑兵前来支援刘备。太祖命部将刘岱、王忠带兵讨伐，不能取胜。建安五年（200年），太祖亲率大军东征刘备。谋士田丰劝袁绍趁曹操后方空虚偷袭他的大本营许都，袁绍以儿子有病为由而加以拒绝。田丰以手杖连连击地，痛心地喊道："天赐良机，却因婴儿闹病而白白错过，可惜啊！"太祖兵至徐州，把刘备打得大败。刘备逃脱后，北上投靠了袁绍。

袁绍率大军进抵黎阳，派大将颜良在白马县进攻曹操的东太守刘延。沮授进谏："颜良性情急躁不沉稳，虽然作战骁勇却不能独当一面。"袁绍对沮授的话不予理睬。太祖发兵救援刘延，打败了颜良的军队并杀死了颜良。袁绍督师渡过黄河，在延津以南地区修筑工事与曹军对垒。袁绍派刘备和文丑出阵挑战，太祖挥兵再退袁军，杀其大将文丑，袁军大惊。太祖引兵退往官渡构筑防御阵地，准备与袁绍的大军决战。沮授又劝袁绍："我们的军队数量虽多，但士气和勇敢精神都不如曹军。而曹军军粮短缺，后勤物资供应不济。因此对曹军来讲速战速决有利，可对我军来说却是打一场持久战更有利。我们稳扎稳打与曹军相持下去，用不了几个月时间，曹军粮尽必然会不战自败。"

原文

绍不从，连营稍前，逼官渡，合战。太祖军不利，复壁。绍为高橹，起土山，射营中。营中皆蒙楯（盾），众大惧。太祖乃为发石车，击绍楼，皆破，绍众号曰"霹雳车"。绍为地道，欲袭太祖营。太祖辄于内为长堑以拒之，又遣奇兵袭击绍运车，大破之，尽焚其谷。太祖与绍相持日久，百姓疲乏，多叛应绍，军食乏。

会绍遣淳于琼等将兵万余人北迎运车，沮授说绍："可遣将蒋奇别为支军于表，以断曹公之钞（抄）。"绍复不从。琼宿乌巢，去绍军四十里。

太祖乃留曹洪守，自将步骑五千候夜潜往攻琼。绍遣骑救之，败走。破琼等，悉斩之。太祖还，未至营，绍将高览、张郃等率其众降。绍众大溃，绍与谭单骑退渡河。余众伪降，尽坑之。沮授不及绍渡，为人所执，诣太祖，太祖厚待之。后谋还袁氏，见杀。

译文

　　袁绍不听，指挥大军进逼官渡，与曹军交锋。曹军受挫，退入营地坚守。袁绍命士兵在阵前修造了多座望敌楼，又筑起高高的土山，弓箭手埋伏在山上，看见太祖军营里有人走动便弓矢齐发。士兵们出门都要持盾牌遮挡身体，曹军非常惧怕。太祖于是命令工匠们赶制出一种发石车，用它抛射石块很有威力，袁绍修建的哨楼都被摧毁，袁军士兵都恐惧地称这种发石车为"霹雳车"。袁绍又命令士兵们挖掘地道，直通曹军兵营，准备对曹军实施突袭。太祖针锋相对，命士兵在军营前沿挖掘了一条又深又长的壕沟截断袁军的地道，同时派出一支精兵潜入敌后截击袁绍的运粮车队，将袁军的军粮和车辆全部烧毁了。太祖与袁绍两军对峙的时间持久，曹军粮草渐渐供给不上，百姓们因战争苦不堪言，也纷纷跑到袁绍那边去了。

　　正在这个时候袁绍派将军淳于琼带一万多兵马北上迎接护送运粮车队。沮授建议："应当再派蒋奇将军另带一支军队与淳于琼配合行动，以防曹操偷袭。"袁绍仍是不予采纳。淳于琼迎到运粮车队，驻屯在乌巢，离袁绍的大本营有四十里。太祖得知这一消息，留

下曹洪带兵守卫军营，自己亲率精锐步骑五千人连夜偷袭乌巢。袁绍闻报派出骑兵增援，也被曹军击溃。曹军大破淳于琼部，淳于琼等将领都被斩杀于阵中，士兵死伤无数，全部军粮辎重都被付之一炬。太祖引军回营，还没有等到回到军营之中，已有袁绍手下的将军高览、张郃各自带着本部兵马前来投降。曹军一鼓作气乘胜追击，袁绍军队全线溃败。袁绍与长子袁谭在乱军之中仅带少数亲随渡过黄河才得以逃脱，其部属大部分被曹军抓获。曹军发现被俘的袁军将士假装投降，便把他们全部活埋。沮授在混乱中没来得及随袁绍渡过黄河，被曹军擒获押解到太祖那里，太祖器重他的才能而给他厚待，想争取他为己所用。后来沮授仍想逃到袁绍那里去，太祖只好把他杀了。

原文

　　初，绍之南也，田丰说绍曰："曹公善用兵，变化无方，众虽少，未可轻也，不如以久持之。将军据山河之固，拥四州之众，外结英雄，内脩（修）农战，然后简其精锐，分为奇兵，乘虚迭出，以扰河南，救右则击其左，救左则击其右，使敌疲于奔命，民不得安业。我未劳而彼已困，不及二年，可坐克也。今释庙胜之策，而决成败于一战，若不如志，悔无及也。"绍不从。丰恳谏，绍怒甚，以为沮众，械系之。绍军既败，或谓丰曰："君必见重。"丰曰："若军有利，吾必全，今军败，吾其死矣。"绍还，谓左右曰："吾不用田丰言，果为所笑。"遂杀之。绍外宽雅，有局度，忧喜不形于色，而内多忌害，皆此类也。冀州城邑多叛，绍复击定之。自军败后发病，七年，忧死。

　　绍爱少子尚，貌美，欲以为后而未显。审配、逢纪与辛评、郭图争权，配、纪与尚比[1]，评、图与谭比。众以谭长，欲立之。配等恐谭立而评等为己害，缘绍素意[2]，乃奉尚代绍位。谭至，不得立，自号车骑将军。由是谭、尚有隙。太祖北征谭、尚。谭军黎阳，尚少与谭兵，而使逢纪从谭。谭求益兵，配等议不与。谭怒，杀纪。太祖渡河攻谭，谭告急于尚。尚欲分兵益谭，恐谭遂夺其众，乃使审配守邺，尚自将兵助谭，与太祖相拒于黎阳。自九月至二月，大战城尚败退，入城守。太祖将围之，乃夜遁。追至邺，收其麦，拔阴安，引军还许。太祖南征荆州，军至西平。

注释

　　①比：连结为党。②素意：一贯意愿。

译文

　　袁绍率大军南下之初，谋士田丰曾劝谏他说："曹操善于用兵，变化多端，他的军队数量上虽比我们少，但我们也切不可大意，不如从长远打算与他对峙。凭将军您占据险要的山河地势，拥有四个州的土地和百姓，您可以对外结交天下贤士，对内大力发展农业生产，操练兵马，然后选出一些精锐部队，编组几支奇兵，在曹军不备的情况下轮流出击，骚扰河南地区。曹军救援右边则击其左翼，救援左翼则又攻其右边，如此连续不断，使曹军疲于奔命，百姓不得安宁，田野荒废，士卒厌战，我军不需大动干戈而敌军已疲惫不堪了，用不了两三年，曹操便会被拖垮了。可眼下将军您放着深思熟虑的长远大计不用，却要倾全力决战于一役，万一这一仗打不赢，您可是后悔莫及了。"袁绍不听，田丰再三规劝，力谏不可轻率出兵。袁绍大怒，以为田丰是有意散布失败情绪扰乱军心，于是下令给田丰戴上脚镣手铐囚禁起来。等到袁绍大军溃败后，有人对田丰说："你的预言果真变成现实，这下子大将军会更加看重你了吧！"田丰叹气道："如果袁公打了胜仗回来，我倒是能够活命。如今他大败而归，我是必死无疑了。"果然袁绍回到邺城后对左右的人说："当初我没有听从田丰的劝阻，眼下要被他耻笑了。"于是传令把田丰杀掉了。袁绍外表宽容文雅，喜怒不形于色，颇有大将风度，而内心却多猜忌，嫉贤妒能，妄加陷害，田丰之死正是最好的例证。自袁绍官渡大败后，冀州不少城邑纷纷起兵反叛他，袁绍费了全身解数才一一平定下来。但这次惨败对他的打击实在太大了，他恼怒交加，终于病倒，建安七年（202 年），忧愤而死。

　　袁绍生前最喜欢他的小儿子袁尚，袁尚长得很漂亮，颇得他的欢心，他想让袁尚继承自己的爵位，但却一直没有明确宣布。他身边的重要幕僚审配、逢纪与辛评、郭图由于互相争权夺势而钩心斗角，审配和逢纪拥护袁尚，辛评和郭图则拥护他的长子袁谭。众人认为袁谭为长子，应由他来继承爵位。审配等人担心袁谭继位后辛评他们会打击自己，便顺着袁绍平时的意愿，奉袁尚嗣位。等袁谭从外地匆匆赶回邺城，袁尚早已继位在先。袁谭没能继位，便自号为车骑将军，从此谭、尚兄弟二人不和。曹操督师北伐，袁谭奉命驻守黎阳迎击曹军，但袁尚只调配给他少量的军队，还派自己的亲信逢纪随同监军。袁谭派人向袁尚请求多调拨一些兵马，审配等人与袁尚商议后决定不给。袁谭大怒，把逢纪抓起来杀掉了。曹军渡过黄河向袁谭进攻，袁谭再次向袁尚紧急求援。袁尚知道非发兵救援黎阳不可，但又怕派去的军队被袁谭控制住，于是留下审配镇守邺城，他亲自带兵开赴黎阳。自建安七年（202 年）九月至建安八年（203 年）二月，曹军与袁军大战黎阳城下，最后袁军不支，退入城中据守。太祖挥师想紧紧围住黎阳城，袁军见势不妙乘黑逃跑了。曹军跟踪追击至邺城，沿途把成熟的小麦抢收一空，又攻克了阴安县城，缴获大批物资，才撤军返回许都。太祖挥师南征荆州刘表，大军到达西平。

原文

　　谭、尚遂举兵相攻，谭败奔平原。尚攻之急，谭遣辛毗诣太祖请救。太祖乃还救谭，十月至黎阳。尚闻太祖北，释平原还邺。其将吕旷、吕翔叛尚归太祖，谭复阴刻将军印假旷、翔。太祖知谭诈，与结婚以安之，乃引军还。尚使审配、苏由守邺，复攻谭平原。太祖进军将攻邺，到洹水，去邺五十里，由欲为内应，谋泄，与配战城中，败，出奔太祖。太祖遂进攻之，为地道，配亦于内作堑以当之。配将冯礼开突门，内太祖兵三百余人，配觉之，从城上以大石击突中栅门，栅门闭，入者皆没。太祖遂围之，为堑，周四十里，初令浅，示若可越。配望而笑之，不出争利。

　　太祖一夜掘之，广深二丈，决漳水以灌之。自五月至八月，城中饿死者过半。尚闻邺急，将兵万余人还救之，依西山来，东至阳平亭，去邺十七里，临滏水，举火以示城中，城中亦举火相应。配出兵城北，欲与尚对决围。太祖逆击之，败还，尚亦破走，依曲漳为营，太祖遂围之。未合，尚惧，遣阴夔、陈琳乞降，不听。尚还走滥口，进复围之急，其将马延等临陈降，众大溃，尚奔中山。尽收其辎重，得尚印绶、节钺及衣物，以示其家，城中崩沮。配兄子荣守东门，夜开门内太祖兵，与配战城中，生禽（擒）配。配声气壮烈，终无挠辞，见者莫不叹息。遂斩之。高干以并州降，复以干为刺史。

译文

　　北边的袁谭、袁尚两兄弟在外患消除的情况下火并起来了，袁谭战败逃到平原县。袁尚仍穷追猛打不肯罢休，带兵将平原县团团围住，袁谭走投无路，只好派辛评的弟弟辛毗到曹操那里请求救兵。曹军于是调头向北驰援袁谭，十月间到达黎阳。袁尚得知曹操大军北上，赶紧撤除对平原县的包围退回邺城去了。其部将吕旷、吕翔叛离袁尚而投奔太祖，袁谭知道了这件事，私下刻了大将军印鉴征召吕旷和吕翔二将归附自己。曹操知道袁谭狡诈，便与他结成儿女亲家，以自己的儿子聘娶袁谭的女儿，想以此来安抚和稳定袁谭，此后，曹军才陆续撤回河南。袁尚一听曹操退兵，留下审配和苏由守卫邺城，自己再次率兵进攻驻守平原县的袁谭。这一次，曹操率大军直捣袁尚的老巢邺城，曹军开到邺城西南五十里的洹水驻扎下来，守将苏由暗中与曹操联络，欲为曹军做内应，内外夹攻，拿下邺城，不料机密泄露，审配领兵与苏由在城中展开激战，苏由战败投奔到曹操的军营中。曹操督师开始攻城，曹军企图挖掘地道偷袭破城，审配命令士兵掘深壕阻挡曹军。审配部将冯礼打开城门放曹军入城，曹军刚冲入三百余人即被审配发觉，他命令从城墙上推下大石块砸向突破的中栅门，栅门被关闭，突入城中的三百多士兵失去接应全部战死。强攻不成，曹军环邺城挖掘了一条长达四十里的壕沟，开始很浅，好像轻易就能过去。审配在城墙上望着曹军不停地挖土，止不住发笑，也不派兵出城袭扰曹军。

一夜功夫曹军挖出一条壕沟，深、宽各两丈，并决开漳河大堤，引水灌满了围城壕沟，这样邺城的兵马再也无法轻易出城了。从五月到八月，邺城中因粮食短缺有一大半人饿死。正在围攻袁谭的袁尚闻报知道后方老巢危急，忙带了一万多精兵回救邺城，袁尚的兵马沿西山而来，行至邺城以西十七里的阳平亭，面临滏水，袁尚令士兵们燃起火炬与城中联络，城中守军也举火相应。于是审配传令守军从城中杀出，企图与袁尚会合两面夹击曹军。曹操命令将士迎头阻击突围的邺城守军，守军顶不住曹军的猛攻，又退回城中，袁尚也被另一支曹军击溃，败退到曲漳扎营，曹军乘胜追击，又对袁尚形成包围之势。还没有合围，袁尚害怕了，派出阴夔和陈琳到曹营请降，遭到了曹操的拒绝。袁尚又率部急逃到滥口，曹军一路穷追猛打，再度包围了袁尚，袁尚部将马延阵前投降，全军溃败，袁尚狼狈逃奔中山。曹军缴获了袁尚的全部辎重粮草和军用物资，并得到了袁尚的印绶、节钺及财物，曹军把这些东西送到邺城前线，举示给袁尚家人及守城将士，以示袁尚已被击溃。守城将士看到外援无望，军心顿时大乱。审配的侄子审荣把守东门，夜间向曹军献门投降。曹军攻入邺城，与审配指挥的守军在城中展开激战，最后生擒审配。审配被擒后凛然正气，始终没有半句屈服求降的话，见者无不为之感叹。曹操下令杀了审配。袁绍的外甥高干以并州刺史的身份投降曹操，曹操接受了他的投降并加以慰勉，仍让他做并州刺史。

原文

太祖之围邺也，谭略取甘陵、安平、勃海、河间，攻尚于中山。尚走故安从熙，谭悉收其众。太祖将讨之，谭乃拔平原，并南皮，自屯龙凑。十二月，太祖军其门，谭不出，夜遁奔南皮，临清河而屯。十年正月，攻拔之，斩谭及图等。熙、尚为其将焦触、张南所攻，奔辽西乌丸。触自号幽州刺史，驱率诸郡太守令长，背袁向曹，陈兵数万，杀白马盟，令曰："违命者斩！"众莫敢语，各以次歃。至别驾韩珩，曰："吾受袁公父子厚恩，今其破亡，智不能救，勇不能死，于义阙矣。若乃北面于曹氏，所弗能为也。"一坐为珩失色。触曰："夫兴大事，当立大义，事之济否，不待一人，可卒珩志，以励事君。"高干叛，执上党太守，举兵守壶口关。遣乐进、李典击之，未拔。

十一年，太祖征干。干乃留其将夏昭、邓升守城，自诣匈奴单于求救，不得，独与数骑亡，欲南奔荆州，上洛都尉捕斩之。十二年，太祖至辽西击乌丸。尚、熙与乌丸逆军战，败走奔辽东，公孙康诱斩之，送其首。太祖高韩珩节，屡辟不至，卒于家。

译文

  太祖率大军围攻邺城期间，袁谭借机攻占了甘陵、安平、勃（渤）海、河间等广大地方，然后又带兵攻打败逃到中山的袁尚。袁尚无力抵抗，奔固安投靠其兄袁熙去了，袁谭把他的残部都归于自己麾下。太祖眼见袁谭实力渐增，将成隐患，于是发兵征讨。袁谭从平原、南皮诸县引兵驻守龙凑。十二月间，曹军进逼到袁谭军营附近，袁谭非常害怕，连夜带着兵马退回南皮，依清河而设营驻扎。建安十年（205年）正月，曹军攻占袁谭兵营，袁谭和谋士郭图等人皆被杀。北边的袁熙、袁尚两兄弟被他们的部将焦触、张南袭击，逃到辽西投奔乌桓（丸）去了。焦触赶跑了袁氏兄弟，便自称为幽州刺史，使用武力迫使各州郡的太守令长背叛袁氏拥护太祖。焦触把他的数万军队布置好后，杀白马盟约立誓，并警告各位太守令长："违命者斩！"众人没有敢表示反对的，依次饮酒以示诚意。轮到别驾韩珩，他却拒绝盟约，并表示："我韩珩受袁氏父子厚恩多年，如今袁氏家族败灭，我作为下属智不能为他们出谋划策，武不能替他们战死疆场，这于道义就不通了，怎能再背叛他们而投降太祖呢？无论如何，我不会做这样的事！"听了韩珩的话，在座的人都为他的命运担心。焦触却说："我们要办的是一件关系国家社稷的大事，因此更应重视以仁德和道义服人。至于事情成败，也不在乎多个人少个人参加。韩珩既然有这样的志向，我们也不妨成全他，以鼓励他的忠心。"不久，并州刺史高干降而复叛，抓去了上党太守，并派出士兵控制了壶口关来抵御曹军。太祖派出乐进、李典领兵征讨，没有能够取得胜利。

  建安十一年（206年），太祖亲征高干。高干难以抵挡，于是令其部将夏昭、邓升守城，自己跑到南匈奴向匈奴单于求救。匈奴害怕惹怒太祖，不敢答应他。高干走投无路，只好带着几个随身卫士南逃，企图投靠荆州刘表，途中被上洛都尉捉住杀掉了。建安十二年（207年），太祖督师开赴辽西征讨乌桓（丸），袁熙、袁尚兄弟与乌桓（丸）联合迎战曹军，被曹军打得大败。二袁逃奔辽东太守公孙康，公孙康怕太祖进攻自己，便杀掉了二袁，并派人把他们的首级送给太祖。太祖对韩珩忠心事主的气节颇为赞赏，多次征召他到朝中做官，韩珩屡辞不就，后死在自己家里。

吕布传

题解

　　吕布（？—199年），字奉先，东汉末名将，汉末群雄之一,五原郡九原县（在今内蒙古包头）人。先后为丁原、董卓的部将，也曾为袁术效力，被封为徐州牧，后自成一方势力，于建安三年（198年）在下邳被曹操击败，于十二月癸酉（199年2月7日）被处死。由于《三国演义》及各种民间艺术的演绎，吕布向来是以"三国第一猛将"的形象存在于人们的心中。

原文

　　吕布，字奉先，五原郡九原人也，以骁武给并州。刺史丁原为骑都尉，屯河内，以布为主簿，大见亲待。灵帝崩，原将兵诣洛阳，与何进谋诛诸黄门，拜执金吾。进败，董卓入京都，将为乱，欲杀原，并其兵众。卓以布见信于原，诱布令杀原。布斩原首诣卓，卓以布为骑都尉，甚爱信之，誓为父子。

　　布便①弓马，膂力②过人，号为飞将。稍③迁至中郎将，封都亭侯。卓自以遇人无礼，恐人谋己，行止常以布自卫。然卓性刚而褊④，忿不思难。尝小失意，拔手戟掷布。布拳捷避之，为卓顾谢，卓意亦解。由是阴怨卓。卓常使布守中合，布与卓侍婢私通，恐事发觉，心不自安。

　　先是，司徒王允以布州里壮健，厚接纳之。后布诣允，陈卓几见杀状。时允与仆射士孙瑞密谋诛卓，是以告布使为内应。布曰："奈如父子何。"

允曰："君自姓吕,本非骨肉。今忧死不暇,何谓父子？"布遂许之,手刃刺卓。语在卓传。

注释

①便：擅长。②膂（lǚ）：人体肾脏外面的那层发白、发青的薄膜叫"膂"。古人认为那层膜越厚、越青,人的腰力也就越大。膂力,民间泛指腰力。③稍：逐渐。④褊：狭隘。

译文

吕布,字奉先,五原郡九原人,因为骁勇善战在并州任职。刺史丁原兼任骑都尉之职后,驻守在河内,任命吕布为主簿,对他十分器重。汉灵帝死后,丁原率部前往洛阳,与何进密谋诛杀灵帝亲近的众位黄门官,丁原被任命为执金吾。何进被宦官所杀,董卓乘机开进洛阳,想除掉丁原,进而吞并他的人马。因为吕布是丁原的亲信,董卓便引诱他去杀丁原。吕布背叛了丁原,砍下丁原的首级献给董卓,因此被董卓任命为骑都尉,董卓非常宠信他,立誓与他结为父子。

吕布擅长骑射,膂力过人,被称为"飞将"。不多久又被提升为中郎将,封都亭侯。董卓自知为人无礼,唯恐别人算计他,进出都让吕布跟随,以防不测。但董卓生性刚烈又心胸狭窄,一时气愤便忘了自己的危险。曾经因为一件小事,董卓随手拔出手戟投向吕布。吕布敏捷地避开了,并就这件事向董卓道了歉,董卓的怒气也就消了。由此,吕布对董卓暗中产生了恨意。董卓常派吕布守卫他的内宫,吕布乘机与董卓的侍婢私通,但又时时害怕被董卓发现,总是惴惴不安。

在吕布还没有被丁原重用以前，司徒王允因为吕布是并州城里最强壮的人，对他以厚礼相待。后来吕布怀恨董卓，去见了王允，述说了董卓差点杀他的经过。王允此时正与仆射士孙瑞密谋除掉董卓，因此便让吕布当内应。吕布有些犹豫说："我们亲如父子。"王允说："你姓吕，你们本来就不是父子关系，如今你保全自己的性命还来不及，怎么能说亲如父子？"吕布便同意了，并亲手将董卓杀了。这件事在《董卓传》中也有记载。

原文

允以布为奋武将军，假节，仪比三司，进封温侯，共秉朝政。布自杀卓后，畏恶凉州人，凉州人皆怨。由是李傕等遂相结还攻长安城。布不能拒，傕等遂入长安。卓死后六旬，布亦败。将数百骑出武关，欲诣袁术。

布自以杀卓为术报雠（仇），欲以德之，术恶其反覆，拒而不受，北诣袁绍。绍与布击张燕于常山。燕精兵万余，骑数千。布有良马曰赤兔。常与其亲近成廉、魏越等陷锋突陈（阵），遂破燕军。而求益兵众，将士钞掠，绍患忌之。布觉其意，从绍求去。绍恐还为己害，遣壮士夜掩杀布，不获。事露，布走河内，与张杨合。绍令众追之，皆畏布，莫敢逼近者。

张邈，字孟卓，东平寿张人也。少以侠闻，振穷救急，倾家无爱，士多归之。太祖、袁绍皆与邈友。辟公府，以高第拜骑都尉，迁陈留太守。董卓之乱，太祖与邈首举义兵。汴水之战，邈遣卫兹将兵随太祖。袁绍既为盟主，有骄矜色，邈正议责绍。绍使太祖杀邈，太祖不听，责绍曰："孟卓，亲友也，是非当容之。今天下未定，不宜自相危也。"邈知之，益德太祖。太祖之征陶谦，敕家曰："我若不还，往依孟卓。"后还，见邈，垂泣相对。其亲如此。

译文

王允任命吕布为奋武将军，授符节指挥军队，仪礼比照三司，进而又封吕布为温侯，与他共同处理朝中事务。吕布自从杀死董卓后，对凉州人是又怕又恨，凉州人对他也是又怨又恨。为此李傕等人联合攻打长安，吕布没有抵挡得住，李傕便一举攻进了长安城。董卓去世不到两个月，吕布也被打败，带着几百名随从出武关，想去投奔袁术。

吕布原以为杀了董卓，替袁术报了仇，袁术会厚待自己，谁知道袁术讨厌吕布的反复无常，拒绝接纳他，吕布只好带着人马又北上投奔袁绍。袁绍接纳了他，并与他一起去常山攻山贼张燕。张燕有精兵万余，骑兵数千。吕布有一匹良马，名叫赤兔。吕布与他的亲信将领成廉、魏越等一起，冲锋奋战，大破张燕的军队。吕布击败张燕后，乘

机扩大自己的势力，加之他手下的将士也时时抢劫、掠夺，袁绍便开始忌恨他。吕布也感到袁绍不会重用他，于是去见了袁绍，请求离开，袁绍同意了。吕布刚一离去，袁绍害怕他反戈继而加害自己，想派壮士夜里悄悄将吕布杀死，但壮士们没能找到吕布。此事被吕布知道，他急忙去了河内，与张杨联合。袁绍再次派兵追杀吕布，那些士兵却因为惧怕他，追上了也没有一人敢逼近。

张邈，字孟卓，东平寿张（今山东东平）人。年少时以侠义闻名，接济贫困，助人为乐，就算倾家荡产也无所吝惜，壮士多有归附于他的。曹操、袁绍都是张邈的朋友。朝廷征召他做官，他以出色的成绩被任命为骑都尉，不久又被任命为陈留太守。董卓引兵开进长安，犯上作乱，太祖与张邈最先举兵征讨董卓。汴水之战，张邈派将帅卫兹率部跟随曹操作战。袁绍成为盟主后，时常表现得傲慢矜持，不可一世，张邈经常直言责备他。袁绍派曹操杀张邈，曹操不从，反而责怪袁绍说："孟卓是我的好朋友，无论怎样都该容得下他。如今天下大乱，不应自相残杀。"张邈知道这件事后，更加敬重曹操。曹操在征讨陶谦前对家人说："我如果回不来，你们可以去投靠孟卓。"结果曹操胜利而归，见张邈，两人相视而泣。他们的关系就是这样的亲密。

原文

吕布之舍袁绍从张杨也，过邈临别，把手共誓。绍闻之，大恨。邈畏太祖终为绍击己也，心不自安。

兴平元年，太祖复征谦。邈弟超，与太祖将陈宫、从事中郎许汜、王楷共谋叛太祖。宫说邈曰："今雄杰并起，天下分崩，君以千里之众，当四战之地，抚剑顾眄，亦足以为人豪，而反制于人，不以鄙乎？今州军东征，其处空虚，吕布壮士，善战无前，若权迎之，共牧兖州，观天下形势，俟时事之变通，此亦纵横之一时也。"邈从之。太祖初使宫将兵留屯东郡，遂以其众东迎布为兖州牧，据濮阳。郡县皆应，唯鄄城、东阿、范为太祖守。太祖引军还，与布战于濮阳，太祖军不利，相持百余日。是时岁旱、虫蝗、少谷，百姓相食。布东屯山阳。二年间，太祖乃尽复收诸城，击破布于钜野。布东奔刘备。邈从布，留超将家属屯雍丘。太祖攻围数月，屠之，斩超及其家。邈诣袁术请救未至，自为其兵所杀。

备东击术，布袭取下邳，备还归布。布遣备屯小沛。布自称徐州刺史。术遣将纪灵等步骑三万攻备，备求救于布。布诸将谓布曰："将军常欲杀备，今可假手于术。"布曰："不然。术若破备，则北连太（泰）山诸将，吾为在术围中，不得不救也。"便严步兵千、骑二百，驰往赴备。灵等闻布至，皆敛兵不敢复攻。布于沛西南一里安屯，遣铃下请灵等，灵等亦请布共饮食。布谓灵等曰："玄德，布弟也。弟为诸君所困，故来救之。布性不喜合斗，但喜解斗耳。"布令门候于营门中举一只戟，布言："诸君观布射戟小支，一发中者诸君当解去，不中可留决斗。"布举弓射戟，正中小支。诸将皆惊，言"将军天威也！"明日复欢会，然后各罢。

译文

　　吕布离开袁绍去投奔张杨，经过张邈住处，与他告辞，两人拉着手立下了誓言。袁绍听说这件事感到无比气愤。张邈担心太祖最终将会替袁绍杀自己，心里总是怀着不安。

　　兴平元年（194年），太祖再次征讨陶谦。张邈的弟弟张超，与太祖的将领陈宫、从事中郎许汜、王楷共同商议背叛太祖。陈宫劝说张邈："当今雄才四起，天下纷争，您拥有那么宽广的土地和众多的兵士，处于四面受敌的处境，抚剑四顾，也可称得上是人中豪杰，却反而受制于人，不是有损身份吗？今天兖州城里的军队东征，城内空虚，吕布是位骁将，善于打仗，勇往直前，如果暂且将他迎来，共同占据兖州，静观形势，相机行事，这样或许可以做出一番大事业！"张邈听从了他。太祖东征陶谦时让陈宫带领部分将士留守东郡，于是陈宫领着这批人马东迎吕布，让他做了兖州牧，并占据了濮阳。周围各县纷纷投靠吕布，只有鄄城、东阿、范县没有反叛曹操。太祖率领主力回师，与吕布在濮阳一带激战，形势对太祖很不利，两军对峙了一百多天，不分胜负。时值大旱，又发生蝗灾，庄稼颗粒无收，出现了人吃人的现象。吕布领兵向东驻守山阳。在两年的时间里，太祖将失地全部收回，并在巨野打败吕布。吕布东逃，投奔了刘备。张邈跟着吕布一起逃跑，留下张超带着家属守雍丘。太祖围攻雍丘数月，

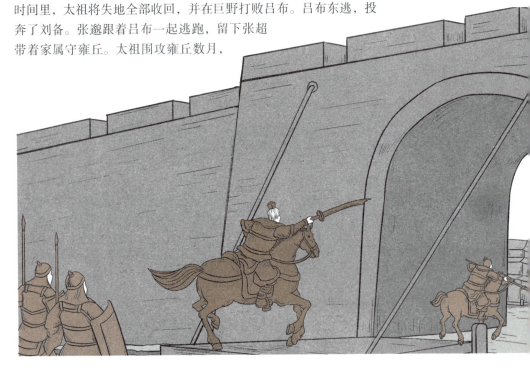

攻破并屠戮城池，诛杀了张超及其家属。张邈去向袁术讨救兵，尚未见到袁术，自己却被部下杀害了。

刘备东征袁术，吕布夺取了下邳，刘备只得返回归附吕布。吕布派刘备驻守小沛。吕布自称徐州刺史。袁术派大将纪灵带领步骑共三万多人马征讨刘备，刘备向吕布求援。吕布手下将领说："将军您一直想除掉刘备，今天正好借袁术之手除掉他。"吕布说："不行，袁术如果占据了小沛，就会联合北面太山一带的部队，我们就会被袁术所包围，我不能不去救刘备啊。"于是领步兵千人、骑兵二百，飞速赶往小沛。纪灵等人听说吕布前来援救刘备，只好收兵，不敢轻举妄动。吕布在离小沛西南一里的地方扎下营寨，派卫士去请纪灵等将领，纪灵等人也请吕布一起饮酒作乐。吕布对纪灵等人说："玄德，是我吕布的弟弟。如今他被诸位所围，我特意赶来救他。我吕布生性不爱看别人互相争斗，只喜欢替别人解除纷争。"吕布命候在营门中竖起一支戟，说："诸位看我射戟上的小支，如一发射中，诸君当立即停止进攻，离开这里，如射不中，那你们就留下与刘备决一死战。"他引弓向戟射出一箭，正好中了小支。诸将大为震惊，夸赞说："将军您真是有天神般的威力呀！"第二天，吕布又与诸将欢会宴饮，然后各自回兵。

原文

术欲结布为援，乃为子索布女，布许之。术遣使韩胤以僭（僭）号议告布，并求迎妇。沛相陈珪恐术、布成婚，则徐、扬合从（纵），将为国难，于是往说布曰："曹公奉迎天子，辅赞国政，威灵命世，将征四海，将军宜与协同策谋，图太山之安。今与术结婚，受天下不义之名，必有累卵之危。"布亦怨术初不己受也，女已在涂，追还绝婚，械送韩胤，枭首许市。

珪欲使子登诣太祖，布不肯遣。会使者至，拜布左将军。布大喜，即听登往，并令奉章谢恩。登见太祖，因陈布勇而无计，轻于去就，宜早图之。太祖曰："布，狼子野心，诚难久养，非卿莫能究其情也。"即增珪秩中二千石，拜登广陵太守。临别，太祖执登手曰："东方之事，便以相付。"令登阴合部众以为内应。

始，布因登求徐州牧，登还，布怒，拔戟斫几曰："卿父劝吾协同曹公，绝婚公路。今吾所求无一获，而卿父子并显重，为卿所卖耳！卿为吾言，其说云何？"登不为动容，徐喻之曰："登见曹公言：'待将军譬如养虎，当饱其肉，不饱则将噬人。'公曰：'不如卿言也。譬如养鹰，饥则为用，饱则扬去。'其言如此。"布意乃解。

译文

　　袁术想联合吕布，让他为自己所用，于是向吕布提出让他的儿子娶吕布之女为妻，吕布同意了。袁术派韩胤为使节，向吕布正式转达他将更换年号、登基称帝的事情，同时请求接吕布的女儿来与自己的儿子完婚。沛相陈珪唯恐袁术、吕布成了亲家，徐州、扬州联为一体，将会危害四方，于是前往游说吕布："曹公奉迎天子，辅佐朝政，征讨八方，威震四海，而将军您应与他合作，以取得天下安宁。如果您与袁术成了亲家，将会担上不义之人的罪名，那样形势就对您不利了。"吕布心里也怨恨当初袁术不接纳自己，虽说女儿此时已经随韩胤走了，他还是把她追了回来，拒绝了这门亲事，并将使者韩胤戴上枷锁、镣铐，送往许都街市上斩首示众。

　　陈珪想派儿子陈登到曹操那里，说明吕布愿意与曹操合作，吕布不同意。正巧曹操的使者这时来到，传天子令，任命吕布为左将军。吕布大喜，于是让陈登启程，还命他带着书信，向天子谢恩。陈登拜谒太祖，述说了吕布有勇无谋、反复无常的缺点，希望太祖早日除掉他。太祖说："吕布是个具有狼子野心的人，实在不能让他久留世上，你当然是最熟悉内情的。"当即把陈珪的年俸禄提到二千石，任命陈登为广陵太守。临别时，太祖拉着陈登的手说："东边的事，便全托付给你了。"命令陈登私下分化吕布的队伍，为自己做内应。

　　当初，吕布想通过陈登求得徐州刺史之职，陈登回来，吕布见自己的愿望没能实现，大怒，拔出戟来砍着桌子说："你父亲劝我与曹公合作，我才拒绝了袁术的婚约。而现在我一无所获，你们父子反倒地位显赫，重权在握，我被你们出卖了！你倒说说看，你在曹公面前替我说了些什么？"陈登面不改色，从容地答道："我见曹公时说：'对待将军您，要像对待猛虎，应当让他吃饱，如果不饱，他会吃人的。'曹公说：'并不像你说的那样，而更像养鹰，饿时可以利用，而当他吃饱了，却会自顾飞去。'我们就是这样谈论您的。"吕布的情绪才平定下来。

原文

　　术怒，与韩暹、杨奉等连势，遣大将张勋攻布。布谓珪曰："今致术军，卿之由也，为之奈何？"珪曰："暹、奉与术，卒合之军耳，策谋不素定，不能相维持，子登策之。比之连鸡，势不俱栖，可解离也。"布用珪策，遣人说暹、奉，使与己并力共击术军，军资所有，悉许暹、奉。于是暹、奉从之，勋大破败。

　　建安三年，布复叛为术，遣高顺攻刘备于沛，破之。太祖遣夏侯惇救备，为顺所败。太祖自征布，至其城下，遗布书，为陈祸福。布欲降，陈宫等自以负罪深，沮其计。布遣人求救于术，自将千余骑出战，败走，还保城，

不敢出。术亦不能救。布虽骁猛，然无谋而多猜忌，不能制御其党，但信诸将。诸将各异意自疑，故每战多败。太祖堑围之三月，上下离心，其将侯成、宋宪、魏续缚陈宫，将其众降。

布与其麾下登白门楼，兵围急，乃下降。遂生缚布，布曰："缚太急，小缓之。"太祖曰："缚虎不得不急也。"布请曰："明公所患不过于布，今已服矣，天下不足忧。明公将步，令布将骑，则天下不足定也。"太祖有疑色①。刘备进曰："明公不见布之事丁建阳及董太师乎？"太祖颔之。布因指备曰："是儿最叵信②者。"于是缢杀布。布与宫、顺等皆枭首送许，然后葬之。

注释

①疑色：犹豫不决的样子。②叵信：不可信。

译文

袁术听说吕布回绝了婚事还杀了自己的使者，大怒，便与韩暹、杨奉等联合，派大将张勋领兵前去征讨吕布。吕布对陈珪说："招来祸害的就是你，你看怎么办呢？"陈珪说："韩暹、杨奉与袁术仓促联兵，计划不是事先定好的，肯定不会很好地合作，让我的儿子陈登前去瓦解他们。就像鸡生性不能群栖一样，他们也合不到一块儿，可以把他们拆散。"吕布采用了陈珪的计策，派人游说韩暹、杨奉，让他们与自己联兵改而攻打袁术，军械、物资一概由他出。于是韩暹、杨奉追随了吕布，张勋吃了大败仗。

建安三年（198年），吕布再次反叛朝廷依附袁术，并派高顺去攻打沛县的刘备，刘备大败。高祖派夏侯惇去援救刘备，也被高顺打败。太祖亲征吕布，到了下邳城下，写了一封信给吕布，陈述了福祸得失。吕布意欲投降，陈宫等人感到自己罪责太大，便劝说吕布放弃这种想法。吕布一面派人向袁术求救，一面自己率千余名骑兵出来应战，大败，只得退回城中死守，再也不敢出战。袁术不能救他。吕布虽骁勇刚猛，但少谋，心胸狭窄，多猜忌，他不能控制部下，对手下诸将只是言听计从。而他的部将也是各怀心思，相互猜忌，所以每次战斗，总以失败告终。太祖在城下挖了壕沟，把吕布包围了三个月，吕布与手下貌合神离，将领侯成、宋宪、魏续捆着陈宫，领兵投降。

吕布与他的麾下登上白门楼，眼见太祖层层围住自己，只得下城投降。太祖生擒了吕布，在捆绑时，吕布说："绑得太紧了，稍微松一点儿。"太祖说："捆老虎，不得不捆紧一点。"吕布请求说："明公所担心的就是我吕布，如今我臣服了，天下就没有值得您忧虑的事了。明公您领步兵，就让我领骑兵，那天下就不难平定了。"太祖犹豫不决。刘备进言说："明公难道没见吕布侍奉丁建阳及董太师时的情形吗？"太祖点头，表示明白他的意思。吕布于是怒骂刘备："你是最无信义的小人。"太祖就将吕布绞死了。将吕布、陈宫、高顺的首级送往许都，然后才葬其尸首。

张辽传

三国志精粹

题解

张辽（169年—222年），字文远，雁门郡马邑县（今山西朔州）人，魏国大将，与乐进、于禁、张郃、徐晃并称曹魏"五子良将"。张辽最初曾在丁原、董卓和吕布帐下为将，吕布败亡后，归降曹操，之后随曹操四处征战，战功显赫。赤壁之战曹操败退后，独任张辽率领李典、乐进等驻守合肥，抵御孙权大军，威震敌国，因功被拜为征东将军。曹丕即位之后，仍令张辽抵御孙权。黄初二年（221年），张辽屯兵雍丘时染病。黄初三年（222年），逝于江都，卒年五十四岁。

原文

张辽，字文远，雁门马邑人也。本聂壹①之后，以避怨变姓。少为郡吏。汉末，并州刺史丁原以辽武力过人，召为从事，使将兵诣京都。何进遣诣河北募兵，得千余人。还，进败，以兵属董卓。卓败，以兵属吕布，迁骑都尉。布为李傕所败，从布东奔徐州，领鲁相，时年二十八。太祖破吕布于下邳，辽将其众降，拜中郎将，赐爵关内侯。数有战功，迁裨将军。袁绍破，别遣辽定鲁国诸县。与夏侯渊围昌豨于东海，数月粮尽，议引军还。

辽谓渊曰："数日已来，每行诸围，豨辄属目②视辽。又其射矢更稀，此必豨计犹豫，故不力战。辽欲挑与语，傥（倘）可诱也。"乃使谓豨曰："公有命，使辽传之。"豨果下与辽语，辽为说"太祖神武，方以德怀四方，先附者受大赏"。豨乃许降。辽遂单身上三公山，入豨家，拜妻子。豨欢喜，

随诣太祖。太祖遣豨还，责辽曰："此非大将法也。"辽谢曰："以明公威信著于四海，辽奉圣旨，豨必不敢害故也。"从讨袁谭、袁尚于黎阳，有功，行中坚将军。从攻尚于邺，尚坚守不下。

注释

①聂壹：汉武帝时马邑的豪商，曾为武帝谋划马邑之谋引诱匈奴，没有成功。②属目：注视。

译文

　　张辽，字文远，雁门郡马邑人。他本是聂壹的后裔，因为躲避仇家而改了姓。张辽年轻时做过郡吏。汉朝末年，并州刺史丁原因为张辽武艺高强，召他担任从事，让他带兵去京都。何进派他到河北招募士兵，召到一千多人。回来的时候，正赶上何进兵败，就带着招来的新兵归附了董卓。董卓败亡，又带兵投靠吕布，升任骑都尉。吕布被李傕打败，张辽跟着吕布向东逃奔徐州，担任鲁相的职务，那一年他二十八岁。曹操在下邳大破吕布，张辽率众投降，曹操任命他为中郎将，赐予他关内侯的爵位。他屡建战功，升任裨将军。袁绍被打败后，曹操另派张辽去平定鲁国的各县。张辽与夏侯渊在东海郡包围了吕布的余党昌豨，围了几个月，军粮将尽，将军们便商量撤退。

张辽对夏侯渊说："最近几天来，我每次巡视被包围的敌人阵营，昌豨总是专注地盯着我。而且他们射出的箭也更少了，这一定是他犹豫不定是战还是降，所以不奋力抵抗。我想诱使他同我对话，或许可以劝他投降。"就派人传话说："曹公有命令，让张辽对你宣布。"昌豨果然从城上下来与张辽谈话，张辽对他说："曹公神智武勇，正在用他的仁德感化四方各派的势力，先归附的可以受大赏。"昌豨于是答应投降。张辽单人登上三公山，进入昌豨的家，向他的妻子儿女致礼。昌豨非常高兴，跟随他去见曹操。曹操让昌豨先回去，责备张辽说："这不是大将应该做的。"张辽谢罪说："凭着明公达于四海的威信，我拿着您的指令，昌豨必然不敢害我，所以我才敢去。"后来，张辽跟随曹操在黎阳征剿袁谭、袁尚，再次立功，代理中坚将军的职务。又随曹操在邺县攻击袁尚，袁尚踞城顽抗，一时不能攻破。

原文

太祖还许，使辽与乐进拔阴安，徙其民河南。复从攻邺，邺破。辽别徇①赵国、常山，招降缘山诸贼及黑山孙轻等。从攻袁谭，谭破，别将徇海滨，破辽东贼柳毅等。还邺，太祖自出迎辽，引共载，以辽为荡寇将军。复别击荆州，定江夏诸县，还屯临颍，封都亭侯。从征袁尚于柳城，卒与虏遇，辽劝太祖战，气甚奋，太祖壮之，自以所持麾授辽。遂击，大破之，斩单于蹋顿。

时荆州未定，复遣辽屯长社。临发，军中有谋反者，夜惊乱起火，一军尽扰。辽谓左右曰："勿动。是不一营尽反，必有造变者，欲以动乱人耳。"乃令军中，其不反者安坐。辽将亲兵数十人，中陈（阵）而立。有顷定，即得首谋者杀之。陈兰、梅成以氐六县叛，太祖遣于禁、臧霸等讨成，辽督张郃、牛盖等讨兰。成伪降禁，禁还，成遂将其众就兰，转入灊山②。灊中有天柱山，高峻二十余里，道险狭，步径裁（才）通，兰等壁其上。辽欲进，诸将曰："兵少道险，难用深入。"辽曰："此所谓一与一，勇者得前耳。"遂进到山下安营，攻之，斩兰、成首，尽虏其众。太祖论诸将功，曰："登天山，履峻险，以取兰、成，荡寇功也。"增邑，假节。

注释

①徇：攻掠。②灊（qián）山：也叫潜山、天柱山，在今安徽霍山境内。

译文

　　曹操回许昌，命令张辽同乐进拔取阴安，把当地人迁移到黄河以南。后来张辽再次跟随曹操攻打邺县，邺县被攻破。张辽单独被派往赵国、常山，招降沿山各路贼寇以及黑山的孙轻等人。此后再度随曹操攻击袁谭，打败了袁谭，曹操另外又派张辽率军夺取海滨，击溃了辽东的贼寇柳毅等部。他回到邺县，曹操亲自出来欢迎他，拉着他同乘一辆车，任命他为荡寇将军。以后他又领兵攻打荆州，平定了江夏各县，回军屯扎在临颍，被封为都亭侯。后来张辽又一次随曹操去柳城征伐袁尚，突然遭遇匈奴，张辽劝曹操同匈奴作战，神气激昂，曹操被他的胆魄所感染，把自己手拿的麾旗交给了他。于是张辽出击，大败匈奴，杀死了单于蹋顿。

　　当时荆州还没有平定，曹操又派张辽屯驻长社。临出发的时候，部队中有谋反的，乘夜间放火呼叫，全军都被扰乱。张辽对左右的卫士说："不要动。绝不是全营都造反了，一定是制造叛乱的人，想借此煽动扰乱全军。"于是传令军中，不想造反的都安静地坐下。张辽亲自带着几十个亲兵，在军营正中列队站立。不一会儿全营都安定下来，便抓到了带头谋反的，处死了他们。陈兰、梅成煽动六安县的族人叛变，曹操派于禁、臧霸等领兵征讨梅成，命张辽督率张郃、牛盖等人征讨陈兰。梅成佯装投降于禁，等于禁撤军以后，梅成就同陈兰合兵一处，转入灊山。灊山中有天柱峰，高峻陡峭，方圆二十多里，山道狭窄嵯峨，宽度仅容一人通过，陈兰等在上面筑起营垒。张辽想要进军，众将都说："兵少路险，难以深入。"张辽说："这正是春秋时齐国的申鲜虞所说的'一与一'的形势，谁勇敢谁就能占到先机。"便到山下安营，发起攻击，将陈兰、梅成斩首，全部俘虏了贼众。曹操为众将评功说："登天柱峰，亲涉险境，战胜陈兰、梅成是荡寇将军的功绩。"为张辽增加了食邑，允许他持节巡行。

原文

　　太祖既征孙权还，使辽与乐进、李典等将七千余人屯合肥。太祖征张鲁，教与护军薛悌，署函边曰"贼至乃发"。俄而权率十万众围合肥，乃共发教，教曰："若孙权至者，张、李将军出战。乐将军守，护军勿得与战。"诸将皆疑。辽曰："公远征在外，比救至，彼破我必矣。是以教指及其未合逆击之，折其盛势，以安众心，然后可守也。成败之机，在此一战，诸君何疑？"李典亦与辽同。于是辽夜募敢从之士，得八百人，椎①牛飨将士，明日大战。平旦，辽被甲持戟，先登陷陈，杀数十人，斩二将，大呼自名，冲垒入，至权麾下。权大惊，众不知所为，走登高冢，以长戟自守。

　　辽叱权下战，权不敢动，望见辽所将众少，乃聚围辽数重。辽左右麾围，直前急击，围开，辽将麾下数十人得出。余众号呼曰："将军弃我乎？"

辽复还突围，拔出余众。权人马皆披靡，无敢当者。自旦战至日中，吴人夺气，还修守备。众心乃安，诸将咸服。权守合肥十余日，城不可拔，乃引退。辽率诸军追击，几复获权。太祖大壮辽，拜征东将军。建安二十一年，太祖复征孙权，到合肥，循行辽战处，叹息者良久。乃增辽兵，多留诸军，徙屯居巢。

注释

①椎：宰杀。

译文

　　曹操征讨孙权回朝后，命张辽与乐进、李典等率领七千多人去合肥屯驻。曹操出征张鲁，临行交与护军薛悌一份手令，在函边上注明："敌人到了再打开"。不久，孙权带领十万兵马包围了合肥，于是各位将军一起打开手令，上面告谕："如果孙权兵来，张辽、李典二位将军出战，乐进守城，护军薛悌不得参战。"众将都疑惑不解。张辽说："主公在外远征，等救兵赶到，敌人必定已经把我们打败了，所以命令我们趁敌人尚未集中的时候立刻迎击，挫伤他们的气势，来安定军心，以后就可以防守了。胜负的机会，就在这一战，大家有什么怀疑的呢？"李典也赞成张辽的意见。于是张辽连夜招募敢死的士兵，得到八百人，杀牛犒劳将士，决定明日大战。天一亮，张辽披甲持戟，率先攻入敌阵，连杀几十名敌兵，斩杀了两名敌将，大声喊着自己的姓名，冲入敌军营垒，直到孙权的旗帜之下。孙权大惊，手下不知所措，逃上山顶，用长戟护住孙权。

张辽呵斥孙权来接战，孙权不敢动，望见张辽带领的兵士少，孙权的部下渐渐聚拢，把张辽层层包围起来。张辽左右突围，奋勇向前，冲开缺口，部下几十人随着冲出。余下的士兵高声号叫："将军要抛弃我们吗？"张辽返身再次突破重围，救出余下的士兵。孙权的人马望风披靡，没有敢阻挡他的。从清晨战到中午，吴兵的士气完全丧失了，退回去修筑防御工事。大家的心情安定下来，众位将军都很钦佩张辽。孙权包围合肥十多天，看到不可能攻破，便领兵撤退了。张辽率领各路人马追击，差点捉住孙权。曹操深深为张辽的勇武而感动，封他为征东将军。建安二十一年（216 年），曹操再次征伐孙权，到合肥，沿着张辽当时作战的遗迹走了一趟，感慨叹息了很久。于是给张辽增兵，多留诸军，张辽转移到居巢屯驻。

原文

关羽围曹仁于樊，会权称藩，召辽及诸军悉还救仁。辽未至，徐晃已破关羽，仁围解。辽与太祖会摩陂①。辽军至，太祖乘辇出劳之，还屯陈郡。文帝即王位，转前将军，分封兄汛及一子列侯。孙权复叛，遣辽还屯合肥，进辽爵都乡侯。给辽母舆车，及兵马送辽家诣屯，敕辽母至，导从出迎。所督诸军将吏皆罗拜道侧，观者荣之。文帝践阼，封晋阳侯，增邑千户，并前二千六百户。

黄初二年，辽朝洛阳宫，文帝引辽会建始殿，亲问破吴意状。帝叹息顾左右曰："此亦古之召虎也。"为起第舍，又特为辽母作殿，以辽所从破吴军应募步卒，皆为虎贲。孙权复称藩。辽还屯雍丘，得疾。帝遣侍中刘晔将太医视疾，虎贲问消息，道路相属。疾未瘳，帝迎辽就行在所，车驾亲临，执其手，赐以御衣，太官日送御食。疾小差②，还屯。孙权复叛，帝遣辽乘舟，与曹休至海陵，临江。权甚惮焉，敕诸将："张辽虽病，不可当也，慎之！"是岁，辽与诸将破权将吕范。辽病笃，遂薨于江都。帝为流涕，谥曰刚侯。子虎嗣。

六年，帝追念辽、典在合肥之功，诏曰："合肥之役，辽、典以步卒八百，破贼十万，自古用兵，未之有也。使贼至今夺气，可谓国之爪牙③矣。其分辽、典邑各百户，赐一子爵关内侯。"虎为偏将军，薨。子统嗣。

注释

①摩陂：在今河南郏县东南，亦名龙陂。②小差（chài）：稍稍好转。③爪牙：勇士，良将。

译文

关羽在樊城包围曹仁，正赶上孙权称王。曹操召集张辽以及各路军马一律回兵救援曹仁。张辽尚未赶到，徐晃已打败关羽，曹仁的围困被解除。张辽与曹操在摩陂会合。张辽的部队到达的时候，曹操乘车出来慰问他，张辽回军屯驻陈郡。文帝即王位以后，张辽任前将军，他的哥哥张汜和他的一个儿子被分封为列侯。孙权再次背叛，文帝派张辽仍到合肥驻扎，晋封他都乡侯的爵位。赐予张辽的母亲舆车，派兵马护送张辽的家眷到驻地，命令张母到达的时候，部下各军的将吏都要在道边下拜迎接。大家都认为张辽一家十分荣耀。曹丕做了皇帝以后，封张辽为晋阳侯，增加一千户的食邑，连同以前的共二千六百户。

黄初二年（221 年），张辽到洛阳宫朝拜，文帝在建始殿会见张辽，亲自问他打败吴国的情况。文帝听了以后，叹息着对左右说："张辽也是周代召虎那样的人。"文帝为他建造了宅第，又专门为他母亲盖了宫殿，把张辽招募的士兵跟随他打败吴国的士兵都称作"虎贲"。孙权再次称藩国。张辽又回军屯驻雍丘，得了疾病。文帝派侍中刘晔带着太医前来诊治，那些虎贲勇士询问病情，一路上不断。病没有痊愈，文帝把他接到自己的行营，乘车亲自来探视，握着他的手，赐给他御衣，太官每天来送御膳。病势稍有好转，张辽又回到屯兵的地方。孙权再次反叛，文帝派张辽乘船，同曹休到海陵县，来到江边。孙权十分害怕，告谕众将："张辽虽然生了病，还是勇不可挡，你们可要小心啊！"那一年，张辽同各位将军打败了孙权的大将吕范。张辽病重，死于江都县。文帝痛哭流涕，赠他刚侯的谥号。他的儿子张虎承袭了爵位。

黄初六年（225 年），文帝追怀张辽、李典在合肥的战功，下诏说："合肥的战役，张辽、李典凭着八百步兵，打败了十万敌军，自古以来用兵，没有这样的战例。使敌人至今威风扫地，可以称作国家的良将了。分赐给张辽、李典食邑各一百户，赐他们每人一子关内侯的爵位。"张虎任偏将军，死后，他的儿子张统承袭。

三国志精粹

张郃传

题解

　　张郃（？—231年），字俊乂，河间鄚（今河北任丘北）人。东汉末年，应募参加镇压黄巾起义，后属冀州牧韩馥，为军司马。191年，袁绍取冀州，张郃率兵投归，任校尉。官渡之战中投降曹操。此后，随曹操攻乌桓、破马超、降张鲁，屡建战功。后与都护将军夏侯渊留守汉中。219年，从夏侯渊迎战刘备军于定军山，当夏侯渊战死，危急之际，张郃代帅，率部安全撤退，后屯陈仓。曹丕称帝后，升左将军，封鄚侯。231年，领兵追击蜀军，至木门中箭身亡。张郃戎马一生，以用兵巧变、善列营阵、长于利用地形著称。

原文

　　张郃，字俊乂，河间鄚人也。汉末应募讨黄巾，为军司马，属韩馥。馥败，以兵归袁绍。绍以郃为校尉，使拒公孙瓒。瓒破，郃功多，迁宁国中郎将。太祖与袁相拒于官渡，绍遣将淳于琼等督运屯乌巢，太祖自将急击之。郃说绍曰："曹公兵精，往必破琼等。琼等破，则将军事去矣，宜急引兵救之。"

　　郭图曰："郃计非也。不如攻其本营，势必还，此为不救而自解也。"郃曰："曹公营固，攻之必不拔，若琼等见禽（擒），吾属尽为虏矣。"绍但遣轻骑救琼，而以重兵攻太祖营，不能下。太祖果破琼等，绍军溃。图惭，又更谮郃曰："郃快①军败，出言不逊。"郃惧，乃归太祖。

105

太祖得郃甚喜，谓曰："昔子胥不早寤，自使身危，岂若微子去殷、韩信归汉邪？"拜郃偏将军，封都亭侯。授以众，从攻邺，拔之。又从击袁谭于渤海，别将军围雍奴，大破之。从讨柳城，与张辽俱为军锋，以功迁平狄将军。别征东莱，讨管承，又与张辽讨陈兰、梅成等，破之。从破马超、韩遂于渭南。围安定，降杨秋，与夏侯渊讨鄘贼梁兴及武都氐，又破马超，平宁建。

太祖征张鲁，先遣郃督诸军讨兴和氐王窦茂。太祖从散关入汉中，又先遣郃督步卒五千于前通路。至阳平，鲁降，太祖还，留郃与夏侯渊等守汉中，拒刘备。郃别督诸军降巴东、巴西二郡，徙其民于汉中。进军宕渠，为备将张飞所拒，引还南郑。拜荡寇将军。

注释

①快：快意，幸灾乐祸。

译文

张郃，字俊乂，河间鄚县人。汉朝末叶响应招募讨伐黄巾军，担任军中司马，在韩馥部下。韩馥失败以后，带兵归顺袁绍。袁绍让他担任校尉，抵御公孙瓒。公孙瓒被击溃以后，张郃由于军功多，升任宁国中郎将。太祖和袁绍在官渡相持，袁绍派将军淳于琼等人督运粮草屯驻乌巢，太祖亲自领兵迅速出击。张郃劝袁绍说："曹公士兵精锐，去了一定会击溃淳于琼等人。淳于琼一旦失败，那么将军的大业就要毁掉，应该赶快带兵援救。"

郭图说："张郃的计策不对，不如进攻曹操大本营，曹操势必回救，这就叫不救自解。"张郃说："曹公营盘牢固，肯定攻不破。如果淳于琼等人被俘，我们也就全部要当俘虏了。"袁绍只派出一支轻骑兵增援淳于琼，而用重兵攻打曹操大本营，不能攻破。太祖果然大破淳于琼，袁绍全军崩溃。郭图很羞惭，更进一步诬陷张郃说："张郃盼望我军尽快打败仗，说话非常难听。"张郃害怕了，便投奔太祖。

太祖得到张郃非常高兴，对他说："从前伍子胥不早觉悟，自己陷入绝境，哪比得上微子抛弃殷朝，韩信离楚归汉呢？"于是任命张郃为偏将军，封为都亭侯。太祖交给他部队，让他跟随自己攻打邺城，占领了邺城。张郃又随太祖到渤海攻打袁谭，单独率军包围了雍奴，击溃了敌人。张郃随同太祖征讨柳城，与张辽都任先锋，因功升任平狄将军。张郃又领兵征讨东莱郡，讨伐管承，又同张辽等人讨伐陈兰、梅成等人，大获全胜。张郃再次随太祖到渭南，击溃马超、韩遂，包围安定，迫使杨秋投降，同夏侯渊一同征剿鄜城的贼寇梁兴以及武都一带的氏族叛军，又再次攻破了马超的部队，平定了宁建统治的区域。

太祖征伐张鲁，先派张郃督率各军讨伐梁兴和氏族王窦茂的军队。太祖从散关进入汉中，派张郃督率五千步兵在前开路。到阳平关，张鲁投降了，太祖还朝，留下张郃与夏侯渊等人防守汉中，抵御刘备的进攻。张郃另外领兵，迫使巴东、巴西两郡投降，将两郡的百姓迁徙到汉中。又进军到宕渠城，被刘备的大将张飞所阻，退回南郑。太祖任命张郃为荡寇将军。

原文

　　刘备屯阳平，郃屯广石。备以精卒万余，分为十部，夜急攻郃。郃率亲兵搏战，备不能克。其后备于走马谷烧都围①，渊救火，从他道与备相遇，交战，短兵接刃。渊遂没，郃还阳平。当是时，新失元帅，恐为备所乘，三军皆失色。

　　渊司马郭淮乃令众曰："张将军，国家名将，刘备所惮。今日事急，非张将军不能安也。"遂推郃为军主②。郃出，勒兵安陈（阵），诸将皆受郃节度③，众心乃定。太祖在长安，遣使假郃节。太祖遂自至汉中，刘备保高山不敢战。太祖乃引出汉中诸军，郃还屯陈仓。

　　文帝即王位，以郃为左将军，进爵都乡侯。及践阼，进封鄚侯。诏郃与曹真讨安定卢水胡及东羌，召郃与真并朝许宫，遣南与夏侯尚击江陵。郃别督诸军渡江，取洲上屯坞。明帝即位，遣南屯荆州，与司马宣王击孙权别将刘阿等。追至祁口，交战，破之。

　　诸葛亮出祁山。加郃位特进，遣督诸军，拒亮将马谡于街亭。谡依阻南山，不下据城。郃绝其汲道，击，大破之。南安、天水、安定郡反应亮，郃皆破平之。诏曰："贼亮以巴蜀之众，当虓虎④之师。将军被坚执锐，所向克定，朕甚嘉之。益邑千户，并前四千三百户。"

注释

①都围：军队营帐外围的障碍物。②军主：军队统帅。③节度：调遣，约束。④虓（xiāo）虎：咆哮的老虎。虓：虎吼声。

译文

刘备屯驻阳平关，张郃屯扎广石。刘备把一万多精兵分成十部，夜里对张郃发动迅猛攻击。张郃率领亲兵拼死搏战，刘备未能攻破广石。后来刘备在走马谷焚烧曹军营帐外面的障碍物，夏侯渊去救火，在岔路上遭遇刘备，两军短兵相接。夏侯渊被杀，张郃退回阳平关。当时，魏军刚刚丧失了元帅，都害怕刘备乘机进攻，全军都惊慌失措。

夏侯渊的司马郭淮便命令全军说："张将军是国家的名将，刘备也害怕他。现在形势紧迫，非张将军不能安定军心。"于是便推张郃为主帅。张郃出面调度部队排列阵势，众将都服从张郃的命令，军心这才安定下来。曹操在长安，派使臣送给张郃节钺。曹操于是亲自到汉中，刘备守住高山不敢出战。曹操便领着汉中各路军队返回，张郃回军屯驻陈仓。

曹丕即位，任命张郃为左将军，晋封都乡侯爵位。等到曹丕做了皇帝，又晋封他为鄚侯。下诏命令张郃与曹真征伐安定一带的卢水胡和东羌，又召张郃与曹真到许昌宫朝拜，派张郃南下同夏侯尚进攻江陵。张郃独率几路军渡过长江，夺取了百里洲上的屯坞。

108

魏明帝即位，派张郃到南方屯军荆州，与司马宣王进攻孙权部下将领刘阿等人。追到祁口，两军交战，大破刘阿。

诸葛亮率军出祁山。明帝赐予张郃特进的职位，派他总督各路军马，在街亭阻挡诸葛亮部下将领马谡。马谡依傍南山扎寨，没有下山占据城池。张郃断绝了他取水的道路，发动进攻，大败马谡。南安、天水、安定各郡叛变响应诸葛亮，张郃领兵打败叛军，平定了这几处地方。明帝下诏说："贼人诸葛亮用巴、蜀的乌合之众来抗拒我的虓虎之师。将军披坚甲、执利器，到一处平定一处，朕要嘉奖你。增加食邑一千户，连同以前的共四千三百户。"

原文

司马宣王治水军于荆州，欲顺沔入江伐吴，诏郃督关中诸军往受节度。至荆州，会冬水浅，大船不得行，乃还屯方城。诸葛亮复出，急攻陈仓，帝驿马召郃到京都。帝自幸河南城，置酒送郃，遣南北军士三万及分遣武卫、虎贲使卫郃，因问郃曰："迟将军到，亮得无已得陈仓乎！"郃知亮县军无谷，不能久攻，对曰："比臣未到，亮已走矣。屈指计亮粮不至十日。"郃晨夜进至南郑，亮退。诏郃部还京都，拜征西车骑将军。

郃识变数，善处营陈，料战势地形，无不如计，自诸葛亮皆惮之。郃虽武将而爱乐儒士，尝荐同乡卑湛经明修行。诏曰："昔祭遵为将，奏置五经大夫，居军中，与诸生雅歌投壶①。今军外勒戎旅，内存国朝。朕嘉将军之意，今擢②湛为博士。"

诸葛亮复出祁山，诏郃督诸将西至略阳，亮还保祁山，郃追至木门，与亮军交战，飞矢中郃右膝，薨。谥曰壮侯，子雄嗣。郃前后征伐有功，明帝分郃户，封郃四子列侯。赐小子爵关内侯。

注释

①投壶：古代士大夫宴饮时做的一种投掷游戏，是一种从容安详、讲究礼节的古代娱乐活动。②擢：提拔。

司马懿在荆州治理水军，打算沿着沔水进入长江流域讨伐东吴，明帝下诏命令张郃统率关中的部队去听从司马懿的调度。到荆州以后，碰上冬天，水浅大船不能行进，于是就在方城屯驻。诸葛亮再次出山，对陈仓猛然发动进攻，明帝派驿马召张郃到京城。明帝亲自到河南城，设置酒宴为张郃送行，派南北士兵三万人以及武卫、虎贲护卫张郃，在酒席间问张郃说："等将军到了那儿，诸葛亮怕已经占领了陈仓吧！"张郃知道诸葛亮孤军深入没有粮草，不能久攻，回答说："臣还没到那儿，诸葛亮就已经撤走了。屈指计算，诸葛亮的部队粮草支撑不了十天。"张郃昼夜行军到达南郑，诸葛亮撤退了。诏令张郃回师京城，拜他为征西车骑将军。

张郃懂得事物的变化规律，善于安营布阵，根据地形布置战役计划，没有不如他所料的情况，从诸葛亮到蜀中各位大将都惧怕他。张郃虽然是武将却喜欢同儒士交往，曾经推荐同乡卑湛，说他经学通达、行为高尚。明帝下诏说："从前祭遵任将军，奏设五经大夫，处在军队中，与儒生雅歌投壶为戏。现在将军在外统率军旅，在内还惦念着朝廷的事。朕非常感谢将军的美意，准许提拔卑湛为博士。"

诸葛亮再次从祁山出动，诏命张郃统领众将西到略阳，诸葛亮退守祁山，张郃追到木门谷，与蜀军交战，飞来的箭矢射中张郃右膝，阵亡。朝廷赐他"壮侯"的谥号，他的儿子张雄嗣爵。张郃前后征伐建立战功，明帝分给他食邑，封他四个儿子列侯。赐他的小儿子关内侯的爵位。

三国志精粹

乐进传

魏书

题解

乐进（？—218 年），字文谦，阳平卫国（今山东莘县）人，以胆识从曹操，随军多年，南征北讨，战功无数。从击袁绍于官渡，奋勇力战，斩袁绍部将淳于琼。又从击袁谭、袁尚于黎阳，斩其大将严敬。别击黄巾、雍奴、管承，皆大破之。从平荆州，留屯襄阳，进击关羽、苏非等人。从征孙权，假进节。曹操回师后，留乐进与张辽、李典屯于合肥。又以乐进数有军功，迁右将军。建安二十三年（218 年）逝世，谥曰"威"。

原文

乐进，字文谦，阳平卫国人也，容貌短小，以胆烈从太祖，为帐下吏。遣还本郡募兵，得千余人，还为军假司马、陷陈（阵）都尉。从击吕布于濮阳，张超于雍丘，桥蕤于苦，皆先登有功，封广昌亭侯。从征张绣于安众，围吕布于下邳，破别将，击眭固于射犬，攻刘备于沛，皆破之，拜讨寇校尉。渡河攻获嘉。还，从击袁绍于官渡。力战，斩绍将淳于琼。从击谭、尚于黎阳，斩其大将严敬，行游击将军。别击黄巾，破之，定乐安郡。从围邺，邺定，从击袁谭于南皮，先登，入谭东门。谭败，别攻雍奴，破之。

建安十一年，太祖表汉帝，称进及于禁、张辽曰："武力既弘，计略周备，质忠性一，守执节义，每临战攻，常为督率，奋强突固，无坚不陷，自援枹鼓，手不知倦。又遣别征，统御师旅，抚众则和，奉令无犯，当敌制决，靡有遗失。论功纪用，宜各显宠。"于是禁为虎威；进，折冲；辽，荡寇将军。

译文

　　乐进，字文谦，阳平郡卫国人，身材短小，凭着勇敢无畏跟随曹操，担任帐下一名小吏。曹操派他回本郡招募士兵，召到一千多人，回来后担任军中的假司马、陷阵都尉。乐进随曹操到濮阳攻打吕布，到雍丘攻击张超，到苦县攻打桥蕤，都因率先攻入敌阵立下战功，被封为广昌亭侯。乐进又跟随曹操在安众讨伐张绣，在下邳包围吕布，打败了吕布手下另一支部队，在射犬攻打眭固，到沛郡攻击刘备，都获得胜利，被封为讨寇校尉。他又渡过黄河攻打获嘉城。回军后，随曹操在官渡迎击袁绍。乐进奋力作战，杀死袁绍的大将淳于琼。尔后他又随同曹操在黎阳攻击袁谭、袁尚兄弟，斩了袁军大将严敬，乐进升任游击将军。他单独领兵攻打黄巾军，大获全胜，平定了乐安郡。他再次跟随曹操包围邺县，平定邺县后，又随曹操赴南皮攻打袁谭，乐进抢先攻入敌阵，进入东门。袁谭被打败以后，乐进单独率兵攻破雍奴城。

　　建安十一年（206年），曹操上表给汉献帝，表彰乐进、于禁和张辽说："武力强大，计谋周全，品性忠正，操守高洁，每次征战身先士卒，勇猛顽强，无坚不摧，亲自擂动战鼓，忘了疲倦。他们单独领兵征讨，统率全军，抚慰将士，纪律严明，对百姓秋毫无犯，临敌决策，没有失误。论功记职，应该给予恩宠，出任要职。"于是于禁被封为虎威将军，乐进被封为折冲将军，张辽被封为荡寇将军。

　　进别征高干，从北道入上党，回出其后。干等还守壶关，连战斩首。干坚守未下，会太祖自征之，乃拔。太祖征管承，军淳于，遣进与李典击之。承破走，逃入海岛，海滨平。荆州未服，遣屯阳翟。后从平荆州，留屯襄阳，击关羽、苏非等，皆走之，南郡诸县山谷蛮夷诣进降。又讨刘备临沮长杜普、旌阳长梁大，皆大破之。后从征孙权，假进节。太祖还，留进与张辽、李典屯合肥，增邑五百，并前凡千二百户。以进数有功，分五百户，封一子列侯，进迁右将军。

　　建安二十三年薨，谥曰威侯。子綝嗣。綝果毅有父风，官至扬州刺史。诸葛诞反，掩袭杀綝，诏悼惜之，追赠卫尉，谥曰愍侯。子肇嗣。

译文

　　乐进单独率兵征剿高幹，从北路进入上党郡，迂回到敌后。高干退守壶关，乐进连续作战，大量杀伤敌人。高幹坚守壶关，未能攻破，直到曹操亲自前来征伐，才打破了壶关。曹操征讨管承，在淳于驻军，派乐进和李典进攻。管承被击败逃进海岛，海滨一带得以平安。荆州还没有臣服，曹操派乐进在阳翟屯军。此后，乐进又随曹操平定荆州，留在襄阳驻军，同关羽、苏非等人作战，把他们都赶走了。南郡各处山谷中的少数民族都来投降。乐进又奉命讨伐刘备治下的临沮县长杜普、旌阳县长梁大，都大获全胜。以后，他跟随曹操征讨孙权，乐进被授予朝廷的节杖。曹操回朝后，留下乐进和张辽、李典驻军合肥，增加食邑五百户，连同以前的共一千二百户。由于乐进多次立功，特分食邑五百户，封他的一个儿子为列侯，乐进升任右将军。

　　乐进于建安二十三年（218年）去世，谥号"威侯"。他的儿子乐綝袭爵。乐綝勇敢刚毅，有他父亲的风范，官至扬州刺史。诸葛诞谋反的时候，袭击乐綝，杀死了他，朝廷下诏追悼他，追赠他卫尉的职衔，谥号为"愍侯"。他的儿子乐肇承袭爵位。

魏书

于禁传

题解

　　于禁（？—221年），字文则，泰山钜平（今山东泰安南）人。本为鲍信部将，后属曹操。曾于张绣造反时讨伐不守军纪的青州兵，同时为迎击敌军而固守营垒，因此曹操称赞他可与古代名将相比。建安二十四年（219年）的襄樊之战中，于禁败给关羽后投降，致使晚节不保。关羽败亡后，于禁从荆州获释到了吴国。黄初二年（221年），孙权遣还于禁回魏国，同年去世，谥曰"厉"。

原文

　　于禁，字文则，泰山钜平人也。黄巾起，鲍信招合徒众，禁附从焉。及太祖领兖州，禁与其党俱诣为都伯，属将军王朗。朗异之，荐禁才任大将军。太祖召见与语，拜军司马，使将兵诣徐州，攻广戚，拔之，拜陷陈都尉。从讨吕布于濮阳，别破布二营于城南，又别将破高雅于须昌。从攻寿张、定陶、离狐，围张超于雍丘，皆拔之。从征黄巾刘辟、黄邵等，屯版梁。邵等夜袭太祖营，禁帅麾下击破之，斩辟邵等，尽降其众。迁平虏校尉。从围桥蕤（ruí）于苦，斩蕤等四将。从至宛，降张绣。绣复叛，太祖与战不利，军败，还舞阴。

　　是时军乱，各间行求太祖，禁独勒所将数百人，且战且引，虽有死伤不相离。虏追稍缓，禁徐整行队，鸣鼓而还。未至太祖所，道见十余人被创裸走，禁问其故，曰："为青州兵所劫。"初，黄巾降，号青州兵，太祖宽之，故敢因缘为略（掠）。禁怒，令其众曰："青州兵同属曹公，而还为贼乎！"乃讨之，数之以罪。

译文

　　于禁，字文则，泰山郡钜平人。黄巾军起义，鲍信召集徒众，于禁参加了他的队伍。等到曹操管辖兖州的时候，于禁同部下都去投顺，担任一名队长，为将军王朗的部下。王朗对于禁的才能感到很惊讶，就推荐他，说他可以胜任大将军的职务。曹操召见了他，同他谈话，任命他为军中司马，派他带兵到徐州，攻打广威县。他攻破了县城，曹操封他为陷阵都尉。于禁随同曹操到濮阳讨伐吕布，于禁单独率兵在城南攻破了吕布两座营寨，又率兵在须昌打败了高雅。他随从曹操攻打寿张、定陶、离狐，在雍丘包围了张超，占领了四座城池。他又随曹操讨伐黄巾军刘辟、黄邵等部，屯扎在版梁。黄邵等乘夜袭击曹操营寨，于禁领部下迎击，打败了敌人，杀死了黄邵等，迫使敌人全部投降。于禁升任平虏校尉。然后再度跟随曹操在苦县包围桥蕤，斩了桥蕤等四名敌将。又随曹操到宛城，逼张绣投降。后来张绣再次反叛，曹操战斗失利，败退回舞阴。

　　这时候，部队溃乱，士兵偷偷地各自寻找曹操，只有于禁约束几百士兵且战且退，虽有负伤战死的也不散开。敌人追击减慢了一些，于禁徐徐整理队伍，敲着战鼓回营。还没回到驻地，途中看到十多个衣衫不整的伤兵，正在逃跑，于禁问他们缘故，回答说："被青州兵劫持。"当初黄巾军投降的时候，号称青州兵，曹操对他们很宽容，所以敢乘机抢掠。于禁非常愤怒，对部下发布命令说："青州兵也属曹公统辖，还敢做贼吗？"便领兵征讨他们，责备他们的罪过。

魏书

原文

青州兵遽走诣太祖自诉。禁既至，先立营垒，不时谒太祖。或谓禁："青州兵已诉君矣，宜促诣公辨之。"禁曰："今贼在后，追至无时，不先为备，何以待敌？且公聪明，谮诉何缘？"徐凿堑安营讫，乃入谒，具陈其状。太祖悦，谓禁曰："淯水之难，吾其急也。将军在乱能整，讨暴坚垒，有不可动之节。虽古名将，何以加之！"于是录禁前后功，封益寿亭侯。复从攻张绣于穰，禽（擒）吕布于下邳。别与史涣、曹仁攻眭固于射犬，破斩之。

太祖初征袁绍，绍兵盛，禁愿为先登。太祖壮之，乃选步骑二千人，使禁将，守延津以拒绍。太祖引军还官渡。刘备以徐州叛，太祖东征之。绍攻津，禁坚守，绍不能拔。复与乐进等将步骑五千，击绍别营，从延津西南缘河至汲、获嘉二县，焚烧保聚三十余屯，斩首获生各数千，降绍将何茂、王摩等二十余人。太祖复使禁别将屯原武，击绍别营于杜氏津，破之。迁裨将军，后从还官渡。

译文

青州兵很快跑到曹操那儿去告状。于禁抵达后，先设立营垒，没有按时去拜谒曹操。有人劝他说："青州兵已经告了你的状了，应该赶快去曹公那里辩解。"于禁说："现在敌人还在后面，不定什么时候就会追来，不先防备，用什么来抵抗敌人呢？况且曹公明智，他们诬告我又有什么用？"等到壕沟营垒都安排就绪，于禁才进去拜见曹操，把事情经过一一汇报。曹操很高兴，对于禁说："淯水的危难，我已经惊慌失措，将军能在混乱当中整顿军队，责讨抢掠的暴行，安营筑垒坚守阵地，有不可动摇之功绩。即使是古代的名将，也不可能做得更好！"于是记录于禁前后的功劳，封他为益寿亭侯。后来于禁再次随曹操到穰县攻打张绣，在下邳活捉了吕布。另与史涣、曹仁在射犬攻打眭固，打败敌人，杀死了眭固。

曹操开始讨伐袁绍的时候，袁绍兵力强大，于禁自愿担任前锋。曹操看重他的勇气，派了二千名步兵，由于禁率领，守延津城抗御袁绍。曹操率军返回官渡。刘备策动徐州反叛，曹操东征刘备。这时候，袁绍引军攻打延津，于禁坚守，袁绍未能攻破。于禁又同乐进等人率领五千步骑，攻击袁绍的其他营垒，从延津西南沿黄河直到汲、获嘉两个县，焚烧了敌人聚众守卫的三十多个驻地，杀死和俘虏各几千人，袁绍部将何茂、王摩等二十多人投降。曹操又派于禁另外率军屯驻原武城，在杜氏津攻破了袁绍的又一处营寨。于禁升任裨将军，后来随曹操回到官渡。

原文

　　太祖与绍连营，起土山相对。绍射营中，士卒多死伤，军中惧。禁督守土山，力战，气益奋。绍破，迁偏将军。冀州平。昌豨复叛，遣禁征之。禁急近攻豨，豨与禁有旧，诣禁降。诸将皆以为豨已降，当送诣太祖。禁曰："诸君不知公常令乎？围而后降者不赦。夫奉法行令，事上之节也。豨虽旧友，禁可失节乎？"自临与豨决，陨涕而斩之。是时太祖军淳于，闻而叹曰："豨降不诣吾而归禁，岂非命耶？"益重禁。

　　东海平，拜禁虎威将军。后与臧霸等攻梅成，张辽、张郃等讨陈兰。禁到，成举众三千余人降，既降复叛，其众奔兰。辽等与兰相持，军食少，禁运粮前后相属，辽遂斩兰、成。增邑二百户，并前千二百户。

　　是时，禁与张辽、乐进、张郃、徐晃俱为名将，太祖每征伐，咸递行为军锋，还为后拒。而禁持军严整，得贼财物，无所私入，由是赏赐特重。然以法御下，不甚得士众心。太祖常恨朱灵，欲夺其营。以禁有威重，遣禁将数十骑，赍令书，径诣灵营夺其军，灵及其部众莫敢动。乃以灵为禁部下督，众皆震服，其见惮如此。迁左将军，假节钺，分邑五百户，封一子列侯。

译文

　　曹操和袁绍都分别把自己的营帐连接起来，筑起土山相对。袁绍的部队向曹操营中射箭，很多士兵被射死射伤，曹军都很害怕。于禁监督士兵守御土山，奋力作战，气势更加高昂。袁绍被打败，于禁升任偏将军。冀州平定，但昌豨又反叛，曹操派于禁征剿，于禁急行军攻击昌豨，豨昌同于禁过去有过交情，所以找到于禁投降了。众将军都认为昌豨已经投降，应该送他到曹操那儿。于禁说："你们不知道曹公一贯的命令吗？被围以后投降的不赦。奉行法律，遵守命令，这是下对上的大节。昌豨虽然是我过去的朋友，于禁难道会因此而失节吗？"于禁亲自到昌豨那里与他诀别，流着泪将他斩首了。当时曹操在淳于驻军，听说后叹息说："昌豨不到我这儿投降，而去找于禁，这不是命中注定要死了吗？"从此更加器重于禁。

　　东海平定以后，曹操封于禁为虎威将军。后来他同臧霸等人攻击梅成的队伍，张辽、张郃等人征讨陈兰。于禁到达后，梅成带领三千多人投降，随后又发动叛变，率领部下投奔陈兰。张辽等人同陈兰相持，军粮不足，于禁押运粮草前后相接，张辽得到给养，于是杀死了陈兰、梅成。于禁增加食邑二百户，连同以前的共一千二百户。

　　那时候，于禁同张辽、乐进、张郃、徐晃都是名将，曹操每次出征，都轮替着让他们担任先锋或殿后，而于禁带兵严肃齐整，缴获的财物，自己一毫不取，因此赏赐特别多。

但他以法约束部下，所以不很得人心。曹操一直痛恨朱灵，想夺了他的军权。因于禁有威信，就派于禁带几十名骑兵，拿着命令，直接到朱灵的营地解除他的兵权，朱灵和他的部下都不敢妄动。于是任命朱灵担任于禁手下的督军，大家都感到震惊佩服，于禁就是这样令人畏惧。后来于禁升任左将军，持节钺，又分给他五百户食邑，封他的一个儿子为列侯。

原文

　　建安二十四年，太祖在长安，使曹仁讨关羽于樊，又遣禁助仁。秋，大霖雨，汉水溢，平地水数丈，禁等七军皆没。禁与诸将登高望水，无所回避，羽乘大船就攻禁等，禁遂降，惟庞德不屈节而死。太祖闻之，哀叹者久之，曰："吾知禁三十年，何意临危处难，反不及庞德邪！"会孙权禽（擒）羽，获其众，禁复在吴。

　　文帝践阼，权称藩，遣禁还。帝引见禁，须发皓白，形容憔悴，泣涕顿首。帝慰谕以荀林父、孟明视故事，拜为安远将军。欲遣使吴，先令北诣邺谒高陵。帝使豫于陵屋画关羽战克、庞德愤怒、禁降服之状。禁见，惭恚发病薨。子圭嗣封益寿亭侯。谥禁曰厉侯。

译文

　　建安二十四年（219年），曹操在长安，命曹仁去樊城讨伐关羽，又派于禁协助。赶上秋天，下暴雨，汉水泛滥，平地水深好几丈，于禁部下七军都被淹没。于禁同众将登上高坡，望着汪洋一片，无处躲藏，关羽乘着大船靠近攻击，于禁只得投降，只有庞德不屈而死。曹操听说后，哀叹了很久，说："我了解于禁有三十年，哪想得到临危处难，反而不如庞德！"后来孙权擒获关羽，俘虏关羽部下，于禁又到了吴国。

　　魏文帝即位，孙权称藩国，命于禁回归。文帝召见于禁，看到他须发皆白，面容憔悴，于禁叩头流泪。文帝用荀林父、孟明视的事安慰他，封他为安远将军。文帝想派他出使吴国，先让他到邺城拜谒曹操的陵墓。预先让人在陵堂画上关羽战胜、庞德愤怒不屈、于禁屈膝投降的情形。于禁看到以后，惭愧愤恨，发病而死。他的儿子于圭袭爵封为益寿亭侯。文帝赐给于禁"厉侯"的谥号。

魏书

徐晃传

三国志精粹

题解

徐晃（？—227年），字公明，河东杨（今山西洪洞东南）人，曹魏名将。本为杨奉帐下骑都尉，杨奉被曹操击败后投曹操，在曹操手下多立功勋，参与官渡之战、赤壁之战、关中征伐、汉中征伐等重大战役。樊城之战中徐晃作为曹仁的援军击败关羽，因在此役中治军严整被曹操称赞"有周亚夫之风"。曹丕称帝后徐晃被加为右将军，于227年病逝，谥曰"壮"。

原文

徐晃，字公明，河东杨人也。为郡吏，从车骑将军杨奉讨贼有功，拜骑都尉。李傕、郭汜之乱长安也，晃说奉令与天子还洛阳，奉从其计。天子渡河至安邑，封晃都亭侯。及到洛阳，韩暹、董承日争斗，晃说奉令归太祖，奉欲从之，后悔。太祖讨奉于梁，晃遂归太祖。太祖授晃兵，使击卷、原武贼，破之，拜裨将军。

从征吕布，别降布将赵庶、李邹等。与史涣斩眭固于河内。从破刘备，又从破颜良，拔白马，进至延津，破文丑。拜偏将军。与曹洪击濦①强贼祝臂，破之，又与史涣击袁绍运车于故市。功最多，封都亭侯。太祖既围邺，破邯郸，易阳令韩范伪以城降而拒守，太祖遣晃攻之。晃至，飞矢城中，为陈成败。范悔，晃辄降之。

注释

①濦（yīn）：水名，为今河南颍水三源的中源。

译文

　　徐晃字公明，河东郡杨县人。他在郡中做小吏，随车骑将军杨奉讨伐黄巾有功，被任命为骑都尉。李傕、郭汜在长安发动叛乱，徐晃劝说杨奉，让他和皇帝回洛阳，杨奉听从了他的计策。献帝渡过黄河到达安邑，封徐晃为都亭侯。到洛阳以后，韩暹、董承天天争权夺利，钩心斗角，徐晃便劝说杨奉归顺曹操，杨奉听从了他，又反悔。曹操到梁地讨伐杨奉，徐晃便投奔了曹操。曹操授予徐晃兵权，派他出击卷县、原武的贼寇，大获全胜，升任裨将军。

　　随曹操征伐吕布，徐晃单独率军逼迫吕布的将领赵庶、李邹等人投降。又同史涣在河内郡斩了眭固。随同曹操大破刘备，又随曹操打败颜良，攻取白马城，进军到延津，大败文丑。徐晃被任命为偏将军。以后他又同曹洪攻打濩水的强贼祝臂，大破敌军，同史涣在故市攻打袁绍的运粮车队。因为他的功劳最多，被封为都亭侯。曹操包围了邺县，攻破了邯郸，易阳县令韩范佯装献城投降负隅顽抗，曹操命徐晃进攻。徐晃来到以后，把一封信缚在箭尾射入城中，为韩范陈说利害。韩范悔过投降了徐晃。

原文

　　既而言于太祖曰："二袁未破，诸城未下者倾耳而听，今日灭易阳，明日皆以死守，恐河北无定时也。愿公降易阳以示诸诚，则莫不望风。"太祖善之。别讨毛城，设伏兵掩击，破三屯。从破袁谭于南皮，讨平原叛贼，克之。从征蹋顿，拜横野将军。从征荆州，别屯樊，讨中庐、临沮、宜城贼。又与满宠讨关羽于汉津，与曹仁击周瑜于江陵。

121

十五年，讨太原反者，围大陵，拔之，斩贼帅商曜。韩遂、马超等反关右，遣晃屯汾阴以抚河东，赐牛酒，令上先人墓。太祖至潼关，恐不得渡，召问晃。晃曰："公盛兵于此，而贼不复别守蒲阪，知其无谋也。今假臣精兵渡蒲坂津，为军先置，以截其里，贼可擒也。"太祖曰："善。"使晃以步骑四千人渡津。作堑栅未成，贼梁兴夜将步骑五千余人攻晃，晃击走之。太祖军得渡，遂破超等。使晃与夏侯渊平鄃糜[1]、汧诸氏[2]，与太祖会安定。太祖还邺，使晃与夏侯渊平鄜、夏阳余贼，斩梁兴，降三千余户。从征张鲁。别遣讨攻椟、仇夷诸山氏，皆降之。迁平寇将军。解将军张顺围，击贼陈福等三十余屯，皆破之。

注释

①鄃糜：在今陕西千阳。②汧：今陕西陇县。诸氏：氏族势力。

译文

徐晃随即劝曹操说："袁谭、袁尚都没有被打败，那些没有被我军攻取的城池都在看风使舵，今天要是灭了易阳，明天各城就要拼死守御，恐怕河北就没有平定的日子了。希望您允许易阳投降，为别的城做个样子，那么各城就都会望风而降。"曹操认为很对。徐晃又单独率兵讨伐毛城敌寇，设置伏兵大举袭击，攻破了三个驻地。他随曹操在南皮击败袁谭，讨伐平原郡的叛军，平定了该郡。他又随曹操征剿蹋顿，后被封为横野将军。徐晃再跟随曹操讨伐荆州，单率一支军队屯扎樊城，又讨伐中庐、临沮、宜城的贼寇。徐晃再与满宠到汉津征讨关羽，与曹仁在江陵攻击周瑜。

建安十五年（209年），徐晃统兵讨伐太原郡叛军，包围大陵，拔取了城池，杀死敌帅商曜。韩遂、马超在关右谋反，曹操派徐晃屯驻汾阴安抚河东郡，赐给他牛、酒，让他为祖先上坟。曹操到潼关，担心不能渡过黄河，召徐晃询问。徐晃说："主公大兵在此地，而敌人不另派兵驻守蒲阪，可见是失策。现在给我一支精兵，从蒲阪津渡河，去充当全军的先头部队，截断敌军，就可以抓获敌人。"曹操说："好。"派徐晃率领骑兵、步兵四千人过河。徐晃领兵挖堑立栅还未站稳脚跟，敌将梁兴率五千多骑兵、步兵来进攻，被徐晃击退。曹操大军得以渡河，于是马超被打败了。曹操派徐晃与夏侯渊平定鄃糜、汧县的各部落氏族人的叛乱，同曹操在安定会师。曹操回邺县，派徐晃与夏侯渊平定鄜县，打败夏阳的贼寇余党，斩了梁兴，使三千多人投降。之后徐晃随曹操讨伐张鲁。曹操另派徐晃去征剿椟县、仇夷各处山上的氏族人，使他们都投降了。徐晃升任平寇将军。徐晃后来率军解除了将军张顺的被围困境，攻破了贼寇陈福等人的三十多个屯兵据点。

原文

太祖还邺，留晃与夏侯渊拒刘备于阳平。备遣陈式等十余营绝马鸣阁道，晃别征破之，贼自投山谷，多死者。太祖闻，甚喜，假晃节，令曰："此阁道，汉中之险要咽喉也。刘备欲断绝外内，以取汉中。将军一举，克夺贼计，善之善者也。"太祖遂自至阳平，引出汉中诸军，复遣晃助曹仁讨关羽，屯宛。会汉水暴溢，于禁等没。羽围仁于樊，又围将军吕常于襄阳。晃所将多新卒，以羽难与争锋，遂前至阳陵陂屯。

太祖复还，遣将军徐商、吕建等诣晃，令曰："须兵马集至，乃俱前。"贼屯偃城，晃到，诡道作都堑[1]，示欲截其后，贼烧屯走。晃得偃城，两面连营，稍前，去贼围三丈所，未攻。太祖前后遣殷署、朱盖等凡十二营诣晃。贼围头有屯，又别屯四冢。晃扬声当攻围头屯，而密攻四冢。羽见四冢欲坏，自将步骑五千出战，晃击之，退走。遂追陷与俱入围，破之，或自投沔水[2]死。

注释

①都堑：大壕沟。都：大。②沔水：约为今湖北襄阳六两河。

魏书

译文

曹操回到邺县，留下徐晃与夏侯渊在阳平关防御刘备。刘备派陈式等十多个营的部队断绝了马鸣阁道，徐晃独自率军从岔路攻伐，大破陈式的队伍，敌人被迫跳入山谷，死了许多人。曹操听说后，非常高兴，让徐晃持节，发布通报说："这一条阁道是汉中的咽喉险要之地，刘备想夺取汉中。将军一举粉碎了刘备的计划，真是妙计中的妙计啊。"曹操于是亲自到阳平关，带出汉中的各路军马，又派徐晃协助曹仁讨伐关羽，在宛城驻军。碰上汉水泛滥，于禁的部队被淹。关羽在樊城包围了曹仁，又在襄阳包围了将军吕常。徐晃的部下大多是新兵，很难同关羽的军队作战，便进军屯驻在阳陵陂。

曹操又返回来，派将军徐商、吕建等人去见徐晃，传令说："必须等兵马全部集中，再一起前进。"敌军在堰城屯扎，徐晃到达后，设计挖掘堑壕，做出要截断敌人后路的样子，敌军烧毁自己的营寨逃跑了。徐晃占领堰城，两面营寨相连，又稍微前进到距离敌人的包围圈三丈远左右的地方，没有进攻。曹操前后派殷署、朱盖等一共十二营的部队到徐晃这儿来。敌人的围头有兵屯驻，另外还在四冢驻军。徐晃扬言要攻打围头的守敌，却秘密地进攻四冢。关羽看到四冢要被攻破，亲率五千步、骑兵出战，徐晃迎击，关羽退去。徐晃便乘胜追击，突破敌阵，和关羽一起进入包围圈内，大破敌军，很多敌人自投沔水而死。

原文

太祖令曰："贼围堑鹿角十重，将军致战全胜，遂陷贼围，多斩首虏。吾用兵三十余年，及所闻古之善用兵者，未有长驱径入敌围者也。且樊、襄阳之在围，过于莒、即墨，将军之功，逾孙武、穰苴。"晃振旅还摩陂，太祖迎晃七里，置酒大会。

太祖举卮酒劝晃，且劳之曰："全樊、襄阳，将军之功也。"时诸军皆集，太祖案行诸营，士卒咸离陈（阵）观，而晃军营整齐，将士驻陈不动。太祖叹曰："徐将军可谓有周亚夫之风矣。"

文帝即王位，以晃为右将军，进封逯乡侯，及践阼，进封杨侯。与夏侯尚讨刘备于上庸，破之。以晃镇阳平，徙封阳平侯。明帝即位，拒吴将诸葛瑾于襄阳。增邑二百，并前三千一百户。病笃，遗令敛以时服。

性俭约畏慎，将军常远斥候，先为不可胜，然后战，追奔争利，士不暇食。常叹曰："古人患不遭明君，今幸遇之，当以功自效，何用私誉为！"终不广交援。太和元年薨，谥曰壮侯。子盖嗣。盖薨，子霸嗣。明帝分晃户，封晃子孙二人列侯。

译文

曹操传令说："敌人堑壕鹿角层层包围，将军作战全胜，虽然陷入敌人围困，还能杀死俘虏大批敌寇，我用兵三十多年，加上听到的古代善于用兵的人，也没有长驱直入冲进敌人重围的。而且樊城、襄阳的被包围，比起战国时的莒城、即墨，情况要严重得多，将军的功勋要超过孙武和司马穰苴。"徐晃整顿部队回到摩陂，曹操出城七里迎接徐晃，设宴庆祝。

曹操亲自举杯向他劝酒，慰劳他说："保全住樊城、襄阳，都是将军的功劳。"当时各路人马都集中到一起，曹操巡视各营，士兵都离开队列观看曹操，只有徐晃的军营整齐，全体将士站在队列中不动。曹操叹息说："徐将军可以说是有周亚夫的风度了。"

曹丕即王位，封徐晃为右将军，晋封逯乡侯，曹丕即皇帝位后，又晋封杨侯。同夏侯尚到上庸讨伐刘备，打败敌人。文帝命徐晃镇守阳平关，转封他为阳平侯。魏明帝即位，徐晃在襄阳抵御吴将诸葛瑾。朝廷为他增加食邑二百户，连同以前的共三千一百户。病危，遗嘱中说要用平时穿的衣服收殓他。

徐晃为人小心谨慎，生活俭朴，指挥作战往往不是依靠侦察人员，先做好不能打胜仗的准备，然后才开始作战，继而穷追不舍，争取胜利，在他指挥下将士常常顾不上吃饭。徐晃常叹息着说："古人顾虑遇不上英明的君主，现在幸而让我遇到了，应该建功效力，哪用自己夸耀自己呢！"徐晃始终不多交朋友。太和元年（227 年）去世。朝廷赐予"壮侯"的谥号。他的儿子徐盖承袭了爵位。徐盖死后，儿子徐霸袭爵。明帝分离徐晃的食邑，封他的子孙二人为列侯。

魏书

典韦传

题解

典韦（？—197年），东汉末年陈留己吾（今河南商丘）人，曹操的重要将领。他身材魁梧，力大过人。他曾给同乡刘氏报仇，杀死了原富春县县长李永，并由此"为豪杰所识"。之后典韦加入了张邈的军队，逐渐为司马赵宠所赏识。后来典韦又在夏侯惇手下多次立下战功，升为司马。曹操与吕布战于濮阳，典韦带领一支敢死队，顶住了吕布军队的进攻，使曹操得以全身而退，因此得到曹操的赏识，升为都尉，负责曹操的警卫工作。曹操征讨荆州时，张绣降而复反，曹操不得已撤军，典韦断后，力战而死。曹操得知典韦死讯，"为流涕"，找回他的尸体，送回襄邑安葬，以后每次路过襄邑，都以中牢之礼来祭奠他。

原文

典韦，陈留己吾人也。形貌魁梧，旅（膂）力①过人，有志节任侠。襄邑刘氏与睢阳李永为雠，韦为报之。永故富春长，备卫甚谨。韦乘车载鸡酒，伪为候者，门开，怀匕首入杀永，并杀其妻，徐出，取车上刀戟，步去。永居近市，一市尽骇。追者数百，莫敢近。行四五里，遇其伴，转战得脱。由是为豪杰所识。

初平中，张邈举义兵，韦为士，属司马赵宠。牙门旗长大，人莫能胜，韦一手建②之，宠异其才力。后属夏侯惇，数斩首有功，拜司马。太祖讨吕

布于濮阳。布有别屯在濮阳西四五十里，太祖夜袭，比明破之。未及还，会布救兵至，三面掉战。

时布身自搏战，自旦至日昳③数十合。相持急，太祖募陷陈（阵），韦先占。将应募者数十人，皆重衣两铠，弃楯，但持长矛撩戟。时西面又急，韦进当之。贼弓弩乱发，矢至如雨。韦不视，谓等人曰："虏来十步，乃白之。"等人曰："十步矣！"又曰："五步乃白。"等人惧，疾言"虏至矣"！韦手持十余戟，大呼起，所抵无不应手倒者。布众退，会日暮，太祖乃得引去。

注释

①旅力：体力、力量。②建：稳住，立正。③日昳：太阳偏西，即午后。

译文

典韦，陈留郡己吾人。他相貌魁伟，力气过人，行侠仗义，有志有节。襄邑的刘氏和睢阳的李永有仇，典韦替刘氏报了仇。李永本来是富春县县长，防备得很严密。典韦坐着车带着鸡和酒，伪装成迎送宾客的人，门一开，他怀揣匕首冲进去杀了李永，连他的妻子也杀了，然后慢慢走出来，取出车上的刀戟离开了。李永的住处接近集市，整个集市都震惊了。有几百人追典韦，可是不敢靠近。典韦走了四五里，遇到他的伙伴，辗转逃跑了。从此地方上的豪杰都认识他。

初平年间，张邈起义兵，典韦担任士，属司马赵宠的部下。部队的牙门旗又长又大，士兵都举不动，典韦一只手将它立了起来，赵宠对他的才能和力气很惊讶。后来典韦又到夏侯惇帐下，屡次杀敌立功，升为司马。曹操在濮阳讨伐吕布。吕布在濮阳西边四五十里的地方有另一支军队屯驻，曹操夜间偷袭，到天亮击溃了敌人。还没有来得及撤军，吕布的救兵赶到，从三面交替攻战。

当时吕布亲自冲阵，从早晨打到午后，几十个回合，相持不下。情况紧急，曹操招募冲锋陷阵的勇士，典韦首先报名。典韦让招募的几十个人都穿上几层衣服和双层铠甲，舍弃盾牌，只拿长矛撩戟。这时西面告急，典韦率军阻挡。敌兵弓箭乱射，箭像雨点一样飞来。典韦看也不看，对部下说："敌人冲到离我十步的时候再告诉我。"部下说："十步啦！"典韦又说："五步再告诉我。"部下都害怕了，大声疾呼："敌人来啦！"典韦手握十几支戟，大呼跃起，碰上他的敌人没有不应手而倒的。吕布率军退却，正好天色也已经傍晚，曹操得以撤退。

原文

　　拜韦都尉，引置左右。将亲兵数百人，常绕大帐。韦既壮武，其所将皆选卒[1]，每战斗，常先登陷陈。迁为校尉。性忠至谨重，常昼立侍终日，夜宿帐左右，稀归私寝。好酒食，饮啖兼人[2]，每赐食于前，大饮长歠[3]，左右相属，数人益乃供，太祖壮之。韦好持大双戟与长刀等，军中为之语曰："帐下壮士有典君，提一双戟八十斤。"

　　太祖征荆州，至宛，张绣迎降。太祖甚悦，延绣及其将帅，置酒高会[4]。太祖行酒，韦持大斧立后，刃径尺，太祖所至之前，韦辄举斧目之。竟酒，绣及其将帅莫敢仰视。后十余日，绣反，袭太祖营，太祖出战不利，轻骑引去。韦战于门中，贼不得入。兵遂散从他门并入。时韦校尚有十余人，皆殊死战，无不一当十。贼前后至稍多，韦以长戟左右击之，一叉入，辄十余矛摧。左右死伤者略尽，韦被数十创，短兵接战。贼前搏之。韦双挟两贼击杀之，余贼不敢前。韦复前突贼，杀数人，创重发，瞋目大骂而死。贼乃敢前，取其头，传观之，覆军就视其躯。

　　太祖退住舞阴，闻韦死，为流涕，募间取其丧，亲自临哭之。遣归葬襄邑，拜子满为郎中。车驾每过，常祠以中牢。太祖思韦，拜满为司马，引自近。文帝即王位，以满为都尉，赐爵关内侯。

注释

　　①选卒：精选之卒。②饮啖：喝酒吃肉。兼人：两人以上。③歠（chuò）：饮。④高会：盛大的宴会。

　　曹操任命典韦为都尉，带在自己身边。典韦率领亲兵几百人，常常围绕曹操大帐巡逻。典韦雄壮勇武，部下都是精选的士卒，每次战斗，总是先冲上去攻陷敌阵。典韦升任校尉。性格忠诚谨慎，总是白天在曹操身边侍立，夜晚睡在大帐左右，很少回到自己帐中歇宿。典韦喜欢喝酒吃肉，吃喝都要两人份，曹操每次赐他饮食，他总是纵情畅饮，左右劝酒，几个人轮番侍应才供得上，曹操喜欢他的豪壮。典韦好使大双戟和长刀等兵器，军中为他编了顺口溜说："帐下壮士有典君，提一双戟八十斤。"

　　曹操征伐荆州，到宛城，张绣出来投降。曹操非常高兴，请张绣和他的将帅参加宴会。曹操劝酒，典韦握着大斧站在背后，斧刃长一尺，曹操举酒到一个人的前面，典韦就举起长斧盯住那个人。酒宴从始至终，张绣和他的将帅没有敢抬头看他的。过了十多天，张绣谋反，偷袭曹操大营，曹操战斗失利，率领轻骑逃跑了。典韦在营门死战，叛军攻不进去。敌人散开从别的门一拥而入。当时典韦身边部下还有十多人，都拼死战斗，无

不以一当十。叛军越聚越多，典韦用戟左右攻击，一戟过去，就有十几支矛被击断。部下死伤殆尽，典韦也受伤数十处，用短兵器肉搏。敌兵冲上前，典韦用双臂挟住两人将他们打死，剩下的敌人不敢上前。典韦又冲上前去突击敌人，杀死几人，伤重发作，大骂而死。敌人这才敢上前，割下他的头，互相传看，又返回来看他的躯体。

　　曹操退到舞阴，听说典韦战死，痛哭流涕，募人偷偷取回他的遗体，亲自到遗体跟前哭泣。他派人将典韦的遗体送回襄邑安葬。让典韦的儿子典满担任郎中。曹操每次经过他家，总用士大夫的中牢祭礼来祭奠他。曹操思念典韦，任典满为司马，让他跟随自己。曹丕即王位，任命典满为都尉，赐予他关内侯的爵位。

许褚传

题解

  许褚，生卒年不详，字仲康，谯国谯县（今安徽亳州）人。许褚生得虎背熊腰，胆气过人，有"虎痴"之称。汉朝末年，黄巾起义爆发之后，许褚聚集众人坚守壁垒，弹尽粮绝之际仍旧坚持战斗，使"淮、汝、陈、梁间，闻皆畏惮之"。后来归附曹操，曹操称之为"吾之樊哙"，当天就任命他为都尉，负责曹操的警卫工作。

  许褚也没有让曹操失望，官渡之战的时候，他直接粉碎了徐他等人刺杀曹操的阴谋。潼关讨韩遂、马超，许褚又从万军之中、万箭之下将曹操救走。曹丕称帝后封他为牟乡侯，后病死。

原文

  许褚，字仲康，谯国谯人也。长八尺余，腰大十围①，容貌雄毅②，勇力绝人。汉末，聚少年及宗族数千家，共坚壁以御寇。时汝南葛陂贼万余人攻褚壁，褚众少不敌，力战疲极。兵矢尽，乃令壁中男女，聚治石如杅斗③者置四隅。褚飞石掷之，所值皆摧碎。贼不敢进。粮乏，伪与贼和，以牛与贼易食，贼来取牛，牛辄奔还。褚乃出陈（阵）前，一手逆曳④牛尾，行百余步。贼众惊，遂不敢取牛而走。由是淮、汝、陈、梁间，闻皆畏惮之。

  太祖徇⑤淮、汝，褚以众归太祖。太祖见而壮之曰："此吾樊哙也。"即日拜都尉，引入宿卫。诸从褚侠客，皆以为虎士。从征张绣，先登，斩首万计，迁校尉。从讨袁绍于官渡。时常从士徐他等谋为逆，以褚常侍左右，惮之不敢发。伺褚休下日，他等怀刀入。褚至下舍心动，即还侍。他等不知，入帐见褚，大惊愕。他色变，褚觉之，即击杀他等。太祖益亲信之，出入同行，不离左右。从围邺，力战有功，赐爵关内侯。从讨韩遂、马超于潼关。太祖将北渡，临济河，先渡兵，独与褚及虎士百余人留南岸断后。

注释

①十围：古代，两手拇指和食指相合称一围。十围，约今 3.6 米。②雄毅：勇武刚毅。③杅（yú）：盛浆汤等的器皿。斗：古代量器。④逆曳：拉着倒退。⑤徇：带兵巡行占领的地方。

译文

许褚，字仲康，谯郡谯县人。身高八尺多，腰阔十围，相貌雄伟刚毅，勇气和力量过人。汉朝末年，许褚聚集一些青年和几千家宗族抵抗贼寇。那时候汝南、葛陂一带的一万多强盗来进攻许褚的壁垒，许褚人少打不过，拼死力战疲劳已极。弩箭也用光了，就叫壁垒中的男女老少，把石头堆成盂斗的形状放在壁垒四角上。许褚用石头投掷敌人，被击中的敌人的身体都被打碎了。强盗不敢逼近。许褚缺少粮食，佯装同敌人讲和，用牛和敌人交换食物，强盗来取牛，牛立刻跑回去了。许褚便冲出阵前，一手倒拽牛尾，走了一百多步。强盗们大惊，便不敢取牛，都逃跑了。从此，淮河、汝水、陈国、梁国一带，听说这件事的人都惧怕他。

曹操率兵攻占淮、汝一带，许褚率部众归顺曹操，曹操认为他很雄壮，说："这是我的樊哙啊。"当天就任命他为都尉，引进自己行营担任警卫。跟随他来的侠客，都用为虎士。许褚随曹操讨伐张绣，抢先登城，杀死了成千上万的敌人，被升任为校尉。他又随曹操在官渡讨伐袁绍。当时常随曹操的谋士徐他等人阴谋反叛，因为许褚总是在曹操身边护卫，徐他等人害怕他而不敢发动反叛。等许褚休息不在曹操跟前的时候，徐他等人藏着刀进了曹操的营帐。许褚在下房心里不安，又回来侍卫。徐他等人不知道，进帐一见许褚，大惊失色。徐他等人神色反常，许褚觉察立刻杀了他们。曹操对许褚更加亲信，出入都和他同行，不离左右。他跟随曹操包围邺县，奋力战斗建立功勋，曹操赐他关内侯的爵位。他又随曹操到潼关讨伐韩遂、马超。曹操要北渡黄河，到了河北，先让士兵渡河，曹操自己和许褚及一百多名虎士留在南岸断后。

超将步骑万余人，来奔太祖军，矢下如雨。褚白太祖，贼来多，今兵渡已尽，宜去，乃扶太祖上船。贼战急，军争济，船重欲没。褚斩攀船者，左手举马鞍蔽太祖。船工为流矢所中死，褚右手并溯船，仅乃得渡。是日，微褚几危①。其后太祖与遂、超等单马会语，左右皆不得从，唯将褚。超负其力，阴欲前突太祖，素闻褚勇，疑从骑是褚，乃问太祖曰："公有虎侯者安在？"太祖顾指褚，褚瞋目盼之。超不敢动，乃各罢。后数日会战，大破超等，褚身斩首级，迁武卫中郎将。武卫之号，自此始也。军中以褚力如虎而痴，故号曰虎痴。是以超问虎侯，至今天下称焉，皆谓其姓名也。

褚性谨慎奉法，质重②少言。曹仁自荆州来朝谒，太祖未出，入与褚相见于殿外。仁呼褚入便坐语，褚曰："王将出。"便还入殿，仁意恨之。或以责褚曰："征南宗室重臣，降意呼君，君何故辞？"褚曰："彼虽亲重，外藩也。褚备内臣，众谈足矣，入室何私乎？"太祖闻，愈爱待之，迁中坚将军。太祖崩，褚号泣欧（呕）血。文帝践阼，进封万岁亭侯，迁武卫将军，都督中军宿卫禁兵，甚亲近焉。

初，褚所将为虎士者从征伐，太祖以为皆壮士也，同日拜为将，其后以功为将军封侯者数十人，都尉、校尉百余人，皆剑客也。明帝即位，进封牟乡侯，邑七百户，赐子爵一人关内侯。褚薨，谥曰壮侯。子仪嗣。褚兄定，亦以军功为振威将军，都督徼道虎贲。太和中，帝思褚忠孝，下诏褒赞，复赐褚子孙二人爵关内侯。仪为钟会所杀。泰始初，子综嗣。

注释

①微褚几危：若不是许褚，曹操就要遇难了。②质重：淳朴敦厚。

译文

马超率领一万多步、骑兵追曹军，箭矢像雨点一样飞来。许褚告诉曹操，敌人来的很多，现在士兵都已经渡过河去，我们也应离开了，便扶着曹操上船。敌军猛烈攻打，曹兵争着渡河，船超重将要沉没。许褚刀砍攀船的士兵，左手举着马鞍护住曹操。船工为流矢击中而死去，许褚右手撑船，勉强得以渡过。这一天若不是许褚，曹操就要遇难了。后来曹操同韩遂、马超单独对话，左右的侍卫都不许跟随，只带了许褚一个人。马超仗着力大，想偷偷向前突袭曹操，早听说许褚勇猛，怀疑跟来的就是他，便问曹操说："公有位虎侯在什么地方？"曹操回头用手指指许褚，许褚瞪眼怒视马超。马超不敢动，

三国志精粹

各自返回。过了几天，两军大战，击溃了马超，许褚亲自斩杀敌人，升任武卫中郎将。"武卫"的称号，就从这时开始设立的。军中因为许褚力大如虎却不聪明，称他为"虎痴"。所以马超问虎侯，至今人们还这样称呼他，都以为是他的姓名。

许褚性格谨慎守法，朴素凝重，沉默寡言。曹仁从荆州来拜见曹操，曹操还没出来，曹仁进来在殿外遇到许褚。曹仁招呼许褚进来坐下谈话，许褚说："魏王就要出来了。"便返身进殿，曹仁心里很忌恨他。有人因此而责备许褚说："征南将军是宗室重臣，降低身份来招呼你，你怎么推辞了呢？"许褚说："他虽然是亲戚重臣，却是外藩。我担任内臣，在众人面前谈话就足够了，进屋去谈，莫非有什么私事吗？"曹操听说以后，更加喜爱厚待他，升他为中坚将军。曹操去世，许褚痛哭吐血。曹丕即皇帝位，晋封他为万岁亭侯，升武卫将军，总督中军宿卫禁兵，对他十分亲近。

起初，许褚所统率的虎士跟随曹操东征西讨，曹操认为他们都是壮士，同一天把他们都任命为将军，后来，因功升任将军封侯的有几十人，做都尉、校尉的有一百多人，都是剑客。魏明帝即位，晋封许褚牟乡侯，食邑七百户，赐他一个儿子关内侯的爵位。许褚死后，谥号"壮侯"。他的儿子许仪承袭爵位。许褚的哥哥许定也因为军功担任振威将军，都督徽道虎贲卫士。太和年间明帝思念许褚忠孝，下诏赞美他，又赐他子孙二人关内侯爵位。许仪被钟会所杀。泰始初年，许仪的儿子许综继承爵位。

荀彧传

题解

　　荀彧（163 年—212 年），字文若，颖川颖阴（今河南许昌）人。初随韩馥、袁绍，29 岁投奔曹操，被譬作刘邦的谋臣张良。此后近 20 年间，他坚守三城，帮助曹操击败吕布，使曹操取得立身之本。建议曹操逢迎汉献帝，使曹操得以挟天子以令诸侯。官渡之战，战前分析敌我形势，增强曹操信心，在战斗最紧要关头，曹操军粮将尽、斗志将丧，荀彧力主坚持，最终使曹军获取胜利。

原文

　　荀彧（yù），字文若，颖川颖阴人也。祖父淑，字季和，朗陵令，当汉顺、桓之间，知名当世。有子八人，号曰八龙。彧父绲，济南相。叔父爽，司空。彧年少时，南阳何颙（yóng）异之，曰：“王佐才也！”永汉元年，举孝廉，拜守宫令。董卓之乱，求出补吏。除亢父令，遂弃官归，谓父老曰：“颖川，四战之地也，天下有变，常为兵冲，宜亟去之，无久留。”乡人多怀土犹豫，会冀州牧同郡韩馥遣骑迎之，莫有随者，彧独将宗族至冀州。而袁绍已夺馥位，待彧以上宾之礼。彧弟谌及同郡辛评、郭图，皆为绍所任。

　　彧度绍终不能成大事，时太祖为奋武将军，在东郡。初平二年，彧去绍从太祖。太祖大悦曰：“吾之子房也。”以为司马，时年二十九。是时，董卓威陵天下，太祖以问彧，彧曰：“卓暴虐已甚，必以乱终，无能为也。”卓遣李傕等出关东，所过虏略，至颖川、陈留而还。乡人留者多见杀略（掠）。

明年，太祖领兖州牧，后为镇东将军，彧常以司马从。

兴平元年，太祖征陶谦，任彧留事。会张邈、陈宫以兖州反，潜迎吕布。布既至，邈乃使刘翊告彧曰："吕将军来助曹使君击陶谦，宜亟供其军食。"众疑惑。彧知邈为乱，即勒兵设备，驰召东郡太守夏侯惇，而兖州诸城皆应布矣。时太祖悉军攻谦，留守兵少，而督将大吏多与邈、宫通谋。惇至，其夜诛谋叛者数十人，众乃定。豫州刺史郭贡帅众数万来至城下，或言与吕布同谋，众甚惧。贡求见彧，彧将往。

译文

荀彧，字文若，颍川郡颍阴县人。祖父荀淑，字季和，曾任朗陵县令，在汉顺帝、桓帝时很有名望。荀淑生有八子，号称"八龙"。荀彧的父亲荀绲，曾任济南国相。叔父荀爽，曾任司空。荀彧年少时，南阳人何颙十分欣赏他，说："这是个可以辅佐帝王的良才！"永汉元年（189年），荀彧被举孝廉，授予守宫令。董卓之乱的时候，他请求出任地方官，担任亢父县令。后来他弃官回乡，对父老们说："颍川是四面受敌的兵家必争之地，天下有变，经常成为军事要冲，应赶紧离开这里，不要久留。"乡里很多人留恋故土，犹豫不决。适逢冀州牧同郡人韩馥派骑兵来迎接，无人跟他走，唯有荀彧带领宗族迁到冀州。此时袁绍已夺了韩馥的官位，以上宾之礼待荀彧。荀彧的弟弟荀谌及同郡人辛评、郭图，都得到袁绍任用。

荀彧预料袁绍最终不会成就大业。当时魏太祖任奋武将军，驻在东郡。初平二年（191年），荀彧离开袁绍而随太祖。太祖很高兴，说："你是我的张良啊。"任他为司马，这时荀彧二十九岁。当时董卓以其权势威慑天下，太祖以此事询问荀彧，荀彧说："董卓肆意暴虐，必将以乱亡告终，不会有什么作为。"董卓派李傕等出关东，所到之处大肆掳掠，直到颍川、陈留才返回。荀彧家乡留下来的人大多遭到杀掠。第二年，太祖兼任兖州牧，后又任镇东将军，荀彧常作司马跟随。

兴平元年（194年），太祖征讨陶谦，任命荀彧主持留守事宜。适逢张邈、陈宫在兖州反叛，暗中迎奉吕布。吕布到后，张邈就派刘翊告诉荀彧说："吕将军来帮助曹使君攻打陶谦，应赶快供他军粮。"众人将信将疑。荀彧知道张邈已经反叛，当即整肃军队，设置防务，速召东郡太守夏侯惇，而兖州各县已纷纷响应吕布了。其时太祖全军围攻陶谦，留守兵力少，而将领们多与张邈、陈宫通谋。夏侯惇来到，当夜杀了谋反的人几十个，将士们这才平定下来。豫州刺史郭贡率兵数万来到城下，有人说他与吕布是同谋，大家都很害怕。郭贡求见荀彧，荀彧准备前往。

原文

惇等曰："君，一州镇也，往必危，不可。"彧曰："贡与邈等，分非素结①也，今来速，计必未定。及其未定说之，纵不为用，可使中立，若先疑之，彼将怒而成计②。"贡见彧无惧意，谓鄄城未易攻，遂引兵去。又与程昱计，使说范、东阿，卒全三城，以待太祖。太祖自徐州还击布濮阳，布东走。

二年夏，太祖军乘氏，大饥，人相食。陶谦死，太祖欲遂取徐州，还乃定布。彧曰："昔高祖保关中，光武据河内，皆深根固本以制天下，进足以胜敌，退足以坚守，故虽有困败而终济大业。将军本以兖州首事③，平山东之难，百姓无不归心悦服。且河、济，天下之要地也，今虽残坏，犹易以自保，是亦将军之关中、河内也，不可以不先定。今以破李封、薛兰，若分兵东击陈宫，宫必不敢西顾，以其间勒兵收熟麦，约食畜谷，一举而布可破也。破布，然后南结扬州，共讨袁术，以临淮、泗。若舍布而东，多留兵则不足用，少留兵则民皆保城，不得樵采。布乘虚寇暴，民心益危，唯鄄城、范、卫可全，其余非己之有，是无兖州也。若徐州不定，将军当安所归乎？且陶谦虽死，徐州未易亡也。彼惩往年之败，将惧而结亲，相为表里。今东方皆以收麦，必坚壁清野以待将军，将军攻之不拔，略之无获，不出十日，则十万之众未战而自困耳。前讨徐州，威罚实行，其子弟念父兄之耻，必人自为守，无降心，就能破之，尚不可有也。夫事固有弃此取彼者，以大易小可也，以安易危可也，权一时之势，不患本之不固可也。今三者莫利，愿将军熟虑之。"太祖乃止。大收麦，复与布战，分兵平诸县。布败走，兖州遂平。

注释

①分：交情。素结：平时交往。②成计：做出不利的决策。③首事：开创基业。

译文

　　夏侯惇等人说："您是一州的镇守者，前去必定危险，不能去。"荀彧说："郭贡与张邈等人，本不是平素就有勾结，现在他来得很急，准是主意还没打定。趁他未定去说服他，即使不能为我所用，也可让他保持中立。如果先猜疑他，他将会被激怒而与张邈合谋。"荀彧来到郭贡的军营，郭贡看到荀彧毫无惧意，认为鄄城不易攻下，因此领兵离去。荀彧又与程昱计议，让他去说服范和东阿二县，最终保全了三座城，以等待太祖。太祖从徐州回师，在濮阳击败了吕布，吕布向东逃去。

　　兴平二年（195 年）夏天，太祖驻军乘氏县，发生饥荒，竟出现了人吃人的事。这时陶谦已死，太祖想趁机夺取徐州，回师再平定吕布。荀彧说："先代汉高祖保守关东，光武帝占据河内，都是先巩固基地以控制天下，这样进可以制胜，退可以固守，所以虽有困难曲折，却终于完成大业。将军本来是凭兖州起事，平定山东祸乱，百姓无不心悦诚服。况且兖州跨黄河、济水，是天下要冲，现虽残破，但还容易自保，此地就是将军您的关中、河内，不得不先稳定它。现在已击溃了李封、薛兰，如果分兵东击陈宫，陈宫必定不敢西顾，我们趁机组织队伍收割麦子，节约粮食，储备谷物，可以一举打垮吕布。然后向南联合扬州的刘繇，共讨袁术，以控制淮水、泗水一带。如果舍弃吕布不打而东攻徐州，多留守兵则攻城不够，少留守兵就会征百姓也来守城，不能打柴拾草。吕布乘机侵扰杀掠，民心将更恐惧，只有鄄城、范、卫三处可以保全，其余的地方都不为我们所有，这样就等于失去了兖州。要是徐州攻不下，将军将安身于何处？何况陶谦虽死，徐州也不易攻破。徐州守军已鉴于往年的失败，将会因畏惧而紧密联合，内外相应。现东方都已收麦，必会坚壁清野以防将军。将军久攻不下，抢掠又无收获，不出十天，十万人马尚未开战就陷入困境了。上次讨伐徐州，实行了以暴力相惩罚，徐州子弟想到父兄被杀的耻辱，必定会誓死奋战，没有投降之心，即使能攻下徐州，还是不能占有它。天下事确实有取舍的必要，以大换小，是可以的，以平安换危险，是可以的，权衡一时的形势，不用顾虑根基不稳固，也是可以的。现今三者无一有利，希望将军对这种情况细细权衡。"太祖这才打消了攻徐州的念头，大力收割麦子，再次与吕布交战，分兵平定各县。吕布败走，兖州因此而平定。

原文

　　建安元年，太祖击破黄巾。汉献帝自河东还洛阳。太祖议奉迎都许，或以山东未平，韩暹、杨奉新将天子到洛阳，北连张杨，未可卒制。或劝太祖曰："昔晋文纳周襄王而诸侯景（影）从，高祖东伐为义帝缟素而天下归心。

自天子播越^①，将军首唱（倡）义兵，徒以山东扰乱，未能远赴关右，然犹分遣将帅，蒙险通使，虽御难于外，乃心无不在王室，是将军匡天下之素志也。今车驾旋轸，东京榛芜，义士有存本之思，百姓感旧而增哀。诚因此时，奉主上以从民望，大顺也。秉至公以服雄杰，大略也。扶弘义以致英俊，大德也。天下虽有逆节，必不能为累，明矣。韩暹、杨奉其敢为害！若不时定，四方生心，后虽虑之，无及。"

太祖遂至洛阳，奉迎天子都许。天子拜太祖大将军，进彧为汉侍中，守尚书令。常居中持重，太祖虽征伐在外，军国事皆与彧筹焉。太祖问彧："谁能代卿为我谋者？"彧言"荀攸、钟繇"。先是，彧言策谋士，进戏志才。志才卒，又进郭嘉。太祖以彧为知人，诸所进达皆称职，唯严象为扬州，韦康为凉州，后败亡。

自太祖之迎天子也，袁绍内怀不服。绍既并河朔，天下畏其强。太祖方东忧吕布，南拒张绣，而绣败太祖军于宛。绍益骄，与太祖书，其辞悖慢。太祖大怒，出入动静便于常，众皆谓以失利于张绣故也。钟繇以问彧，彧曰："公之聪明，必不追究往事，殆有他虑。"则见太祖问之，太祖乃以绍书示彧，曰："今将讨不义，而力不敌，何如？"

注释

①播越：遭受变故。

译文

建安元年（196年），太祖击败黄巾军。汉献帝从河东返回洛阳。太祖想迎献帝迁都许县，有人认为山东尚未平定，韩暹、杨奉新近迎天子到洛阳，北面联合张杨，现在还不能控制他们。荀彧劝太祖说："从前晋文公迎周襄王而诸侯服从，汉高祖东征项羽，为义帝穿素服发丧而天下归心。自从天子蒙乱，将军您首先倡导义兵勤王，只是因为山东地区纷扰战乱，还不能远赴关右，但还是分派将领，冒险与朝廷通使节，虽挽救国难于朝廷之外，而心无时不系于王室，这是将军匡扶天下的一贯志向。现今天子已返回京城，而洛阳又狼藉不堪，一片荒芜，义士有保朝廷的想法，百姓感念旧主而更增哀伤，如能趁此机会，拥戴天子以顺从民心，这是大顺。秉持大公无私之心以使天下豪杰归服，这是大略。主持正义以纳英才俊杰，这是大德。这样，天下虽有人叛逆，必定不会成为我们的忧患，这是很清楚的。韩暹、杨奉岂敢为害！如不及时决定，其他人万一生出此心，以后即使考虑此事，也来不及了。"

于是太祖到了洛阳，迎接天子迁都许昌。天子任命太祖为大将军，提升荀彧为汉侍中，代理尚书令。经常居于朝中理朝政，太祖虽征战在外，但军国大事都要与荀彧筹划。太祖问荀彧："谁能替代您为我出谋划策？"荀彧说："荀攸、钟繇。"原先，荀彧谈到出谋划策之士，曾举荐了戏志才。志才去世后，又推荐了郭嘉。太祖认为荀彧知人善任，他所推荐的人大多是称职的，只有严象为扬州刺史，韦康为凉州刺史，后来兵败身亡。

自从太祖迎奉天子之后，袁绍心中不服。袁绍已经兼并了黄河以北各郡县，天下人都畏惧他的强大。太祖正在忧虑东边的吕布，抗拒南边的张绣，而张绣在宛县打败了太祖军。袁绍更加骄横，给太祖写信时，言辞无礼而傲慢。太祖大怒，出入举止不同于常，众人都说是因败于张绣的缘故。钟繇就这事问荀彧，荀彧说："曹公是聪明人，一定不会追究往事，可能是为其他事忧愁。"于是见太祖而询问，太祖便将袁绍的信给荀彧看，说："我现在想讨伐不义，可力量敌不过他，怎么办？"

原文

彧曰："古之成败者，诚有其才，虽弱必强，苟非其人，虽强易弱，刘、项之存亡，足以观矣。今与公争天下者，唯袁绍尔。绍貌外宽而内忌，任人而疑其心，公明达不拘，唯才所宜，此度胜也。绍迟重少决，失在后机，公能断大事，应变无方，此谋胜也。绍御军宽缓，法令不立，士卒虽众，其实难用，公法令既明，赏罚必行，士卒虽寡，皆争致死，此武胜也。绍凭世资，从容饰智，以收名誉，故士之寡能好问者多归之，公以至仁待人，推诚心不为虚美，行己谨俭，而与有功者无所吝惜，故天下忠正效实之士咸愿为用，此德胜也。夫以四胜辅天子，扶义征伐，谁敢不从？绍之强其何能为？"太祖悦。

彧曰："不先取吕布，河北亦未易图也。"太祖曰："然。吾所惑者，又恐绍侵扰关中，乱羌、胡，南诱蜀汉，是我独以兖、豫抗天下六分之五也。为将奈何？"彧曰："关中将帅以十数，莫能相一，唯韩遂、马超最强。彼见山东方争，必各拥众自保。今若抚以恩德，遣使连和，相持虽不能久安，比公安定山东，足以不动。钟繇可属以西事，则公无忧矣。"

译文

荀彧说："古来无论成功了或是失败了的人，如果真有才能，纵然弱小，也必将变得强盛，如果是庸人，即使再强大，也会变得弱小。刘邦、项羽的存亡，足以可以使人明白这个道理。现今与您争天下的人就只有袁绍了。袁绍这人看似宽容实则内心狭窄，任用人才疑心太重，您明正通达，不拘小节，唯才是举，唯才是用，这在度量上胜过袁绍。袁绍遇事迟疑犹豫，少有决断，往往错过良机，您能决断大事，随机应变，不拘成规，这在谋略上胜过袁绍。袁绍军纪不严，法令不能确立，士兵虽多，却很难为其所用，您法令严明，赏罚必行，士兵虽少，却都奋战效死，这在用兵上胜过袁绍。袁绍凭其名门贵族，装模作样，耍小技而博取名誉，所以士人中缺乏才能而喜好虚名者大多归附于他，您以仁爱之心待人，推诚相见，不求虚荣，行为谨严克己，而在奖励有功之人时无所吝惜，因此天下忠诚正直、讲求实效的士人都愿为您效劳，这在德行上胜过袁绍。凭借这四方面的优势辅佐天子，扶持正义，征伐叛逆，谁敢不从？袁绍强大有何用？"太祖很高兴。

荀彧又说："不先攻取吕布，河北也还是不易谋取。"太祖说："你说得极是。我所困惑的，是又担心袁绍侵扰关中，引发羌人、胡人作乱，向南勾结蜀、汉二郡中的刘璋，那样我将单独以兖、豫二州抗击天下兵力的六分之五，那该怎么办呢？"荀彧说："关中将帅数以千计，没有人能统一起来，只有韩遂、马超最强。他们见崤山以东地区正在争战，必定各自拥兵自保。现在如果以恩德招抚他们，派遣使者与他们通好，这种相持的关系即使不能长久安定，但至少在您平定山东之前，足以不生变动。关西的事情可以托付给钟繇，这样您就可以放心出征了。"

三国志精粹

原文

三年，太祖既破张绣，东禽（擒）吕布，定徐州，遂与袁绍相拒。孔融谓彧曰："绍地广兵强。田丰、许攸，智计之士也，为之谋。审配、逢纪，尽忠之臣也，任其事。颜良、文丑，勇冠三军，统其兵，殆难克乎！"彧曰："绍兵虽多而法不整，田丰刚而犯上，许攸贪而不治。审配专而无谋，逢纪果而自用，此二人留知后事，若攸家犯其法，必不能纵也。不纵，攸必为变。颜良、文丑，一夫之勇耳，可一战而禽（擒）也。"

五年，与绍连战。太祖保官渡，绍围之。太祖军粮方尽，书与彧，议欲还许以引绍。彧曰："今军食虽少，未若楚、汉在荥阳、成皋间也。是时刘、项莫肯先退，先退者势屈也。公以十分居一之众，画地而守之，扼其喉而不得进，已半年矣。情见势竭，必将有变，此用奇之时，不可失也！"太祖乃住。遂以奇兵袭绍别屯，斩其将淳于琼等，绍退走。审配以许攸家不法，收其妻子，攸怒叛绍。颜良、文丑临阵授首[1]。田丰以谏见诛，皆如彧所策。

六年，太祖就谷东平之安民，粮少，不足与河北相支，欲因绍新破，以其间击讨刘表。彧曰："今绍败，其众离心，宜乘其困，遂定之。而背兖、豫，远师江、汉，若绍收其余烬，承虚以出人后，则公事去矣。"太祖复次于河上。绍病死。太祖渡河，击绍子谭、尚，而高幹、郭援侵略河东，关右震动，钟

140

繇帅马腾等击破之，语在繇传。

注释

①授首：以头相送，意为被砍头。

译文

　　建安三年（198年），太祖已击破张绣，东擒吕布，平定徐州，进而与袁绍相抗衡。孔融对荀彧说："袁绍地广兵强，有田丰、许攸等谋臣替他出谋划策。审配、逢纪等忠臣为他干事。颜良、文丑勇冠三军，为他统领军队，恐怕很难战胜啊！"荀彧说："袁绍兵虽众而法令不整肃，田丰刚愎而好犯上，许攸贪婪而不检束，审配专权而无谋，逢纪果决而刚愎自用，这两人料理后方，如果许攸家人犯了法，一定不会宽纵，许攸必然叛变。至于颜良、文丑，不过匹夫之勇罢了，可以一战而擒！"

　　建安五年（200年），与袁绍连续交战。太祖驻守官渡，被袁绍包围。太祖军粮将尽，写信给荀彧，与他商议可否退兵许县以引开袁绍军队。荀彧回信说："眼下军粮虽少，还比不上楚、汉在荥阳、成皋之间那样艰难。当时刘、项双方都不肯先退，先退的一方必定处于被动。您以仅及敌之十分之一的兵力，就地坚守，扼住敌人咽喉使其不能前进，已经半年了。敌人的底细已经清楚，锐气已经枯竭，局面必将有所变化，这正是使用奇谋的良机，不可失去啊！"太祖于是留了下来。进而以奇兵偷袭袁绍的其他军营，斩杀了他的大将淳于琼等，袁绍退走。审配因为许攸家人有不法行为，收捕其妻儿，许攸一怒之下背叛了袁绍。颜良、文丑被阵前斩首。田丰由于劝谏而被杀，一切正如荀彧所预想的那样。

　　建安六年（201年），太祖为筹粮到了东平国的安民县，粮食太少，不足以与河北相峙，想要趁袁绍刚败，利用这个空隙讨伐刘表。荀彧说："现在袁绍失败，部众离析，应趁此机会，一举平定河北。我们背靠兖州、豫州，如远征江、汉，这时袁绍要是收其残部，乘虚攻击我们的后方，您的大事就完了。"太祖于是再次驻军于黄河岸边。袁绍病死，太祖渡过黄河，袭击袁绍之子袁谭、袁尚。而高幹、郭援侵略河东郡，关右震动，钟繇率马腾击败了他们。此事详情在《钟繇传》中另有记载。

原文

　　八年，太祖录彧前后功，表封彧为万岁亭侯。九年，太祖拔邺，领冀州牧。彧说太祖："宜复古置九州，则冀州所制者广大，天下服矣。"太祖将从之，彧言曰："若是，则冀州当得河东、冯翊、扶风、西河、幽、并之地，所夺者众。前日公破袁尚，禽（擒）审配，海内震骇，必人人自恐不得保其土地，守其兵众也。今使分属冀州，将皆动心。且人多说关右诸将以闭关之计。今闻此，以为必以次见夺。一旦生变，虽有守善者，转相胁为非，则袁尚得宽其死，而袁谭怀贰，刘表遂保江、汉之间，天下未易图也。愿公急引兵先定河北，然后修复旧京，南临荆州，责贡之不入，则天下咸知公意，人人自安。天下大定，乃议古制，此社稷长久之利也。"太祖遂寝①九州议。是时荀攸常为谋主。或兄衍以监军校尉守邺，都督河北事。太祖之征袁尚也，高幹密遣兵谋袭邺，衍逆觉，尽诛之，以功封列侯。太祖以女妻或长子恽，后称安阳公主。或及攸并贵重，皆谦冲节俭，禄赐散之宗族知旧，家无余财。

注释

①寝：搁置。

译文

建安八年（203 年），太祖统计荀彧前后的功绩，上表请封荀彧为万岁亭侯。建安九年（204 年），太祖攻下邺城，兼任冀州牧。有人劝太祖："应恢复古代区划，设置九州，那么冀州所控制的地盘广大，天下就会服从您了。"太祖想采纳这个建议，荀彧说："如果这样，冀州应包括河东、冯翊、扶风、河西、幽州、并州的地盘，所囊括的地方众多。过去您打败袁尚，捉住审配，天下震惊，必定人人害怕不能保住自己的地盘，都想守住自己的军队。现在使他们分属冀州，将会人心不安。并且很多人一定会劝说关右诸将闭关自守。现在听到这个消息，以为是要对他们一个一个地攻夺。一旦关西发生变乱，即使有守善之人，威迫之下也会为非作歹，那么袁尚得以宽限死期，袁谭也会心怀二意，刘表因此保守江、汉之间，天下就不那么容易平定了。希望您迅速领兵先平定河北，然后修复旧都洛阳，南征荆州，指责刘表不向朝廷进贡，那么天下都了解您的心意，人人安心。天下完全平定后，再计议恢复古制，这才是国家长久的利益。"太祖于是搁置了恢复古制的计划。这时荀攸已经是太祖主要的谋士。荀彧的哥哥荀衍任监军校尉，驻守邺城，统领河北军事。太祖征讨袁尚时，高幹暗地派士兵偷袭邺城，荀衍事先察觉，全部诛杀之，因功被封为列侯。太祖将女儿嫁给荀彧的长子荀恽，后称安阳公主。荀彧、荀攸均权重显贵，但都谦虚节俭，得到的赏赐、俸禄都分给宗族故里，自家并无余财。

原文

十二年，复增或邑千户，合二千户。太祖将伐刘表，问或策安出，或曰："今华夏已平，南土知困矣。可显出宛、叶而间行轻进，以掩其不意。"太祖遂行。会表病死，太祖直趋宛、叶如或计，表子琮以州逆降。十七年，董昭等谓

太祖宜进爵国公，九锡备物，以彰殊勋，密以谘彧。或以为太祖本兴义兵以匡朝宁国，秉忠贞之诚，守退让之实。君子爱人以德，不宜如此。太祖由是心不能平。会征孙权，表请彧劳军于谯，因辄留彧，以侍中光禄大夫持节，参丞相军事。太祖军至濡须，彧疾留寿春，以忧薨，时年五十。谥曰敬侯。明年，太祖遂为魏公矣。子恽，嗣侯，官至虎贲中郎将。

初，文帝与平原侯植并有拟论，文帝曲礼事彧。及彧卒，恽（yùn）又与植善，而与夏侯尚不穆，文帝深恨恽。恽早卒，子甝、霬以外甥故犹宠待。恽弟俣（yǔ），御史中丞，俣弟诜（shēn），大将军从事中郎，皆知名，早卒。诜弟顗（yǐ），咸熙中为司空。恽子甝（hán），嗣为散骑常侍，进爵广阳乡侯，年三十薨。子頵（jūn）嗣。霬（yì）官至中领军，薨，谥曰贞侯，追赠骠骑将军。子恺嗣。霬妻，司马景王、文王之妹也，二王皆与亲善。咸熙中，开建五等，霬以著勋前朝，改封恺南顿子。

译文

建安十二年（207年），太祖又增加荀彧的封邑一千户，合计二千户。太祖将征讨刘表，问荀彧可采用什么计策，荀彧说："现在中原地区已经平定，南方的处境就困难了，可以明里出兵宛、叶二县，而暗中抄小路轻装行进，打他个出其不意。"太祖照办。恰好此时刘表病死，太祖按荀彧的计策直趋宛、叶，刘表之子刘琮献出荆州而降。建安十七年（212年），董昭等人认为太祖应晋爵为国公，得到九锡的最高礼遇，以表彰他特殊的功勋，他们就此事秘密征求荀彧的意见。荀彧认为太祖本是起兵以匡正朝廷，安定国家，怀着忠诚之心，保持退让的实际行动。君子爱人是爱其德行，不应该这样做。太祖从此心中对他产生了不满。正好遇上征讨孙权，太祖上表请派荀彧到谯县慰劳军队，乘机擅自留下荀彧，让他作侍中、光禄大夫，持节，参谋丞相军事。太祖军队到了濡须，荀彧因病留在扬州寿春，忧郁而死，享年五十岁。追谥为敬侯。第二年，太祖就升为魏公了。荀彧的儿子荀恽，嗣位侯爵，官做到虎贲中郎将。

起初，文帝和平原侯曹植同时都有可能被立为世子，文帝曲礼事奉荀彧。等到荀彧死，荀彧的儿子荀恽和曹植私交友好，而和夏侯尚不和，文帝因而深切的憎恨荀恽。荀恽早死，儿子甝、霬，因为是外甥的关系所以仍然受到宠幸的待遇（荀恽妻是太祖的女儿）。荀恽的弟弟荀俣，官做到御史中丞，荀俣的弟弟荀诜，官做到大将军从事中郎，均知名于当世，但都早死。荀诜的弟弟荀顗，在咸熙年中（常道乡公曹奂年号，共两年，264年—265年）任司空职。荀恽的儿子荀甝，继父位为散骑常侍，进封爵位为广阳乡侯，年三十岁死。荀甝的儿子荀頵嗣位。荀霬官也做到中领军，死后谥号称贞侯，追赠骠骑将军。他的儿子荀恺嗣位。荀霬的妻子，是司马景王、文王的妹妹，二王均和他非常亲近友善。咸熙中，开始设立五等爵位，荀霬以前朝有大功勋，改封他的儿子荀恺为南顿子爵。

荀攸传

题解

荀攸（157年—214年），字公达，颍川颍阴（今河南许昌）人。荀彧之侄，擅长灵活多变的克敌战术和军事策略，被称为曹操的"谋主"，荀攸在何进掌权时期任黄门侍郎，在董卓进京时曾因密谋刺杀董卓而入狱，后弃官回家。曹操迎天子入许都之后，荀攸成为曹操的军师。荀攸行事周密低调，计谋百出，深受曹操称赞。214年荀攸在曹操伐吴途中去世。正始年间追谥曰"敬"。

原文

荀攸，字公达，彧从子[1]也。祖父昙，广陵太守。攸少孤。及昙卒，故吏张权求守昙墓。攸年十三，疑之，谓叔父衢曰："此吏有非常之色，殆将有奸！"衢寤，乃推问，果杀人亡命。由是异之。何进秉政，征海内名士攸等二十余人。攸到，拜黄门侍郎。董卓之乱，关东兵起，卓徙都长安。攸与议郎郑泰、何颙、侍中种辑、越骑校尉伍琼等谋曰："董卓无道，甚于桀纣，天下皆怨之，虽资强兵，实一匹夫耳。今直刺杀之以谢百姓，然后据崤、函，辅王命，以号令天下，此桓文之举也。"事垂就而觉，收颙、攸系狱，颙忧惧自杀，攸言语饮食自若，会卓死得免。弃官归，复辟公府，举高第，迁任城相，不行。攸以蜀汉险固，人民殷盛，乃求为蜀郡太守，道绝不得至，

驻荆州。

太祖迎天子都许，遗攸书曰："方今天下大乱，智士劳心之时也，而顾观变蜀汉，不已久乎！"于是征攸为汝南太守，入为尚书。太祖素闻攸名，与语大悦，谓荀彧、钟繇曰："公达，非常人也，吾得与之计事，天下当何忧哉！"以为军师。建安三年，从征张绣。攸言于太祖曰："绣与刘表相恃为强，然绣以游军仰食于表，表不能供也，势必离。不如缓军以待之，可诱而致也。若急之，其势必相救。"太祖不从，遂进军之穰[2]，与战。绣急，表果救之。军不利。太祖谓攸曰："不用君言至是。"乃设奇兵复战，大破之。

注释

①从子：侄儿。②穰：今河南邓州。

译文

　　荀攸，字公达，荀彧的侄子。荀攸的祖父荀昙，曾任广陵太守。荀攸年少时死了父亲。荀昙死后，荀昙的故吏张权请求为荀昙看守墓地。这年荀攸十三岁，怀疑张权，对叔父荀衢说："这人面色不正，恐怕另有所图！"荀衢醒悟了，于是追查审问，张权果然是杀人在逃犯。从此人们对荀攸另眼相看。何进掌权，征召国内知名人士荀攸等二十多人。荀攸被授官黄门侍郎。董卓叛乱后，关东起兵，董卓迁都长安。荀攸与议郎郑泰、何颙、侍中种辑、越骑校尉伍琼等人商议说："董卓不守信义，比夏桀、商纣还残暴，天下人都怨恨他，虽然他拥有强大的兵力，实际上不过是一介匹夫而已。现在我们干脆杀了他以通告百姓，然后占据崤山、函谷关，辅佐君王，以向全国发号施令，这正是当年齐桓公、晋文公的做法。"事情将成时被发觉，何颙、荀攸被捕关在狱中，何颙忧虑恐惧，自杀身亡，荀攸饮食言谈自若，适逢董卓死，幸免一死。于是弃官返归，又被官府征召，考试名列优等，升迁为任城相，没有赴任。荀攸因蜀汉地险城坚，人民生活殷实，于是请求担任蜀郡太守，因道路不通，停驻在荆州。

太祖奉迎天子到许县建都，给荀攸写信说："现今天下大乱，正是有谋之士费心劳神的时候，而您却在蜀汉静观时局变化，不是太保守了吗？"于是征召荀攸为汝南郡太守，入京任尚书。太祖素来知道荀攸的名声，与他一交谈，十分高兴，对荀彧和钟繇说："公达不是平庸之人，我能够与他谋事，天下事没有什么可忧虑的！"让他做了军师。建安三年（198年），荀攸随太祖征讨张绣。荀攸对太祖说："张绣与刘表互相援助，力量强大，但张绣是流动部队，食物要靠刘表供给，刘表无力供给他时，双方势必背离。我们不如暂停进军，等待一下，这样可以诱之前来。如果急于进攻，他们势必互相救援。"太祖不听，终于进军，到了穰县，与张绣交战。张绣告急，刘表果然来救。太祖军作战不利。于是太祖对荀攸说："都是不听您的建议造成的啊！"随即设置奇兵再次交战，大败张绣。

原文

是岁，太祖自宛征吕布，至下邳，布败退固守，攻之不拔，连战，士卒疲，太祖欲还。攸与郭嘉说曰："吕布勇而无谋，今三战皆北，其锐气衰矣。三军以将为主，主衰则军无奋意。夫陈宫有智而迟，今及布气之未复，宫谋之未定，进急攻之，布可拔也。"乃引沂、泗灌城，城溃，生禽（擒）布。

后从救刘延于白马，攸划策斩颜良。语在武纪。太祖拔白马还，遣辎重循河而西。袁绍渡河追，卒与太祖遇。诸将皆恐，说太祖还保营，攸曰："此所以禽（擒）敌，奈何去之！"太祖目攸而笑。遂以辎重饵贼，贼竞奔之，陈（阵）乱。乃纵步骑击，大破之，斩其骑将文丑，太祖遂与绍相拒于官渡。军食方尽，攸言于太祖曰："绍运车旦暮至，其将韩锐而轻敌，击可破也。"

太祖曰："谁可使？"攸曰："徐晃可。"乃遣晃及史涣邀击破走之，烧其辎重。会许攸来降，言绍遣淳于琼等将万余兵迎运粮，将骄卒惰，可要击也。众皆疑。唯攸与贾诩劝太祖。太祖乃留攸及曹洪守。太祖自将攻破之，尽斩琼等。绍将张郃、高览烧攻橹降，绍遂弃军走。郃之来，洪疑不敢受，攸谓洪曰："郃计不用，怒而来，君何疑？"乃受之。

译文

这一年，太祖从宛县发兵征讨吕布，到了下邳，吕布败退后坚守，太祖进攻，没有拿下，连续作战，士兵疲惫，太祖想收兵。荀攸和郭嘉劝说："吕布勇而无谋，现在三次交战都败了，他的锐气已经衰落。军队以大将为核心，首领衰疲，部队就没有奋战的意志了。那个陈宫有谋却动作迟缓，现在趁着吕布锐气还未恢复，陈宫谋划还未确定，我们进兵，急速攻打，就可以拿下吕布。"随即引来沂水、泗水灌进城去，城被攻破，活捉了吕布。

荀攸后来随太祖在白马救援刘延，设计斩了颜良。详见本书《武帝纪》。太祖攻下白马城后返回，命令运输军用物资的部队沿黄河向西进军。袁绍渡过黄河来追赶，仓促间与太祖相遇。曹军众将领有些恐慌，劝太祖退回，坚守军营。荀攸说："这些东西正是用来诱捕敌人的，我们为什么要退呢？"太祖和荀攸相视而笑。于是让将士们将军械、粮食等丢在路上引诱贼兵，贼兵争抢东西，阵势大乱。太祖随即派步兵和骑兵攻击，大败袁军，斩了他的骑兵将领文丑，太祖于是和袁绍在官渡形成对峙局势。双方军粮将尽，荀攸对太祖进言说："袁绍运粮车一天之内将要到达，押车将领韩精干但轻敌，攻击他可以获胜。"

太祖说："谁可以派遣？"荀攸说："徐晃。"于是派徐晃及史涣半路截击，打败了韩，烧了他押送的军用物资。适逢许攸前来投降，说袁绍派淳于琼等人率一万多士兵押运粮食，将领骄恣，士兵懈怠，可以中途截击。众人都怀疑他，只有荀攸和贾诩劝说太祖听从。太祖于是留下荀攸和曹洪守营，自己率军进攻，打败了袁军，斩杀了淳于琼等人。袁绍的大将张郃、高览等人烧掉进攻用的器具，投降了曹军，袁绍只得丢弃部队逃跑。张郃前来投降时，曹洪怀疑他，不敢接受，荀攸对曹洪说："张郃有谋而不被袁绍采用，一怒之下前来投奔，您怀疑他什么呢？"曹洪这才接受了张郃等人。

原文

七年，从讨袁谭、尚于黎阳。明年，太祖方征刘表，谭、尚争冀州。谭遣辛毗乞降请救，太祖将许之，以问群下。群下多以为表强，宜先平之，谭、尚不足忧也。攸曰："天下方有事，而刘表坐保江、汉之间，其无四方志可知矣。袁氏据四州之地，带甲十万，绍以宽厚得众，借使二子和睦以守其成业，则天下之难未息也。今兄弟遘（构）恶①，此势不两全。若有所并则力专，力专则难图也。及其乱而取之，天下定矣，此时不可失也。"太祖曰："善。"乃许谭和亲，遂还击破尚。其后谭叛，从斩谭于南皮。冀州平，太祖表封攸曰："军师荀攸，自初佐臣，无征不从，前后克敌，皆攸之谋也。"于是封陵树亭侯。十二年，下令大论功行封，太祖曰："忠正密谋，抚宁内外，文若是也。公达其次也。"增邑四百，并前七百户，转为中军师。魏国初建，为尚书令。

攸深密有智防，自从太祖征伐，常谋谟（mó）帷幄，时人及子弟莫知其所言。太祖每称曰："公达外愚内智，外怯内勇，外弱内强，不伐善，无施劳，智可及，愚不可及②，虽颜子、宁武③不能过也。"文帝在东宫，太祖谓曰："荀公达，人之师表也，汝当尽礼敬之。"攸尝病，世子问病，独拜床下，其见尊异如此。攸与钟繇善，繇言："我每有所行，反复思维，自谓无以易。以咨公达，辄复过人意。"公达前后凡画奇策十二，唯繇知之。繇撰集未就，会薨，故世不得尽闻也。攸从征孙权，道薨。太祖言则流涕。长子缉，有攸风，早没。次子适嗣，无子，绝。黄初中，绍封攸孙彪为陵树亭侯，邑三百户，后转封丘阳亭侯。正始中，追谥攸曰敬侯。

注释

①遘（gòu）恶：作害，为害。遘，古同"构"。②智可及，愚不可及：内智别人可以达到，外愚别人却达不到。比喻城府极深。③颜子：颜回。宁武：亦称"宁生"，即宁俞，谥武子。春秋卫大夫。《论语·公冶长》："子曰：'宁武子，邦有道，则知；邦无道，则愚。'"

译文

建安七年（202 年），荀攸随太祖到黎阳讨伐袁谭、袁尚。第二年，太祖正在征讨刘表时，袁谭、袁尚又争夺冀州。袁谭派辛毗来降并请求救援，太祖想答应，就这件事询问部下。众人大多认为刘表强大，应先平定他，袁谭、袁尚不值得担忧。荀攸说："天下正值多事之秋，而刘表却稳守江、汉之间地区，他没有吞并四方的志向不问而知。袁氏占据四个州的地盘，有甲兵十万，袁绍凭宽厚得到众心，假使他的两个儿子和睦相处，保守他们的既成功业，那么天下的灾难就不会停息。现在袁氏兄弟交恶，结果不会是双方都得到保全。二袁如果合作，力量就会强大，那时就不易谋取了。趁他们内讧谋取他们，天下就平定了，这个机会不能失啊！"太祖说："好。"于是答应与袁谭结亲，随即派兵击败袁尚。这以后袁谭叛变，荀攸又跟随太祖在南皮斩杀袁谭。冀州平定，太祖上奏为荀攸请求封爵说："军师荀攸，从开始就辅佐臣下，没有哪次出兵没有跟从，我前后多次战胜敌人，都是靠荀攸的谋划。"于是封荀攸为陵树亭侯。建安十二年（207 年），颁布命令论功行赏，太祖说："忠诚、正直，缜密谋划，安抚内外人心，功归于文若。其次便是公达。"太祖给荀攸增加封邑四百户，连同以前的共七百户，转任中军师。魏国刚建立时，荀攸任尚书令。

荀攸多谋深算，心思缜密，明智而能保守机密，自从跟随太祖四处征战，常常运筹帷幄，当时的人和他的子弟都不知道他说了些什么。太祖每每称赞他说："公达外愚内智，外怯内勇，外弱内强。不炫耀自己的长处，不夸大自己的功劳。他的内智别人可以达到，他的外愚别人却达不到，即使是颜子、宁武子也赶不上他。"文帝在东宫当太子的时候，太祖对他说："荀公达，是人之表率，你应尽到礼节尊敬他。"荀攸曾经生病，太子前去慰问，独自在床下礼拜，他受到特别尊敬就是这样。荀攸与钟繇关系很好，钟繇说："我每次有所行动，都反复思考，自以为没有什么要变动的了。但拿去一问公达，他的答复总是超出我的意料。"公达前后共筹划奇策十二条，只有钟繇知道。钟繇将它们撰编成册，未完成，就去世了，所以世人不知它的全部内容。荀攸在随从太祖征讨孙权时，途中去世。太祖说起他来就流泪。荀攸的大儿子荀缉，有荀攸的风范，但死得早。由二儿子荀适继承爵位。荀适无子，荀攸绝了后。黄初年间（220 年—226 年），续封荀攸的孙子荀彪为陵树亭侯，封邑三百户，后又改封为丘阳亭侯。正始时期（240 年—248 年），追谥荀攸为敬侯。

贾诩传

题解

贾诩（147年—223年），字文和，武威姑臧（今甘肃武威）人。原为董卓部将，董卓死后，献计李傕、郭汜反攻长安。李傕等人失败后，辗转成为张绣的谋士。张绣曾用他的计策两次打败曹操，官渡之战前他劝张绣归降曹操。曹操在官渡战袁绍，潼关破西凉马超、韩遂，皆有贾诩之谋。曹操占荆州，想乘机顺江东下，为贾诩所劝阻，说应该安抚百姓等待时机，曹操不从，结果在赤壁之战中大败而归。在曹操立继位人问题上贾诩暗助曹丕。曹丕日后称帝封他为太尉、魏寿乡侯。曹丕问应先灭蜀还是吴，贾诩建议应先治理好国家再动武，曹丕不听，果然征吴无功而返。贾诩死时七十七岁，谥曰"肃"。

原文

贾诩，字文和，武威姑臧人也。少时人莫知，唯汉阳阎忠异之，谓诩有良、平之奇。察孝廉为郎，疾病去官，西还至汧，道遇叛氐，同行数十人皆为所执。诩曰："我段公外孙也，汝别埋我，我家必厚赎之。"时太尉段颎，昔久为边将，威震西土，故诩假以惧氐。氐果不敢害，与盟而送之，其余悉死。诩实非段甥，权以济事，咸此类也。

董卓之入洛阳，诩以太尉掾为平津都尉，迁讨虏校尉。卓婿中郎将牛辅屯陕，诩在辅军。卓败，辅又死，众恐惧，校尉李傕、郭汜、张济等欲解散，间行归乡里。诩曰："闻长安中议欲尽诛凉州人，而诸君弃众单行，即一亭长能束君矣。不如率众而西，所在收兵，以攻长安，为董公报仇，幸而事济，奉国家以征天下，若不济，走为后也。"众以为然。傕乃西攻长安。语在卓传。

后诩为左冯翊，傕等欲以功侯之，诩曰："此救命之计，何功之有？"固辞不受。又以为尚书仆射，诩曰："尚书仆射，官之师长，天下所望，诩名不素重，非所以服人也。纵诩昧于荣利，奈国朝何！"乃更拜诩尚书，典选举，多所匡济，傕等亲而惮之。会母丧去官，拜光禄大夫。傕、汜等斗长安中，傕复请诩为宣义将军。傕等和，出天子，祐护大臣，诩有力焉。天子既出，诩上还印绶。是时将军段煨屯华阴，与诩同郡，遂去傕托煨。诩素知名，为煨军所望。煨内恐其见夺，而外奉诩礼甚备，诩愈不自安。

译文

　　贾诩，字文和，武威郡姑臧县人。年少的时候默默无闻，只有汉阳人阎忠特别看重他，说他有张良、陈平的奇才。他被举荐为孝廉，任郎官，后来因为得病辞去官职，向西返回，到了汧县，中途遇上反叛的氐人，同行的几十人都被氐人捉住了。贾诩说："我是段公的外孙，你们要单独埋我，我家一定会拿好多钱来赎我的尸体。"当时太尉段颎，早年长期做守边大将，威震西方疆土，所以贾诩借他的名号来威吓氐人。氐人果然不敢害他，与他立誓盟约送走了他，其余的人都被杀掉了。贾诩实际上并不是段颎的外孙，他善于应变以成事，都像这类事一样。

董卓进入洛阳，贾诩以太尉掾的身份任平津都尉，升为讨虏校尉。董卓的女婿、中郎将牛辅驻守陕县，贾诩在牛辅的部队里任职。董卓兵败，牛辅也死了，众人恐慌惧怕，校尉李傕、郭汜、张济等人想要解散队伍，返回故乡。贾诩说："听说长安城里议论要把凉州人全部诛杀，而各位单独行动，即使是一个亭长也能把你们捉住。不如率众人西进，沿途收集士兵，用来攻打长安，为董公报仇。要是事情成功，就以国家的名义征讨天下，如果不成功，再走也不迟。"众人认为他说得对。李傕于是向西攻打长安。此事在本书《董卓传》中另有记载。

后来贾诩任左冯翊，因为他的功劳，李傕等人想封他为侯，贾诩说："那不过是救命的措施，有何功劳？"他极力推辞没肯接受。又让他做尚书仆射，贾诩说："尚书仆射是官员的师长，为天下人所瞩望，贾诩名号素来没有威望，不能使众人信服。即使贾诩在荣誉利益面前昏了头，但于国不利！"李傕等人于是改授贾诩为尚书，主管选举事务，做了很多辅助、有益的事，李傕等人对他亲近而又忌惮。适逢母亲去世，贾诩辞去官职，被授为光禄大夫。李傕、郭汜等人在长安城里夺权争斗，李傕又请贾诩担任宣义将军。在李傕等人和好，放出被扣留的天子，保护大臣等事情上，贾诩都出了力。天子被放出之后，贾诩交还官印绶带。这时将军段煨驻军在华阴县，与贾诩的故乡同在一郡，贾诩于是离开李傕投奔了段煨。贾诩平素有名气，为段煨部队所敬服。段煨内心惧怕贾诩夺了他的兵权，但表面上对待贾诩却礼节周全，贾诩更不能安心。

原文

张绣在南阳，诩阴结绣，绣遣人迎诩。诩将行，或谓诩曰："煨待君厚矣，君安去之？"诩曰："煨性多疑，有忌诩意，礼虽厚，不可恃，久将为所图。我去必喜，又望吾结大援于外，必厚吾妻子。绣无谋主，亦愿得诩，则家与身必俱全矣。"诩遂往，绣执子孙礼，煨果善视其家。诩说绣与刘表连和。

太祖比征之，一朝引军退，绣自追之。诩谓绣曰："不可追也，追必败。"绣不从，进兵交战，大败而还。诩谓绣曰："促更追之，更战必胜。"绣谢曰："不用公言，以至于此。今已败，奈何复追？"诩曰："兵势有变，亟往必利。"绣信之，遂收散卒赴追，大战，果以胜还。

问诩曰："绣以精兵追退军，而公曰必败。退以败卒击胜兵，而公曰必克。悉如公言，何其反而皆验也？"诩曰："此易知耳。将军虽善用兵，非曹公敌也。军虽新退，曹公必自断后。追兵虽精，将既不敌，彼士亦锐，故知必败。曹公攻将军无失策，力未尽而退，必国内有故。已破将军，必轻军速进，纵留诸将断后，诸将虽勇，亦非将军敌，故虽用败兵而战必胜也。"绣乃服。

译文

张绣这时在南阳，贾诩暗中和他联系，张绣派人迎接贾诩。贾诩将要出发时，有人问他："段煨待您很优厚，您为何要离去呢？"贾诩说："段煨生性多疑，有猜忌贾诩之意，礼节虽然周到，却不可靠，时间一长就将被他算计。我离开后，他一定高兴，又希望我在外面为他联络强有力的援兵，必定会厚待我的家小。张绣没有主要的谋臣，也愿意得到贾诩，这样我的家庭和人身都能保全。"贾诩便到张绣那里。张绣对他秉持后辈之礼，段煨也果然好生照顾他的家眷。贾诩劝说张绣与刘表和好、联合。

太祖接连征讨张绣，一天早上领兵退去，张绣要亲自追击。贾诩对张绣说："不能追，追必败。"张绣不听，进兵追击，大败而回。贾诩又对张绣说："赶快追他们，再战必胜。"张绣推辞说："没听您的话，才到了这个地步，现在已经败了，为什么又要去追？"贾诩说："用兵无定式，急速进军，必定有利。"张绣信了，随即收拢被打散的士兵追击，与曹军大战，果然得胜归还。

张绣问贾诩："我用精兵追击败军，而您说必定失败。退下来后，用败兵追击刚打胜仗的士兵，而您说必能胜。结果都如您所说的一样，为什么您预料的与一般常情相反，却又都应验了呢？"贾诩说："这个容易解释。将军您虽善于用兵，却不是曹公的对手。曹军虽然开始退却，必定亲自压阵断后，追兵虽然精锐，将领既然不是对手，对方的士兵也就强了起来，所以知道追兵必败。曹军进攻将军您，并没有失策的地方，力量未衰却撤退，必定是他们国内发生了变故。已经打败了将军，他们必定轻装快行，即使留下几个将领断后，这几个将领虽然勇猛，已不是将军您的敌手，所以虽然您用败兵追击却能取胜。"张绣这才表示佩服。

原文

是后，太祖拒袁绍于官渡。绍遣人招绣，并与诩书结援。绣欲许之，诩显于绣坐上谓绍使曰："归谢袁本初，兄弟不能相容，而能容天下国士乎？"绣惊惧曰："何至于此？"窃谓诩曰："若此，当何归？"诩曰："不如从曹公。"绣曰："袁强曹弱，又与曹为雠（仇），从之如何？"诩曰："此乃所以宜从也。夫曹公奉天子以令天下，其宜从一也。绍强盛，我以少众从之，必不以我为重。曹公众弱，其得我必喜，其宜从二也。夫有霸王之志者，固将释私怨，以明德于四海，其宜从三也。愿将军无疑！"绣从之，率众归太祖。太祖见之，喜，执诩手曰："使我信重于天下者，子也。"表诩为执金吾，封都亭侯，迁冀州牧。冀州未平，留参司空军事。

袁绍围太祖于官渡，太祖粮方尽，问诩计焉出，诩曰："公明胜绍，勇

胜绍，用人胜绍，决机胜绍，有此四胜而半年不定者，但顾万全故也。必决其机，须臾可定也。"太祖曰："善。"乃并兵出，围击绍三十余里营，破之。绍军大溃，河北平。太祖领冀州牧，徙诩为太中大夫。建安十三年，太祖破荆州，欲顺江东下。诩谏曰："明公昔破袁氏，今收汉南，威名远著，军势既大。若乘旧楚之饶，以飨吏士，抚安百姓，使安土乐业，则可不劳众而江东稽服矣。"太祖不从，军遂无利。太祖后与韩遂、马超战于渭南，超等索割地以和，并求任子。诩以为可伪许之。又问诩计策，诩曰："离之而已。"太祖曰："解①。"一承用诩谋。语在武纪。卒破遂、超，诩本谋也。

注释

①解：明白了，理解了。

译文

　　这以后，太祖在官渡抗击袁绍。袁绍派人拉拢张绣，并给贾诩写信要求结交互援。张绣想答应他，贾诩在张绣面前公开对袁绍的使臣说："回去替我辞谢袁本初，他们兄弟之间都不能互相容纳，还能容纳天下贤才吗？"张绣惊惧地说："怎么说出这样的话？"私下对贾诩说："像这样，我们归附谁呢？"贾诩说："不如归附曹公。"张绣说："袁强曹弱，我们又与曹公曾是仇家，为何要归从他呢？"贾诩说："这正是要归顺曹公的原因。袁绍强盛，我们以这么少的人去归附他，他必然不会看重我们。曹公的队伍弱小，他得到我们必定高兴，这是归附曹公的第一个原因。曹公奉天子之令行事天下，这是应该归从曹公的第二个原因。有称王称霸志向的人，本来就会放弃私人恩怨，以向天下显示他的德行，这是原因之三。希望将军您不要再犹豫了！"张绣听从了他，率部归附了太祖。太祖见到他们，十分高兴，拉着贾诩的手说："使我在全国受到尊重和信任的人，就是您啊。"上奏请任贾诩为执金吾，封为都亭侯，升调为冀州牧。当时冀州尚未平定，留任参司空军事。

　　袁绍在官渡包围太祖，太祖粮食将尽，询问贾诩有何妙计，贾诩说："您明智胜过袁绍，勇敢胜过袁绍，用人胜过袁绍，当机立断胜过袁绍，有这四个胜过而半年之久不能平定袁绍的原因，在于只考虑万全之策。必须在关键时刻做出决断，那样片刻就可平定敌人。"太祖说："好。"随即合兵而出，包围袭击了袁绍三十里以外的营地，打垮了他。袁绍军队溃逃，黄河以北终被平定。太祖自己兼任冀州牧，调任贾诩为太中大夫。建安十三年（208年），太祖攻破荆州，想顺江东下。贾诩劝告说："明公您当初攻破袁氏，现今收复汉南，威名远扬，军事实力已经十分强大。如果利用过去楚国的富饶，来招揽贤才良士，安抚百姓，让他们安居乐业，那就可以不兴师动众而使江东地区俯首称臣。"太祖没有听从，出兵终于失利。太祖后来在渭南与韩遂、马超作战，马超等人要求太祖割让一块地盘换取和平，并以嗣子作人质。贾诩认为可以假意答应他们。太祖又向贾诩询问计策，贾诩说："离间他们罢了。"太祖说："懂了。"全部使用了贾诩的计策。此事在本书《武帝纪》中另有记载。最终打败了韩遂、马超，贾诩是这件事的谋划者。

<h1 style="text-align:center">原文</h1>

是时，文帝为五官将，而临菑侯植才名方盛，各有党与，有夺宗之议。文帝使人问诩自固之术，诩曰："愿将军恢崇德度，躬素士之业，朝夕孜孜，不违子道。如此而已。"文帝从之，深自砥砺[1]。太祖又尝屏除左右问诩，诩嘿（默）然不对。太祖曰："与卿言而不答，何也？"诩曰："属适有所思，故不即对耳。"太祖曰："何思？"诩曰："思袁本初、刘景升父子也。"太祖大笑，于是太子遂定。诩自以非太祖旧臣，而策谋深长，惧见猜疑，阖门自守，退无私交，男女嫁娶，不结高门，天下之论智计者归之。

文帝即位，以诩为太尉，进爵魏寿乡侯，增邑三百，并前八百户。又分邑二百，封小子访为列侯。以长子穆为驸马都尉。帝问诩曰："吾欲伐不从命以一天下，吴、蜀何先？"对曰："攻取者先兵权，建本者尚德化。陛下应期受禅，抚临率土，若绥之以文德而俟其变，则平之不难矣。吴、蜀虽蕞尔小国，依阻山水，刘备有雄才，诸葛亮善治国，孙权识虚实，陆议见兵势，据险守要，汎（泛）舟江湖，皆难卒谋也。用兵之道，先胜后战，量敌论将，故举无遗策。臣窃料群臣，无备、权对，虽以天威临之，未见万全之势也。昔舜舞干戚而有苗服，臣以为当今宜先文后武。"文帝不纳。后兴江陵之役，士卒多死。诩年七十七，薨，谥曰肃侯。子穆嗣，历位郡守。穆薨，子模嗣。

评曰：荀彧清秀通雅，有王佐之风，然机鉴先识，未能充其志也。荀攸、贾诩，庶乎算无遗策，经达权变，其良、平之亚欤！

注释

①砥砺：磨炼。

译文

这个时期，文帝还是五官中郎将，而临菑侯曹植有才华并且名声远扬，两人各有势力，都有争夺嫡子地位的打算。文帝让人问贾诩巩固自己地位的办法，贾诩说："希望将军

宽宏大度，亲自体验普通士子的修业，朝朝夕夕，孜孜不倦，不违背人子之道。就是这些罢了。"文帝听从了他，深深地自我磨炼。太祖又曾支开左右人就此事询问贾诩，贾诩缄口不答。太祖问："和您说话却不回答，为什么？"贾诩说："属下正好在琢磨事情，所以没有回答。"太祖又问："琢磨什么呢？"贾诩说："琢磨袁本初父子、刘景升父子。"太祖大笑，就在这时太子终于确定下来。贾诩认为自己不是太祖的旧臣，而又多谋善策，恐怕被猜疑，于是闭门自守，在家里没有私交，子女娶嫁，不攀高门大户，全国有计谋的人都来归附他。

文帝即位，让贾诩做太尉，晋爵为魏寿乡侯，增加封邑三百户，连同以前共八百户。又分封邑二百户，封贾诩的小儿子贾访为列侯。他的大儿子贾穆被任驸马都尉。文帝问贾诩："我想要讨伐不服从我的人，以统一天下，吴、蜀两国，先打哪一个呢？"贾诩回答说："致力于攻取敌国的人以军事实力为先，致力于建设根本的人则崇尚道德教化。陛下合乎时机地即位，占有、统治着全国，如果用文教道德来安抚他们，等待他们的变化，那么平定他们是不难的。吴、蜀两国虽然是小不点儿国家，但有山作依傍，有水作阻隔，刘备有雄才大略，诸葛亮善于治理国家，孙权明白虚实大势，陆议懂得军事形势，他们占据险地，把守要塞，泛舟江湖，都是难以很快谋取的。用兵的规律，是不打无把握之仗，估量敌人的实力再议论调兵遣将，所以每有举动都不会失算。臣下私自估量我们这群大臣，无人是刘备、孙权的对手，即使以天子的威势临敌，也不会万无一失。过去舜手执盾与斧舞蹈而使有苗臣服，臣下以为现在应先文后武。"文帝没有采纳，后来发动江陵战役，士卒死亡很多。贾诩七十七岁时逝世，谥号肃侯。他的儿子贾穆继承爵位，做过太守。贾穆死后，其子贾模继承爵位。

史官评论说：荀彧清高秀雅，具有辅佐帝王的风范，然而在对时势的预见上，却未能充分发挥自己的才智。荀攸、贾诩，几乎可以称得上是计谋一出，万无一失，在通达善变方面，大概是仅次于张良、陈平的人吧！

邓艾传

题解

邓艾（195 年—264 年），字士载，义阳棘阳（今河南新野）人，三国时曹魏后期名将。本名邓范，字士则，后因与同乡人同名而改名。邓艾多年在曹魏西边战线防备蜀汉姜维，后来偷渡阴平，逼使蜀帝刘禅投降，建立灭蜀奇功，获封太尉。战后被钟会联合监军卫瓘诬陷，邓艾帐下军官打算营救邓艾，卫瓘怕受邓艾报复，便遣田续先行杀死邓艾，其子邓忠亦同殉此难。

原文

邓艾，字士载，义阳棘阳人也。少孤。太祖破荆州，徙汝南，为农民养犊。年十二，随母至颍川，读故太丘长陈寔（shí）碑文，言"文为世范，行为士则"，艾遂自名范，字士则。后宗族有与同者，故改焉。为都尉学士，以口吃，不得作干佐①，为稻田守丛草吏。同郡吏父怜其家贫，资给甚厚，艾初不称谢。每见高山大泽，辄规度指画军营处所，时人多笑焉。后为典农纲纪，上计吏，因使见太尉司马宣王。宣王奇之，辟之为掾②，迁尚书郎。

时欲广田畜谷，为灭贼资，使艾行陈、项已东至寿春。艾以为"田良水少，不足以尽地利，宜开河渠，可以引水浇溉，大积军粮，又通运漕之道。"乃著《济河论》喻其指。又以为："昔破黄巾，因为屯田，积谷于许都以制

四方。今三隅已定，事在淮南，每大军征举，运兵过半，功费巨亿，以为大役。陈、蔡之间，土下田良，可省许昌左右诸稻田，并水东下。令淮北屯二万人，淮南三万人，十二分休，常有四万人，且田且守。水丰常收三倍于西，计除众费，岁完五百万斛以为军资。六七年间，可积三千万斛于淮上，此则十万之众五年食也。以此乘吴，无往而不克矣。"宣王善之，事皆施行。正始二年，乃开广漕渠，每东南有事，大军兴众，泛舟而下，达于江、淮，资食有储而无水害，艾所建也。出参征西军事，迁南安太守。

注释

①干佐：主管文书的吏官。②掾：太尉府的属官。

译文

邓艾，字士载，义阳棘阳县（今河南新野）人。他从小就失去父亲。魏武帝攻破荆州后，他也迁移到汝南，为当地农民放牛。十二岁那年，邓艾随着母亲来到颍川，读到故太丘长陈寔的碑文，其中有"文为世范，行为士则"的话邓艾深受感动，于是自己取名叫"范"，字"士则"。得知他的宗族亲戚中已有叫此名字的，所以他又改掉这个名字。后来任都尉学士，因为有口吃的毛病，不适宜做文书，于是为稻田守丛草吏。同郡一位老者因为他家穷可怜他，常常资助他，邓艾起初也不致谢。每当他看到高山大湖，就指手画脚，认为军营该安在何处等，别人常常嘲笑他。后来任典农纲纪、上计吏，因出使朝廷，得以结识太尉司马懿。司马懿认为邓艾很不一般，于是召他作为自己的属官，迁任尚书郎。

当时朝廷想大面积开垦田地，积蓄粮食，为征讨敌人作准备，于是派遣邓艾到陈、项等县以东，直到寿春巡行视察。邓艾认为："土地肥沃，可惜水少，不能够充分利用土地。应当开挖河渠，引水灌溉，广积军粮，又开通漕运的水路。"于是写作《济河论》来阐明他的理由。又认为："从前平定黄巾之乱，为此而屯兵开田。在许都积蓄了许多粮食，目的在于控制天下。而今三面已平定，但淮河以南还有战事，每当大军南征，仅用于运输的兵力就占去一半，耗资很大，劳役繁重。陈、蔡之间，土地肥沃，可以减省许昌周围的稻田，引水东下。而今淮河以北屯兵二万人，淮河以南屯兵三万人，按十分之二的比例轮休，常有四万人，边种田边戍守。风调雨顺时，收成常常是西部的三倍多。扣除兵民的费用，每年用五百万斛作为军资。六七年间，可以在淮河上游积蓄三千万斛粮食。这些粮食够十万军民吃上五年。凭着这些积蓄进攻东吴，可无往而不胜啊！"司马懿认为邓艾说得对，于是照他所说那样实施。正始二年（241年），开凿拓宽漕渠，每当东南有战事发生，曹魏大军往往可以乘船而下，到达江、淮之间，这是因为积蓄充足而无水害，这正是邓艾的功劳。后来邓艾出洛阳为征西将军夏侯玄参谋军事，升为南安太守。

　　嘉平元年，与征西将军郭淮拒蜀偏将军姜维。维退，淮因西击羌。艾曰："贼去未远，或能复还，宜分诸军以备不虞。"于是留艾屯白水北。三日，维遣廖化自白水南向艾结营。艾谓诸将曰："维今卒还，吾军人少，法当来渡而不作桥。此维使化持吾，令不得还。维必自东袭取洮城。"洮城在水北，去艾屯六十里。艾即夜潜军径到，维果来渡，而艾先至据城，得以不败。赐爵关内侯，加讨寇将军，后迁城阳太守。

　　是时并州右贤王刘豹并为一部，艾上言曰："戎狄兽心，不以义亲，强则侵暴，弱则内附。故周宣有玁狁之寇，汉祖有平城之围。每匈奴一盛，为前代重患。自单于在外，莫能牵制长卑。诱而致之，使来入侍，由是羌夷失统，合散无主。以单于在内，万里顺轨。今单于之尊日疏，外土之威浸重，则胡虏不可不深备也。闻刘豹部有叛胡，可因叛割为二国，以分其势。去卑功显前朝，而子不继业，宜加其子显号，使居雁门，离国弱寇，追录旧勋，此御边长计也。"又陈："羌胡与民同处者，宜以渐出之，使居民表崇廉耻之教，塞奸宄^①之路。"大将军司马景王新辅政，多纳用焉。迁汝南太守，至则寻求昔所厚己吏父，久已死，遣吏祭之，重遗其母，举其子与计吏^②。艾所在，荒野开辟，军民并丰。

注释

　　①奸宄（guǐ）：违法作乱。②计吏：古代州郡掌部籍并负责统计的官员。

译文

　　嘉平元年（249年），邓艾与征西将军郭淮一起抵御西蜀偏将军姜维的进犯。姜维败退后，郭淮向西袭击羌地。邓艾说："敌兵撤离不远，也许很快就会反扑过来，应当分兵行动，以免发生意外。"于是邓艾留下来，屯兵白水之北。三天以后，姜维派遣廖化从白水之南向邓艾营地逼近。邓艾对诸位将领说："姜维突然返回，我军人少，按常理，他们应渡河而不必设桥。这是姜维想用廖化来牵制我军，不让我们动兵。姜维一定会从东边袭击洮城。"洮城在白水以北，离邓艾兵营有六十里。邓艾当即派兵于夜晚直接驻守洮城。姜维果然渡河偷袭洮城，幸亏邓艾事先占据了洮城，敌人的阴谋没有得逞。为此邓艾被赐关内侯爵，并加封讨寇将军，后迁升城阳太守。

　　当时并州右贤王刘豹将五部匈奴部队合为一部，实力很强。邓艾上书朝廷说："戎狄有野兽之心，不讲道义，他们一旦强大起来就施行暴力，一旦衰弱，就归顺朝廷。正因为如此，周宣王时有戎狄南侵，逼近周都之事，汉初时有汉高祖刘邦被匈奴冒顿单于

的四十万大军包围在平城东南的白登之事。每当匈奴强盛，以前各个朝代都认为这是最大的忧患。当单于远居塞外时，朝廷对于匈奴单于及其部属均不能直接控制。诱导单于前来，叫他归顺，因此才能使羌夷失去统帅，使他们群龙无首。因为单于居于内地，就使周围诸少数民族部落得以安顺。而今南单于虽然留于都城，但他们与部属日益疏远，与此同时，右贤王刘豹居守边域外，部落兵力极为强大，对朝廷构成的威胁是我们不能不防备的。听说刘豹手下有人叛变，应当就势将其分割成两个部落，以便削弱刘豹的势力。建安初，右贤王去卑侍卫汉献帝，对抗李傕、郭汜，护送车驾还洛阳，然后归国。他的功绩在前代颇为显赫，但是他的后代刘豹未能继承他的遗业，应当给他加封显号，让他们居守雁门，远离国土，以此削弱敌势，让他们羡慕并企求也立有先辈功勋，为国效命，这是保卫边疆的长远大计。"又说："凡羌胡与汉民同居一处的，应当渐渐将他们分离，使匈奴居编民之外，得以尊崇分辨廉耻的教义，堵塞犯法作乱者的路径。"正值大将军司马师刚刚辅佐朝政，邓艾的计谋他大多接受。后邓艾升为汝南太守。到该地以后，首先寻找从前接济自己的那位同郡的老者，听说那人早就死了，于是派人加以祭祀，并赠予他的老母厚礼，又荐举他的儿子做了当地的计吏。邓艾在职期间，开辟荒野，军民丰衣足食。

原文

诸葛恪围合肥新城，不克，退归。艾言景王[①]曰："孙权已没，大臣未附。吴名宗大族皆有部曲，阻兵仗势，足以建命。恪新秉国政，而内无其主，不念抚恤上下以立根基，竞于外事，虐用其民，悉国之众，顿于坚城，死者万数，载祸而归，此恪获罪之日也。昔子胥、吴起、商鞅、乐毅皆见任时君，主没而败。况恪才非四贤，而不虑大患，其亡可待也。"恪归，果见诛。

迁兖州刺史，加振威将军。上言曰："国之所急，惟农与战，国富则兵强，兵强则战胜。然农者，胜之本也。孔子曰，'足食足兵'，食在兵前也。上无设爵之劝，则下无财畜之功。今使考绩之赏，在于积粟富民，则交游之路绝，浮华之原塞矣。"高贵乡公即尊位，进封方城亭侯。

毌丘俭作乱，遣健步赍[②]书，欲疑惑大众。艾斩之，兼道进军，先趣乐嘉城，作浮桥。司马景王至，遂据之。文钦以后大军破败于城下，艾追之至丘头。钦奔吴。吴大将军孙峻等号十万众，将渡江。镇东将军诸葛诞遣艾据肥阳，艾以与贼势相远，非要害之地，辄移屯附亭，遣泰山太守诸葛绪等于黎浆拒战，遂走之。

注释

①景王：司马师。司马文王：司马昭。司马景王：司马师。司马宣王：司马懿。②赍(jī)：赠予，送达。

译文

诸葛恪包围合肥新城，没有攻下来，只得撤退。邓艾对司马师说："孙权已死，旧大臣不归顺新朝。东吴著名的宗族大姓都有自己的私人武装，凭借武力，倚仗权势，完全可以独霸一方。诸葛恪刚刚把持朝政，国内没有众所期望的君主，他不考虑如何安抚上下，以便稳定政权，却对外频繁用兵，虐待自己的人民，以全国的军力攻打合肥这座坚固的城池，死者不下数万，大败而归，这是诸葛恪自取灭亡的末日。从前，伍子胥、吴起、商鞅、乐毅都曾得到各自国家君主的重用，君主死，他们自己也就末日临头了。更何况诸葛恪的才能远远不能和上述四位贤能之士相比，但是他又不慎重考虑潜伏着巨大的危险，其自取败亡，为期已经不远了。"诸葛恪回去后，果然被杀。

邓艾又升迁兖州刺史，加封振威将军。他又上书言道："一个国家最当务之急不外有二，一是农业，一是战备。国家富裕了，军备才能强盛，才能战无不胜。而农业，是取得胜利的根本。孔子说过，'粮食丰足兵力才能丰足'，粮食的重要性实在兵力之上。如果朝廷不设奖鼓励，那么下面的百姓则不会努力积储财富。今应设立奖赏，鼓励人们广积粮食，这样就使得游说奔波及华而不实的风尚得以杜绝。"魏高贵乡公曹髦即皇帝位，晋封邓艾为方城亭侯。

毋丘俭反叛，派遣能快步疾走的人送信，想迷惑众人耳目。邓艾杀死信使，绕道进军，先到乐嘉城，制作浮桥。司马师赶到，于是占据此地。文钦因为后到一些的缘故，被大军击败于城下。邓艾又乘胜追击，打到丘头。文钦又逃到东吴。东吴大将军孙峻等率领大军，号称十万，将要渡江。镇东将军诸葛诞派遣邓艾据守肥阳。邓艾认为此地距敌军还很远，不是要害之地，于是移兵至附亭这个地方，派遣泰山太守诸葛绪等在黎浆这个地方与敌兵交战，击退了敌人。

原文

其年，征拜长水校尉。以破钦等功，进封方城乡侯，行安西将军。解雍州刺史王经围于狄道。姜维退驻钟提，乃以艾为安西将军，假节、领护东羌校尉。议者多以为维力已竭，未能更出。艾曰："洮西之败，非小失也，破军杀将，仓廪空虚，百姓流离，几于危亡。今以策言之，彼有乘胜之势，我有虚弱之实，一也。彼上下相习，五兵犀利，我将易兵新，器杖未复，二也。

三国志精粹

160

彼以船行，吾以陆军，劳逸不同，三也。狄道、陇西、南安、祁山，各当有守，彼专为一，我分为四，四也。从南安、陇西，因食羌谷，若趣祁山，熟麦千顷，为之县饵，五也。贼有黠数，其来必矣。"顷之，维果向祁山，闻艾已有备，乃回从董亭趣南安，艾据武城山以相持。维与艾争险，不克，其夜，渡渭东行，缘山趣上邽，艾与战于段谷，大破之。

甘露元年诏曰："逆贼姜维连年狡黠，民夷骚动，西土不宁。艾筹画（划）有方，忠勇奋发，斩将十数，馘①首千计。国威震于巴蜀，武声扬于江岷。今以艾为镇西将军、都督陇右诸军事，进封邓侯，分五百户封子忠为亭侯。"二年，拒姜维于长城，维退还。迁征西将军，前后增邑凡六千六百户。

注释

①馘（guó）：古代战争中割取敌人的左耳以计数献功。

魏书

译文

这一年，邓艾被任命为长水校尉。又因为追击文钦有功，被封为方城乡侯，代理安西将军职。雍州刺史王经被围困于狄道，邓艾前往解围。西蜀大将军姜维退守在钟提，朝廷任命邓艾为安西将军、持符节、领护东羌校尉。当时很多人认为姜维已用尽力气，不会再出击了。邓艾说："洮西的失败，可谓不小，军队战败，大将将杀，仓库空虚，老百姓流离失所，几乎一败涂地。现在来看，敌人有乘胜追击的势头，而我方虚弱不堪，这是第一原因。敌人上下官兵级级相通，兵器锐利，而我方将领换了，士兵大多是新补充的，武装器械也都陈旧，这是第二个原因。敌人乘船行进，而我们靠步行，敌逸我劳，这是第三个原因。狄道、陇西、南安、祁山，各自都需要守备的兵力，他们专心进攻一城，而我方则一分为四，这是第四个原因。从南安、陇西，要征用羌人的粮食，如果向祁山进军，麦浪千里，很容易搞到粮食，这是第五个原因。敌人也有狡诈的计谋，他们一定会来进攻的。"很快，姜维果然向祁山进攻。听说邓艾已有所准备，于是撤回董亭，直逼南安。邓艾在武城山据守，与姜维争夺险要地形。姜维未能得手，当天夜里，渡过渭水，向东进发，沿着山路，来到上邽。邓艾在段谷这个地方与姜维展开战斗，大败姜维。

甘露元年（256年），皇帝下诏说："逆贼姜维连年进犯，国民和胡人骚动，整个西部不得安宁。邓艾策划有方，英勇顽强，斩杀敌人将领十余人，敌兵数以千计。向巴、蜀展示了国威，向江、岷炫耀了武力，今任命邓艾为镇西将军，都督陇右诸军事，晋封邓侯，子邓忠分五百户，封为亭侯。"甘露二年（257年），邓艾又在长城抵御姜维，姜维退败。邓艾升任征西将军，前后封邑增加到六千六百户。

原文

　　景元三年，又破维于侯和，维却保沓中。四年秋，诏诸军征蜀，大将军司马文王皆指授节度，使艾与维相缀连。雍州刺史诸葛绪要维，令不得归。艾遣天水太守王颀等直攻维营，陇西太守牵弘等邀其前，金城太守杨欣等诣甘松。维闻钟会诸军已入汉中，引退还。欣等追蹑于强川口，大战，维败走。闻雍州已塞道，屯桥头，从孔函谷入北道，欲出雍州后。诸葛绪闻之，却还三十里。

　　维入北道三十余里，闻绪军却，寻还，从桥头过，绪趣截维，较一日不及。维遂东引，还守剑阁。钟会攻维未能克。艾上言："今贼摧折，宜遂乘之，从阴平由邪（斜）径经汉德阳亭趣涪，出剑阁西百里，去成都三百余里，奇兵冲其腹心。剑阁之守必还赴涪，则会方轨而进。剑阁之军不还，则应涪之兵寡矣。军志有之曰：'攻其无备，出其不意。'今掩其空虚，破之必矣。"

　　冬十月，艾自阴平道行无人之地七百余里，凿山通道，造作桥阁。山高谷深，至为艰险，又粮运将匮，濒于危殆。艾以毡自裹，推转而下。将士皆攀木缘崖，鱼贯而进。先登至江由，蜀守将马邈降。蜀卫将军诸葛瞻自涪还绵竹，列陈待艾。艾遣子惠唐亭侯忠等出其右，司马师纂等出其左。忠、纂战不利，并退还，曰："贼未可击。"艾怒曰："存亡之分，在此一举，何不可之有？"乃叱忠、纂等，将斩之。忠、纂驰还更战，大破之，斩瞻及尚书张遵等首，进军到雒。刘禅遣使奉皇帝玺绶，为笺诣艾请降。

译文

景元三年（262年），又在侯和打败姜维，姜维退保沓中。景元四年（263年）秋天，朝廷下令各路大军攻打西蜀，由大将军司马昭总领指挥，让邓艾与姜维保持接触，用以牵制其兵力，雍州刺史诸葛绪截击姜维，让他无法撤退。邓艾派天水太守王颀等部直接进攻姜维兵营，陇西太守牵弘等在前面截击，金城太守杨欣等到甘松。姜维听说钟会诸军已进入汉中，便率兵撤退。杨欣跟踪追至强川口，与姜维大战，姜维败逃。听说雍州刺史诸葛绪已经拦截道路，屯兵桥头这个地方，于是姜维从孔函谷向北，想从雍州刺史诸葛绪统领的部队后面逃出。诸葛绪闻讯，后退三十里。

姜维向北走了三十余里，听说诸葛绪已退却，随即回军，从桥头冲过去。诸葛绪赶紧奔桥头拦截，可惜晚了一天，姜维得以逃脱，向东逃去，守在剑阁。钟会进攻姜维，没有攻下来。邓艾上书说："现在敌兵大受挫折，应乘胜追击。从阴平沿小路、经汉德阳亭，奔赴涪县，距剑阁西有百余里，距成都三百余里，派精悍的部队直接攻击敌人的心脏。姜维虽死守剑阁，但在这种情形下，他一定得引兵救援涪县。此时，钟会正好乘虚而入。如果姜维死守剑阁而不救涪县，那么涪县兵力将极少。兵法说道：'攻其不备，出其不意。'今进攻其空虚之地，一定能打败敌人。"

这年十月，邓艾自阴平行走七百余里，全是无人之地，他们凿山开路，架设栈道。一路山高谷深，十分艰险，加之运粮十分困难，几乎到了断粮的地步。邓艾用毛毡裹住身体，推转而下。众将士都攀木缘崖，一个一个前进。首先来到江由县，西蜀守将马邈投降。西蜀卫将军诸葛瞻从涪县退还绵竹，排列战阵，等着狙击邓艾。邓艾派遣自己的儿子惠唐亭侯邓忠等率兵从右边包抄，司马（官名）师纂等率兵从右边包抄。但二人出击均告失利，退回来说："敌人坚守牢固，很难击破。"邓艾大怒道："生死存亡，全在此一举，还说什么可与不可？"大骂邓忠和师纂，要将他们斩首示众。二人又率兵再战，大败敌兵，斩下诸葛瞻及尚书张遵等人的脑袋，进军至雒县。刘禅派使者拿着皇帝的大印与书信，来到邓艾兵营，请求投降。

原文

艾至成都，禅率太子诸王及群臣六十余人面缚舆榇①诣军门。艾执节解缚焚榇，受而宥之。检御将士，无所虏略，绥纳降附，使复旧业，蜀人称焉。辄依邓禹故事，承制拜禅行骠骑将军，太子奉车、诸王驸马都尉。蜀群司各随高下拜为王官，或领艾官属。以师纂领益州刺史，陇西太守牵弘等领蜀中诸郡。使于绵竹筑台以为京观，用彰战功。士卒死事者，皆与蜀兵同共埋藏。艾深自矜伐，谓蜀士大夫曰："诸君赖遭某，故得有今日耳。若遇吴汉之徒，已殄灭矣。"又曰："姜维自一时雄儿也，与某相值，故穷耳。"有识者笑之。

十二月，诏曰："艾曜威奋武，深入虏庭，斩将搴旗，枭其鲸鲵[2]，使僭（僣）号之主，稽首系颈，历世逋诛，一朝而平。兵不逾时，战不终日，云彻席卷，荡定巴蜀。虽白起破强楚，韩信克劲赵，吴汉禽（擒）子阳[3]，亚夫灭七国，计功论美，不足比勋也。其以艾为太尉，增邑二万户，封子二人亭侯，各食邑千户。"

注释

①面缚：双手反绑于背而面向前。古代用以表示投降。舆榇（chèn）：用车拉着棺材。榇：棺材。②鲸鲵（ní）：指首领。③吴汉：东汉初名将。子阳：公孙述的字。公孙述，西汉末割据巴蜀。

译文

邓艾率兵至成都，刘禅率太子及王侯群臣六十余人两手反绑，把棺材装在车上，表示罪该当死，来到军门。邓艾解开绳索，烧掉棺材，把这些人安抚下来，没有杀他们。同时他又巡视军容军纪，没有发生抢掠之事，安抚接纳投降归附的人员，让他们重操旧业。巴蜀百姓都称赞邓艾。邓艾又依邓禹旧制，命刘禅代理骠骑大将军，太子为奉车都尉，诸王为驸马都尉。巴蜀旧官都根据情况任命为新官，或成为邓艾的部属。邓艾又任命师纂为益州刺史，陇西太守牵弘等统巴蜀各郡。又在绵竹筑高土冢，做成京观，以炫耀战功。魏国士卒因作战而死的，也与巴蜀兵共同埋葬。邓艾很自负，居功自傲，对蜀地士大夫说："诸位幸亏遇上我，所以才有今日。如果遇上像吴汉这样的人，你们早被杀掉了。"又说："姜维不过是昙花一现的英雄，与我相遇，所以穷途末路。"有见识的人听了此话无不嘲笑他。

十二月，皇帝下诏说："邓艾张扬武力，振奋国威，深入敌

人腹地，斩将拔旗，消灭敌首，使得伪称帝王的人引颈自杀，通缉多年的罪人，一朝之间就给平定了。打仗不超过预定的时间，战斗很快结束，席卷西部，平定巴蜀。即使白起攻破强大的楚国，韩信奋力打败强劲的赵国，吴汉擒捉公孙述，周亚夫平定七国之乱，若论功绩，他们都还比不上邓艾。因此册封邓艾为太尉，增加封邑二万户。封其两个儿子为亭侯，各得封邑千户。"

原文

　　艾言司马文王曰："兵有先声而后实者。今因平蜀之势以乘吴，吴人震恐，席卷之时也。然大举之后，将士疲劳，不可便用，且徐缓之。留陇右兵二万人，蜀兵二万人，煮盐兴冶，为军农要用，并作舟船，豫顺流之事。然后发使告以利害，吴必归化，可不征而定也。今宜厚刘禅以致孙休，安士民以来远人，若便送禅于京都，吴以为流徙，则于向化之心不劝。宜权停留，须来年秋冬，比尔吴亦足平。以为可封禅为扶风王，锡其资财，供其左右。郡有董卓坞，为之宫舍。爵其子为公侯，食郡内县，以显归命之宠。开广陵、城阳以待吴人，则畏威怀德，望风而从矣。"

　　文王使监军卫瓘喻艾："事当须报，不宜辄行。"艾重言曰："衔命征行，奉指授之策。元恶①既服，至于承制拜假，以安初附，谓合权宜。今蜀举众归命，地尽南海，东接吴会，宜早镇定。若待国命，往复道途，延引日月。《春秋》之义，大夫出疆，有可以安社稷，利国家，专之可也。今吴未宾，势与蜀连，不可拘常以失事机。《兵法》，'进不求名，退不避罪'，艾虽无古人之节，终不自嫌以损于国也。"

注释

　　①元恶：首恶之人。

译文

　　邓艾对司马昭说："兵家讲究先树立声威，尔后才真正以实力进攻。今凭借平定西蜀的声威乘势伐吴，吴国人无不惊恐，正是席卷天下的有利时机。但是大举用兵之后，将士都已感到十分疲劳，不能轻易动兵，暂且缓缓再说。先留陇右兵二万人，巴蜀兵二万人，煮盐炼铁，为军事和农业作准备，同时建造船只，事先准备日后顺流而下讨伐东吴的事宜。做完这些事后，布告天下，让东吴知道他们所面临的局势，明白利害关系，吴国一定归顺，这样，不用征讨就可以平定东吴了。而今当厚待刘禅，以便招致吴景帝孙休归顺。安抚士卒和平民用来让远方的人归顺。如果将刘禅送到京城，东吴的人认为这是软禁流放，这对于劝他们归附之事实在不利。应当暂且留下刘禅，等待明年秋冬，到时东吴也完全可以平定了。可以封刘禅为扶风王，赐给他资财，派人服侍，让他享受。郡内有董卓坞作为他的宫室。封赐他的儿子为公侯，分郡中一县为食邑，用以显示归顺朝廷所获得的恩宠。设置广陵、城阳为王国，以待吴主孙休投降。那样，东吴就会畏惧威德，望风归顺了。"

司马昭派监军卫瓘告诉邓艾说："此事应上报，不宜马上实行。"于是邓艾又说："我受命征讨，有皇帝的符策。敌人首领既然已经投降，应当按照旧制予以官职，以便安抚他们，这是符合时宜的。而今蜀国全部归顺，我们的疆域已经到了最南端，东边与吴国会接壤，应当早日平定。如果等待朝廷命令，往返道路，耗费不少时日。《春秋》有这样的话，大夫出守外地，如果遇有安定社稷、有利国家的事，专断是可以的。而今东吴未平，地势与巴蜀相连，不应当拘泥于常法而失去时机。《孙子兵法》说道：'前进不是为了名誉，后退不怕罪责。'我邓艾虽没有古贤人的风范，但还是想不自我嫌弃以损害国家的利誉。"

原文

钟会、胡烈、师纂等皆白艾所作悖逆，变衅以结。诏书槛车征艾。艾父子既囚，钟会至成都，先送艾，然后作乱。会已死，艾本营将士追出艾槛车，迎还。瓘遣田续等讨艾，遇于绵竹西，斩之。子忠与艾俱死，余子在洛阳者悉诛，徙艾妻子及孙于西域。

初，艾当伐蜀，梦坐山上而有流水。以问殄虏护军爰邵。邵曰："按易卦，山上有水曰蹇。蹇繇曰：'蹇利西南，不利东北。'孔子曰：'蹇利西南，往有功也。不利东北，其道穷也。'往必克蜀，殆不还乎！"艾怃然不乐。

泰始元年，晋室践阼①，诏曰："昔太尉王凌谋废齐王，而王竟不足以守位。征西将军邓艾，矜功失节，实应大辟。然被书之日，罢遣众人，束手受罪，比于求生遂为恶者，诚复不同。今大赦得还，若无子孙者听使立后，令祭祀不绝。"

……艾在西时，修治障塞，筑起城坞。泰始中，羌虏大叛，频杀刺史，凉州道断。吏民安全者，皆保艾所筑坞焉。艾州里时辈南阳州泰，亦好立功业，善用兵，官至征虏将军、假节，都督江南诸军事。景元二年薨，追赠卫将军，谥曰壮侯。

注释

①践阼：建朝登基。

译文

　　钟会、胡烈、师纂等都报告说邓艾狂傲荒悖，不合常理，桀骜不驯，有反叛的征兆。皇帝下诏书将邓艾囚禁起来，用囚车押送京城。邓艾父子被囚禁以后，钟会到成都，先送走邓艾，然后反叛。钟会死后，邓艾部下将士追上邓艾的囚车，将他接回。卫瓘派田续等讨伐邓艾，在绵竹县西相遇，杀死邓艾。邓艾的儿子邓忠也同时被杀，其余的儿子在洛阳的，也被杀。邓艾的妻子及孙子被流放到西域。

　　当初，邓艾将攻打西蜀时，梦见自己坐在山上，山上有流水。他问殄虏护军爰邵。爰邵说："按《易经》的卦辞，山上有水叫'蹇'。'蹇'爻说：'蹇，有利西南，不利东北。'孔子说：'蹇，利西南，往往有功。不利东北，往往穷途末路。'前去必然攻克西蜀，但是回不来了！"邓艾若有所失，闷闷不乐。

　　泰始元年（265 年），晋朝建立。皇帝下诏："从前太尉王凌阴谋废齐王，而齐王最终不能保持帝位。征西将军邓艾，居功自傲，失去品节，应处死刑。但下达诏书之日，邓艾遣散众人，束手受罪，与那些贪生作恶的人，确有不同。今大赦可以还城。如果没有子孙的可以为之立嗣，使祭祀之礼不绝。"

　　……邓艾曾在西部的险要之地修筑城堡。泰始年中（265 年—274 年），羌人叛乱，数次杀死刺史，凉州通道断绝。那些活下来的官兵百姓，全得益于邓艾修筑的城堡。邓艾同郡有个叫州泰的同辈人，也喜欢创立功业，善于用兵打仗，做官做到征虏将军、假节，都督江南诸军事。州泰于景元二年（261 年）去世，朝廷追赠他为卫将军，谥号"壮侯"。

钟 会 传

三国志精粹

题解

钟会（225 年—264 年），字士季，颍川长社（今河南长葛东）人，魏国重臣太傅钟繇之子，钟毓之弟，三国后期灭蜀的重要将领，历任镇西将军、司徒。魏元帝时被封为县侯，后与邓艾、诸葛绪等人分兵灭蜀汉，因谋反死于乱军之中。

  钟会，字士季，颍川长社人，太傅繇小子也。少敏惠夙成①。中护军蒋济著论，谓"观其眸子，足以知人。"会年五岁，繇遣见济，济甚异之，曰："非常人也。"及壮，有才数技艺，而博学精练名理。以夜续昼，由是获声誉。正始中，以为秘书郎，迁尚书中书侍郎。高贵乡公即尊位，赐爵关内侯。

  毌丘俭作乱，大将军司马景王东征，会从，典知密事，卫将军司马文王为大军后继。景王薨于许昌，文王总统六军。会谋谟②帷幄。时中诏敕尚书傅嘏，以东南新定，权留卫将军屯许昌为内外之援，令嘏率诸军还。会与嘏谋，使嘏表上，辄与卫将军俱发，还到雒水南屯住。于是朝廷拜文王为大将军、辅政，会迁黄门侍郎，封东武亭侯，邑三百户。

  甘露二年，征诸葛诞为司空。时会丧宁在家，策诞必不从命，驰白文王。文王以事已施行，不复追改。及诞反，车驾住项。文王至寿春，会复从行。

注释

①敏惠夙成：幼年聪慧敏捷。夙成：早成，早熟。②谋谟（mó）：谋划计策。

译文

钟会，字士季，颍川长社人，太傅钟繇的幼子。少年时聪慧敏捷异常。中护军蒋济著书认为，"观察某人的瞳仁，完全可以知他的为人"。钟会五岁时，钟繇带着他去见蒋济，蒋济认为钟会很不一般，说："这个孩子不同寻常。"等钟会长大后，博学多闻，尤其精通玄学。钟会夜以继日地研读，声誉很高。正始年中（240年—248年），钟会出任秘书郎职，升尚书中书侍郎。高贵乡公曹髦即位，赐封钟会为关内侯。

毌丘俭反叛时，大将军司马师率兵东征，钟会随从，掌管机密事宜，卫将军司马昭统领后继部队。司马师在许昌死后，司马昭统率六军。钟会于军帐中出谋划策。当时君主从宫中发出诏书给尚书傅嘏，认为东南刚刚稳定，暂且留下卫将军司马昭驻扎许昌，以便于里应外合，命令傅嘏率各路军队返回洛阳。钟会与傅嘏密谋，让傅嘏上表，同时和卫将军一起出发，退到雒水南屯兵驻守。于是，朝廷封司马昭为大将军，辅佐朝政，钟会升任黄门侍郎，被封为东武亭侯，食邑三百户。

甘露二年（257年），诸葛诞被任命为司空。当时钟会在家守丧，估计诸葛诞一定不会听从任命，于是驰马报告司马昭。司马昭认为事已至此，不再追改。等诸葛诞反叛，皇帝的车驾已到项县。司马昭至寿春，钟会再次从行。

原文

　　初，吴大将全琮，孙权之婚亲重臣也，琮子怿，孙静，从子端、翩、缉等，皆将兵来救诞。怿兄子辉、仪留建业，与其家内争讼，携其母，将部曲数十家渡江，自归文王。会建策，密为辉、仪作书，使辉、仪所亲信赍入城告怿等，说吴中怒怿等不能拔寿春，欲尽诛诸将家，故逃来归命。怿等恐惧，遂将所领开东城门出降，皆蒙封宠。城中由是乖离。寿春之破，会谋居多，亲待日隆，时人谓之子房。

　　军还，迁为太仆，固辞不就。以中郎在大将军府管记室事，为腹心之任。以讨诸葛诞功，进爵陈侯，屡让不受。诏曰："会典综军事，参同计策，料敌制胜，有谋谟之勋，而推宠固让，辞指款实①，前后累重，志不可夺。夫成功不处，古人所重。其听会所执，以成其美。"迁司隶校尉，虽在外司，时政损益，当世与夺，无不综典。嵇康等见诛，皆会谋也。

　　文王以蜀大将姜维屡扰边陲，料蜀国小民疲，资力单竭，欲大举图蜀。惟会亦以为蜀可取，豫共筹度地形，考论事势。景元三年冬，以会为镇西将军、假节，都督关中诸军事。文王敕青、徐、兖、豫、荆、扬诸州，并使作船，又令唐咨作浮海大船，外为（伪）将伐吴者。四年秋，乃下诏使邓艾、诸葛绪各统诸军三万余人。艾趣甘松、沓中连缀②维，绪趣武街、桥头绝维归路。会统十余万众，分从斜谷、骆谷入。先命牙门将许仪在前治道，会在后行，而桥穿，马足陷，于是斩仪。仪者，许褚之子，有功王室，犹不原贷③。诸军闻之，莫不震竦。

注释

①辞指：文辞或话语所表达出的含义、感情色彩和风格。款实：中肯。②连缀：牵制。③原贷：免罪。

译文

　　起初，东吴大将全琮与孙权联姻，是朝中重臣。全琮儿子全怿，孙子全静，从子全端、全翩、全缉等都率兵来解救诸葛诞。全怿哥哥的儿子全辉、全仪留在建业（今江苏南京），因为和家里人纷争聚讼，携老母及家丁数十人渡江归附司马昭。钟会设计，秘密替全辉、全仪写信，派遣全辉、全仪的亲信拿着信到城内报告全怿等，说东吴的人对全怿等不能攻下寿春感到很愤怒，要将各位将领的家属全杀死，所以才渡江投奔司马昭。全怿等感到畏惧，只得将其所管辖的东城门打开，出来投降，这些人都受到礼遇恩宠。从此城中的诸葛诞开始背离东吴。攻破寿春，钟会出谋划策最多，因此越来越得到司马昭的宠信。

当时人管他叫张良。

大军撤还后，钟会被升为太仆，但他坚决拒绝。后以中郎官在大将军府任记室，为司马昭的心腹。因为讨伐诸葛诞有功，钟会被封为陈侯，反复辞让。皇帝下诏说："钟会参与军事，出谋划策，料敌制胜，有贡献谋略的功绩，但不受封赏，言辞恳切诚实，前后屡次推让封赏，志向不能改变。那些从不因功自傲的人，古来为人尊重。现还是尊重钟会的志向，成全他的美德。"升迁为司隶校尉，虽在外任，但朝廷大小事，官吏任免权，钟会无不插手，嵇康等人被杀，都是钟会的计谋。

司马昭认为，西蜀大将姜维不断侵扰边境，料想他们国土狭小，百姓疲惫，财力将尽，想派大兵攻打西蜀。钟会也认为西蜀可以攻取，于是预先共同策划，勘察地形，纵论形势。景元三年（262年）冬天，朝廷任命钟会为镇西将军、假节，都督关中诸军事。司马昭下令青州、徐州、豫州、兖州、荆州、扬州等地建造战船，又命令唐咨建造航海用的大船，假装是讨伐东吴作准备。景元四年（263年）秋天，朝廷命令派邓艾、诸葛绪各统率三万多人。邓艾向甘松、沓中等地前进，以牵制姜维，诸葛绪向武街、桥头等地前进，以截断姜维的退路。钟会统率十几万人，分别从斜谷、骆谷等地深入。先派牙门将许仪在军前修路，钟会率大军随后。过桥时，因为桥有漏洞，马腿陷了进去，钟会为此而杀死许仪。许仪是许褚的儿子，为朝廷立下过汗马功劳，仍不能获得原谅。各路军队听到消息，无不惊恐畏惧。

原文

蜀令诸围皆不得战，退还汉、乐二城守。魏兴太守刘钦趣子午谷，诸军数道平行，至汉中。蜀监军王含守乐城，护军蒋斌守汉城，兵各五千。会使护军荀恺、前将军李辅各统万人，恺围汉城，辅围乐城。会径过，西出阳安口，遣人祭诸葛亮之墓，使护军胡烈等行前，攻破关城，得库藏积谷。姜维自沓中①还，至阴平②，合集士众，欲赴关城。未到，闻其已破，退趣③白水，与蜀将张翼、廖化等合守剑阁拒会。

会移檄蜀将吏士民曰："往者汉祚衰微，率土分崩，生民之命，几于泯灭。太祖武皇帝神武圣哲，拨乱反正，拯其将坠，造我区夏。高祖文皇帝应天顺民，受命践阼④。烈祖明皇帝奕世重光，恢拓洪业。然江山之外，异政殊俗，率土齐民未蒙王化，此三祖所以顾怀遗恨也。今主上圣德钦明，绍隆前绪，宰辅忠肃明允，劬⑤劳王室，布政垂惠而万邦协和，施德百蛮而肃慎致贡。悼彼巴蜀，独为匪民，愍此百姓，劳役未已。是以命授六师，龚行天罚。征西、雍州、镇西诸军，五道并进。古之行军，以仁为本，以义治之。王者之师，有征无战。故虞舜舞干戚而服有苗，周武有散财、发廪、表闾之义。今镇西奉辞衔命，摄统戎重，庶弘文告之训，以济元元之命，非欲穷武极战，以快一朝之政，故略陈安危之要，其敬听话言。

注释

译文

西蜀命令各个防守据点都不要交战，退回汉、乐二城固守。魏兴太守刘钦向子午谷移兵，各路军队沿着几条道齐头并进，来到汉中。西蜀监军王含固守乐城，护军蒋斌戍守汉城，各领兵五千。钟会派护军荀恺、前将军李辅各自统率万余兵马，荀恺包围汉城，李辅包围乐城。钟会率兵一直深入，西出阳安口，派人祭扫诸葛亮的坟墓，同时让护军胡烈等率军打前阵，攻破关城，获得仓库中的粮食。姜维从沓中撤回，行军至阴平，纠集兵力，想杀回关城。还未到达，听说关城已经陷落，于是退向白水，与西蜀将领张翼、廖化一起联合守卫剑阁抵御钟会。

钟会作《告蜀中官兵父老书》说："从前汉代国势衰微，国家分崩离析，老百姓处于水深火热中，江山社稷几近泯灭。太祖武皇帝曹操拨乱反正，拯救濒临崩溃的国家，恢复天下安宁。高祖文皇帝曹丕顺应天意，顺乎民心，登基称帝。烈祖明皇帝重光伟业，拓展功绩。但我疆域之外，有与我不同的政治和风俗，那里的天地百姓没有沐浴到浩荡的皇恩德泽，这是我们三位圣祖甚感遗憾的事。而今皇帝宽宏大量，要继承发扬前代的业绩，辅佐大臣忠心耿耿，效力皇室，安排政事，流惠百姓，所以各地得以调和一致，对那些少数民族施以圣德。他们都来归顺。可怜你们巴蜀士众，独独受着非人的待遇，我怜悯你们的百姓从事无休止的劳役。因此命令大军奉行天意，惩罚那些对朝廷有二心的人。征西将军、雍州刺史、镇西将军等率五路大兵，齐头并进。古代用兵，以仁义作根本，以仁义治理军队。帝王的军队有征无战。所以虞舜修文教，有苗臣服；周武王灭掉商朝，分散鹿台的资财，打开矩桥的仓库，表彰商朝贤臣。而今镇西将军奉命征讨，统率大军，解救老百姓的生命，并不是炫耀武力，好大喜功，以光大当朝的政绩，所以在此为你们大略陈述一下形势的安危，请敬听善意的劝告。

原文

"益州先主以命世英才，兴兵朔野，困踬冀、徐之郊，制命绍、布之手，太祖拯而济之，与隆大好。中更背违，弃同即异，诸葛孔明仍规秦川，姜

伯约屡出陇右，劳动我边境，侵扰我氐、羌。方国家多故，未遑修九伐之征也。今边境又^①清，方内无事，畜力待时，并兵一向。而巴蜀一州之众，分张守备，难以御天下之师。段谷、侯和沮伤之气，难以敌堂堂之陈。比年以来，曾无宁岁，征夫勤瘁，难以当子来之民。此皆诸贤所亲见也。蜀相壮见禽（擒）于秦，公孙述授首于汉。九州之险，是非一姓。此皆诸贤所备闻也。明者见危于无形，智者规祸于未萌，是以微子去商，长为周宾，陈平背项，立功于汉。岂晏安鸩毒，怀禄而不变哉？

"今国朝隆天覆之恩，宰辅弘宽恕之德，先惠后诛，好生恶杀。往者吴将孙壹举众内附，位为上司，宠秩殊异。文钦、唐咨为国大害，叛主仇贼，还为戎^②首。咨困逼禽（擒）获，钦二子还降，皆将军、封侯。咨与闻国事。壹等穷蹙^③归命，犹加盛宠，况巴蜀贤知见机而作者哉！诚能深鉴成败，邈然高蹈，投迹微子之踪，错身陈平之轨，则福同古人，庆流来裔，百姓士民，安堵旧业，农不易亩，市不回肆，去累卵之危，就永安之福，岂不美与！若偷安旦夕，迷而不返，大兵一发，玉石皆碎，虽欲悔之，亦无及已。其详择利害，自求多福，各具宣布，咸使闻知。"

注释

①又（yì）：安宁，治理。②戎：军队，军事。③蹙（cù）：困窘。

译文

"益州先主刘备以雄才大略，兴兵原野，在冀州、徐州的郊外受到挫折，被袁绍、吕布所迫胁，我太祖武皇帝曹操为他解围，彼此结下友情。不料中途变卦，与太祖离心离德，诸葛孔明多次窥视我秦川地区，而姜伯约则不断出兵陇右，侵扰我边境，侵害我氐、羌民众。当时国家事情太多，没有来得及讨伐。而今边境安宁，国内无事，积蓄力量，等待时机，集合众兵，集中朝一个方向进攻。而巴蜀不过有一个州的兵力，又守卫分散，难以抵御帝王之师。在段谷、侯和，蜀军已受重创，是很难抵御我军强大的攻势的。近年来，巴蜀不曾太平，征夫连年作战，疲惫不堪，是很难抵挡我万众一心的军队的。这些你们是能亲眼看见的。春秋战国时期，蜀国的丞相陈壮被秦国捉拿，西汉时期据蜀的公孙述被吴汉所杀。九州的险要地区，并不是某一姓的统治者能长久占据的。这些事你们也听说过。聪明的人能预见危险，睿智的人能够防止灾祸的发生。因此微子离开商朝，去做周朝宾客。陈平背离项羽，为汉朝立下功劳。你们苟且偷安，如同饮鸩毒一样，难道你们真的只知吃蜀国俸禄而不能有所变通吗？

"而今朝廷给你们提供生路，宰辅怀有宽恕的恩德，好生恶杀，先降者施以恩德，后降者才遭杀戮。从前东吴将领孙壹率众投降，结果他得到高官，颇得重用。文钦、唐咨为国家大害，背叛其主，大逆不道，做了敌人军队的首领。唐咨在困顿中被捉，文钦的两个儿子投降，都被封为公侯、将军。唐咨还参与国家重要事务。孙壹等穷困潦倒，最终归顺朝廷，皇帝还是给予宠信。更何况巴蜀的那些能见机行事的贤者呢？如能明察成败，效法微子，学习陈平的做法，那么你们的福分会和他们一样，也会造福后人。天下百姓，安居乐业，农田不荒废，市场照样繁荣，远离危险，永享大福，这不是一件美事吗？如果苟且偷安于一时，迷途不返，大兵压境之际，玉石俱碎，到那时再后悔就晚了。请你们仔细考虑利害得失，自求多福，并请相互转告，使众人明白我们的态度。"

原文

　　邓艾追姜维至阴平，简选精锐，欲从汉德阳入江由、左儋道诣绵竹，趣成都，与诸葛绪共行。绪以本受节度邀姜维，西行非本诏，遂进军前向白水，与会合。会遣将军田章等从剑阁西，径出江由。未至百里，章先破蜀伏兵三校，艾使章先登，遂长驱而前。会与绪军向剑阁，会欲专军势，密白绪畏懦不进，槛车征还。军悉属会，进攻剑阁，不克，引退。蜀军保险拒守。艾遂至绵竹，大战，斩诸葛瞻。维等闻瞻已破，率其众东入于巴。会乃进军至涪，遣胡烈、田续、庞会等追维。艾进军向成都，刘禅诣艾降，遣使敕维等令降于会。维至广汉郪县，令兵悉放器仗，送节传于胡烈，便从东道诣会降。

　　会上言曰："贼姜维、张翼、廖化、董厥等逃死遁走，欲趣成都。臣辄遣司马夏侯咸、护军胡烈等，经从剑阁，出新都、大渡截其前，参军爰彭、将军句安等蹑其后，参军皇甫闿、将军王买等从涪南出冲其腹，臣据涪县为东西势援。维等所统步骑四五万人，摄甲厉兵，塞川填谷，数百里中首尾相继，凭恃其众，方轨而西。臣敕咸、闿等令分兵据势，广张罗罔，南杜走吴之道，西塞成都之路，北绝越逸之径，四面云集，首尾并进，蹊路断绝，走伏无地。"

译文

　　邓艾追剿姜维直至阴平，挑选精锐的士兵，想从汉德阳进入江由、左儋道，到达绵竹，趋近成都，与诸葛绪一起前行。诸葛绪本来受命拦截姜维，朝廷并没有让他向西进发，于是进军白水，与钟会会师。钟会派遣田章等人从剑阁西南直出江由。行军不到百里，田章首先攻破西蜀伏兵三个营垒，邓艾让田章为前锋，长驱直入。钟会与诸葛绪的部队直奔剑阁，钟会想独揽军权，向朝廷告密，说诸葛绪畏缩不敢前进，于是将诸葛绪押进囚车运回京城。军队都由钟会统领，进攻剑阁，没有攻下来，只得撤退。西蜀的军队占据天险地势死守。邓艾于是率军到绵竹，经过激烈的战斗，斩杀诸葛瞻。姜维等听说诸葛瞻已被打败，率部下向东到巴西郡。钟会于是率兵到达涪县，同时派遣胡烈、田续、庞会等追赶姜维。邓艾率兵逼向成都，刘禅向邓艾投降，又派人命令姜维放下武器，向钟会投降。姜维行至广汉郪县，下令手下将士放下武器，向钟会投降，将自己的符节送给胡烈，又从东道向钟会投降。

钟会上书说："姜维、张翼、廖化、董厥等不顾一切地逃跑，想奔向成都。我于是派遣司马夏侯咸、护军胡烈等，经过剑阁，出新都、大渡等地，拦截敌人的去路，参军爰彭、将军句安等从后追击，参军皇甫闿、将军王买等从涪县南攻敌人的腹部，我则占据涪县为东西两路派援。姜维等统领步兵、骑兵四五万人，拥有精良的装备，填满川谷，几百里中首尾相继，凭着人多势众，向西移兵。我命令夏侯咸、皇甫闿等分开几路，各占据有利地势，张开网罗，南边堵住逃向吴地的去路，西边堵住撤向成都的退路，北面断绝各条小路，从四面包围姜维，使他无路可走，无地可藏。"

原文

"臣又手书申喻，开示生路。群寇困逼，知命穷数尽，解甲投戈，面缚委质，印绶万数，资器山积。昔舜舞干戚，有苗自服。牧野之师，商旅倒戈。有征无战，帝王之盛业。全国为上，破国次之；全军为上，破军次之，用兵之令典。陛下圣德，侔踪①前代，翼辅忠明，齐轨公旦。仁育群生，义征不谳②，殊俗向化，无思不服。师不逾时，兵不血刃，万里同风，九州共贯。臣辄奉宣诏命，导扬恩化，复其社稷，安其闾伍，舍其赋调，弛其征役，训之德礼以移其风，示之轨仪以易其俗，百姓欣欣，人怀逸豫，后来其苏，义无以过。会于是禁检士众不得钞（抄）略，虚己诱纳，以接蜀之群司。"与维情好欢甚。

十二月诏曰："会所向摧弊，前无强敌，缄制众城；罔罗迸逸，蜀之豪帅，面缚归命；谋无遗策，举无废功，凡所降诛，动以万计；全胜独克，有征无战；拓平西蜀，方隅清晏。其以会为司徒，进封县侯，增邑万户。封子二人亭侯，邑各千户。"

注释

①侔踪：步前人后尘。侔（móu）：相等，齐。②谳（huì）：顺从。

译文

"臣又发布告示，指给他们生还之路。敌人知道气数已尽，只得解甲投诚，收缴印绶上万，武器和战利品堆积如山。从前虞舜挥舞干戈，有苗氏臣服。武王伐纣，陈师牧野，纣兵都反戈以击。有征讨之势而不必动用武力，这才是帝王的大业绩。保全一国为上策，攻破敌国为下策；保全一军为上策，破坏一军为下策，这是用兵的道理。陛下胸怀圣德，堪与圣王比美，宰辅则忠心辅佐，贤明如同周公旦。陛下哺育百姓，伐讨不义之徒，落后地区极慕中原的风尚，无不心悦诚服。王师出兵，兵不血刃，不攻自破，万里同风，各地齐心。我等奉诏，宣扬王道，恢复政权，安抚将士，免去他们的租赋和劳役，以道德和法规，为他们移风易俗，百姓欢欣鼓舞，安居乐业。"钟会下令禁止将士抢掠，礼贤下士，用以安抚蜀地官吏。钟会和姜维的关系很好，十分融洽。

十二月，朝廷下诏说："钟会摧枯拉朽，所向无敌，控制各城；布下天罗地网，蜀国大将，束手投降；考虑问题周全，所以战无不胜，被歼之敌，有数万人；全胜而归，有征无战；平定安抚西蜀，使得边疆和平无事。封钟会为司徒，并封县侯，封邑万户。封他的两个儿子为亭侯，封邑各一千户。"

原文

会内有异志，因邓艾承制专事，密白艾有反状，于是诏书槛车征艾。司马文王惧艾或不从命，敕会并进军成都，监军卫瓘在会前行，以文王手笔令宣喻艾军。艾军皆释仗，遂收艾入槛车。会所惮惟艾，艾既禽而会寻至，独统大众，威震西土。自谓功名盖世，不可复为人下，加猛将锐卒皆在己手，遂谋反。欲使姜维等皆将蜀兵出斜谷，会自将大众随其后。既至长安，令

骑士从陆道，步兵从水道顺流浮渭入河，以为五日可到孟津，与骑会洛阳，一旦天下可定也。

会得文王书云："恐邓艾或不就征，今遣中护军贾充将步骑万人径入斜谷，屯乐城。吾自将十万屯长安，相见在近。"会得书，惊呼所亲语之曰："但取邓艾，相国知我能独办之，今来大重，必觉我异矣。便当速发，事成，可得天下，不成，退保蜀汉，不失作刘备也。我自淮南以来，画无遗策，四海所共知也。我欲持此安归乎！"

译文

钟会怀有叛乱之心，因为邓艾受朝廷的圣旨，行事专断，秘密告状，说邓艾要反叛，于是朝廷下令用囚车关押邓艾，送回京城。司马昭怕邓艾不服命令，命令钟会进军成都，监军卫瓘打前阵，拿着司马昭亲笔书写的命令通告邓艾的部下。邓艾的军队都放下武器，于是押邓艾进囚车。钟会怕的只有邓艾，邓艾被押后，钟会马上赶到成都，统率大军，威震西蜀。自认为功名天下无比，不愿再屈居人下，加之猛将精兵都控制在自己手中，于是举兵反叛。他想派姜维等统率西蜀将兵出斜谷，自己统率大军随从在后。到了长安以后，下令骑兵走陆道，步兵走水道，顺着渭水入黄河，估计五天就可以抵达孟津，与骑兵在洛阳会师，一朝可拥有天下。

钟会得到司马昭的信，说："我担心邓艾不服命令，今派遣中护军贾充率步兵和骑兵万余人入斜谷，驻扎在乐城。我亲自率十万大军驻扎在长安，我们不久就可以相见了。"钟会看完信后，大惊失色地对亲信说："仅仅抓获邓艾，司马昭知道我一人完全可以胜任，这次来的军队如此众多，一定发现我有反叛之心。我们应当迅速出发，如果顺利，可以得天下，如果不顺，退回西蜀，还可以学刘备偏安一隅。自从淮南之战以来，我从未失策，已远近闻名。在这样功高名盛的情况下，我哪能有好的归宿呢？"

原文

会以五年正月十五日至。其明日，悉请护军、郡守、牙门骑督以上及蜀之故官，为太后发丧于蜀朝堂。矫太后遗诏，使会起兵废文王，皆班示坐上人，使下议讫，书版署置，更使所亲信代领诸军。所请群官，悉闭著益州诸曹屋中，城门宫门皆闭，严兵围守。会帐下督丘建本属胡烈，烈荐之文王，会请以自随，任爱之。建愍烈独坐，启会，使听内一亲兵出取饮食，诸牙门随例各内一人。烈给语亲兵及疏与其子曰："丘建密说消息，会已作大坑，白棓数千，欲悉呼外兵入，人赐白帢[1]，拜为散将，以次棓杀坑中。"诸牙门亲兵亦咸说此语，一夜传相告，皆遍。

或谓会："可尽杀牙门骑督以上。"会犹豫未决。十八日日中，烈军兵与烈儿雷鼓出门，诸军兵不期皆鼓噪出。曾无督促之者，而争先赴城。时方给与姜维铠杖，白外有匈匈（汹汹）声，似失火。有顷，白②兵走向城。

会惊，谓维曰："兵来似欲作恶，当云何？"维曰："但当击之耳。"会遣兵悉杀所闭诸牙门郡守。内人共举机以柱门，兵斫门，不能破。斯须，门外倚梯登城，或烧城屋，蚁附乱进，矢下如雨，牙门、郡守各缘屋出，与其卒兵相得。姜维率会左右战，手杀五六人，众既格斩维，争赴杀会。会时年四十，将士死者数百人。

注释

①白帕（xù）：一种白色的帽子。②白：言称，声称。

译文

钟会在景元五年（264年）正月十五日来到成都。第二天，他召请护军、郡守、牙门骑督以上的将士以及西蜀的旧官，在蜀国朝堂为魏明帝郭皇后发丧。钟会假借皇太后遗命，让钟会起兵废掉司马昭，向部下颁布诏书，让他们表达意见，并把诸将议论表示同意的话写在木板上，作为凭证，委派亲信率领各路军队。他所请来的各位官吏都被关在益州各官府中，城门、房门都关得牢牢的，派兵严加看守。钟会帐下督丘建原来属胡烈旧属，胡烈把他推荐给司马昭，钟会召他跟随自己征蜀，对他很器重。丘建同情胡烈被独关一室，对钟会说，应派一名亲信为胡烈端饭倒水，诸将也应按例备一员侍从。胡烈编造谎言告诉亲信侍从，又给儿子写信，说："丘建秘密传递消息说，钟会已挖好大坑，准备了几千根白棒，想请来所有其他部队的兵士，给他们戴上白帕（一种帽子），并授以散将官，然后一个个用棍棒打死，埋在坑中。"很多牙门将的亲兵都传说此事，一夜之间众牙门都知道这个消息了。

有人对钟会说："应把牙门骑督以上的官吏全都杀死。"钟会犹豫不决。十八日中午，胡烈部下与胡烈的儿子出门敲鼓，其他各路将士不约而同都出来击鼓。士兵们没有人统领，争先恐后地涌向城门。当时钟会刚给姜维铠甲兵器，士兵报告说外面有喧扰之声，好像着火了。过了不久，说有士兵涌向城门。

钟会很惊讶，问姜维："这些兵看来想要捣乱，怎么办？"姜维说："只有杀掉他们。"钟会派兵把关押在屋内的牙门郡守全部杀死。这时屋内有人拿着桌子顶门，士兵撞门，还是不能打开。过了片刻，门外有士兵架梯登上城门，有的士兵烧屋子，秩序混乱不堪，箭如雨下。那些还没有被杀的牙门、郡守冲出屋子，与其部下会合。姜维领着钟会左冲右杀，杀死五六人，经过一番格斗，姜维被杀，众人又一拥而上，杀死钟会。那年，钟会四十岁。当时将士死伤好几百人。

初，艾为太尉，会为司徒，皆持节、都督诸军如故，咸未受命而毙。会兄毓，以四年冬薨，会竟未知问。会兄子邕，随会与俱死。会所养兄子毅及峻、辿等下狱，当伏诛。司马文王表天子下诏曰："峻等祖父繇，三祖之世，极位台司，佐命立勋，飨食庙庭。父毓，历职内外，干事有绩。昔楚思子文之治，不灭斗氏之祀。晋录成宣之忠，用存赵氏之后。以会、邕之罪，而绝繇、毓之类，吾有愍然①。峻、辿兄弟特原，有官爵者如故，惟毅及邕息伏法。"或曰，毓曾密启司马文王，言会挟术难保，不可专任，故宥峻等云。

初，文王欲遣会伐蜀，西曹属邵悌求见曰："今遣钟会率十余万众伐蜀，愚谓会单身无重任，不若使余人行。"文王笑曰："我宁当复不知此耶？蜀为天下作患，使民不得安息。我今伐之如指掌耳，而众人皆言蜀不可伐。夫人心豫怯则智勇并竭，智勇并竭而强使之，适为敌禽（擒）耳。惟钟会与人意同，今遣会伐蜀，必可灭蜀。灭蜀之后，就如卿所虑，当何所能一办耶？凡败军之将不可以语勇，亡国之大夫不可与图存，心胆以破故也。若蜀以破，遗民震恐，不足与图事。中国将士各自思归，不肯与同也。若作恶，祇自灭族耳。卿不须忧此，慎莫使人闻也。"

注释

①愍（mǐn）：同"悯"，怜悯，哀怜。

译文

当初，邓艾为太尉，钟会为司徒，两人都持节、都督诸军事，结果都未被朝廷处死，却在内讧中丧生。钟会兄钟毓在景元四年（263年）死，钟会竟然不闻不问。钟毓儿子钟邕也与钟会一同被杀。钟会的侄子钟毅、钟峻、钟辿等被捕入狱，应论死罪。司马昭代表皇帝下诏说："钟峻等祖父钟繇，在曹操、曹丕、曹睿三朝任三公，辅佐王命，创立功勋，在祖庙中有其牌位。其父钟毓，历任京官、外职，颇有政绩。从前楚国顾念子文的功绩，不把他的后代斩尽杀绝。晋国念及赵衰、赵盾的忠贞，而不使赵家绝后。因为钟会、钟邕的罪孽而断尽钟繇的子孙，我深表同情。因此，可以赦免钟峻、钟辿兄弟，有官爵的维持原状，但钟毅及钟邕的子孙应伏法。"也有人说，因为钟毓曾向司马昭告密，说钟会使用权术，不可授予专断的大权，因此司马昭才赦免了钟峻兄弟。

当初，司马昭想派钟会攻打西蜀，西曹属邵悌求见，说："现在派遣钟会率十万大军攻打西蜀，我认为钟会是单身汉，没有家室子弟留着做人质，不如派他人去。"司马昭笑着说："我难道连这个道理都不懂吗？西蜀为我国大患，百姓不得安宁。我今讨伐，易如反掌，而众人都说不能讨伐西蜀。如果人心胆怯，则智慧与英勇都不复存在，智慧和勇敢都没有，却强迫他们去战斗，那只会被敌人打败。只是钟会与我想到一起，今派遣他攻打西蜀，一定能平定西蜀。至于平蜀之后，即使像你所顾虑的那样，但是他钟会哪能一下子就成事呢？不要和败军之将谈论勇敢，不要和亡国的士大夫谈论救亡存国，这是因为他们吓破了胆。如果蜀国灭后，活下来的人一定惊恐万状，他们再也不敢奢望恢复旧制了。至于内地的将士都愿意早日回到家乡，不愿意和钟会一起反叛。如果钟会作乱，他只有自取灭亡。你不要顾虑，但要注意保密。"

原文

及会白邓艾不轨，文王将西。悌复曰："钟会所统，五六倍于邓艾，但可敕会取艾，不足自行。"文王曰："卿忘前时所言邪？而更云可不须行乎？虽尔，此言不可宣也。我要自当以信义待人，但人不当负我，我岂可先人生心哉？近日贾护军问我，言：'颇疑钟会不？'我答言：'如今遣卿行，宁可复疑卿邪？'贾亦无以易我语也。我到长安，则自了矣。"军至长安，会果已死，咸如所策。

会尝论《易》无互体，才性同异。及会死后，于会家得书二十篇，名曰《道论》，而实刑名家也，其文似会。初，会弱冠与山阳王弼并知名。弼好论儒道，辞才逸辩，注《易》及《老子》，为尚书郎，年二十余卒。

译文

等到钟会告密说邓艾要反叛，司马昭要率兵西行。邵悌又说："钟会统率的兵力比邓艾的要多五六倍，只需下令叫他抓住邓艾就行，阁下不必亲自远征。"司马昭说："你难道忘了前时说过的话了吗？又为什么说我不该前行呢？虽然如此，但是我们这里所商量的话千万不要泄露。我应当凭信义对待别人，只要别人不辜负我，我怎么能在他人之前生疑心呢？近日贾充问我，说：'你很怀疑钟会吗？'我说：'如果今天派遣你外出，难道我也怀疑你吗？'贾充无话以对。等我到了长安，事情就该解决了。"等司马昭到了长安，果然钟会已死，诚如所料。

钟会曾认为《易经》没有互体，论述才性异同。钟会死后，从他家获得一部书，共有二十篇，名叫《道论》，实际所论却是法家刑名之学，文章像是钟会所写的。当初，钟会二十岁时与山阳县的王弼齐名。王弼好谈论儒道，有才气，好辩论，注过《易经》和《老子》，做过尚书郎，二十多岁就死了。

华佗传

魏书

题解

华佗（约145年—208年），字元化，一名旉（fū），沛国谯县（今安徽亳州）人，东汉末年著名的神医，后为曹操所杀。其事迹见于《后汉书·方术列传下》《三国志·方技传》及《华佗别传》。华佗与董奉、张仲景被并称为"建安三神医"。

原文

华佗，字元化，沛国谯人也，一名旉。游学徐土，兼通数经。沛相陈珪举孝廉，太尉黄琬辟，皆不就。晓养性之术，时人以为年且百岁而貌有壮容①，又精方药。其疗疾，合汤不过数种，心解分剂，不复称量，煮熟便饮，语其节度，舍去辄愈。若当灸，不过一两处，每处不过七八壮，病亦应除。若当针，亦不过一两处。下针言"当引某许，若至，语人"。病者言"已到"，应便拔针，病亦行差②。若病结积在内，针药所不能及，当须刳割者，便饮其麻沸散，须臾便如醉死无所知，因破取。病若在肠中，便断肠湔洗③，缝腹膏摩，四五日差，不痛，人亦不自寤④，一月之间，即平复矣。

故甘陵相夫人有娠六月，腹痛不安，佗视脉，曰："胎已死矣。"使人手摸知所在，在左则男，在右则女。人云"在左"，于是为汤下之，果下男形，即愈。

县吏尹世苦四支烦，口中干，不欲闻人声，小便不利。佗曰："试作热食，得汗则愈。不汗，后三日死。"即作热食而不汗出，佗曰："藏气已绝于内，当啼泣⑤而绝。"果如佗言。

注释

①壮容：青壮年的容貌。②行差：顿时减轻。③湔（jiān）洗：洗濯。④自寤（wù）：自我感觉。⑤啼（tí）泣：啼哭。

译文

华佗，字元化，沛国谯县人，又名旉。他远游徐州求学，又精通数种经书。沛国相陈珪举荐他做孝廉，太尉黄琬征召，他都没有去。他通晓养生的方术，当时人认为他年龄已近百岁，但容貌像壮年人，又精通医方药物。他治病时，配药不过几种，心里十分熟悉剂量，不必称量，煮熟给病人用，交代一下注意事项，吃完药病就好了。如需要药灸，不过灼一二处穴位，每处不过七八下，病也就治好了。如需要针灸，也不过一二处。下针时说："针应当刺到身体某处，如到，请说。"病人说："已到。"应声拔出针来，病也好了。如果病积结在体内，针灸、药力都不能治，须动手术的，就饮用他的麻沸散，很快病人就如同醉死了一般没有知觉，于是动刀破腹割取病灶。如果肠子有毛病，便切开肠子清洗，然后缝好伤口，敷上药膏，四五日就能见好，不痛，病人自己也没有什么感觉，一个月左右就能痊愈了。

原甘陵相的夫人怀孕六个月，腹部痛得厉害。华佗诊脉，说："胎儿已死了。"又派人用手摸胎儿的位置，在左边是男胎，在右边是女胎。摸的人说"胎位在左"，于是让孕妇吃打胎药，果然打下一男胎，病就好了。

县里的官吏尹世苦于四肢疲劳，口中干渴，不愿听见人声，小便不通畅。华佗说："试着做些热食吃下，如能出汗，病就好了，不出汗，三天后就会死。"家人赶紧做热食给他吃，仍不出汗。华佗说："元气已在体内耗尽，将会哭泣而死。"果然如华佗所料。

原文

府吏倪寻、李延共止，俱头痛身热，所苦正同。佗曰："寻当下之，延当发汗。"或难其异，佗曰："寻外实，延内实，故治之宜殊。"即各与药，明旦并起。

盐渎严昕与数人共候佗，适至，佗谓昕曰："君身中佳否？"昕曰："自如常。"佗曰："君有急病见于面，莫多饮酒。"坐毕归，行数里，昕卒（猝）

头眩堕车。人扶将还，载归家，中宿①死。

故督邮顿子献得病已差②，诣佗视脉，曰："尚虚，未得复，勿为劳事③，御内④即死。临死，当吐舌数寸。"其妻闻其病除，从百余里来省之，止宿交接，中间三日发病，一如佗言。

督邮徐毅得病，佗往省之。毅谓佗曰："昨使医曹吏刘租针胃管讫，便苦咳嗽，欲卧不安。"佗曰："刺不得胃管，误中肝也，食当日减，五日不救。"遂如佗言。

东阳陈叔山小男二岁得疾，下利常先啼，日以羸困⑤。问佗，佗曰："其母怀躯，阳气内养，乳中虚冷，儿得母寒，故令不时愈。"佗与四物女宛丸，十日即除。

彭城夫人夜之厕，虿⑥螫其手，呻呼无赖。佗令温汤近热，渍手其中，卒可得寐，但旁人数为易汤，汤令暖之，其旦即愈。

注释

①中宿：半夜。②已差：差不多痊愈。③劳事：劳动操作之事。④御内：行房事。⑤羸困：疲惫，瘦弱困乏。⑥虿（chài）：蝎子一类的毒虫。

译文

府吏倪寻、李延一起住宿，两人都头痛，身体发烧，症状相同。华佗说："倪寻应当下泻，李延当发汗。"有人诘问为什么二人同病而治法不同，华佗说："倪寻是外实，李延是内实，所以治疗应有区别。"随即分别给他们服药，第二天两人都能起床了。

盐渎县的严昕与几个人一起等候华佗，华佗刚到，对严昕说："您身体好吗？"严昕说："和平常一样。"华佗说："从您的面部上看，您得了急病，不要多喝酒。"严昕他们坐了一会儿各自回家，走了几里远，严昕突然头晕，从车上掉下来。人们扶着他回到家中，半夜就死了。

从前做过督邮的顿子献的病已差不多治好，找华佗诊脉，华佗说："身体还虚弱，没有完全恢复，别累着，如和妻子同房就会死。临死时，舌头会吐出数寸。"妻子听说顿子献病好，从百里之外来探望他，当夜留宿同房，三天之后发病，一切完全像华佗预言的那样。

督邮徐毅得病，华佗前往探视。徐毅对华佗说："昨天让医官刘租用针刺中胃道后，咳嗽得相当厉害，睡不安宁。"华佗说："他没刺中胃道，误刺肝脏。您饭量会日趋减小，五天以后就没救了。"后来果真如华佗所言。

东阳县陈叔山的小儿子二岁得病，下泻时常先哭，日见消瘦无力，求华佗诊病。华佗说："他母亲怀他的时候，阳气内养，乳中虚寒。这孩子得了母亲的寒气，所以他不时疲困。"华佗开了四服女宛丸，十天就把病治好了。

彭城夫人夜里去厕所，被毒虫蜇伤，痛得呻吟呼叫，没有一点办法。华佗叫人把药汤烧热，让她把手浸在药汤中，终于得以安睡。只是需要旁人反复给她换热汤，使药汤保持温度，第二天天明就好了。

原文

军吏梅平得病，除名还家，家居广陵，未至二百里，止亲人舍。有顷，佗偶至主人许，主人令佗视平，佗谓平曰："君早见我，可不至此。今疾已结，促去可得与家相见，五日卒。"应时归，如佗所刻。

佗行道，见一人病咽塞，嗜食而不得下，家人车载欲往就医。佗闻其呻吟，驻车往视，语之曰："向来道边有卖饼家蒜齑①大酢②，从取三升饮之，病自当去。"即如佗言，立吐蛇③一枚，悬车边，欲造佗。佗尚未还，小儿戏门前，逆见，自相谓曰："似逢我公，车边病④是也。"疾者前入坐，见佗北壁悬此蛇辈约以十数。

又有一郡守病，佗以为其人盛怒则差，乃多受其货而不加治，无何弃去，留书骂之。郡守果大怒，令人追捉杀佗。郡守子知之，属使勿逐。守恚既甚，吐黑血数升而愈。

又有一士大夫不快，佗云："君病深，当破腹取。然君寿亦不过十年，病不能杀君，忍病十岁，寿俱当尽，不足故刳裂。"士大夫不耐痛痒，必欲除之。佗遂下手，所患寻差，十年竟死。

注释

①蒜齑（jī）：捣碎的蒜。②酢（cù）：调味用的酸味液体。也作"醋"。③蛇：当是指大蛔虫。④病：指蛔虫。

译文

军吏梅平得病，退役回家，他家在广陵（今江苏扬州），未走二百里，到一个亲戚家借宿。过了一会儿，华佗偶然来到这里，主人求华佗给梅平诊病，华佗对梅平说："您要是早点找我看病，或许不至于到这种地步。今病情已重，赶紧回去和家人相见，五天后就会死。"梅平赶紧回到家中，果真像华佗预计的那样。

华佗在路上行走，看见一人有吞食困难的病，想吃东西而吞不下，他的家人用车载着他去找大夫。华佗听见他的呻吟声，停车前去探视，对病人说："过来的路边卖饼的

人家，有卖蒜泥和醋的，买三升喝下去，病就好了。"病人按华佗的说法去做，立即从嘴里吐出一条大蛔虫，他们把大蛔虫悬挂在车边，想前往拜访华佗。华佗还未回来，华佗的小儿子在门前玩，迎面看见来人，自言自语说："好像是遇见了我父亲，车边悬挂的大蛔虫就是见证。"那位病人进屋坐，见华佗屋的北墙上悬挂着十几条这样的大蛔虫。

又有一个郡守得病，华佗认为这个人大发怒气病就会好，于是接受他很多财物，却不给治病，不久，又离开这郡守走了，还留一封信大骂郡守。这个郡守果然大怒，命令手下去追杀华佗。郡守的儿子知道此中缘由，嘱咐手下人不要去追。郡守愤怒已极，口中吐出几升黑血，病也就好了。

又有一个士大夫身体不舒服，华佗说："您病得很深，得开腹治疗。但是您的寿命也不过再有十年。您的病不会危及您的生命，忍病十年，寿命与病也该差不多了，不必因病特地剖腹了。"这个士大夫忍耐不住痛痒，一定要求华佗去除病根。华佗于是为他动了手术，随即病症就消失了，十年后这人终究死了。

原文

广陵太守陈登得病，胸中烦懑①，面赤不食。佗脉之曰："府君胃中有虫数升，欲成内疽，食腥物所为也。"即作汤二升，先服一升，斯须尽服之。食顷，吐出三升许虫，赤头皆动，半身是生鱼脍也，所苦便愈。佗曰："此病后三期当发，遇良医乃可济救。"依期果发动，时佗不在，如言而死。

太祖闻而召佗，佗常在左右。太祖苦头风②，每发，心乱目眩，佗针鬲③，随手而差。

李将军妻病甚，呼佗视脉，曰："伤娠而胎不去。"将军言："闻实伤娠，胎已去矣。"佗曰："案脉，胎未去也。"将军以为不然。佗舍去，妇稍小差，百余日复动，更呼佗。佗曰："此脉故事有胎，前当生两儿，一儿先出，血出甚多，后儿不及生，母不自觉，旁人亦不寤，不复迎，遂不得生。胎死，血脉不复归，必燥著母脊，故使多脊痛。今当与汤，并针一处，此死胎必出。"汤针既加，妇痛急如欲生者。佗曰："此死胎久枯，不能自出，宜使人探之。"果得一死男，手足完具，色黑，长可尺所。

注释

①烦懑（mèn）：泛指烦闷愁恼。②头风：头疼病。③鬲（gé）：在此指代膈俞穴。

译文

广陵太守陈登得病，心中烦闷，面色发红，没有食欲。华佗诊脉说："您的胃中有虫数升，将要形成你体内的毒疮，这是你多吃腥物造成的。"随即做二升汤药，先服一升，过一会儿全都喝下去。喝后片刻，吐出三升多虫子，红色的头都能蠕动，半身是生鱼肉，然后陈登病就除了。华佗说："这种病三年后还会复发，遇上好的大夫才有救。"三年后果然复发，当时华佗不在，陈登就像华佗说的那样死了。

曹操听说后，征召华佗，经常让华佗在左右侍奉。曹操患有头风病，发病时，心中慌乱，眼冒金星，华佗扎膈俞穴，立刻就治好。

李将军妻子病得很厉害，求华佗诊脉。华佗说："你孕时小产，但胎儿未坠。"将军说："确实是小产，但胎儿已下来了。"华佗说："根据诊脉，胎儿没下来。"将军不信华佗的话。华佗离去后，妻子的病渐渐好转，但是百余天后又复发了，只得又把华佗找来。华佗说："诊脉仍与前次一样，腹中有胎，而且是双胞胎。一胎儿先生，孕妇会出很多血，后一胎儿不会自生，孕妇也感觉不出来，旁人也意识不到，所以不再考虑接生了，所以这个胎儿没有能生下来。胎儿已死，血脉不再营养胎儿，使胎儿枯死贴近

三国志精粹

186

母背。所以孕妇感到后背痛。今当开汤药，再扎一针，这个胎儿一定能出来。"汤药已喝，针也扎过，孕妇疼痛难忍，急于要把胎儿生出来。华佗说："这个死胎早已枯萎，不会自己生出来，应当由旁人给予助产。"后来果然生下一男胎，手脚都全，但肤色发黑，长一尺左右。

原文

佗之绝技，凡此类也。然本作士人，以医见业，意常自悔。后太祖亲理，得病笃重，使佗专视。佗曰："此近难济，恒事攻治，可延岁月。"佗久远家思归，因曰："当得家书，方欲暂还耳。"到家，辞以妻病，数乞期不反。太祖累书呼，又敕郡县发遣。佗恃能厌食事，犹不上道。太祖大怒，使人往检。若妻信病，赐小豆四十斛，宽假限日，若其虚诈，便收送之。于是传付许狱，考（拷）验首服[①]。荀彧请曰："佗术实工，人命所悬，宜含宥之。"太祖曰："不忧，天下当无此鼠辈邪？"遂考（拷）竟佗。

佗临死，出一卷书与狱吏，曰："此可以活人。"吏畏法不受。佗亦不强，索火烧之。佗死后，太祖头风未除。太祖曰："佗能愈此。小人养吾病，欲以自重，然吾不杀此子，亦终当不为我断此根原耳。"及后爱子仓舒病困，太祖叹曰："吾悔杀华佗，令此儿强死也。"

初，军吏李成苦咳嗽，昼夜不寐，时吐脓血，以问佗。佗言："君病肠臃，咳之所吐，非从肺来也。与君散两钱，当吐二升余脓血讫，快自养，一月可小起，好自将爱，一年便健。十八岁当一小发，服此散，亦行复差。若不得此药，故当死。"复与两钱散。成得药，去五六岁，亲中人有病如成者，谓成曰："卿今强健，我欲死，何忍无急去药以待不祥？先持贷我，我差，为卿从华佗更索。"成与之。已故到谯，适值佗见收匆匆，不忍从求。后十八岁，成病竟发，无药可服，以至于死。

注释

①考验首服：经拷打查验，华佗认罪。

译文

华佗的绝妙医术，都像上面所说的。然而他原本是士人，后来把医术作为自己的职业，心中常有后悔之意。曹操亲自处理朝政，得了重病，让华佗专门诊治。华佗说："这种病不是短时间能治好的，应长期不断地治疗，可以延寿。"华佗长久远离家乡，思乡心切，因此说："刚才得到家信，想要回家看看。"回到家里后，以妻子有病做推辞，好几次请假不愿返回。曹操屡次写信催他，又派官吏敦促，华佗仍不上路。他觉得自己有专长，厌恶食朝廷俸禄而为官府役使，还是不肯上路。曹操大怒，又派人前去查看。如果华佗的妻子确实有病，赐给小豆四十斛，并放宽假日，如果华佗弄虚作假，就把他收捕押送。结果华佗被押入许都监狱，经拷打审讯，自己服罪。荀彧为华佗求情说："华佗医术实在高明，能解救人命，应当包容宽宥他。"曹操说："不怕，像华佗之辈天下不多的是吗？"还是将华佗拷打至死。

华佗临死时，拿出一卷书递给看管监狱的人，说："这书可以救活人。"狱吏害怕朝廷法律，不敢接受。华佗也不勉强，取火把书烧了。华佗死后，曹操头痛病没有根除。曹操说："华佗能治好我的病。那小子使这个病保留在我身上想以此抬高自己，就是我不杀了他，他也不会给我去除病根的。"后来他的爱子仓舒病重，曹操感叹说："我后悔杀了华佗，使这个孩子死得冤枉。"

起初，军中小吏李成咳嗽得十分厉害，白日黑夜昏昏沉沉，不时吐脓血，他求华佗诊断。华佗说："您得了肠臃病，您咳吐出来的东西，不是出自肺部。给您开两钱散剂，吐出二升的脓血就止住了，赶紧调养，一个月就可稍稍起床，好好地自己调养爱护，一年就会恢复健康。十八年后会小有复发，服用此药，就会好转的。如果得不到这种药，便会有生命危险。"于是又给李成两钱散剂。过了五六年，亲戚中有个人得了与李成相同的病，对李成说："你现在身体强壮，我快要死了，你怎能忍心没有急症却收藏你的药，眼见我去死呢？先借给我服用，等我病好了，为你再到华佗那儿去要。"李成把药给了他。因为这个缘故李成到谯县，正值华佗被抓起来，仓促间不忍心追着华佗要药。十八年后，李成终究发病，无药可服，以致死了。

原文

　　广陵吴普、彭城樊阿皆从佗学。普依准佗治，多所全济。佗语普曰："人体欲得劳动，但不当使极尔。动摇则谷气得消，血脉流通，病不得生，譬犹户枢不朽是也。是以古之仙者为导引之事，熊经鸱顾，引挽腰体，动诸关节，以求难老。吾有一术，名五禽之戏，一曰虎，二曰鹿，三曰熊，四曰猿，五曰鸟，亦以除疾，并利蹄足，以当导引。体中不快，起作一禽之戏，沾濡汗出，因上著粉，身体轻便，腹中欲食。"普施行之，年九十余，耳目聪明，齿牙完坚。

阿善针术。凡医咸言背及胸藏之间不可妄针，针之不过四分，而阿针背入一二寸，巨阙胸藏针下五六寸，而病辄皆瘳。阿从佗求可服食益于人者，佗授以漆叶青粘散。漆叶屑一升，青粘屑十四两，以是为率，言久服去三虫，利五藏，轻体，使人头不白。阿从其言，寿百余岁。漆叶处所而有，青粘生于丰、沛、彭城及朝歌云。

译文

广陵县吴普、彭城县樊阿都跟随华佗学医。吴普遵照华佗的办法治病，所治的病人大多康复。华佗对吴普说："人体需要劳动，但一定不能过度。人体运动，食物中的养分能得到消化，血脉通畅，不会得病，就好像门轴经常活动不会腐烂一样。因此古代长寿的人以导引的方法健身，模仿熊转动脖颈，模仿鸱鸟回顾的样子，弯曲、伸展肢体，活动各个关节，从而保持健康，不易衰老。我有一种锻炼方法，叫五禽戏，一叫虎、二叫鹿、三叫熊、四叫猿、五叫鸟，也可以祛病，并且便利腿脚，以此当作导引。如身体感到不适，站起来做一禽之戏，全身微微出汗，再敷上一层药粉，身体变得轻便，食欲也大增。"吴普认真练习五禽戏，活到九十多岁，还耳聪目明，牙齿完整坚固。

樊阿擅长扎针。凡懂医道的人都说后背和心脏不能乱下针，下针也不过四分，而樊阿下针后背，可深入一二寸，而在肚脐沿腹线上至剑突处的任脉经穴，他竟可以下针五六寸，病者都能痊愈。樊阿向华佗询求可以食用的有利健康的药物，华佗给了他一方漆叶青粘散。漆叶末一升，青粘末十四两，用这作为配方标准，说坚持服用能除去三虫，对五脏有利，身体轻健，头发不会白。樊阿听从华佗的话，活了百余岁。漆叶到处都有，青粘生长在丰县、沛县、彭城及朝歌县等地。

蜀书

先主传

三国志精粹

题解

　　刘备（161年—223年），字玄德，东汉末年幽州涿郡涿县（今河北保定涿州）人，三国时期蜀汉开国皇帝，谥号昭烈，史家又称为先主。刘备是汉朝的宗室，汉中山靖王刘胜的后代。他为人谦和、礼贤下士、宽以待人、志向远大、知人善用，公元221年在成都称帝，国号汉，年号章武，史称蜀或蜀汉，占有今四川、云南大部，贵州全部，陕西汉中和甘肃白龙江一部分。公元223年病逝于白帝城，终年六十三岁。

原文

　　先主姓刘，讳备，字玄德，涿郡涿县人，汉景帝子中山靖王胜之后也。胜子贞，元狩六年封涿县陆城亭侯，坐酎金①失侯，因家焉。先主祖雄，父弘，世仕州郡。雄举孝廉，官至东郡范令。先主少孤，与母贩履织席为业。舍东南角篱上有桑树生高五丈余，遥望见童童②如小车盖，往来者皆怪此树非凡，或谓当出贵人。

　　先主少时，与宗中诸小儿于树下戏，言："吾必当乘此羽葆盖车。"叔父子敬谓曰："汝勿妄语，灭吾门也！"年十五，母使行学，与同宗刘德然、辽西公孙瓒俱事故九江太守同郡卢植。德然父元起常资给先主，与德然等。

　　元起妻曰："各自一家，何能常尔邪！"起曰："吾宗中有此儿，非常人也。"而瓒深与先主相友。瓒年长，先主以兄事之。先主不甚乐读书，喜狗马、音乐、美衣服。身长七尺五寸，垂手下膝，顾自见其耳。少语言，善下人，喜怒不形于色。好交结豪侠，年少争附之。中山大商张世平、苏双等赀（资）累千金，贩马周旋于涿郡，见而异之，乃多与之金财。先主由是得用合徒众。

注释

①酎金：古代宗庙祭祀时所献祭金。②童童：盛大貌。

译文

先主姓刘，名备，字玄德，涿郡涿县人，汉景帝之子中山靖王刘胜的后人。刘胜之子刘贞，元狩六年（前117年）受封涿县陆城亭侯，因在宗庙祭祀时所献祭金违犯礼制，而触犯律令被削去爵位，于是便在涿县安家。先主祖父刘雄、父亲刘弘，均在州郡做过官。刘雄由孝廉出身，官至东郡范县县令。先主少年失父，与母亲靠贩草鞋、织芦席为生计。在他家庭院东南角的篱笆墙边上，长有一棵桑树，树高五丈有余，远远望去，枝繁叶茂形同车盖，过往行人都觉得此树长得非同一般，有人预言这户人家要出贵人。

先主儿时与族中小孩们在树下玩耍，曾逗趣说："我长大了一定会乘坐这个羽盖车。"叔父刘子敬训斥他说："你不要胡言乱语，这要招灭门之祸的！"先主十五岁时，母亲命他外出游学，于是他与同族刘德然、辽西人公孙瓒一道师事前九江太守同郡人卢植。刘德然的父亲刘元起常常资助他，并把刘备和刘德然一般看待。

刘元起的妻子说："我们也不是一家人，哪能总这样款待他。"刘元起说："我族中有这么个孩子，非等闲之人。"公孙瓒与先主两人交情深厚，因其年长，先主即以兄长之礼对待他。先主不太喜爱读书，反倒喜欢走狗跑马、听音乐、穿华丽的服饰。他身高七尺五寸，双手过膝，转头能看到自己的耳朵。他平时沉默寡言，善待下人，不轻易表现出自己的喜怒，并喜欢结交豪侠之士，不少年轻人都争相归附，为其所用。中山人巨商张世平、苏双等，积蓄千金家财，贩马往返于涿郡一带，见到先主，以为此非凡人，于是馈赠他大笔钱财，先主便用这些钱财召集起一支队伍。

原文

灵帝末，黄巾起，州郡各举义兵，先主率其属从校尉邹靖讨黄巾贼有功，除安喜尉。督邮以公事到县，先主求谒，不通，直入缚督邮，杖二百，解绶系其颈着马枊①，弃官亡命。顷之，大将军何进遣都尉毌丘毅诣丹杨募兵，先主与俱行，至下邳遇贼，力战有功，除为下密丞。复去官，后为高唐尉，迁为令。为贼所破，往奔中郎将公孙瓒，瓒表为别部司马，使与青州刺史田楷以拒冀州牧袁绍。数有战功，试守平原令，后领平原相。郡民刘平素轻先主，耻为之下，使客刺之。客不忍刺，语之而去。其得人心如此。

袁绍攻公孙瓒，先主与田楷东屯齐。曹公征徐州，徐州牧陶谦遣使告急于田楷，楷与先主俱救之。时先主自有兵千余人及幽州乌丸杂胡骑，又略（掠）得饥民数千人。既到，谦以丹杨兵四千益先主，先主遂去楷归谦。谦表先主为豫州刺史，屯小沛。谦病笃，谓别驾麋竺曰："非刘备不能安此州也。"谦死，竺率州人迎先主，先主未敢当。下邳陈登谓先主曰："今汉室陵迟，海内倾覆，立功立事，在于今日。彼州殷富，户口百万，欲屈使君抚临州事。"先主曰："袁公路近在寿春，此君四世五公，海内所归，君可以州与之。"

注释

①马枊（àng）：拴马的柱子。

译文

汉灵帝末年，黄巾军起，各州郡纷纷组织"义兵"，先主带领自己的队伍跟随校尉邹靖征讨黄巾军有功，被委任为安喜县县尉。督邮因公差来到安喜县，先主上门求见，受阻门外，先主径直闯入，将督邮捆起，痛杖二百，并将印绶解下来套住他的脖子将他绑在拴马桩上，然后弃官而逃。不久，大将军何进派遣都尉毌丘毅前往丹杨招募兵马，

先主与之同行，至下邳遇上起义军，先主力战有功，被任命为下密县县丞。不久他又放弃了这一官职，随后又被任为高唐县县尉，升为县令。高唐县城被黄巾军攻破后，他投奔中郎将公孙瓒，公孙瓒上书朝廷举荐他为别部司马，并派他协助青州刺史田楷抵御冀州牧袁绍。刘备因多次立有战功，故朝廷调他代理平原县县令，随后又兼任平原国相。本郡人刘平一向瞧不起先主，以受其管辖为耻，于是派刺客行刺先主。刺客不忍下手，并将自己的来由告知先主，然后离去。先主就是如此深得人心。

袁绍进攻公孙瓒，先主与田楷东向驻兵齐地。曹操征讨徐州，徐州牧陶谦派遣使者向田楷告急，田楷与先主一道领兵援救。当时先主自己的兵卒有一千多人，能调遣的还有幽州乌丸一些少数民族的骑兵，以及从饥民中抓夫数千人。赶到徐州后，陶谦又调拨四千丹杨兵给他，于是他离开田楷归附陶谦。陶谦上表举荐先主为豫州刺史，驻扎小沛。陶谦病重，对州别驾麋竺说："没有刘备，本州是不得安定的。"陶谦死后，麋竺即率州内人众迎请先主，先主谦而不受。下邳人陈登对他说："当今汉朝衰颓，天下大乱，建功立业，即在今日。徐州乃殷实富庶之地，人口百万，唯愿您委屈低就掌管州事。"先主说："袁公路近在寿春，他家四代五公卿，天下人心仰归，您可以把州事托付他。"

原文

登曰："公路骄豪，非治乱之主。今欲为使君合步骑十万，上可以匡主济民，成五霸之业，下可以割地守境，书功于竹帛。若使君不见听许，登亦未敢听使君也。"北海相孔融谓先主曰："袁公路岂忧国忘家者邪？冢中枯骨，何足介意。今日之事，百姓与能，天与不取，悔不可追。"先主遂领徐州。

袁术来攻先主，先主拒之于盱眙、淮阴。曹公表先主为镇东将军，封宜城亭侯，是岁建安元年也。先主与术相持经月，吕布乘虚袭下邳。下邳守将曹豹反，间迎布。布虏先主妻子，先主转军海西。杨奉、韩暹寇徐、扬间，先主邀击，尽斩之。先主求和于吕布，布还其妻子。先主遣关羽守下邳。

先主还小沛，复合兵得万余人。吕布恶之，自出兵攻先主，先主败走归曹公。曹公厚遇之，以为豫州牧。将至沛收散卒，给其军粮，益与兵使东击布。布遣高顺攻之，曹公遣夏侯惇往，不能救，为顺所败，复虏先主妻子送布。曹公自出东征，助先主围布于下邳，生禽（擒）布。先主复得妻子，从曹公还许。表先主为左将军，礼之愈重，出则同舆，坐则同席。袁术欲经徐州北就袁绍，曹公遣先主督朱灵、路招要击术。未至，术病死。

译文

　　陈登说："袁公路骄横自负，不是治理乱世的人才。现在大家计划为您招募十万步、骑兵，这样进可匡扶朝廷，安民济世，建树五霸功业。退可割地称雄，功垂青史。如果您不答应我们的请求，那么我陈登也就难以接受您的意见了。"北海国相孔融对先主说："袁公路岂是一位忧国忘家之人？他不过是坟墓中的枯骨，不值一提。当今时势，百姓拥戴贤能者为主，对上天之赐辞而不受，将来后悔可就来不及了啊。"于是先主接管了徐州。

　　袁术前来攻打，先主率军与之相战于盱眙、淮阴一带。曹操上表举荐先主为镇东将军，封爵宜城亭侯，这年为汉献帝建安元年（196 年）。先主与袁术相持一月有余，吕布乘其后防空虚袭击下邳。下邳守将曹豹反叛，献城归附吕布。吕布掳获先主的妻子儿女，先主率军转往海西。杨奉、韩暹骚扰徐州、扬州一带，先主率军拦击，并将其所部全部歼灭。先主请求与吕布和解，吕布放还他的家属。先主派遣关羽镇守下邳。

　　先主回到小沛，又召集兵卒万余人。吕布十分恼火，亲自率兵前来攻打，先主兵败归附曹操。曹操厚待先主，任命他为豫州牧。先主决定回到小沛收集失散的士卒。曹操资助军粮，增补兵马，派先主东进攻打吕布。吕布派遣高顺迎战，曹操派夏侯惇前往救援。救兵未至，先主即为高顺所击败，且妻子儿女又被高顺所掳并送交吕布。曹操亲自率军东征，帮助先主将吕布围困在下邳，并活捉了吕布。先主重新迎回妻子儿女，随曹操回军许都。曹操上表举荐先主为左将军，对其倍加敬重，出则同车，坐则同席。袁术打算取道徐州北往归附袁绍，曹操派遣先主督率朱灵、路招截击袁术。兵未赶到，袁术就病死了。

　　先主未出时，献帝舅车骑将军董承辞受帝衣带中密诏，当诛曹公。先主未发。是时曹公从容谓先主曰："今天下英雄，唯使君与操耳。本初之徒，不足数也。"先主方食，失匕箸。遂与承及长水校尉种辑、将军吴子兰、王子服等同谋。会见使，未发。事觉，承等皆伏诛。先主据下邳。灵等还，先主乃杀徐州刺史车胄，留关羽守下邳，而身还小沛。东海昌霸反，郡县多叛曹公为先主，众数万人，遣孙乾与袁绍连和，曹公遣刘岱、王忠击之，不克。五年，曹公东征先主，先主败绩。曹公尽收其众，虏先主妻子，并禽（擒）关羽以归。

　　先主走青州。青州刺史袁谭，先主故茂才也，将步骑迎先主。先主随谭到平原，谭驰使白绍。绍遣将道路奉迎，身去邺二百里，与先主相见。驻月余日，所失亡士卒稍稍来集。曹公与袁绍相拒于官渡，汝南黄巾刘辟等叛曹公应绍。绍遣先主将兵与辟等略许下。关羽亡归先主。曹公遣曹仁将兵击先主，先主还绍军，阴欲离绍，乃说绍南连荆州牧刘表。绍遣先主将本兵复至汝南，与贼龚都等合，众数千人。曹公遣蔡阳击之，为先主所杀。

译文

　　先主出兵之前，汉献帝丈人、车骑将军董承领受献帝藏在衣带中的密诏，要求先主主持诛杀曹操。先主尚未发难。其时曹操曾在闲聊时对先主说："当今天下英雄，唯有君与我。袁本初之流，根本不值一提。"先主正在进食，闻言大惊，失落手中的勺子。于是他与董承及长水校尉种辑、将军吴子兰、王子服等人密谋。正巧先主被派出征，未能及时动手。后来此事败露，董承等人均被斩首。先主占据下邳。朱灵等人还军，先主借机杀掉徐州刺史车胄，留关羽镇守下邳，自己返归小沛。东海国昌霸反叛，所属郡县大多叛离曹操而归顺先主，人数达数万人。先主派遣孙乾前往与袁绍结盟，曹操派出刘岱、王忠前来截击未果。建安五年（200年），曹操东征先主，先主战败。曹操将其兵马全部收编，掳获先主的妻子儿女，并生擒关羽，然后归去。

　　先主逃往青州。青州刺史袁谭，曾被先主举荐为秀才，故率领兵马迎接先主的到来。先主随袁谭至平原县，袁谭遣信使报其父袁绍。袁绍派部将沿途接送，自己则出邺城二百里与先主相会。先主在袁绍处驻留一个多月后，建制被打散的士卒渐渐前来归集。曹操与袁绍在官渡列阵相持，汝南郡黄巾军首领刘辟等人反叛曹操，接应袁绍。袁绍派遣先主率军与刘辟等人进攻许县。关羽逃归先主。曹操派曹仁率军进击先主，先主归还了袁绍的兵马，暗地计划离开袁绍，于是便劝说袁绍与南面的荆州牧刘表结盟。袁绍派先主率领本部兵马再往汝南，与黄巾军龚都等人会合，人数达数千人。曹操派蔡阳前来攻打，先主斩杀蔡阳。

原文

　　曹公既破绍，自南击先主。先主遣麋竺、孙乾与刘表相闻，表自郊迎，以上宾礼待之，益其兵，使屯新野。荆州豪杰归先主者日益多，表疑其心，阴御①之。使拒夏侯惇、于禁等于博望。久之，先主设伏兵，一旦自烧屯伪遁，惇等追之，为伏兵所破。

　　十二年，曹公北征乌丸，先主说表袭许，表不能用。曹公南征表，会表卒，子琮代立，遣使请降。先主屯樊，不知曹公卒（猝）至，至宛乃闻之，遂将其众去。过襄阳，诸葛亮说先主攻琮，荆州可有。先主曰："吾不忍也！"乃驻马呼琮，琮惧不能起。琮左右及荆州人多归先主。比到当阳，众十余万，辎重数千两，日行十余里。别遣关羽乘船数百艘，使会江陵。或谓先主曰："宜速行保江陵，今虽拥大众，被甲者少，若曹公兵至，何以拒之？"先主曰："夫济大事必以人为本，今人归吾，吾何忍弃去？"

　　曹公以江陵有军实，恐先主据之，乃释辎重，轻军到襄阳。闻先主已过，曹公将精骑五千急追之，一日一夜行三百余里，及于当阳之长坂。先主弃妻子，与诸葛亮、张飞、赵云等数十骑走，曹公大获其人众辎重。先主斜趋汉津②，适与羽船会，得济沔，遇表长子江夏太守琦众万余人，与俱到夏口③。先主遣诸葛亮自结于孙权，权遣周瑜、程普等水军数万，与先主并力，与曹公战于赤壁，大破之，焚其舟船。先主与吴军水陆并进，追至南郡，时又疾疫，北军多死，曹公引归。

注释

　　①阴御：暗地里防备。②汉津：今湖北荆门沙洋县汉水渡口。③夏口：今湖北武昌。

译文

　　曹操打败袁绍后，率军南向进击先主。先主派麋竺、孙乾到刘表处报信联络，刘表亲自出城迎接，对先主待以上宾之礼，给他补充兵员，遣派他驻军新野。荆州豪杰之士归附先主者日益增多，刘表怀疑先主之用意，对他暗加防备。刘表派先主进军博望县以抗击夏侯惇、于禁等。相持一段时间后，先主设下伏兵，在一天早晨烧毁自家营寨并假装逃跑，夏侯惇等率军追击，被伏兵打败。

　　建安十二年（207 年），曹操北征乌丸，先主劝说刘表乘机袭击许县，刘表不听。曹操南征刘表，正逢刘表病卒，刘表之子刘琮代为执政，派遣使节向曹操求降。先主驻军樊城，未料曹操军队突然攻袭，待曹军攻到宛城时才得知这一消息，于是率领军马撤出樊城。路过襄阳时，诸葛亮劝他进攻刘琮以夺得荆州。先主说："我不忍心啊！"于是

停马招呼刘琮，刘琮惧怕不敢起身。刘琮的下属及荆州人士有很多归附先主。到当阳县时，追随他的人就达十多万，粮草物资装了几千车，每天只能行进十几里。于是他派关羽另率几百艘船从水路行进，约定在江陵会合。有人劝先主："应当全速前进去保江陵，现在虽说人众甚多，但能作战者很少，如果曹操的大军追上，我们怎么抵抗呢？"先主说："成就大业以取得天下人心为本，现在人们主动归随我们，我怎可忍心抛下他们而去？"

曹操考虑到江陵囤积大批军用物资，唯恐先主抢先占据，便放弃粮草辎重，轻装急行赶到襄阳。听说先主已经过去，曹操亲率五千精锐骑兵急速追击，一昼夜行进三百余里，至当阳县长坂时即追上先主。先主丢下妻子儿女，与诸葛亮、张飞、赵云等数十人乘马前奔，曹操夺取了他的大批人马辎重。先主抄近路奔赴汉津，恰好与关羽的船队相逢，故得以渡过沔水，半道又遇到刘表长子江夏太守刘琦所率的万余人马，于是大家一道奔赴夏口。先主派遣诸葛亮去和孙权联络结盟，孙权派周瑜、程普等水军数万人，与先主会合，在赤壁与曹操大战一场，大败曹军，烧毁曹军战船。先主与东吴军队水陆并进，一直追击到南郡，彼时正流行瘟疫，曹军死亡甚众，曹操只好撤军返还。

原文

先主表琦为荆州刺史，又南征四郡。武陵太守金旋、长沙太守韩玄、桂阳太守赵范、零陵太守刘度皆降。庐江雷绪率部曲数万口稽颡①。琦病死，群下推先主为荆州牧，治公安。

权稍畏之，进妹固好。先主至京见权，绸缪②恩纪。权遣使云欲共取蜀，或以为宜报听许，吴终不能越荆有蜀，蜀地可为己有。荆州主簿殷观进曰："若为吴先驱，进未能克蜀，退为吴所乘，即事去矣。今但可然赞其伐蜀，而自说新据诸郡，未可兴动，吴必不敢越我而独取蜀。如此进退之计，可以收吴、蜀之利。"先主从之，权果辍计。迁观为别驾从事。

十六年，益州牧刘璋遥闻曹公将遣钟繇等向汉中讨张鲁，内怀恐惧。别驾从事蜀郡张松说璋曰："曹公兵强无敌于天下，若因张鲁之资以取蜀土，谁能御之者乎？"璋曰："吾固忧之而未有计。"松曰："刘豫州，使君之宗室而曹公之深雠（仇）也，善用兵，若使之讨鲁，鲁必破。鲁破，则益州强，曹公虽来，无能为也。"璋然之，遣法正将四千人迎先主，前后赂遗以巨亿计。正因陈益州可取之策。先主留诸葛亮、关羽等据荆州，将步卒数万人入益州。至涪，璋自出迎，相见甚欢。张松令法正白先主，及谋臣庞统进说，便可于会所袭璋。

注释

①稽颡（sǎng）：古代一种跪拜礼，屈膝下拜，以额触地。居丧、请罪、投降时行之。颡：额头。
②绸缪：预先打好关系。

译文

先主上表荐封刘琦任荆州刺史，又率军征讨南方四郡。武陵太守金旋、长沙太守韩玄、桂阳太守赵范、零陵太守刘度全都投降。庐江郡雷绪率领私人武装数万人前来跪拜归顺。刘琦病死，其下属推举先主为荆州牧，治所设在公安县。

孙权对先主渐渐感到畏惧，将妹妹嫁给先主以巩固双方关系。先主前往京口拜见孙权，两人相处颇为礼敬。孙权派人告知先主意欲联兵攻取蜀地，其下属有人建议不妨先答应孙权，因为东吴毕竟难以跨越荆州来占据蜀郡，这样蜀郡自然为先主所有了。荆州主簿殷观献计："如果替东吴打头阵，前往未必能攻克蜀郡，败退必然被东吴乘机吞掉，大事即此去矣。当前只可以口头赞同伐蜀，并告知我方刚刚占取南方四郡，不便于再动众兴师，东吴必定不敢贸然经过我地独自前往攻取蜀地。这种有进有退之计，能使我们坐取吴、蜀两方的好处。"先主采纳殷观的意见，孙权果然放弃了进取蜀地的计划。先主提拔殷观为别驾从事。

建安十六年（211年），益州牧刘璋打听到曹操将派遣钟繇等率军前来汉中讨伐张鲁，心中十分恐惧。别驾从事蜀郡人张松劝说刘璋："曹操兵力强大，天下无敌，如果他夺得张鲁的地盘，再利用其物资粮草攻取蜀地，那天下谁还能够抵御他？"刘璋说："我正为此事担忧，但苦于无计可施。"张松说："刘豫州与您同宗，又与曹操是仇敌，他善于用兵，如果请他攻伐张鲁，张鲁必败。张鲁一败，则益州实力增强，到时即使曹操亲自前来，也不能奈我何。"刘璋称是，于是派法正领兵四千迎请先主，前后赂送上亿的礼物。法正借机向先主陈述夺取益州的方略。先主留下诸葛亮、关羽等镇守荆州，自己亲率步兵数万人前来益州。到涪县时，刘璋亲自出城迎接，两人相见十分高兴。张松使法正禀告先主，有谋士庞统进言，声称应在相会处袭杀刘璋。

原文

先主曰："此大事也，不可仓促。"璋推先主行大司马，领司隶校尉。先主亦推璋行镇西大将军，领益州牧。璋增先主兵，使击张鲁，又令督白水军。先主并军三万余人，车甲器械资货甚盛。是岁，璋还成都。先主北到葭萌，未即讨鲁，厚树恩德，以收众心。

明年，曹公征孙权，权呼先主自救。先主遣使告璋曰："曹公征吴，吴忧危急。孙氏与孤本为唇齿，又乐进在青泥与关羽相拒，今不往救羽，进必

大克，转侵州界，其忧有甚于鲁。鲁自守之贼，不足虑也。"乃从璋求万兵及资实，欲以东行，璋但许兵四千，其余皆给半。张松书与先主及法正曰："今大事垂可立，如何释此去乎？"松兄广汉太守肃，惧祸逮己，白璋发其谋。于是璋收斩松，嫌隙始构矣。璋敕关戍诸将文书勿复关通先主。

先主大怒，召璋白水军督杨怀，责以无礼，斩之。乃使黄忠、卓膺勒兵向璋。先主径至关中，质诸将并士卒妻子，引兵与忠、膺等进到涪，据其城。璋遣刘璝、冷苞、张任、邓贤等拒先主于涪，皆破败，退保绵竹。璋复遣李严督绵竹诸军，严率众降先主。先主军益强，分遣诸将平下属县，诸葛亮、张飞、赵云等将兵溯流定白帝、江州、江阳，惟关羽留镇荆州。先主进军围雒。时璋子循守城，被攻且一年。

译文

先主说："这是大事，不可操之过急。"刘璋推举先主代理大司马，兼任司隶校尉。先主也推举刘璋代理镇西大将军，兼任益州牧。刘璋为先主补增兵员，让他攻打张鲁，并使他督领白水关的兵马。先主聚结各路兵马计三万多人，车甲、兵械、粮草、物资甚为丰盛。同年，刘璋回到成都。先主北上葭萌，但没有马上攻伐张鲁，而是广施恩德，笼络人心。

次年，曹操征讨孙权，孙权请先主前往救援。先主派人告知刘璋："曹操征吴，东吴十分危急。孙氏与我本为唇齿关系，而且乐进正与关羽在青泥相持，现在如不前往救援关羽，乐进定获全胜，进而转头侵犯益州，其忧患可比张鲁大多了。张鲁不过是一个割据一方的贼寇，不必过于担忧。"于是请求刘璋拨给一万兵马和大批粮草物资，然后向东方进发，但刘璋只答应增派四千人，其他东西也均只提供一半。张松在给先主和法正的信中说："现在大事眼看即将成功，怎么可以舍之而去呢？"张松的哥哥广汉太守张肃，害怕祸及自身，便向刘璋揭破了张松的密谋。于是刘璋逮杀了张松，先主与刘璋结怨。刘璋下令守关将领不能将文书再送达先主。

先主大怒，召刘璋麾下白水关督军杨怀前来，责其无礼，将他斩首。又令黄忠、卓膺领兵进击刘璋。先主率军直奔关中，扣押益州将领和士卒的妻子儿女为人质，然后率军与黄忠、卓膺等向涪县进发，占据涪县城。刘璋派刘璝、冷苞、张任、邓贤等到涪县抵御先主，全被击败，只得退守绵竹。刘璋加派李严督管绵竹各军，李严率众投降了先主。先主兵力更为强大，于是分派各将平定下属郡县，诸葛亮、张飞、赵云等领兵溯江而上，平定白帝、江州、江阳，只留关羽镇守荆州。先主进军围攻雒县，其时守城者为刘璋之子刘循，被围攻将近一年。

原文

十九年夏，雒城破，进围成都数十日，璋出降。蜀中殷盛丰乐，先主置酒大飨士卒，取蜀城中金银分赐将士，还其谷帛。先主复领益州牧，诸葛亮为股肱，法正为谋主，关羽、张飞、马超为爪牙，许靖、麋竺、简雍为宾友。及董和、黄权、李严等本璋之所授用也，吴壹、费观等又璋之婚亲也，彭羕（yàng）又璋之所排摈[①]也，刘巴者宿昔之所忌恨也，皆处之显任，尽其器能。有志之士，无不竞劝。

二十年，孙权以先主已得益州，使使报欲得荆州。先主言："须得凉州，当以荆州相与。"权忿之，乃遣吕蒙袭夺长沙、零陵、桂阳三郡。先主引兵五万下公安，令关羽入益阳。是岁，曹公定汉中，张鲁遁走巴西。先主闻之，与权连和，分荆州、江夏、长沙、桂阳东属，南郡、零陵、武陵西属，引军还江州。遣黄权将兵迎张鲁，张鲁已降曹公。曹公使夏侯渊、张郃屯汉中，数犯暴巴界。先主令张飞进兵宕渠，与郃等战于瓦口，破郃等，郃收兵还南郑。先主亦还成都。

二十三年，先主率诸将进兵汉中。分遣将军吴兰、雷铜等入武都，皆为曹公军所没。先主次于阳平关，与渊、郃等相拒。二十四年春，自阳平南渡沔水，缘山稍前，于定军兴势作营。渊将兵来争其地。先主命黄忠乘高鼓噪攻之，大破渊军，斩渊及曹公所署益州刺史赵颙等。曹公自长安举众南征。先主遥策之曰："曹公虽来，无能为也，我必有汉川矣。"及曹公至，先主敛众拒险，终不交锋。积月不拔，亡者日多。夏，曹公果引军还，先主遂有汉中。遣刘封、孟达、李平等攻申耽于上庸。

注释

①排摈：排挤，摒弃。

译文

建安十九年（214年）夏，先主攻破雒城，进军围攻成都数十日，刘璋出城投降。蜀地物产富饶，百姓安居乐业，先主大摆筵席犒赏士卒，取蜀城金银分赐给将士，将谷物、布帛还给原主。先主兼任益州牧，以诸葛亮为辅佐，法正为谋士，关羽、张飞、马超为武将，许靖、麋竺、简雍为幕僚。其他如董和、黄权、李严等原是刘璋授用的官员，吴壹、费观等又是刘璋的姻亲，彭羕又为刘璋所排挤，刘巴为过去刘璋忌恨之人，先主将这些人均安排在显要的职位上，使他们充分发挥自己的才能。于是有志之士，竞相劝勉尽力。

建安二十年（215年），孙权因先主已经取得益州，便派使者前来致意，想收回荆州。先主说："待我得到凉州后，定把荆州还给你们。"孙权甚为懊恼，便派吕蒙袭夺长沙、零陵、桂阳三郡。先主率领兵卒五万下抵公安，令关羽进驻益阳。这年，曹操平定汉中，张鲁逃往巴郡西部。先主闻讯，与孙权和解结盟，将荆州平分，江夏、长沙、桂阳归属东吴，南郡、零陵、武陵归属西蜀，然后领兵返还江州。先主派黄权率军迎接张鲁，但张鲁已投降曹操。曹操派夏侯渊、张郃驻军汉中，曹军屡次前犯骚扰巴郡西部边界。先主令张飞领兵进驻宕渠，与张郃等交战于瓦口一带，击败张郃等，张郃收兵退还南郑。先主也回到成都。

建安二十三年（218年），先主率领众将进军汉中。另派将军吴兰、雷铜等进入武都，他们都被曹军歼灭。先主进兵阳平关，与夏侯渊、张郃等相持对抗。建安二十四年（219年）春，先主自阳平关南下渡过沔水，沿着山势逐渐推进，在定军山、兴山势扎营。夏侯渊率军前来争夺要地。先主令黄忠依山势居高击鼓呐喊发起冲击，将夏侯渊军打得大败，并斩杀夏侯渊及曹操委任的益州刺史赵颙等。曹操亲自从长安率领大队人马南征。先主预测说："虽说曹操亲自前来，也无力挽回战局，我们一定能够占领汉中。"待曹操到来，先主集结军队固守险地，始终不与曹军正面交锋。曹军累月攻打未能获胜，伤亡的军卒却日益增多。到夏天，曹操果然撤军北还，于是先主占有汉中。先主派刘封、孟达、李平等前往上庸攻打申耽。

原文

　　秋，群下上先主为汉中王，表于汉帝曰：……遂于沔阳设坛场，陈兵列众，群臣陪位。读奏讫，御王冠于先主。先主上言汉帝曰：……于是还治成都。拔魏延为都督，镇汉中。时关羽攻曹公将曹仁，禽于禁于樊。俄而孙权袭杀羽，取荆州。

　　二十五年，魏文帝称尊号，改年曰黄初。或传闻汉帝见害，先主乃发丧制服，追谥曰"孝愍皇帝"。是后在所并言众瑞，日月相属。故议郎阳泉侯刘豹、青衣侯向举、偏将军张裔、黄权、大司马属殷纯、益州别驾从事赵莋、治中从事杨洪、从事祭酒何宗、议曹从事杜琼、劝学从事张爽、尹默、谯周等上言：……于是先主即皇帝位于成都武担之南。

　　章武元年夏四月，大赦，改年，以诸葛亮为丞相，许靖为司徒。置百官，立宗庙，祫祭高皇帝以下。五月，立皇后吴氏，子禅为皇太子。六月，以子永为鲁王，理为梁王。车骑将军张飞为其左右所害。初，先主忿孙权之袭关羽，将东征，秋七月，遂帅诸军伐吴。孙权遣书请和，先主盛怒不许，吴将陆议、李异、刘阿等屯巫、秭归。将军吴班、冯习自巫攻破异等，军次秭归，武陵五溪蛮夷遣使请兵。

译文

　　这年秋，群臣拥立先主为汉中王，上表献帝说：……于是在沔阳设立坛场，军民排队相列，百官依秩陪位。奏章宣读完毕，即进献王冠给先主。先主上言汉献帝说：……于是先主退往成都以其为治所。提拔魏延为都督，镇守汉中。此时关羽进击曹将曹仁，并在樊城生擒于禁。不久孙权袭杀关羽，夺还荆州。

　　建安二十五年（220年），曹丕称帝，尊号魏文帝，改年号为黄初。有传闻说汉献帝被害，于是先主身着丧服，讣告全蜀为献帝发丧，并追谥他"孝愍皇帝"。此后各地纷纷报告祥瑞现象，天天月月都有此类消息。原议郎阳泉侯刘豹、青衣侯向举、偏将军张裔、黄权、大司马属殷纯、益州别驾从事赵莋、治中从事杨洪、从事祭酒何宗、议曹从事杜琼、劝学从事张爽、尹默、谯周等上奏道：……于是先主在成都武担山南即位登基。

　　章武元年（221年）四月，大赦天下，更改年号。任命诸葛亮为丞相，许靖为司徒，设置百官，创建宗庙，合祭汉高祖以下列祖列宗。五月，立吴夫人为皇后，儿子刘禅为皇太子。六月，封儿子刘永为鲁王，刘理为梁王。车骑将军张飞被手下部将所杀。当初，先主对孙权袭杀关羽一事十分愤恨，准备东征，七月，亲自率领各路军马征伐东吴。孙权派遣使者致信请和，先主盛怒拒不答允，吴将陆议、李异、刘阿等驻军巫县、秭归一带。蜀将吴班、冯习自巫县击败李异等人，进军秭归，武陵郡五溪蛮部落派使者前来请求出兵。

原文

二年春正月，先主军还秭归，将军吴班、陈式水军屯夷陵，夹江东西岸。二月，先主自秭归率诸将进军，缘山截岭，于夷道猇亭驻营，自佷山通武陵，遣侍中马良安慰五溪蛮夷，咸相率响应。镇北将军黄权督江北诸军，与吴军相拒于夷陵道。夏六月，黄气见自秭归十余里中，广数十丈。后十余日，陆议大破先主军于猇亭，将军冯习、张南等皆没。

先主自猇亭还秭归，收合离散兵，遂弃船舫，由步道还鱼复，改鱼复县曰永安。吴遣将军李异、刘阿等踵蹑先主军，屯驻南山。秋八月，收兵还巫。司徒许靖卒。冬十月，诏丞相亮营南北郊于成都。孙权闻先主住白帝，甚惧，遣使请和。先主许之，遣太中大夫宗玮报命。冬十二月，汉嘉太守黄元闻先主疾不豫，举兵拒守。

三年春二月，丞相亮自成都到永安。三月，黄元进兵攻临邛县。遣将军陈曶（hù）讨元，元军败，顺流下江，为其亲兵所缚，生致成都，斩之。先主病笃，讬（托）孤于丞相亮，尚书令李严为副。夏四月癸巳，先主殂于永安宫，时年六十三。

蜀书

译文

　　章武二年（222年）正月，先主率军返还秭归，将军吴班、陈式领水军驻扎夷陵，沿长江东西两岸安营扎寨。二月，先主自秭归率领众将进军五溪，翻山越岭，至夷道猇亭扎下营寨，从佷山开通至武陵的山路。先主派侍中马良安抚五溪蛮各部，各部相继响应先主。镇北将军黄权督率江北各军，在夷陵道与吴军交战。六月，秭归十余里外出现黄气，宽有几十丈。此后十几天，陆议在猇亭大败先主军队，将军冯习、张南等人阵亡。

　　先主从猇亭退还秭归，收拢战斗中打散的士卒，丢弃船舰，由陆路撤回鱼复县，改鱼复县为永安县。吴国派遣将军李异、刘阿等尾追先主部队，吴军进驻南山。八月，先主撤兵退还巫县。司徒许靖去世。十月，先主下诏命丞相诸葛亮在成都营修冬、夏二祭祭坛。孙权听说先主驻屯在白帝城，颇为恐惧，派遣使者求和。先主许和，派太中大夫宗玮前去议和完成使命。十二月，汉嘉郡太守黄元打听到先主病重，抗命发兵拒守。

　　章武三年（223年）二月，丞相诸葛亮从成都赶到永安。三月，黄元进兵攻打临邛县。先主派遣将军陈曶讨伐黄元，黄元兵败顺长江下逃，被他的亲兵捉住，绑缚押送成都后处斩。先主病危，委托丞相诸葛亮辅佐扶立太子，并让尚书令李严协助之。夏四月二十四日，先主逝世于永安宫，享年六十三岁。

原文

　　亮上言于后主曰："伏惟大行皇帝迈仁树德，覆焘无疆，昊天不吊，寝疾弥留，今月二十四日奄忽升遐。臣妾号啕，若丧考妣。乃顾遗诏，事惟大宗，动容损益。百寮发哀，满三日除服，到葬期复如礼。其郡国太守、相、都尉、县令长，三日便除服。臣亮亲受敕戒，震畏神灵，不敢有违。臣请宣下奉行。"五月，梓宫自永安还成都，谥曰"昭烈皇帝"。秋，八月，葬惠陵。

　　评曰：先主之弘毅宽厚，知人待士，盖有高祖之风，英雄之器焉。及其举国托孤于诸葛亮，而心神无贰，诚君臣之至公，古今之盛轨也。机权干略，不逮魏武，是以基宇亦狭。然折而不挠，终不为下者，抑揆彼之量必不容己，非唯竞利，且以避害云尔。

译文

诸葛亮上奏后主说："已故皇帝布仁施德，恩泽无疆，上天未赐吉祥，致使重病不起，于本月二十四日突然逝世。百官、后宫号啕痛哭，如丧父母。拜视遗诏，国事转由太子执掌，居丧期间，仪容举止要斟酌得当。百官痛悼，满三日后除去丧服，入葬之日再按葬礼行事。各郡太守、郡国国相、都尉、县令县长，三日后脱下丧服。臣诸葛亮亲受先主谆诫，震畏先主神灵，不敢违背遗命。臣请求告示奉行。"五月，灵柩从永安宫起运成都，谥号为"昭烈皇帝"。八月，葬于惠陵。

史官评论说：先主恢宏果毅，性情宽厚，知人善任，礼贤下士，颇有汉高祖刘邦之风度，怀英雄豪杰之器量。至于他把整个国家和辅佐太子的大事全权托付诸葛亮，而不存半点疑心，君臣实在都为正直无私至极之人，可谓古往今来最佳楷模。先主在权术谋略方面不及魏武帝曹操，是故所得疆域版图也较为狭小。但他百折不挠，始终不甘居于曹操之下，还因为他揣摩到曹操的气量难以容忍他，并非专是为了争夺名利，也是为了避免遭受迫害啊。

后主传

三国志精粹

题解

刘禅（207 年—271 年），即蜀汉后主，字公嗣，又字升之，小名阿斗，刘备之子，母亲为昭烈皇后甘氏，蜀汉第二位皇帝。幼年时多遭难，幸得大将赵云两次相救。刘备定益州后入蜀，蜀汉建立后被封为太子。223 年继位为皇帝，在位四十二年。其间拜诸葛亮为相父，并支持姜维北伐。在位后期，宠信黄皓，政治腐败。263 年，邓艾从阴平入，克绵竹，杀诸葛瞻父子，刘禅投降，蜀汉遂为曹魏所灭。蜀亡后，刘禅被送往洛阳，受封为安乐公，后在洛阳去世。

原文

后主讳禅（shàn），字公嗣，先主子也。建安二十四年，先主为汉中王，立为王太子。及即尊号，册曰："惟章武元年五月辛巳，皇帝若曰：太子禅，朕遭汉运艰难，贼臣篡盗，社稷无主，格人群正，以天明命，朕继大统。今以禅为皇太子，以承宗庙，祇肃社稷。使使持节丞相亮授印绶，敬听师傅，行一物而三善皆得焉，可不勉与（欤）！"三年夏四月，先主殂①于永安宫。五月，后主袭位于成都，时年十七。尊皇后曰皇太后。大赦，改元。是岁魏黄初四年也。

……六年夏，魏大兴徒众，命征西将军邓艾、镇西将军钟会、雍州刺史诸葛绪数道并攻。于是遣左右车骑将军张翼、廖化、辅国大将军董厥等拒之。大赦，改元为炎兴。冬，邓艾破卫将军诸葛瞻于绵竹。用光禄大夫谯周策，降于艾。

奉书曰："限分江、汉，遇值深远，阶缘蜀土，斗绝一隅，干运犯冒，渐苒②历载，遂与京畿攸隔万里。每惟黄初中，文皇帝命虎牙将军鲜于辅，宣温密之诏，申三好之恩，开示门户，大义炳然，而否德暗弱，窃贪遗绪，俯仰累纪，未率大教。天威既震，人鬼归能之数，怖骇王师，神武所次，敢不革面，顺以从命！辄敕群帅投戈释甲，官府努藏一无所毁。百姓布野，余粮栖亩，以俟后来之惠，全元元③之命。伏惟大魏布德施化，宰辅伊、周，含覆藏疾。谨遣私署侍中张绍、光禄大夫谯周、驸马都尉邓良奉赍印绶，请命告诚，敬输忠款，存亡敕赐，惟所裁之。舆榇在近，不复缕陈。"

注释

①殂：去世。因为陈寿作《三国志》以曹魏为正统，所以刘备去世，不能用"薨"或"崩"。②苒：时间逐渐逝去。③元元：老百姓。

译文

后主名禅，字公嗣，先主刘备之子。汉献帝建安二十四年（220年），先主当了汉中王，立刘禅为王太子。待先主登上皇位后，便册封刘禅说："章武元年（221年）五月十二日，皇帝诏示：太子刘禅，我遭际汉室国运艰难，奸臣窃位篡权，国家无主掌管，有识之士及文武百官认为上天已有明示，要我承续汉王朝之正统。现在册立刘禅为皇太子，继承王位，安定社稷。特委派使持节丞相诸葛亮授予印绶，切望太子敬聆师傅教诲，每行一事都要体现出尊君、敬师、爱友这三种美德，可要自勉努力啊！"章武三年（223年）四月，先主病逝于永安宫。五月，后主继承皇位，在成都称帝，时年十七岁。尊封先皇皇后为皇太后。大赦天下，改换年号。这一年为魏文帝黄初四年（223年）。

……景耀六年（263年）夏，魏国大举进兵，魏主命令征西将军邓艾、镇西将军钟会、雍州刺史诸葛绪分兵数路攻打蜀国。后主派左右车骑将军张翼、廖化、辅国大将军董厥等前去抗击。后主大赦天下，改年号为炎兴。冬天，邓艾击败驻守绵竹的蜀卫将军诸葛瞻。后主接受光禄大夫谯周的建议，向邓艾投降。

上降书说："因遭江、汉二水所阻，水远山高，凭据狭小蜀地，负隅反抗，逆天运犯天威，随着岁月推移而渐与京都隔绝于万里之域。每每忆及黄初年间，魏文皇帝派遣虎牙将军鲜于辅来蜀，宣示言辞温诚之诏，申明三善之恩，广开归顺之门，彰显大义，而鄙人德行低劣、不明大体，贪受先人所创的微薄功业，挣扎抗拒多年，不服国家教化。天威既经震怒，人鬼顺归有时，恐惧天朝雄师，神威所到之处，怎敢不革面洗心，顺从天命！现即谕令各军将领抛戈解甲，官府国库一丝不毁，百姓列队郊野，所有粮食留于田地，以待天朝赐惠，保全百姓生命。俯首思虑大魏广布仁德普施圣教，有伊尹、周公那样的贤相良臣辅佐，恩泽广被天下。谨派属员侍中张绍、光禄大夫谯周、驸马都尉邓良奉交印绶，恭请指命，献忠输诚，存亡生杀，全凭将军裁决。在下即将载棺材前来请罪，余不赘述。"

原文

是日，北地王谌伤国之亡，先杀妻子，次以自杀。绍、良与艾相遇于雒县。艾得书，大喜，即报书，遣绍、良先还。艾至城北，后主舆榇①自缚，诣军垒门。艾解缚焚榇，延请相见。因承制拜后主，为骠骑将军。诸围守悉被后主敕，然后降下。艾使后主止其故宫，身往造焉。资严未发，明年春正月，艾见收。钟会自涪至成都作乱。会既死，蜀中军众钞略，死丧狼藉，数日乃安集。

后主举家东迁，既至洛阳，策命之曰："惟景元五年三月丁亥。皇帝临轩，使太常嘉命刘禅为安乐县公。於戏，其进听朕命。盖统天载物，以咸宁为大，光宅天下，以时雍为盛，故孕育群生者，君人之道也，乃顺承天者，坤元之义也。上下交畅，然后万物协和，庶类获乂。乃者汉氏失统，六合震扰。我太祖承运龙兴，弘济八极，是用应天顺民，抚有区夏。于时乃考因群杰虎争，九服不静，乘间阻远，保据庸蜀，遂使西隅殊封，方外壅②隔。自是以来，干戈不戢，元元之民，不得保安其性，几将五纪。朕永惟祖考遗志，思在绥缉四海，率土同轨，故爰整六师，耀威梁、益。公恢崇德度，深秉大正，不惮屈身委质，以爱民全国为贵，降心回虑，应机豹变，履言思顺，以享左右无疆之休，岂不远欤！朕嘉与君公长飨显禄，用考咨前训，开国胙③土，率遵旧典，钖④兹玄牡，苴以白茅，永为魏藩辅，往钦哉！公其祗服朕命，克广德心，以终乃显烈。"食邑万户，赐绢万匹，奴婢百人，他物称是。子孙为三都尉封侯者五十余人。尚书令樊建、侍中张绍、光禄大夫谯周、秘书令郤正、殿中督张通并封列侯。公泰始七年薨于洛阳。

注释

①榇（chèn）：棺材。②壅（yōng）：堵塞。③胙（zuò）：古代祭祀时供的肉。④钖（yáng）：马额头上的金属装饰物，马走动时发出声响。

译文

同日，北地王刘谌痛伤亡国之耻，先杀死妻子儿女，再自杀身亡。张绍、邓良与邓艾在雒县相见。邓艾接到蜀国的降书，十分高兴，当即回信答复，让张绍、邓良先回成都。邓艾抵达成都城北，后主绳索自缚、载着棺材前至魏军军营前门。邓艾替他解下绳缚，烧掉棺材，礼请入营相见。邓艾秉承魏主旨意，封后主为骠骑将军。蜀国各守城将领接到后主命令后，先后归降。邓艾允许后主仍居住在原来的宫中，自己还亲自前往拜访。

三国志精粹

邓艾因擅权任意行事，故于第二年正月被拘捕。钟会自涪城进抵成都即谋反叛魏。钟会死后，蜀中军队到处烧杀抢掠，城中尸首狼藉，几天后才恢复安定。

后主举家东迁到洛阳，魏主册封他道："景元五年（264年）三月十七日，皇帝临朝，令太常赐封刘禅为安乐县公。呜呼，刘禅请上前听朕旨令。治理国家，以安宁为大，统治天下，以和平为先，是故庇护抚育众生，乃做君主之准则，顺应天命，是为《周易》'坤元'之意。上下通畅不隔，然后万物协调和洽，各种物类得到治理。从前汉王室丧失纲纪，天下震荡混乱。我太祖皇帝顺承天命，挽救天下，上应天时，下顺民意，以此拥有华夏大地。当时你的父亲乘群雄虎争、国家动荡之机，借助路遥道险，占有了川蜀之地，致使西部边陲脱离中央，与中原隔绝。自此而降，战火不息，黎民百姓不能保全性命，如此已近五十年。朕一直牢记我祖上遗愿，志在安定天下，统一域内，故此整治六军，用武力收复梁、益二州。你气度恢宏，品德高尚，能够深明大义，不耻屈身降附，而以爱护百姓，保全国家为上，顺应潮流，适时知变，信约守义，衷心归顺，为自己争得千秋万世的声誉，不失明智！朕嘉赐你永享优厚俸禄，以参照古人的规矩，使你享有封地，建立藩国，遵奉前代典制，赏赐你用马匹和黑色公牛祭祀祖庙，以白茅包土，永远成为大魏的藩属，须多敬重啊！你要恭顺地服从朕的命令，发扬自己的仁德之心，以修成自己的功名事业。"后主受赐万户封地、万匹绢帛、一百多名奴婢，以及很多的其他物品。后主的后代担任都尉的有三人、封侯者有五十余人。原蜀国的尚书令樊建、侍中张绍、光禄大夫谯周、秘书令郤正、殿中督张通都被封为列侯。晋武帝泰始七年（271年），蜀后主在洛阳去世。

诸葛亮传

三国志精粹

题解

诸葛亮（181年—234年），字孔明，号卧龙，琅琊阳都（今山东临沂）人，三国时蜀汉丞相，杰出的政治家。在世之时被封为武乡侯，死后追谥曰"忠武"，后来东晋政权推崇诸葛亮军事才能，特追封他为武兴王。诸葛亮为匡扶蜀汉的政权，呕心沥血、鞠躬尽瘁、死而后已。其代表作有《前出师表》《后出师表》《诫子书》等。

原文

诸葛亮，字孔明，琅邪（琊）阳都人也。汉司隶校尉诸葛丰后也。父珪，字君贡，汉末为太（泰）山郡丞。亮早孤，从父玄为袁术所署豫章①太守。玄将亮及亮弟均之官，会汉朝更选朱皓代玄。玄素与荆州牧刘表有旧，往依之。玄卒，亮躬耕陇亩，好为《梁父吟》。身长八尺，每自比于管仲、乐毅，时人莫之许也，惟博陵崔州平、颍川徐庶元直与亮友善，谓为信然。

时先主屯新野。徐庶见先主，先主器之，谓先主曰："诸葛孔明者，卧龙也！将军岂愿见之乎？"先主曰："君与俱来。"庶曰："此人可就见②，不可屈致③也。将军宜枉驾顾之。"由是先主遂诣亮，凡三往，乃见。因屏人曰："汉室倾颓，奸臣窃命，主上蒙尘。孤不度德量力，欲信（伸）大义于天下，而智术浅短，遂用猖蹶④，至于今日。然志犹未已，君谓计将安出？"

注释

①豫章：今江西南昌。②就见：亲自去拜访某人。③屈致：委屈自己去拜访某人。④猖蹶：处境窘迫。

译文

诸葛亮，字孔明，他是琅琊郡阳都县人，汉朝司隶校尉诸葛丰的后人。诸葛亮的父亲诸葛珪，字君贡，汉朝末年为泰山郡郡丞。诸葛亮少年丧父，叔父诸葛玄受袁术委任为豫章郡太守。诸葛玄带着诸葛亮及诸葛亮弟弟诸葛均前往任职，正逢东汉朝廷改派朱皓替代诸葛玄。诸葛玄一向与荆州牧刘表交情甚深，因此前往投奔刘表。诸葛玄去世后，诸葛亮寄住隆中以耕种田地为业，喜诵古代忧伤乱世的歌谣《梁父吟》。诸葛亮身高八尺，常自喻为管仲、乐毅，当时常人都不以为然，只有博陵人崔州平、颍川人徐庶与诸葛亮交情笃厚，说他确实具有管、乐的才能。

当时刘备正驻军新野县。徐庶谒见刘备，刘备对他十分器重，徐庶对刘备说："诸葛孔明这人是卧龙啊！将军想不想见见他？"刘备说："你陪他一道来吧。"徐庶说："此人只能拜访他，不可随便召他来。将军您应该屈尊去看望他才好。"于是刘备亲自前往拜访诸葛亮，一连去了三次，才得以相见。刘备屏退随从，对诸葛亮说："汉室朝纲倾颓，奸臣窃取国权，皇上风尘避乱。鄙人自不量力，欲为天下伸张正义，苦于自己智术浅短，因而屡遭挫折，以致到今日这种地步。但我初衷不改，志向未泯，您说我该如何做才好？"

原文

　　亮答曰："自董卓已来，豪杰并起，跨州连郡者不可胜数。曹操比于袁绍，则名微而众寡，然操遂能克绍，以弱为强者，非惟天时，抑亦人谋也。今操已拥百万之众，挟天子而令诸侯，此诚不可与争锋。孙权据有江东，已历三世，国险而民附，贤能为之用，此可以为援而不可图也。荆州北据汉、沔，利尽南海，东连吴会，西通巴、蜀，此用武之国，而其主不能守，此殆天所以资将军，将军岂有意乎？益州险塞，沃野千里，天府之土，高祖因之以成帝业。刘璋闇（暗）弱[1]，张鲁在北，民殷国富而不知存恤[2]，智能之士思得明君。将军既帝室之胄，信义著于四海，总揽英雄，思贤如渴，若跨有荆、益，保其岩阻，西和诸戎，南抚夷越，外结好孙权，内脩（修）政理。天下有变，则命一上将将荆州之军以向宛、洛，将军身率益州之众出于秦川，百姓孰敢不箪食壶浆以迎将军者乎？诚如是，则霸业可成，汉室可兴矣。"先主曰："善！"于是与亮情好日密。关羽、张飞等不悦，先主解之曰："孤之有孔明，犹鱼之有水也。愿诸君勿复言。"羽、飞乃止。

注释

①闇（àn）弱：懦弱昏庸。②存恤：安抚，慰问。

译文

诸葛亮回答说："自董卓窃权以来，天下豪杰纷起，割州据郡之人比比皆是。曹操相较袁绍，名望低而兵势弱，但曹操却能打败袁绍，转弱为强，这不仅是时机有利，而且还得有过人的谋略。现在曹操已拥兵百万，挟持天子借其名义而号令诸侯，对他不能直接争强斗胜。孙权占据江东，经营达三代之久，地势险要，民心归附，贤能之士都愿为之效力，对他只能联络，用作外援，不可打主意吞并。荆州地方，北有汉、沔二水用作险据，南可直收南海物产以资利用，东向相连吴郡、会稽，西进可入巴、蜀之地，这是兵家必争的战略要地，可是当今荆州的主人却没有能力将它守住，这可是上天特意安排来资助将军的礼物，将军有意夺取荆州吗？益州地势险要，沃野千里，乃天府之国，以前汉高祖就是凭借这块地方而成就帝业。刘璋懦弱昏庸，北边又有张鲁的威胁，虽说民丰国富，但他不知爱护体恤，智谋才干之士都希望得到一位贤明的君主。将军您不仅是汉朝皇室的后裔，而且信义闻名天下，广纳天下英雄，如饥似渴地盼有贤能人才，如果占据荆、益二州，凭险据守，西部与戎族各部和好，南面对夷越各族实行安抚政策，对外与孙权和好结盟，对内革新政治修德施仁。天下一旦发生变故，即派上将一员统率荆州士卒进军宛城、洛阳一带，将军您则亲自率领益州军马出兵秦川，百姓岂能不箪食壶浆来迎接将军呢？如果真能这么做，那么霸业成功有日，汉王朝复兴有望了。"刘备说："太好了！"于是与诸葛亮情谊与日俱增。关羽、张飞等对此很是不满，刘备向他们解释说："我得到了孔明犹如鱼儿有了水，请你们不要再说了。"关羽、张飞这才不再议论了。

原文

刘表长子琦，亦深器亮。表受后妻之言，爱少子琮，不悦于琦。琦每欲与亮谋自安之术，亮辄拒塞④，未与处画。琦乃将亮游观后园，共上高楼，饮宴之间，令人去梯，因谓亮曰："今日上不至天，下不至地，言出子口，入于吾耳，可以言未？"亮答曰："君不见申生在内而危，重耳在外而安乎？"琦意感悟，阴规出计。会黄祖死，得出，遂为江夏太守。

俄而表卒，琮闻曹公来征，遣使请降。先主在樊闻之，率其众南行，亮与徐庶并从。为曹公所追破，获庶母。庶辞先主而指其心曰："本欲与将军共图王霸之业者，以此方寸之地也。今已失老母，方寸乱矣，无益于事，请从此别。"遂诣曹公。

先主至于夏口，亮曰："事急矣，请奉命求救于孙将军。"时权拥军在柴桑，观望成败。亮说权曰："海内大乱，将军起兵据有江东，刘豫州亦收众汉南，与曹操并争天下。今操芟夷②大难，略已平矣，遂破荆州，威震四海。英雄无所用武，故豫州遁逃至此。将军量力而处之。若能以吴、越之众与中国抗衡，不如早与之绝。若不能当，何不案兵束甲，北面而事之？今将军外托（托）服从之名，而内怀犹豫之计，事急而不断，祸至无日矣！"

注释

①拒塞：拒绝，搪塞。②芟（shān）夷：割草，引申为除去。

译文

当初，刘表长子刘琦，也很器重诸葛亮。刘表听信后妻的话，偏爱小儿子刘琮，不喜欢刘琦。刘琦常常想与诸葛亮请教保全自己的办法，但诸葛亮总是婉言谢绝，不替他谋划。于是刘琦就请诸葛亮游览自家的后园，一同登上高楼，饮酒的中途，他派人将楼梯抽走，然后对诸葛亮说："现在上不着天，下不着地，从您口中出来的话，只进入我的耳中，可以指教一下吧？"诸葛亮说："您没有看到晋公子申生留在宫内遭受谋害，而重耳逃亡在外却得到安全吗？"刘琦茅塞顿开，于是便秘密策划外出襄阳。时逢黄祖死去，刘琦借机脱身，出为江夏太守。

不久之后刘表去世，刘琮听说曹操前来征伐，即派使者向曹操请求投降。刘备在樊城听到这一消息后，赶忙率领樊城的军队、百姓向南行进，诸葛亮与徐庶一同随行。刘备被曹军追上击败后，曹军俘获了徐庶的母亲。徐庶只得辞离刘备，他以手指心说："我本想与将军一起谋划王霸大业，是凭着这颗心。现在失去了老母，这颗心乱糟糟的，对将军的大事不再会有什么帮助了，请您允许我就此辞别。"于是便前往曹操那里。

刘备到了夏口，诸葛亮说："现在形势危急，请将军派我前往东吴向孙权将军求援。"这时孙权正率军屯集在柴桑，在一旁坐观曹、刘战局的胜负。诸葛亮前往劝喻孙权说："天下大乱，将军您起兵拥有江东，刘豫州也在汉南召集兵马，共同与曹操争夺天下。现在曹操平定内患，基本上稳定了北方，接着进军南取荆州，威势震慑天下。英雄无用武之地，故此刘豫州避逃到这里。希望将军您能根据自己的力量来考虑对策。如果能起用东吴的军队与中原的曹军相抗衡，就应该及早与曹操断绝关系。假若不能与之相抗衡，何不就此搁下武器、解除盔甲，向对方俯首称臣呢？现在您表面上说服从曹操，内心里又犹豫不决，情势危急而不当机立断，大祸即在眼前啊！"

原文

权曰："苟如君言，刘豫州何不遂事之乎？"亮曰："田横，齐之壮士耳，犹守义不辱，况刘豫州王室之胄，英才盖世，众士慕仰，若水之归海。若事之不济，此乃天也，安能复为之下乎！"权勃然曰："吾不能举全吴之地，

十万之众，受制于人。吾计决矣！非刘豫州莫可以当曹操者，然豫州新败之后，安能抗此难乎？"

亮曰："豫州军虽败于长坂，今战士还者及关羽水军精甲万人，刘琦合江夏战士亦不下万人。曹操之众，远来疲弊，闻追豫州，轻骑一日一夜行三百余里，此所谓'强弩之末，势不能穿鲁缟'者也。故兵法忌之，曰'必蹶上将军'。且北方之人，不习水战。又荆州之民附操者，偪（逼）兵势耳，非心服也。今将军诚能命猛将统兵数万，与豫州协规同力，破操军必矣。操军破，必北还，如此则荆、吴之势强，鼎足之形成矣。成败之机，在于今日。"

权大悦，即遣周瑜、程普、鲁肃等水军三万，随亮诣先主，并力拒曹公。曹公败于赤壁，引军归邺。先主遂收江南，以亮为军师中郎将，使督零陵、桂阳、长沙三郡，调其赋税，以充军实。

译文

孙权说："假如情况如你所说，刘豫州怎么不投降曹操？"诸葛亮说："田横，不过是齐国一个壮士，尚且坚守节操而不投降受辱，何况刘豫州乃大汉皇室的后裔，英才盖世，群士仰慕，犹如众水归海。如果功业不能成功，那是天意，怎么能再做曹操的下属！"孙权勃然大怒说："我绝不能让整个东吴的土地和十万的军队去受他人控制。我的主意已经打定！你说除刘豫州外便无人抵挡曹操，可是刘豫州最近刚被打败，又怎能抵挡住如此强敌呢？"

诸葛亮说："刘豫州的军队虽在长坂战败，但现在陆续归来的兵卒加上关羽的水军仍有上万人马，刘琦集合起的江夏兵卒亦不下万人。曹操的兵马远道奔驰而来，疲惫不堪，听说他们为了追赶刘豫州，轻骑一昼夜行走三百多里，这就是常言所道'强弓发出的箭，在射程之末连鲁地的薄绢都不能穿透'，这是用兵的忌讳，所以说'必会招致主将失败'。况且北方人并不适应水战。另外荆州百姓归附曹操，实为兵势所迫，不是心甘情愿。现在将军如果能派出猛将统率数万兵马，与刘豫州协力同心，一定能将曹军击败。曹操一败，必然退归北方，这样荆州、东吴的势力就强大起来，三分天下的局面也就形成了。成败的时机，在于今日的选择。"

孙权闻言大喜，立即派遣周瑜、程普、鲁肃等率水军三万，随诸葛亮赶赴刘备那里，协力抗击曹操。曹操在赤壁战败，领军退归邺城。刘备于是占有江南之地，任命诸葛亮为军师中郎将，派他督守零陵、桂阳、长沙三郡，征调三郡的赋税，以之补充军需。

建安十六年，益州牧刘璋遣法正迎先主，使击张鲁。亮与关羽镇荆州。先主自葭萌还攻璋，亮与张飞、赵云等率众溯江，分定郡县，与先主共围成都。成都平，以亮为军师将军，署左将军府事。先主外出，亮常镇守成都，足食足兵。

二十六年，群下劝先主称尊号，先主未许。亮说曰："昔吴汉、耿弇等初劝世祖①即帝位，世祖辞让，前后数四，耿纯进言曰：'天下英雄喁喁（嗷嗷）②，冀有所望。如不从议者，士大夫各归求主，无为从公也。'世祖感纯言深至，遂然诺之。今曹氏篡汉，天下无主，大王刘氏苗族，绍世而起，今即帝位，乃其宜也。士大夫随大王久勤苦者，亦欲望尺寸之功名，如纯言耳。"

先主于是即帝位，策亮为丞相曰："朕遭家不造，奉承大统，兢兢业业，不敢康宁，思靖百姓，惧未能绥。於戏（呜呼）！丞相亮其悉朕意，无怠辅朕之阙，助宣重光，以照明天下，君其勖哉！"亮以丞相录尚书事，假节。张飞卒后，领司隶校尉。

注释

①世祖：东汉光武帝刘秀。②喁喁：通"嗷嗷"，嗷嗷待哺之意。

汉献帝建安十六年（211年），益州牧刘璋派遣法正迎请刘备，让刘备去攻打张鲁。诸葛亮与关羽镇守荆州。后来刘备从葭萌关返回攻打刘璋，诸葛亮与张飞、赵云等率军沿江逆流而上，分头平定沿江两岸各郡、县，然后与刘备合兵共同围攻成都。平定成都之后，刘备任命诸葛亮为军师将军，并代理左将军府的事权。刘备领兵外出期间，诸葛亮常被留守成都，兵充粮足。

建安二十六年（221年），大家都劝刘备自称帝号，刘备不答应。诸葛亮劝说："从前吴汉、耿弇等人起始劝世祖光武皇帝称帝登基，世祖推辞不允，先后推让四次。耿纯于是就进言说：'天下英雄对您十分景仰，希望追随您得到想得到的东西。如果您不采纳众人的建议，大家就会各择新主，就没有人再跟随您了。'世祖感到耿纯的话很在理，于是答应了众人的请求。现在曹丕篡汉，天下无主，大王乃刘氏皇族后裔，承汉室世系，如今即位登基，这也是合情合理之事。士大夫们长期追随大王，历经艰难困苦，也是希望像耿纯所说的那样能建下尺寸之功啊！"

刘备于是即位称帝，册命诸葛亮为丞相，说："朕家遭不幸，故谨承王位，一定兢兢业业，不敢贪逸康乐，一心安定百姓，唯恐他们不得安宁。呜呼！丞相诸葛亮可要详尽真实地体察朕的心意，不倦地帮助朕克服缺点，协助布施君王的恩泽，让日月的光辉普照天下，请尽心竭力啊！"诸葛亮以丞相身份总理尚书事，并享"假以符节"的权力。张飞死后，又兼职司隶校尉。

原文

　　章武三年春，先主于永安病笃，召亮于成都，属以后事，谓亮曰："君才十倍曹丕，必能安国，终定大事。若嗣子可辅，辅之。如其不才，君可自取。"亮涕泣曰："臣敢竭股肱之力，效忠贞之节，继之以死！"先主又为诏敕后主曰："汝与丞相从事，事之如父。"建兴元年，封亮武乡侯，开府治事。顷之，又领益州牧。政事无巨细，咸决于亮。南中诸郡，并皆叛乱，亮以新遭大丧，故未便加兵，且遣使聘吴，因结和亲，遂为与国。

　　三年春，亮率众南征，其秋悉平。军资所出，国以富饶。乃治戎讲武，以俟大举。五年，率诸军北驻汉中。临发，上疏曰："先帝创业未半而中道崩殂[1]。今天下三分，益州疲弊，此诚危急存亡之秋也。然侍卫之臣不懈于内，忠志之士忘身于外者，盖追先帝之殊遇，欲报之于陛下也。诚宜开张圣听，以光先帝遗德，恢弘志士之气。不宜妄自菲薄，引喻失义，以塞忠谏之路也。宫中府中俱为一体，陟罚臧否[2]，不宜异同。若有作奸犯科及为忠善者，宜付有司论其刑赏，以昭陛下平明之理。不宜偏私，使内外异法也。"

注释

　　[1]崩殂：帝王死亡的讳称。[2]陟（zhì）罚臧否（pǐ）：赏罚褒贬。陟，升。臧，善。否，恶。

译文

　　章武三年（223年）春，刘备在永安病危，将诸葛亮从成都召来，托付后事。他对诸葛亮说："你的才干胜过曹丕十倍，一定能安定国家，完成统一大业。如果刘禅可以辅佐，你就辅佐他。如果他无才能，您就取而代之。"诸葛亮痛哭回言："臣愿竭尽心力辅佐太子，献出自己的忠诚节操，鞠躬尽瘁，死而后已！"刘备又诏告刘禅："你与诸葛丞相共掌国事，一定要像对待父亲那样对待他。"建兴元年（223年），刘禅封诸葛亮为武乡侯，设立丞相府署，处理国中之事。不久，又让诸葛亮兼任益州牧。朝中政事无巨细，都由诸葛亮一人裁决。其时南方几郡同时起兵叛乱，诸葛亮考虑到新遭国丧，因此不便派兵镇压，于是就派遣使者访问吴国，加强与吴国的亲善友好关系，于是两国结为盟国。

　　建兴三年（225年）春，诸葛亮率军南征，到这一年的秋天南方叛乱被彻底平定。军需费用都由这些新平定的地方所承担，国家由此而富强起来。于是诸葛亮整顿训练全蜀军队，等待时机出兵伐魏。建兴五年（227年），诸葛亮统率各军北上屯集汉中。临行之前，他上奏刘禅说："先帝所创的帝业还没有完成一半便在中途去世。现在天下被一分为三，而我蜀汉国力困乏，确实处于生死存亡的危急时刻。然而宫中侍卫近臣勤奋不懈，前方忠诚将士忘死舍生，只是追念先帝在世时对他们的恩荣，想转用来报答陛下。陛下确实应该广开言路，兼听各方的意见，以继承光大先帝的美德，振奋仁人志士的精神。

不能妄自菲薄，谈吐不顾原则，以致阻塞臣民忠心劝谏的言路。宫廷与官府是一个整体，赏罚褒贬，一视同仁。如果有作恶犯法或行善尽忠的人和事，都应该交给有关主管官员，判定对他们的惩处或嘉赏，这样以显示陛下的公正严明。不能偏见行私，使宫廷内外的法度有所不同。"

原文

"侍中、侍郎郭攸之、费祎、董允等，此皆良实，志虑忠纯，是以先帝简拔以遗陛下。愚以为宫中之事，事无大小，悉以咨之，然后施行，必能裨补阙漏，有所广益。将军向宠，性行淑均①，晓畅军事，试用于昔日，先帝称之曰能，是以众议举宠为督。愚以为营中之事，悉以咨之，必能使行陈和睦，优劣得所。亲贤臣，远小人，此先汉所以兴隆也。亲小人，远贤臣，此后汉所以倾颓也。先帝在时，每与臣论此事，未尝不叹息痛恨于桓、灵②也。侍中、尚书、长史、参军，此悉贞良死节之臣，愿陛下亲之信之，则汉室之隆，可计日而待也。"

"臣本布衣，躬耕于南阳，苟全性命于乱世，不求闻达于诸侯。先帝不以臣卑鄙③，猥自枉屈，三顾臣于草庐之中，谘④臣以当世之事，由是感激，遂许先帝以驱驰。后值倾覆，受任于败军之际，奉命于危难之间，尔来二十有一年矣。先帝知臣谨慎，故临崩寄臣以大事也。受命以来，夙夜忧叹，恐托（托）付不效，以伤先帝之明，故五月渡泸，深入不毛。今南方已定，

兵甲已足，当奖率三军，北定中原，庶竭驽钝⑤，攘除奸凶，兴复汉室，还于旧都。此臣所以报先帝，而忠陛下之职分也。"

"至于斟酌损益，进尽忠言，则攸之、祎、允之任也。愿陛下托臣以讨贼兴复之效。不效，则治臣之罪，以告先帝之灵。若无兴德之言，则责攸之、祎、允等之慢，以彰其咎。陛下亦宜自谋，以谘诹⑥善道，察纳雅言，深追先帝遗诏。臣不胜受恩感激，今当远离，临表涕零，不知所言⑦。"

遂行，屯于沔阳。

注释

①淑均：和善公平。②桓、灵：汉桓帝、汉灵帝，二者均宠幸宦官。③卑鄙：身份低贱，才能鄙陋。④谘（zī）：咨询，请教。⑤庶竭驽钝：竭力发挥我平庸的才能。⑥谘诹（zī zōu）：询求，择取。⑦不知所言：谦辞，谓不知所言是否允当。

译文

"侍中、侍郎郭攸之、费祎、董允等，都是忠良诚实的人，他们的心志、思想忠诚纯洁，因此先帝选拔他们留给陛下任用。臣下认为发生在宫廷中的事情，不管事大事小，都可以同他们商量，然后再施行，这样一定能补偏救缺，收到集思广益的成效。将军向宠，言行公正，性情和善，且精晓军事，以前先帝曾予试用，称赞他是有才有能之人，因此大家商议推举他担任中都督。臣下认为军中之事，都可先与他商议，这样定能使军内和睦，进退配合，将卒配备得当。亲近贤臣，疏远小人，这就是前汉兴盛强大的主要原因。亲近小人，疏远贤臣，这就是后汉衰弱颓败的重要祸根。先帝在世的时候，常常与臣谈论此事，没有一次不为桓、灵二帝叹息痛心。侍中郭攸之、费祎、尚书陈震、长史张裔、参军蒋琬，这些人都是忠诚可靠、誓死守节的贤臣，希望陛下亲近他们，信任他们，这样兴盛汉室就指日可待了。"

"臣下本来就是普通的百姓，自己耕食于南阳，只求在乱世之中苟全性命，不求在诸侯手下做官而扬名。先帝不嫌臣下卑贱浅陋，屈驾亲谒，三顾茅庐求访微臣，向臣下询问天下大事，臣因此而感激不已，便答允为先帝奔走效劳。后来遇上军事失利，臣受任于败军之际、奉命于危难之间，到如今已是有二十一年了。先帝深知臣为事谨慎，所以在临终前将国家大事托付给臣。臣自接受遗命以来，日夜愁虑叹息，唯恐所托之事不能收到成效，以至损伤先帝知人之明，因而五月渡过泸水，率军深入于不毛之地。如今南方已被平定，兵力战具准备充足，应该鼓励督领全军，北定中原，竭尽自己的平庸才能，铲除凶险奸恶的敌人，兴复汉室，使国都能够返迁到洛阳。这便是臣下用来报答先帝、效忠陛下的职责。"

"至于权衡国事、进献忠言，则是郭攸之、费祎、董允的责任。希望陛下将讨伐奸贼、复兴汉室的任务交付臣下。讨伐无成绩，则将臣治罪，以告先帝在天之灵。如果没有劝勉陛下发扬德行之忠言，则追究郭攸之、费祎、董允等怠慢失职的过错。陛下也应当自我多加深思，向群臣征询治国良策，明鉴和采纳正确的意见，牢记先帝在遗诏中的告诫。这样臣下就受恩匪浅，感激至深。现在为臣即将远离陛下，起草此表，泪如雨下，不知道所言是否得当。"

于是，诸葛亮率军启程，前至沔阳扎营。

原文

六年春，扬声由斜谷道取郿，使赵云、邓芝为疑军，据箕谷，魏大将军曹真举众拒之。亮身率诸军攻祁山，戎陈整齐，赏罚肃而号令明，南安、天水、安定三郡叛魏应亮，关中响震。魏明帝西镇长安，命张郃拒亮。亮使马谡督诸军在前，与郃战于街亭。谡违亮节度，举动失宜，大为郃所破。亮拔西县千余家，还于汉中，戮谡以谢众。上疏曰："臣以弱才，叨窃非据，亲秉旄钺以厉三军，不能训章明法，临事而惧，至有街亭违命之阙。箕谷不戒之失，咎皆在臣授任无方。臣明不知人，恤事多闇（暗），《春秋》责帅，臣职是当。请自贬三等，以督厥咎。"于是以亮为右将军，行丞相事，所总①如前。

冬，亮复出散关，围陈仓，曹真拒之，亮粮尽而还。魏将王双率骑追亮，亮与战，破之，斩双。七年，亮遣陈式攻武都、阴平。魏雍州刺史郭淮率众欲击式，亮自出至建威，淮退还，遂平二郡。诏策亮曰："街亭之役，咎由马谡，而君引愆②，深自贬抑，重违君意，听顺所守。前年耀师，馘斩③王双，今岁爰征，郭淮遁走，降集氐、羌，兴复二郡，威镇凶暴，功勋显然。方今天下骚扰，元恶未枭，君受大任，干国之重，而久自抑损，非所以光扬洪烈矣。今复君丞相，君其勿辞。"

注释

①总统：管理一切事务。②引愆：归过于自己。③馘（guó）斩：斩首。馘：古代战争中割取敌人的左耳以计数献功。

译文

建兴六年（228年）春，诸葛亮扬言要从斜谷道攻取郿县，并让赵云、邓芝率军为疑兵，占据箕谷虚张声势，魏国大将军曹真领兵前来抗击。诸葛亮亲自统率各军前攻祁山，军容整齐，赏惩严明，号令分明，南安、天水、安定三郡叛魏归蜀，一时间整个关中地区震动惊惧。魏明帝御驾西进坐镇长安，命令张郃率军抵御诸葛亮。诸葛亮派遣马谡督率各军前行，与张郃大战于街亭。由于马谡违背了诸葛亮的作战部署，进军布阵失策，

被张郃打败。诸葛亮迁移西县百姓千余户，退军汉中，处死马谡，向全军承认错误。他向后主上奏说：“臣下以浅薄的才能，担当了不能胜任的职务，亲自领受君令和所赐锦旗斧钺以激励三军，却未能按照规章严明军纪，面临大事而惧怕，以致发生了街亭违背军令的错误。箕谷发兵失于处事不谨慎，其责任都由于为臣用人不当。臣下既无知人之明，考虑问题又多有糊涂之处，依据《春秋》军事失利先罚主帅的典则，这次战争失误的主要责任在臣。自请降职三级，以罚过错。”于是后主改任诸葛亮为右将军，代行丞相事，诸葛亮仍旧和以前一样总管全国军政。

同年冬天，诸葛亮再次出兵散关，围攻陈仓，魏国派曹真率军前来抵抗，诸葛亮军粮用完后返还。魏将王双率领骑兵追击诸葛亮，诸葛亮列阵与魏军交战，击败魏军，斩杀王双。建兴七年（229 年），诸葛亮派遣陈式领兵攻打武都、阴平。魏国雍州刺史郭淮率领众军准备攻打陈式，诸葛亮亲自领兵进取建威，郭淮只得退守雍州，诸葛亮于是就平定了武都、阴平二郡。后主刘禅下诏册封诸葛亮说：“街亭一仗，主要罪责在于马谡，而您引罪自责，深深贬损自己，当时很难违背您的心愿，只好同意您自贬三级的请求。去年您率兵扬我军威，斩杀王双，今年再次领兵出征，郭淮逃遁，招降安抚氐、羌各部，收复武都、阴平二郡，震慑凶敌，功勋昭著天下。现在天下还没有平定，元凶首恶仍旧未能铲除，您肩负着重任，主持军国大政，长期贬损自己，极不利于弘扬先帝的伟大事业，现在恢复您的丞相职务，请您不要推辞。”

原文

九年，亮复出祁山，以木牛运，粮尽退军，与魏将张郃交战，射杀郃。十二年春，亮悉大众由斜谷出，以流马运，据武功五丈原，与司马宣王[①]对于渭南。亮每患粮不继，使己志不申，是以分兵屯田，为久驻之基。耕者杂于渭滨居民之间，而百姓安堵，军无私焉。相持百余日。其年八月，亮疾病，卒于军，时年五十四。及军退，宣王案行[②]其营垒处所，曰：“天下奇才也！”

亮遗命葬汉中定军山，因山为坟，冢足容棺，敛以时服，不须器物。诏策曰：“惟君体资文武，明叡笃诚，受遗讬孤，匡辅朕躬，继绝兴微，志存靖乱。爰整六师，无岁不征，神武赫然，威镇八荒，将建殊功于季汉，参伊、周之巨勋。如何不吊，事临垂克，遘[③]疾陨丧！朕用伤悼，肝心若裂。夫崇德序功，纪行命谥，所以光昭将来，刊载不朽。今使使持节左中郎将杜琼，赠君丞相武乡侯印绶，谥君为忠武侯。魂而有灵，嘉兹宠荣。呜呼哀哉！呜呼哀哉！”

注释

①司马宣王：即司马懿，封宣王。②案行：巡查，观察。③遘（gòu）：相遇。

译文

建兴九年（231 年），诸葛亮再次兵出祁山，用木牛运送物资，粮尽退军，与魏将张郃交战，张郃被蜀军射杀而死。建兴十二年（234 年）春，诸葛亮统率全军从斜谷出兵，用流马作为运输工具，进军占据武功县五丈原，魏军主将司马懿与之对垒，相持于渭南。诸葛亮常常担心粮草接济不上，而使自己志愿不得实现，于是将部队分成两个部分，一部分就地开荒耕种，作为长期驻扎的基础。耕垦的兵卒杂居在渭河附近的百姓中间，百姓生活安定，军卒所种不谋私。蜀、魏两军相持一百多天。当年八月，诸葛亮患疾在军中去世，时年五十四岁。待蜀军撤走，司马懿巡视蜀军的驻扎营地，叹道："孔明真是天下奇才啊！"

诸葛亮生前叮嘱将自己葬在汉中定军山，依山势修建坟墓，墓穴仅能容纳下棺材，穿平时的衣服入殓，不必用其他器物殉葬。后主刘禅下诏祭奠诸葛亮说："您天生兼备文、武的才干，英明睿智，忠厚诚实，受先帝托孤遗命，尽心力辅佐寡人，使衰微待绝的汉室复兴，立志平定天下战乱。整治六军，岁岁出战，英武盖世，威震天下，将为蜀汉建成伟大功业，所取勋绩有如伊尹、周公。为何有此不幸，大业即将功成，您却染疾归天！朕痛悼您的逝世，心肝欲裂。推崇您的德行，论评您的功勋，根据您生前事迹追封谥号，让您的精神传扬天下，英名永垂史册。现在特派持使节左中郎将杜琼，赠给您丞相武乡侯印绶，追谥您为忠武侯。英魂有知，对此亦感宠荣。悲痛至极！悲痛至极！"

原文

初，亮自表后主曰："成都有桑八百株，薄田十五顷，子弟衣食自有余饶。至于臣在外任，无别调度，随身衣食悉仰于官，不别治生，以长尺寸。

若臣死之日，不使内有余帛，外有赢财，以负陛下。"及卒，如其所言。

亮性长于巧思，损益连弩、木牛、流马，皆出其意。推演兵法，作八陈（阵）图，咸得其要云。亮言教书奏多可观，别为一集。景耀六年春，诏为亮立庙于沔阳。秋，魏镇西将军钟会征蜀，至汉川，祭亮之庙，令军士不得于亮墓所左右刍牧樵采。亮弟均，官至长水校尉。亮子瞻，嗣爵。

评曰：诸葛亮之为相国也，抚百姓，示仪轨，约官职，从权制，开诚心，布公道。尽忠益时者，虽雠必赏。犯法怠慢者，虽亲必罚。服罪输情者，虽重必释。游辞巧饰者，虽轻必戮。善无微而不赏，恶无纤而不贬。庶事精练，物理其本，循名责实，虚伪不齿。终于邦域之内，咸畏而爱之，刑政虽峻而无怨者，以其用心平而劝戒明也。可谓识治之良才，管、萧之亚匹矣。然连年动众，未能成功，盖应变将略，非其所长欤！

译文

当初，诸葛亮曾向后主表明自己心愿："臣在成都有桑树八百棵，薄田十五顷，子孙们的日常衣食费用已有宽裕。至于臣在外任职，没有额外的花费安排，随身衣服饮食全由国家供应，不需要再置其他产业，来增添家财。等到臣离开人世的时候，不让家有多余衣物，外有多余钱财，使自己对得起陛下的恩宠和信任。"一直到诸葛亮去世，果然如前言。

诸葛亮天生擅长巧思，曾构思并指导改进弓弩使之连射，制造木牛、流马作为运输工具。他推演兵法，设计八卦阵图，无不深得要领。他留世的议论、教令、书信、奏疏都很值得一读，另编写成为《诸葛氏集》。景耀六年（263年）春，后主刘禅诏令为诸葛亮在沔阳建立祠庙。当年秋天，魏国镇西将军钟会征伐蜀汉，到汉川县时，前去祭扫诸葛亮祠庙，下令军中士卒不得在诸葛亮墓附近牧马砍柴。诸葛亮的弟弟诸葛均，官至蜀长水校尉。诸葛亮的儿子诸葛瞻，继承了父亲的爵位。

史官评论说：诸葛亮担任丞相期间，安抚百姓，遵守礼制，约束官员，慎用权利，他以诚待人，做事公道。凡精忠为国、济世安民的人，即使是他自己的仇人也加以赏赐。凡触犯国法、玩忽职守的人，即使是自己的亲信也给予处罚。凡坦白自首、勇于自新的人，即使罪行很重也要从宽发落。凡巧言令色、文过饰非的人，即使罪行轻微也要加以严惩。再小的善良和功劳都给予褒奖，再微不足道的过错都予以处罚。他精通各项事务，善于找到问题的要害与关键，讲求名实相副、言行一致，对于那些虚伪狡诈之人决不录用。他因此在整个蜀国赢得了普遍的敬畏和爱戴，施行的刑法政令虽然很严厉，却没有人怨恨他，这是因为他做事公正和劝勉告诫明确的缘故。诸葛亮可以说是一个精通治国之道的良材，堪和管仲、萧何这类杰出的政治家相匹敌。然而他连年用兵，却未能最终获得成功，这大概是因为随机应变的军事谋略不是他的专长的缘故吧！

关羽传

题解

关羽（约 162 年—220 年），字云长（原为长生），河东解良（今山西运城）人，蜀汉名将。刘备起兵时，关羽跟随刘备，忠心不二，深受刘备信任。刘备、诸葛亮等入蜀地，关羽独自镇守荆州。刘备夺取汉中后，关羽乘势北伐曹操，曾围襄阳、擒于禁、斩庞德，威震华夏，曹操几欲迁都避其锋。不久，东吴偷袭荆州，关羽兵败被害。关羽去世后，逐渐被神化，被民间尊为"关公"。历代朝廷多有褒封，清代奉之为"忠义神武灵佑仁勇威显关圣大帝"，崇为"武圣"，与"文圣"孔子齐名。《三国演义》尊其为蜀国"五虎上将"之首，毛宗岗称其为《三国演义》三绝"之"义绝"。

原文

关羽，字云长，本字长生，河东解人也。亡命奔涿郡。先主于乡里合徒众，而羽与张飞为之御侮。先主为平原相，以羽、飞为别部司马，分统部曲。先主与二人寝则同床，恩若兄弟。而稠人广坐，侍立终日，随先主周旋①，不避艰险。先主之袭杀徐州刺史车胄，使羽守下邳城，行太守事，而身还小沛。

建安五年，曹公东征，先主奔袁绍。曹公禽（擒）羽以归，拜为偏将军，礼之甚厚。绍遣大将颜良攻东郡太守刘延于白马，曹公使张辽及羽为先锋击之。羽望见良麾盖，策马刺良于万众之中，斩其首还，绍诸将莫能当者，

遂解白马围。曹公即表封羽为汉寿亭侯。初，曹公壮羽为人，而察其心神无久留之意，谓张辽曰："卿试以情问之。"

既而辽以问羽，羽叹曰："吾极知曹公待我厚，然吾受刘将军厚恩，誓以共死，不可背之。吾终不留，吾要当立效以报曹公乃去。"辽以羽言报曹公，曹公义之。及羽杀颜良，曹公知其必去，重加赏赐。羽尽封其所赐，拜书告辞，而奔先主于袁军。左右欲追之，曹公曰："彼各为其主，勿追也。"从先主就刘表。表卒，曹公定荆州，先主自樊将南渡江，别遣羽乘船数百艘会江陵。曹公追至当阳长坂②，先主斜趣汉津③，适与羽船相值，共至夏口。

注释

①周旋：辗转奔波。②当阳长坂：今湖北宜昌当阳长坂坡。③汉津：今湖北荆门沙洋汉江渡口。

译文

关羽，字云长，原字长生，河东郡解县人。因为战乱逃亡到涿郡。刘备在家乡召集兵马，关羽和张飞担任他的护卫。刘备任平原国相后，任关羽、张飞为别部司马，分管所辖军队。刘备与关、张二人连睡觉都在同一张床，亲如同胞兄弟。关、张二人在大庭广众之下，整日侍立在刘备身旁，跟随刘备辗转奔波，从不惧避艰险。刘备袭击徐州杀死刺史车胄后，即让关羽镇守下邳城，代行太守职务，自己则率军回驻小沛。

建安五年（200年），曹操东征徐州，刘备投奔袁绍。曹操擒获关羽后返回，任关羽为偏将军，对他以礼相待，赏赐优厚。袁绍派大将颜良在白马进攻东郡太守刘延，曹操派遣张辽和关羽为先锋进击颜良。关羽远远望见颜良的帅旗车盖，策马上前刺杀颜良于万马军中，将其首级割下返回，袁绍军中的将领们没人敢出阵阻挡，于是解除白马之围。曹操当即上奏朝廷封关羽为汉寿亭侯。起初，曹操钦佩关羽的勇猛气概，后来察言观色，发现关羽并无久留曹营之意，于是对张辽说："你利用与关羽的交情设法去探探他。"

不久，张辽借机向关羽问起此事，关羽感慨地说："我深知曹公对我情深意厚，但我深受刘将军的厚恩，发誓与他同生共死，我绝不会背叛他。我最终不会留在此地，我一定要立下大功报答曹公的恩情后再离去。"张辽把关羽这番话回报给曹操，曹操为他的义气而深受感动。待关羽斩杀颜良后，曹操知道关羽一定要离开自己，对其赏赐更为厚重。关羽将曹操赏赐的钱物全部封裹好，留下书信辞别曹操而去，径直赶往袁绍军营投奔刘备。曹操手下人想将他追回来，曹操说："大家各为其主，不必追了。"关羽跟随刘备依附刘表。刘表死后，曹操平定荆州，刘备自樊城准备南渡长江，另派关羽统率数百艘船只走水路，约定在江陵会师。曹操追击刘备至当阳长坂，刘备抄小路逃往汉津，正碰上关羽的船队，于是一起赶到夏口。

孙权遣兵佐先主拒曹公，曹公引军退归。先主收江南诸郡，乃封拜元勋，以羽为襄阳太守、荡寇将军，驻江北。先主西定益州，拜羽董督荆州事。羽闻马超来降，旧非故人，羽书与诸葛亮，问超人才可谁比类。亮知羽护前，乃答之曰："孟起兼资文武，雄烈过人，一世之杰，黥、彭之徒，当与益德并驱争先，犹未及髯之绝伦逸群也。"羽美须髯，故亮谓之髯。羽省书大悦，以示宾客。

羽尝为流矢所中，贯其左臂，后创虽愈，每至阴雨，骨常疼痛。医曰："矢镞有毒，毒入于骨，当破臂作创，刮骨去毒，然后此患乃除耳。"羽便伸臂令医劈之。时羽适请诸将饮食相对，臂血流离，盈于盘器，而羽割炙引酒，言笑自若。

译文

孙权派兵协助刘备打败曹操，曹操退归北方。刘备乘胜占有江南数郡，然后封拜各有功将士，任命关羽为襄阳太守、荡寇将军，派他驻军江北。后来刘备西进平定益州，授权关羽督掌荆州大政。关羽听说马超归降刘备，他过去与马超并不相识，于是便写信给诸葛亮，询问马超武艺才干与谁人可以相比。诸葛亮知道关羽心高气傲，于是回信答道："马孟起文武兼备，勇猛超群，不愧一代人杰，是英布、彭越一类的人物，可与张飞并驾齐驱，但不及美髯公超凡出众、卓尔不群。"关羽蓄着一把漂亮的长须，所以诸葛亮称他美髯公。看了诸葛亮的回信，关羽十分高兴，把它交给宾客幕僚们传阅。

关羽曾被流矢射中，箭头穿透左臂，后来伤口虽然愈合，但一遇阴雨天气，臂骨便常疼痛。医生说："箭头有毒，其毒已渗入骨中，需要在臂上重新开刀，刮去臂骨上的毒素，才能彻底除掉这一病患。"关羽当即伸出手臂让医生为他开刀治病。当时关羽正请众将饮酒进餐，臂上刀口鲜血淋漓，流满了接在下面的盘子，而关羽却在割肉把酒，与大家谈笑自若。

二十四年，先主为汉中王，拜羽为前将军，假节钺。是岁，羽率众攻曹仁于樊。曹公遣于禁助仁。秋，大霖雨，汉水汎（泛）溢，禁所督七军皆没。禁降羽，羽又斩将军庞德。梁、郏、陆浑群盗或遥受羽印号，为之支党，羽威震华夏。曹公议徙许都以避其锐。司马宣王、蒋济以为关羽得志，孙权必不愿也，可遣人劝权蹑^①其后，许割江南以封权，则樊围自解。曹公从之。

先是，权遣使为子索羽女，羽骂辱其使，不许婚，权大怒。又南郡太守麋芳在江陵，将军士仁屯公安，素皆嫌羽轻己。自羽之出军，芳、仁供给军资，不悉相救。羽言"还当治之"，芳、仁咸怀惧不安。于是权阴诱芳、仁，芳、仁使人迎权。而曹公遣徐晃救曹仁，羽不能克，引军退还。权已据江陵，尽虏羽士众妻子，羽军遂散。权遣将逆击羽，斩羽及子平于临沮^②。

追谥羽曰壮缪侯。子兴嗣。兴字安国，少有令问，丞相诸葛亮深器异之。弱冠为侍中、中监军，数岁卒。子统嗣，尚公主，官至虎贲中郎将。卒，无子，以兴庶子彝续封。

注释

①蹑：袭击。②临沮：今属湖北南漳。

译文

建安二十四年（219 年），刘备自立为汉中王，官封关羽为前将军，并授予符节和斧钺。同年，关羽率军在樊城攻打曹仁。曹操派于禁领兵救援曹仁。当年秋天，大雨连绵，汉水泛滥，于禁督率的七军全被淹没。于禁投降关羽，关羽又斩杀魏国将军庞德。梁、

郏、陆浑一带的豪强武装，都遥受关羽的印信号令，成为关羽指挥的地方武装，关羽声威震动中原。面对如此形势，曹操建议迁离许都以避开关羽的威胁。司马懿、蒋济则认为关羽得志取胜，孙权是不会高兴的，应该派人前去劝说孙权，让他派兵从后面袭击关羽，并答应事成之后割让东南诸郡给孙权，这样樊城之围自然而解。曹操采纳了这一意见。

起先，孙权曾派人为自己的儿子向关羽的女儿求婚，关羽辱骂来使，拒绝结亲，孙权十分恼恨。另外南郡太守麋芳驻守江陵，将军士仁驻扎公安，两人一向怨恨关羽轻视他们。当关羽领兵出征，由麋芳、士仁负责供应粮草军需，两人不愿全力救援关羽。关羽放出话说："回去后就惩处他们。"麋、士二人都恐惧不安。于是孙权暗中派人去诱降麋、士二人，二人即派人迎接孙权。而曹操又派来徐晃率军救援曹仁，关羽攻不下樊城，只好领兵退还。这时孙权已占据江陵，将关羽及其将士的妻儿老小全部俘获，关羽的军队于是全部溃散。孙权派部将堵击关羽，在临沮斩杀关羽及其子关平。

关羽死后被追谥为壮缪侯。他的儿子关兴继承了爵位。关兴字安国，年少时就有声名，丞相诸葛亮对他十分器重，且认为他不同常人。关兴二十岁即担任侍中、中监军，几年后去世。儿子关统继承爵位，娶公主为妻，官至虎贲中郎将。关统没有儿子，死后就由关兴的庶子关彝续封爵位。

蜀书

张飞传

题解

　　张飞（？—221年），字益德，东汉末幽州涿郡（今河北保定涿州）人，蜀汉名将。刘备长坂坡败退，张飞仅率二十骑断后，据水断桥，曹军没人敢逼近。张飞与诸葛亮、赵云扫荡西川时，于江州义释严颜。汉中之战时又于宕渠击败张郃，对蜀汉贡献极大，官至车骑将军，领司隶校尉，封西乡侯。后被卫卒范强、张达刺杀，追谥曰"桓"。在我国传统文化中，张飞以其勇猛、鲁莽、疾恶如仇而著称，虽然此形象主要来源于小说和戏剧等民间艺术，但已深入人心。

原文

　　张飞，字益德，涿郡人也，少与关羽俱事先主。羽年长数岁，飞兄事之。先主从曹公破吕布，随还许，曹公拜飞为中郎将。先主背曹公依袁绍、刘表。表卒，曹公入荆州，先主奔江南。曹公追之，一日一夜，及于当阳之长阪。先主闻曹公卒至，弃妻子走，使飞将二十骑拒后。飞据水断桥，瞋目横矛曰："身是张益德也，可来共决死？！"敌皆无敢近者，故遂得免。

　　先主既定江南，以飞为宜都太守、征虏将军，封新亭侯，后转在南郡。先主入益州，还攻刘璋，飞与诸葛亮等溯流而上，分定郡县。至江州，破璋将巴郡太守严颜，生获颜。飞呵颜曰："大军至，何以不降而敢拒战？"颜答曰："卿等无状，侵夺我州，我州但有断头将军，无有降将军也。"飞怒，令左右牵去斫头。颜色不变，曰："斫头便斫头，何为怒邪？"飞

壮而释之，引为宾客。飞所过战克，与先主会于成都。益州既平，赐诸葛亮、法正、飞及关羽金各五百斤，银千斤，钱五千万，锦千匹，其余颁赐各有差，以飞领巴西太守。

译文

张飞，字益德，涿郡人，年轻时与关羽一道侍奉刘备。关羽比张飞年长几岁，故张飞把关羽当作兄长侍奉。刘备跟从曹操击败吕布后，随曹操返回许都，曹操任命张飞为中郎将。刘备脱离曹操先后投靠袁绍、刘表。刘表死后，曹操进军荆州，刘备逃往江南。曹操率兵追击，急行一日一夜，在当阳县长坂追上刘备。刘备闻知曹操突然赶到，抛下妻子儿女自己逃走，并令张飞率领二十名骑兵断后。张飞守住河岸，拆毁河桥，怒目圆睁，手执长矛大叫："我是张益德，谁敢前来与我决一死战？！"曹军无人敢近，故刘备等得以逃脱。

刘备平定江南各郡，任张飞为宜都太守、征虏将军，封爵新亭侯，后又调守南郡。刘备西进益州，后还攻刘璋，张飞与诸葛亮等溯江而上，分兵平定沿江各郡、县。张飞到江州，击败刘璋的部将巴郡太守严颜，并活捉了严颜。张飞怒斥严颜："我大军已到，你为何不及早投降而斗胆抗拒？"严颜回说："你等兴兵无名，侵夺我益州，我们益州只有断头将军，没有投降将军。"张飞大怒，喝令手下兵卒将严颜推出去砍头。严颜面色不变，对张飞说："砍头就砍头，发什么火呢？"张飞对严颜的勇气甚为敬佩，当即下令释放，并把他作为客人礼待。张飞一路势如破竹，与刘备会师成都。刘备平定益州后，赏赐诸葛亮、法正、张飞和关羽每人五百斤黄金、一千斤白银、五千万铜钱、一千匹蜀锦，对其他将士也给以数量不等的奖赏，任命张飞兼巴西太守。

原文

曹公破张鲁，留夏侯渊、张郃守汉川。郃别督诸军下巴西，欲徙其民于汉中。进军宕渠、蒙头、荡石，与飞相拒五十余日。飞率精卒万余人，从他道邀郃军交战。山道迮狭，前后不得相救，飞遂破郃。郃弃马缘山，独与麾下十余人从间道退，引军还南郑，巴土获安。先主为汉中王，拜飞为右将军、假节。

章武元年，迁车骑将军，领司隶校尉，进封西乡侯。策曰："朕承天序，嗣奉洪业，除残靖乱，未烛厥理。今寇虏作害，民被茶毒，思汉之士，延颈鹤望。朕用悼然，坐不安席，食不甘味，整军浩誓，将行天罚。以君忠毅，侔踪^①召虎，名宣遐迩，故特显命，高墉^②进爵，兼司于京。其诞将天威，柔服以德，伐叛以刑，称朕意焉。诗不云乎，'匪疚匪棘，王国来极。肇敏戎功，用锡尔祉'^③。可不勉欤！"

初，飞雄壮威猛，亚于关羽，魏谋臣程昱等咸称羽、飞万人之敌也。羽善待卒伍而骄于士大夫，飞爱敬君子而不恤小人。先主常戒之曰："卿刑杀既过差，又日鞭挝健儿，而令在左右，此取祸之道也。"飞犹不悛^④。先主伐吴，飞当率兵万人，自阆中会江州。临发，其帐下将张达、范缰杀飞，持其首，顺流而奔孙权。飞营都督表报先主，先主闻飞都督之有表也，曰："噫！飞死矣。"追谥飞曰桓侯。长子苞，早夭。次子绍嗣，官至侍中尚书仆射。苞子遵为尚书，随诸葛瞻于绵竹，与邓艾战，死。

注释

①侔（móu）踪：等同，比肩。侔：相等。②高墉：高大的城墙。比喻国家的依仗。③匪疚匪棘，王国来极。肇敏戎功，用锡尔祉：出自《诗经·大雅·江汉》。意思是：不能侵扰百姓，不能盲目冒进。一切都要以王朝的礼法为准。望你努力成就伟大的功业，我会赏赐福祉给你。④悛（quān）：悔改。

译文

曹操打败张鲁后，留夏侯渊、张郃镇守汉川。张郃单独率领几支兵马南下巴西，打算将那里的百姓迁往汉中。张郃进兵宕渠、蒙头、荡石，与张飞的军队对峙五十多天。张飞率领精兵一万多人，从另外的道路将张郃军队截断后再与之交战。山路狭窄，前队后队无法呼应救援，张郃遂被张飞打败。张郃舍马攀越山崖，只带着十多名部下从小路逃走，于是退兵南郑，巴西得以安宁。刘备自立为汉中王后，任命张飞为右将军，假节。

章武元年（221年），张飞被晋升为车骑将军兼司隶校尉，晋封爵位西乡侯。册

三国志精粹

封说："朕承应天命，续嗣汉室大业，扫残敌平祸乱，但仍未大治天下。现在贼寇作乱，百姓蒙受苦难，思念汉室的志士仁人，都在引颈翘首盼望国家复兴。朕忧愁万分，坐不安稳，吃东西品不出滋味，整顿各军，宣布誓词，准备替天行道，惩罚乱臣贼子。由于您忠诚果毅，有如周宣王名臣召伯虎，声震远近，故此特地宣布为您晋升官爵，授权您兼掌京都护卫。您应该协助君王弘扬恩威，以仁德安抚百姓，用威刑讨伐叛逆，满足朕的心愿。《诗经》说得好，'不能侵扰百姓，不能过急冒进，一切都要以王朝的礼法为准。努力成就伟大的功业，我赏赐福祉给你'。不可不努力啊！"

当初，张飞雄武威猛，仅次于关羽，魏国谋臣程昱等都夸赞关羽、张飞有万夫不当之气概。关羽待下级士卒很和善，对上层士大夫很傲慢，而张飞则敬重社会上层人物，对士卒百姓不加爱抚。刘备常常告诫张飞："你过度运用刑法，又随意鞭打将士，还把这些被打的人安排在身边办事，你这样做会自招祸害的。"张飞听后仍不悔改。刘备征伐东吴，张飞遵令准备率领一万人马，从阆中出兵赶赴江州与刘备会合。临发兵前，张飞帐下部将张达、范彊杀害了张飞，并割下他的首级，顺江而下投奔孙权。张飞军营都督上表飞报刘备，刘备一听到张飞都督有表上奏，即说："唉！张飞死了。"追谥张飞为桓侯。张飞的长子张苞少年早丧。次子张绍继承张飞的爵位，官至侍中、尚书仆射。张苞之子张遵担任尚书，随诸葛瞻驻守绵竹，在与邓艾的军队作战时战死。

马超传

三
国
志
精
粹

题解

    马超（176 年—222 年），字孟起，扶风茂陵（今陕西兴平）人。东汉末年群雄之一，汉伏波将军马援的后人，起初在其父马腾帐下为将，先后参与破苏氏坞、破郭援等战役。马腾进京，马超统率其部众割据于三辅。后与韩遂等联合，一同进军潼关与曹操相拒，败于渭南。此后马超率众联合羌氏兼并陇右，杀凉州刺史韦康，自称征西将军、并州牧、督凉州军事，又被韦康故吏杨阜等击败，投奔张鲁复攻凉州无利，又降刘备，迫降成都，参与下辩之战。刘备称帝，拜马超为骠骑将军，领凉州牧，封斄（tái）乡侯。次年马超病逝，终年四十七岁。

原文

    马超，字孟起，扶风茂陵人也。父腾，灵帝末与边章、韩遂等俱起事于西州。初平三年，遂、腾率众诣长安。汉朝以遂为镇西将军，遣还金城，腾为征西将军，遣屯郿。后腾袭长安，败走，退还凉州。司隶校尉钟繇镇关中，移书遂、腾，为陈祸福。腾遣超随繇讨郭援、高干于平阳，超将庞德亲斩援首。后腾与韩遂不和，求还京畿。于是征为卫尉，以超为偏将军，封都亭侯，领腾部曲。

    超既统众，遂与韩遂合从，及杨秋、李堪、成宜等相结，进军至潼关。曹公与遂、超单马会语。超负其多力，阴欲突前捉曹公，曹公左右将许褚瞋目盻①之，超乃不敢动。曹公用贾诩谋，离间超、遂，更相猜疑，军以大败，

超走保诸戎。曹公追至安定，会北方有事，引军东还。杨阜说曹公曰："超有信、布之勇，甚得羌、胡心。若大军还，不严为其备，陇上诸郡非国家之有也。"

注释

①盻（xì）：仇视，怒视。

译文

　　马超，字孟起，扶风郡茂陵县人。马超的父亲马腾在汉灵帝末年在西州与边章、韩遂等一同举兵起事。初平三年（192 年），韩遂、马腾率兵前往长安。汉朝廷任命韩遂为镇西将军，让他领兵返回金城，任命马腾为征西将军，派他领兵驻扎郿县。后来马腾带兵袭击长安，兵败逃走，撤回凉州。司隶校尉钟繇镇守关中，他派人送信给韩遂、马腾，向他们陈说利害关系。马腾派遣马超跟随钟繇前往平阳讨伐郭援、高幹，马超部将庞德亲手斩杀郭援并割取首级。后来马腾与韩遂有了矛盾，马腾请求调还京城附近。于是朝廷召回马腾，让他担任卫尉，又任命马超为偏将军，封爵都亭侯，接领马腾的兵马。

　　马超既得到统军大权，于是与韩遂联合，又与杨秋、李堪、成宜等结盟，共同进兵抵达潼关。曹操与韩遂、马超各率少量护卫离阵会谈。马超自负身强力壮，心中打算突

然冲上前活捉曹操，曹操身边护卫猛将许褚瞪眼怒视马超，马超才不敢妄动。曹操听从贾诩的计谋，用离间计使马超、韩遂互相猜疑，终于将他们的联军打得大败，马超逃奔到西戎少数民族部落。曹操追击到安定，正赶上北方又有战事，领兵东还。杨阜劝曹操说："马超有韩信、季布之勇，甚得西北羌、胡少数民族的拥戴。如果大军退还，不对他严加防守，陇上诸郡将不会为我们所有了。"

原文

超果率诸戎以击陇上郡县，陇上郡县皆应之。杀凉州刺史韦康，据冀城，有其众。超自称征西将军，领并州牧，督凉州军事。康故吏民杨阜、姜叙、梁宽、赵衢等，合谋击超。阜、叙起于卤城^①，超出攻之，不能下。宽、衢闭冀城门，超不得入，进退狼狈，乃奔汉中依张鲁。鲁不足与计事，内怀于邑。闻先主围刘璋于成都，密书请降。先主遣人迎超，超将兵径到城下。城中震怖，璋即稽首，以超为平西将军，督临沮，因为前都亭侯。

先主为汉中王，拜超为左将军，假节。章武元年，迁骠骑将军，领凉州牧，进封斄乡^②侯。策曰："朕以不德，获继至尊，奉承宗庙。曹操父子，世载其罪，朕用惨怛^③，疢^④如疾首。海内怨愤，归正反本，暨于氐羌率服，獯鬻^⑤慕义。以君信著北土，威武并昭，是以委任授君，抗飏虓虎^⑥，兼董万里，求民之瘼^⑦。其明宣朝化，怀保远迩，肃慎赏罚，以笃汉祜，以对于天下。"

二年卒，时年四十七。临没上疏曰："臣门宗二百余口，为孟德所诛略尽，惟有从弟岱，当为微宗血食^⑧之继，深托陛下，余无复言。"追谥超曰威侯，子承嗣。岱位至平北将军，进爵陈仓侯。超女配安平王理。

注释

①卤城：在今甘肃礼县。②斄乡：在今陕西武功县南。③惨怛（cǎn dá）：形容悲痛。④疢（chèn）：形容忧伤成疾。⑤獯鬻（xūn yù）：也作薰育、荤粥、薰粥、猃狁，我国古代西北少数民族。⑥飏（yáng）：飞扬，飘扬。虓（xiāo）虎：怒吼的猛虎。⑦瘼（mò）：病痛，疾苦。⑧血食：杀牲祭祀。

译文

后来马超果然率领西戎诸部袭击陇上郡县，陇上郡县纷纷响应马超。马超杀死凉州刺史韦康，占据冀城，收编韦康的兵马。马超自称征西将军，兼任并州牧，督掌凉州军事大权。韦康的老部下杨阜、姜叙、梁宽、赵衢等，共同密谋袭击马超。杨阜、姜叙先

在卤城发难，马超出兵攻打而不能攻下。梁宽、赵衢乘马超出兵之机紧闭冀城城门，马超无法进城，进退两难，于是逃往汉中依附张鲁。张鲁其人不值得马超与其共谋大事，马超因此心中抑郁不乐。当他打听到刘备在成都围攻刘璋时，即暗中派人送信给刘备请求归降。刘备派人迎接马超，马超领兵径直抵达成都城下。城中震恐不安，刘璋随即投降，刘备任命马超为平西将军，督管临沮，保持原都亭侯爵号不变。

刘备做了汉中王后，任命马超为左将军，假以符节。章武元年（221年），马超被晋升为骠骑将军，兼凉州牧，晋爵为斄乡侯。册封说："朕以薄德，继承皇位，接掌汉室社稷。曹操父子，罪行布满天下，朕忧愤伤悲，痛心疾首。天下怨恨曹氏，盼望复兴汉室，以至氐、羌、獯鬻等少数民族都慕义归服。由于您信义闻名北部边地，威望、武力都极为显赫，故将凉州托付于您，希望您能像咆哮的猛虎一般兼守北方万里之域，消除所辖百姓的疾苦。希望您明宣朝廷教化，招抚安定四方，慎重施行赏罚，以深固汉朝所赐福祉，酬报天下百姓。"

马超去世于章武二年（222年），享年四十七岁。去世前他上奏说："臣家门亲族二百余人，几乎全被曹操诛杀，只有堂弟马岱还在，应让他执掌臣业已衰败的宗庙祭祀，此事深托陛下，无复他言。"刘备追谥马超为威侯，其子马承继承他的爵位。马岱官至平北将军，晋爵陈仓侯。马超的女儿许配安平王刘理。

黄忠传

题解

黄忠（？—220年），字汉升，南阳（今河南南阳）人。东汉末名将。本为刘表部下，后归刘备，并助刘备攻益州刘璋。219年，在定军山之战中，黄忠以六十多岁高龄，一战即斩曹操名将夏侯渊，被升任征西将军。刘备称汉中王后，改封后将军，赐关内侯。次年，黄忠病逝，谥曰"刚"。在后世，黄忠多以勇猛的老将形象出现于各类文学艺术作品中。在小说《三国演义》中，黄忠是蜀汉"五虎上将"之一。他的名字也逐渐成为"老当益壮"的代名词。

原文

黄忠，字汉升，南阳人也。荆州牧刘表以为中郎将，与表从子磐共守长沙攸县。及曹公克荆州，假行裨将军，仍就故任，统属长沙守韩玄。先主南定诸郡，忠遂委质，随从入蜀。自葭萌受任，还攻刘璋，忠常先登陷陈（阵），勇毅冠三军。益州既定，拜为讨虏将军。建安二十四年，于汉中定军山击夏侯渊。渊众甚精，忠推锋必进，劝率士卒，金鼓振天，欢声动谷，一战斩渊，渊军大败。迁征西将军。是岁，先主为汉中王，欲用忠为后将军。诸葛亮说先主曰："忠之名望，素非关、马之伦也，而今便令同列，马、张在近，亲见其功，尚可喻指，关遥闻之，恐必不悦，得无不可乎！"先主曰："吾自当解之。"遂与羽等齐位，赐爵关内侯。明年卒，追谥刚侯。子叙，早没，无后。

译文

　　黄忠，字汉升，南阳郡人。荆州牧刘表任命他为中郎将，黄忠与刘表的侄子刘磐共同镇守长沙郡攸县。曹操攻占荆州后，黄忠受命代行裨将军之职，仍留在原来任所，统属于长沙太守韩玄。刘备平定南方各郡，黄忠归顺刘备，后又随刘备进军蜀地。黄忠在葭萌关接受任命，回攻刘璋，黄忠常常身先士卒冲锋陷阵，勇猛果毅为三军之首。平定益州后，被任命为讨虏将军。建安二十四年（219 年），黄忠在汉中定军山攻击夏侯渊。夏侯渊所率乃曹军精锐之旅，黄忠率所部奋力向前推进，他激励士卒，金鼓震天，呐喊声响彻山谷，一战即杀夏侯渊，夏侯渊军被打得大败。黄忠被晋升为征西将军。当年，刘备称汉中王，打算起用黄忠为后将军。诸葛亮劝刘备说："黄忠的名望一向未能与关羽、马超等人相提并论，如今让他与关、马等平起平坐，马超、张飞现在附近，都耳闻目睹黄忠的战功，还可以对他们加以解释，而关羽远在荆州，知道这件事一定不会高兴，这样做恐怕不可以吧！"刘备说："我自会给关羽解释的。"于是黄忠取得了与关羽等人相等的职位，被封爵为关内侯。第二年黄忠去世，被追谥为刚侯。儿子黄叙早死，故无后人。

蜀书

赵云传

题解

　　赵云（？—229 年），字子龙，常山真定（今河北正定）人，东汉末名将。初从公孙瓒，后归刘备。曹操取荆州，刘备败于当阳长阪，他力战救护甘夫人和刘备子刘禅。刘备得益州，任赵云为翊军将军，从攻汉中。建兴六年（228 年），赵云从诸葛亮攻关中，分兵拒曹真主力，寡不敌众，退回汉中。次年卒。他曾在汉中以数十骑拒曹操大军，被刘备誉为"子龙一身都是胆也"。

原文

　　赵云，字子龙，常山真定人也。本属公孙瓒，瓒遣先主为田楷拒袁绍，云遂随从，为先主主骑。及先主为曹公所追于当阳长阪，弃妻子南走，云身抱弱子，即后主也，保护甘夫人，即后主母也，皆得免难。迁为牙门将军。先主入蜀，云留荆州。先主自葭萌还攻刘璋，召诸葛亮。亮率云与张飞等俱溯江西上，平定郡县。至江州，分遣云从外水上江阳，与亮会于成都。成都既定，以云为翊军将军。建兴元年，为中护军、征南将军，封永昌亭侯，迁镇东将军。五年，随诸葛亮驻汉中。明年，亮出军，扬声由斜谷道，曹真遣大众当之。亮令云与邓芝往拒，而身攻祁山。云、芝兵弱敌强，失利于箕谷，然敛众固守，不至大败。军退，贬为镇军将军。七年卒，追谥顺平侯。

译文

　　赵云，字子龙，他是常山真定县人。他原本是公孙瓒的部下，公孙瓒派刘备与田楷共同抗击袁绍，赵云随同前往，为刘备掌管骑兵。当刘备被曹操追逼至当阳长坂时，刘备舍弃妻儿向南逃走，赵云身背刘备的幼子，即后主刘禅，保护甘夫人，即刘禅的母亲，舍命拼杀使他们母子幸免于难。后赵云被升迁为牙门将军。刘备率军入蜀，留赵云镇守荆州。刘备从葭萌关回攻刘璋，召诸葛亮前往。诸葛亮率领赵云、张飞等沿长江逆流而上，平定沿途郡、县。至江州后，诸葛亮分派赵云率领一支军队从岷江直上江阳，与诸葛亮会师成都。成都平定以后，刘备任赵云为翊军将军。建兴元年（223 年），赵云被升任为中护军、征南将军，封爵为永昌亭侯，随后又升迁为镇东将军。建兴五年（227 年），赵云跟随诸葛亮驻守汉中。第二年，诸葛亮出兵伐魏，扬言从斜谷道出兵，魏将曹真急调大军前往抵御。诸葛亮命令赵云与邓芝前去斜谷抗击曹军，自己则率领大部队进攻祁山。赵、邓兵力弱小而敌军兵多势众，故在箕谷受挫，但他们随即收整人马固守险要，终于避免惨败。军队退还汉中后，赵云被贬为镇军将军。建兴七年（229 年），赵云去世，被追谥为顺平侯。

姜 维 传

三国志精粹

题解

　　姜维（202年—264年），字伯约，天水郡冀县（今甘肃省甘谷县）人。本为魏将，降蜀后深为蜀汉丞相诸葛亮赏识，成为其军事方面的传人。姜维好学不倦、朴素清廉，官至大将军，成为蜀汉最后支柱，无人能出其右。他倾心尽力北伐二十年，却因成效不彰、耗费国力而招致后世责难。蜀汉灭亡时，与魏将钟会密谋复国，失败被杀。

原文

　　姜维，字伯约，天水冀人也。少孤，与母居。好郑氏学①。仕郡上计掾，州辟为从事。以父同昔为郡功曹，值羌戎叛乱，身卫郡将，没于战场，赐维官中郎，参本郡军事。建兴六年，丞相诸葛亮军向祁山，时天水太守适出案行②，维及功曹梁绪、主簿尹赏、主记梁虔等从行。太守闻蜀军垂至③，而诸县响应，疑维等皆有异心，于是夜亡保上邽。维等觉太守去，追迟，至城门，城门已闭，不纳。维等相率还冀，冀亦不入维。维等乃俱诣诸葛亮。

　　会马谡败于街亭，亮拔将西县千余家及维等还，故维遂与母相失。亮辟维为仓曹掾，加奉义将军，封当阳亭侯，时年二十七。亮与留府长史张裔、参军蒋琬书曰："姜伯约忠勤时事，思虑精密，考其所有，永南、季常诸人不如也。其人，凉州上士也。"又曰："须先教中虎步兵五六千人。姜伯约甚敏于军事，既有胆义，深解兵意。此人心存汉室，而才兼④于人，毕教军事，当遣诣宫，觐见主上。"后迁中监军征西将军。十二年，亮卒，

维还成都，为右监军辅汉将军，统诸军，进封平襄侯。

注释

①郑氏学：东汉末郑玄的学说。②案行：例行巡查。③垂至：突然抵达。④兼：倍。

译文

姜维，字伯约，天水郡冀县人。他幼年时丧父，后与寡母一起生活。他喜好郑玄的经学。他出仕任本郡上计掾，州里征召他为州从事。姜维的父亲姜冏曾是天水郡功曹，时逢羌、戎少数民族叛乱，他挺身护卫郡守，死在战场，故此姜维受赐官为中郎、天水郡参军。建兴六年（228年），丞相诸葛亮出师祁山，当时天水郡太守外出巡视，姜维和功曹梁绪、主簿尹赏、主记梁虔等一同随行。太守听到蜀军将到而各县都纷起响应，怀疑姜维等随行诸人怀有二心，因此当夜逃亡去把守上邽。姜维等发觉太守已去，追赶不及，赶到上邽城门下，城门已闭，太守不让他们进城。姜维等又一同返回冀县，冀县同样不收留他们。于是姜维等只好到诸葛亮那里投降。

等到马谡在街亭战败，诸葛亮带领西县一千多户百姓及姜维等收兵返回，因而姜维与母亲失散。诸葛亮任命姜维为仓曹掾，官加奉义将军，封当阳亭侯，当时姜维年仅二十七岁。诸葛亮在给留府长史张裔、参军蒋琬的信中说："姜伯约恪尽职守、忠心勤奋，思考问题详细周密，考察他的本领，即使永南和季常等也不及他。此人的确为凉州的上等士人。"又说："应先交给他五六千禁中兵卒。姜伯约非常敏于军事，既有胆略勇义，又精通用兵之道。此人忠心于大汉，而且才力过人，将军事大权交给他，派他进宫朝见主上。"后来姜维被升任为中监军、征西将军。建兴十二年（234年），诸葛亮病逝，姜维回到成都，任右监军、辅汉将军，统率各军，又被晋封为平襄侯。

蜀书

245

延熙元年，随大将军蒋琬住汉中。琬既迁大司马，以维为司马，数率偏军西入。六年，迁镇西大将军，领凉州刺史。十年，迁卫将军，与大将军费祎共录尚书事。是岁，汶山平康夷反，维率众讨定之。又出陇西、南安、金城界，与魏大将军郭淮、夏侯霸等战于洮西。胡王治无戴等举部落降，维将还安处之。十二年，假维节，复出西平，不克而还。维自以练西方风俗，兼负其才武，欲诱诸羌、胡以为羽翼，谓自陇以西可断而有也。每欲兴军大举，费祎常裁制不从，与其兵不过万人。

十六年春，祎卒。夏，维率数万人出石营，经董亭，围南安，魏雍州刺史陈泰解围至洛门，维粮尽退还。明年，加督中外军事。复出陇西，守狄道长李简举城降。进围襄武，与魏将徐质交锋，斩首破敌，魏军败退。维乘胜多所降下，拔河关、狄道、临洮三县民还，后十八年，复与车骑将军夏侯霸等俱出狄道，大破魏雍州刺史王经于洮西，经众死者数万人。经退保狄道城，维围之。魏征西将军陈泰进兵解围，维却住钟题。

译文

延熙元年（238年），姜维随大将军蒋琬驻守汉中。蒋琬升为大司马后，姜维任司马，多次独领一部分军队西进。延熙六年（243年），姜维被升为镇西大将军，兼凉州刺史。延熙十年（247年），他又被升为卫将军，同大将军费祎一起任录尚书事。同年，汶山平康县少数民族叛乱，姜维率军讨伐平息了反叛。又出兵陇西、南安、金城的边界，在洮西与魏国大将军郭淮、夏侯霸等交战。胡王治无戴等带领自己的部族归降，姜维送他们归返并对他们进行安置。延熙十二年（249年），后主刘禅赐授姜维假节，姜维再从西平出兵，不胜而还。姜维自以为自己熟悉西地风俗，且自负于自己的才能武功，计划联合各羌人、胡人的部落为羽翼，认为这样可以截占陇地以西的地方。姜维每每想要大举兴兵，费祎常常不听其谋而加以限制，拨给他的兵马不超过一万人。

延熙十六年（253年）春，费祎去世。同一年夏天，姜维率领数万人马从石营出兵，经由董亭，包围南安。魏国雍州刺史陈泰前往洛门解围，姜维因粮尽而退兵。次年，朝廷加姜维官为督中外军事。又出兵陇西，代理狄道县县长李简献城投降。姜维进兵包围襄武县，与魏国将军徐质交锋，斩首破敌，魏军败退。姜维乘胜进军，俘降不少敌兵，将河间、狄道、临洮三县的百姓迁徙后引兵返还。后在延熙十八年（255年），又与车骑将军夏侯霸等一道从狄道出兵，在洮西大败魏国雍州刺史王经，王经的部队死亡几万人。王经退守狄道城，姜维率军包围狄道城。魏国征西将军陈泰率领军队前来解围，姜维退兵驻扎钟题。

原文

　　十九年春，就迁维为大将军。更整勒^①戎马，与镇西大将军胡济期会上邽。济失誓不至，故维为魏大将邓艾所破于段谷，星散流离，死者甚众。众庶由是怨讟^②，而陇已西亦骚动不宁，维谢过引负，求自贬削，为后将军，行大将军事。

　　二十年，魏征东大将军诸葛诞反于淮南，分关中兵东下。维欲乘虚向秦川，复率数万人出骆谷，径至沈岭。时长城积谷甚多而守兵乃少，闻维方到，众皆惶惧。魏大将军司马望拒之，邓艾亦自陇右，皆军于长城。维前住芒水，皆倚山为营。望、艾傍渭坚围，维数下挑战，望、艾不应。

　　景耀元年，维闻诞破败，乃还成都，复拜大将军。初，先主留魏延镇汉中，皆实兵诸围以御外敌，敌若来攻，使不得入。及兴势之役，王平捍拒^③曹爽，皆承此制。维建议，以为："错守诸围，虽合《周易》'重门'之义，然适可御敌，不获大利。不若使闻敌至，诸围皆敛兵聚谷，退就汉、乐二城，使敌不得入平，且重关镇守以捍之。有事之日，令游军并进以伺其虚。敌攻关不克，野无散谷，千里县粮，自然疲乏。引退之日，然后诸城并出，与游军并力搏之，此殄敌之术也。"于是令督汉中胡济却住汉寿，监军王含守乐城，护军蒋斌守汉城，又于西安、建威、武卫、石门、武城、建昌、临远皆立围守。

注释

①整勒：整顿。②怨讟（dú）：怨恨。③捍拒：抵御。

译文

延熙十九年（256年）春，姜维于驻地被任命为大将军。于是又整顿军马，与镇西大将军胡济约定在上邽会师。胡济失约未按期而至，故此姜维在段谷被魏国大将邓艾击败，士卒四散，死者很多。大家由此怨恨指责，而陇地以西地区也骚动不宁，姜维引咎自责，自请削职贬官，被降为后将军，行大将军事。

延熙二十年（257年），魏国征东大将军诸葛诞在淮南反叛，拉出一部分关中军队东下。姜维想要乘敌方空虚进袭秦川，再次率领数万人马出骆谷，径直扑向沈岭。这时魏国在长城积囤的粮食很多而守兵甚少，探听姜维军队将到，都十分恐慌。魏国大将军司马望带兵抵御，邓艾也从陇右出兵前往相救，都驻军长城。姜维前进驻守芒水，倚山结寨扎营。司马望、邓艾傍依渭水坚守营寨，姜维几次率兵下山挑战，司马望、邓艾置之不应。

景耀元年（258年），姜维听到诸葛诞城破兵败的消息后，率军返回成都，重新被任命为大将军。当初，先主刘备留魏延镇守汉中，都是重兵坚守各营寨以抵御外敌，敌人如果来攻，使他们越不过防御设置。至兴势战役，王平抵拒曹爽，都袭用此种办法。姜维提出了建议，他以为"交错防守各营寨，虽合于《周易》'重门'的道理，但只可防御敌人，却不能获得更大的好处。不如探听敌军来到，各营寨即都收兵积粮，退守在汉、乐二城，让敌军进不了平川，并且以镇守层层关隘来抵御敌人。当有敌人来犯的时候，就让游击部队并进，伺机攻击敌人。敌军攻关不得破，四野又无粮，从千里之外搬运粮草，自然疲乏不堪。待其退却之时，各城一齐出兵，与游击部队并力进击，这是歼灭敌人的好办法"。于是便命令督守汉中的胡济退守汉寿，将军王含守乐城，护军蒋斌守汉城，又在西安、建威、武卫、石门、武城、建昌、临远等处都建置防御工事。

原文

五年，维率众出汉、侯和，为邓艾所破，还住沓中。维本羁旅讬（托）国①，累年攻战，功绩不立，而宦官黄皓等弄权于内，右大将军阎宇与皓协比②，而皓阴欲废维树宇，维亦疑之，故自危惧，不复还成都。

六年，维表后主："闻钟会治兵关中，欲规进取，宜并遣张翼、廖化督诸军分护阳安关口、阴平桥头以防未然。"皓征信鬼巫，谓敌终不自致，启后主寝其事，而群臣不知。及钟会将向骆谷，邓艾将入沓中，然后乃遣

右车骑廖化诣沓中为维援，左车骑张翼、辅国大将军董厥等诣阳安关口以为诸围外助。

比至阴平，闻魏将诸葛绪向建威，故住待之。月余，维为邓艾所摧，还住阴平。钟会攻围汉、乐二城，遣别将进攻关口，蒋舒开城出降，傅佥格斗而死。会攻乐城，不能克，闻关口已下，长驱而前。翼、厥甫至汉寿，维、化亦舍阴平而退，适与翼、厥合，皆退保剑阁以拒会。

注释

①羁旅：漂泊他乡。讬国：寄寓他国。姜维原为魏国人，投降蜀国暂时安生，所以容易使人怀疑他用心不忠。②协比：狼狈为奸。

译文

景耀五年（262年），姜维率众出兵汉城、侯和，被邓艾击败，退还驻守沓中。姜维本是魏国人，托身异国羁旅他乡，连年攻战未立功绩，而宦官黄皓在朝廷玩弄权术，右大将军阎宇与黄皓狼狈一气，黄皓阴谋废除姜维代之以阎宇。姜维也怀疑黄皓，所以自己颇感危惧，不再返还成都。

景耀六年（263年），姜维上表给后主刘禅说："听说钟会在关中整军练兵，企图进攻我国，应该同时派遣张翼和廖化督率各军，分守阳安关口、阴平桥头，以防患于未然。"黄皓崇信鬼神巫术，说敌人最终不能自致，启奏后主中止这次军事计划，而朝中其他大臣全不知道此事。及至钟会即将进攻骆谷，邓艾即将进入沓中，然后才派遣右车骑将军廖化前往沓中援助姜维，派左车骑将军张翼、辅国大将军董厥等，前往阳安关口作为各边防营寨的外援。

等蜀军出发到阴平时，听说魏国将领诸葛绪向建威进军，故蜀军驻扎下来等待敌人。一个多月后，姜维被邓艾击败，退守阴平。钟会攻打包围汉、乐二城，另派将领进攻关口，蒋舒开城投降，傅佥奋战阵亡。钟会攻打乐城，未攻下，听说关口已经攻下，便率军长驱直往。张翼、董厥刚到汉寿，姜维、廖化也舍弃阴平退到那里，正与张、董会合，都退到保剑阁抵抗钟会。

原文

会与维书曰："公侯以文武之德，怀迈世之略，功济巴、汉，声畅华夏，远近莫不归名。每惟畴昔，尝同大化，吴札、郑乔，能喻斯好。"维不答书，列营守险。会不能克，粮运县远，将议还归。而邓艾自阴平由景谷道傍入，遂破诸葛瞻于绵竹。后主请降于艾，艾前据成都。维等初闻瞻破，或闻后主欲固守成都，或闻欲东入吴，或闻欲南入建宁^①，于是引军由广汉、郪道以审虚实。寻被后主敕令，乃投戈放甲，诣会于涪军前，将士咸怒，拔刀砍石。

会厚待维等，皆权还其印号节盖。会与维出则同舆（舆），坐则同席。谓长史杜预曰："以伯约比中土名士，公休、太初不能胜也。"会既构邓艾，艾槛车征，因将维等诣成都，自称益州牧以叛。欲授维兵五万人，使为前驱。魏将士愤怒，杀会及维，维妻子皆伏诛。

郤正^②著论论维曰："姜伯约据上将之重，处群臣之右，宅舍弊薄，资财无余，侧室无妾媵之亵，后庭无声乐之娱，衣服取供，舆马取备，饮食节制，不奢不约，官给费用，随手消尽。察其所以然者，非以激贪厉浊，抑情自割也，直谓如是为足，不在多求。凡人之谈，常誉成毁败，扶高抑下，咸以姜维投厝无所，身死宗灭，以是贬削，不复料擿（摘）^③，异乎《春秋》褒贬之义矣。如姜维之乐学不倦，清素节约，自一时之仪表也。"

注释

①建宁：今四川西昌，与云南接壤。②郤正：与姜维同时，同在蜀汉为官。景耀六年（263年）冬，邓艾兵临成都城下，刘禅举国投降，郤正撰写投降书。刘禅后迁往洛阳，在西晋任官。③料擿：指摘，责难。

译文

钟会致姜维书信说："公侯您文武全才，超世谋略，功扬巴、蜀，声播华夏，远近无不推崇。每每思念以往，我们同朝共沐大魏教化，吴季札与郑子产的友谊，可用来譬喻我们之间的关系。"姜维并不复信，而是布置各军扎营守险。钟会进攻不下，加之粮草运输路程遥远，便计划撤军。而此时邓艾从阴平由景谷道小路进入蜀境，在绵竹战败诸葛瞻。后主刘禅向邓艾请降，邓艾进驻成都。姜维等一开始听说诸葛瞻战败，又有传说说后主准备死守成都，也有传说说后主打算东往吴国，还有传说说后主要南往建宁，于是姜维退兵到广汉、郪县一带，在途中查明情况虚实。不久后主下令投降，姜维方放下武器，解除铠甲，到涪县钟会军前投降。将士们都十分愤怒，拔刀砍石。

钟会厚待姜维等，把印号、节盖暂时都还给姜维。钟会同姜维出则同车，坐则同席。钟会对长史杜预说："用姜伯约来比中原的名士，即使诸葛诞、夏侯玄也赶不上他。"钟会在构陷邓艾后，邓艾被监押因车送往魏都。钟会带着姜维等进入成都，自称益州牧，反叛魏国。钟会要给姜维五万人马，作为先锋部队。魏国将士十分愤怒，杀死钟会及姜维，姜维的妻子、儿女都被杀害。

郤正撰文论述姜维说："姜伯约居上将之显位，处群臣之首列，住室简陋，家无余财，侧室无侍妾之欢，后庭无音乐之娱，衣服仅求够用，车马仅求乘用，节俭饮食，不华不奢，公家所给费用，随时用尽不留。分析他这样做的原因，并非为了激励贪浊者抑制情欲，限制自己，只是满足于现有条件，而无过多要求。人们谈论古今人物，常常赞扬成功者而贬低失败者，赞誉高位者而贬抑在下者，都认为姜维错投蜀国最后身死家灭，因此贬损他，而不进行具体分析，这与《春秋》褒贬人物的义旨极不相同。像姜维这样好学不倦、清廉朴素之人，应为一代之楷模。"

庞统传

三国志精粹

题解

　　庞统（179 年—214 年），字士元，号凤雏，荆州襄阳（今湖北襄阳）人。刘备的重要谋士，才智与诸葛亮齐名，官拜军师中郎将。在进围雒县时，率众攻城，不幸被流矢所中而亡，时年三十六岁。庞统英年早逝，刘备悲痛万分，追赐他为关内侯，谥曰"靖"，亲自为其挑选墓地，后来庞统所葬之处遂名为"落凤坡"。

原文

　　庞统，字士元，襄阳人也。少时朴钝，未有识者。颍川司马徽清雅，有知人鉴。统弱冠往见徽，徽采桑于树上，坐统在树下，共语自昼至夜。徽甚异之，称统当南州士之冠冕^①，由是渐显。后郡命为功曹。性好人伦，勤于长养^②。每所称述，多过其才，时人怪而问之，统答曰："当今天下大乱，雅道陵迟，善人少而恶人多。方欲兴风俗，长道业，不美其谭即声名不足慕企，不足慕企而为善者少矣。今拔十失五，犹得其半，而可以崇迈世教，使有志者自励，不亦可乎？"吴将周瑜助先主取荆州，因领南郡太守。

　　瑜卒，统送丧至吴。吴人多闻其名，及当西还，并会昌门^③，陆勣、顾劭、全琮皆往。统曰："陆子可谓驽马有逸足之力，顾子可谓驽牛能负重致远也。"谓全琮曰："卿好施慕名，有似汝南樊子昭，虽智力不多，亦一时之佳也。"勣、劭谓统曰："使天下太平，当与卿共料四海之士。"深与统相结而还。

　　先主领荆州，统以从事守耒阳^④令，在县不治，免官。吴将鲁肃遗先主

书曰："庞士元非百里才也，使处治中、别驾之任，始当展其骥足耳。"诸葛亮亦言之于先主，先主见与善谭，大器之，以为治中从事。亲待亚于诸葛亮，遂与亮并为军师中郎将。亮留镇荆州。统随从入蜀。

注释

①冠冕：首屈一指的人物。②长养：抚育子女，赡养老人。③昌门：吴国之西郭门。④耒阳：今湖南耒阳。

译文

庞统，字士元，襄阳郡人，年少的时候为人就纯朴，当时没有人认识到他的真才实学。颍川郡名士司马徽人品高雅，有知人之明。庞统二十岁的时候去拜访司马徽，司马徽正在树上采摘桑叶，让庞统坐在树下，两人从白天一直交谈到夜晚。司马徽十分惊异于庞统的才识，赞赏庞统真是南州士子的翘楚，自此庞统名声才渐渐显扬开来。之后庞统受本郡任命成为功曹。庞统秉性注重人伦道德，尽心尽力于赡养老人、抚育子女。当他夸奖评论他人的时候，总是言过其实，当时的人都感到奇怪，便问他这是为什么，庞统回答说："如今天下大乱，合乎道德规范的正道衰微不振，好人少而坏人多。要想淳化社会风俗，增强人们的道德观念和社会公益心，不把值得赞誉的人夸说得更为完美，他们的名声就不足以让人们去仰慕仿效，无法使人仰慕仿效的行为，则社会上做好事的人将会更少。现在拔举十人而有五人因不合乎标准被刷掉，但还可得到一半。通过这一半向社会推广教化，使有志做善事、做好人的人自我勉励，这样做难道不行吗？"

东吴大将周瑜协助刘备夺得荆州，庞统因功兼职南郡太守。

周瑜去世了，庞统扶送周瑜灵柩到东吴。东吴很多人士都听到过庞统的声名，当庞统辞别吴主西归荆州时，这些人便齐聚在昌门相送，陆勣、顾劭、全琮都赶来了。

庞统说："陆君可说是

匹驽马，但实际却有余力。顾君可说是条驽牛，但却能负重而道远。"又对全琮说："您乐善好施敬慕美名，颇类汝南樊子昭，虽然智力一般，但也称得上是一时俊秀。"陆勣、顾劭对庞统说："待将来天下太平了，再与您一道品评天下名人才士。"于是他们与庞统结下深交，然后送他归返。

刘备兼任荆州牧后，庞统以州从事身份代行耒阳县令，因不理县政，被免除官职。东吴将领鲁肃写信对刘备说："庞士元不是一个治理百里小县的人才，让他担任治中、别驾之类的职务，才能让他施展高才。"诸葛亮也向刘备提过此类建议，于是刘备召见庞统作一番深谈，由是十分器重庞统，任命他为治中从事。刘备对庞统的亲信仅次于诸葛亮，由是庞统与诸葛亮一同担任军师中郎将。诸葛亮留守荆州。庞统随从刘备领兵入蜀。

原文

益州牧刘璋与先主会涪，统进策曰："今因此会，便可执之，则将军无用兵之劳而坐定一州也。"先主曰："初入他国，恩信未著，此不可也。"璋既还成都，先主当为璋北征汉中，统复说曰："阴选精兵，昼夜兼道，径袭成都。璋既不武，又素无预备，大军卒至，一举便定，此上计也。杨怀、高沛，璋之名将，各仗强兵，据守关头。闻数有笺谏璋，使发遣将军还荆州。将军未至，遣与相闻，说荆州有急，欲还救之，并使装束，外作归形。此二子既服将军英名，又喜将军之去，计必乘轻骑来见，将军因此执之，进取其兵，乃向成都，此中计也。退还白帝，连引荆州，徐还图之，此下计也。若沈吟不去，将致大困，不可久矣。"

先主然其中计，即斩怀、沛，还向成都，所过辄克。于涪大会，置酒作乐，谓统曰："今日之会，可谓乐矣。"统曰："伐人之国而以为欢，非仁者之兵也。"先主醉，怒曰："武王伐纣，前歌后舞，非仁者邪？卿言不当，宜速起出！"于是统逡巡引退。先主寻悔，请还。统复故位，初不顾谢，饮食自若。先主谓曰："向者之论，阿谁为失？"统对曰："君臣俱失。"先主大笑，宴乐如初。

进围雒县，统率众攻城，为流矢所中，卒，时年三十六。先主痛惜，言则流涕。拜统父议郎，迁谏议大夫。诸葛亮亲为之拜。追赐统爵关内侯，谥曰靖侯。统子宏，字巨师，刚简有臧否，轻傲尚书令陈祗，为祗所抑，卒于涪陵太守。统弟林，以荆州治中从事参镇北将军黄权征吴，值军败，随权入魏，魏封列侯，至钜鹿太守。

译文

　　益州牧刘璋在涪城会见刘备，庞统向刘备献计说："乘今天会晤之机，可将刘璋抓住，这样将军不需劳师动众即可坐得益州。"刘备说："刚入别国，恩德威信尚未建立，这种事是不能做的。"刘璋返还成都，刘备承担起替刘璋北上征讨汉中张鲁的使命，庞统再次劝说刘备："暗中选派精兵，昼夜兼程急行，抄小道袭击成都。刘璋既缺乏领兵作战的才干，又素来没有预防戒备，我方大军突然赶到，一举便能夺得成都，这是上策。杨怀、高沛，乃刘璋手下的名将，他们倚仗手中的强大兵力，据守白水关。听说他们曾几次写信劝说刘璋，要刘璋把您打发回荆州。将军未到达白水关时，先派人去告知他们，就说荆州形势危急，准备回军救援，同时下令我军将士整理行装，佯装即将撤还的样子。杨、高二人既钦佩将军的英名，又为您撤离益州而高兴，估计他们一定会轻装前来拜送将军，将军可乘机下令将他们捉拿，进而进关收编他们的军队，迅即挥军攻打成都，这是中策。退回白帝城，联络荆州兵马入蜀，然后慢慢设法一步步攻占益州，这是下策。如果犹豫不决而滞留此地，必然陷入严重的困境，切不可如此长久拖延啊。"

　　刘备采纳庞统所说的中策，随即用计斩杀杨怀、高沛，挥军进攻成都，所过郡县纷纷被攻克。刘备在涪城召开庆功大会，大摆筵席饮酒奏乐，在席间他对庞统说："今日聚会，可真快乐。"庞统说："攻占别人的国土却认为是件乐事，这不是仁义之师所为啊。"刘备已经喝醉，故此大怒说："武王伐纣，前歌后舞，难道不是仁义之师吗？你的话很不得当，应该马上给我离席出去！"于是庞统立刻退席而出。刘备很快就感到后悔，忙派人请庞统回来。庞统回到席间，对刘备不理不睬也不道歉，只管像开始那样吃喝。刘备问他："刚才的谈论，究竟是谁不对？"庞统回答："咱们君臣都有错。"刘备听后大笑，筵席上气氛仍像开始时一样热闹欢乐。

　　刘备率军队围雒县，庞统率军攻城，被乱箭射中而死，年仅三十六岁。刘备十分痛惜，一提到庞统之死就流泪。庞统的父亲被任命为议郎，后被升为谏议大夫。诸葛亮亲自为他主持授官仪式。庞统死后被追封为关内侯。追加谥号为靖侯。庞统之子庞宏，字巨师，为人刚正，喜好评品人物，因瞧不起尚书令陈祗，遭到陈祗的压制排挤，死于涪陵太守任上。庞统的弟弟庞林，以荆州治中从事、镇北将军参军身份随镇北将军黄权攻打吴国，遇上蜀国兵败，随黄权投降魏国，受魏国封为列侯，官至钜鹿太守。

马谡传

题解

马谡（190年—228年），字幼常，襄阳宜城（今湖北宜城南）人，蜀汉侍中马良之弟。初以荆州从事跟随刘备取蜀入川，曾任绵竹、成都令，越巂太守。蜀汉丞相诸葛亮用为参军。马谡"才器过人"，好论军计。诸葛亮向来对他倍加器重，每引见谈论，自昼达夜。但马谡却于诸葛亮北伐时因作战失误而失守街亭，被诸葛亮按军法处死。

原文

良弟谡，字幼常，以荆州从事随先主入蜀，除绵竹成都令、越巂太守。才器过人，好论军计，丞相诸葛亮深加器异。先主临薨谓亮曰："马谡言过其实，不可大用，君其察之！"亮犹谓不然，以谡为参军，每引见谈论，自昼达夜。

建兴六年，亮出军向祁山，时有宿将魏延、吴壹等，论者皆言以为宜令为先锋，而亮违众拔谡，统大众在前，与魏将张郃战于街亭，为郃所破，士卒离散。亮进无所据，退军还汉中。谡下狱物故，亮为之流涕。良死时年三十六，谡年三十九。

译文

马良的弟弟马谡，字幼常，以荆州从事的身份跟随刘备入蜀，担任绵竹、成都县令和越巂太守。他才气器量超过常人，喜好谈论兵法，丞相诸葛亮深加器重另眼相看。刘

备临死前对诸葛亮说："马谡言过其实，不可大用，您要审慎！"诸葛亮对这话不大在意，任命马谡为参军，每次引见马谡与他交谈兵法，总是一天到晚。

建兴六年（228 年），诸葛亮出兵前往祁山，当时有久经战场的老将魏延、吴壹等，议论者都说应该以这些人为先锋，而诸葛亮违背众人意见提拔马谡，让他统领大军在前，与魏国大将张郃在街亭交战，被张郃打败，士兵败逃四散。诸葛亮进军没有落脚据点，只得撤兵退到汉中。马谡被捕下狱，被处死刑，诸葛亮流泪将他斩首。马良死时三十六岁，马谡死时三十九岁。

魏延传

三国志精粹

题解

魏延（？—234年），字文长，荆州义阳郡（今河南桐柏）人，蜀汉中后期重要将领，作战英勇，屡立战功，深得刘备信任。曾向诸葛亮提出突袭长安之子午谷之计，不被采纳，因而认为自己的才能无法发挥，于是心怀不满。又与长史杨仪不和，诸葛亮死后，两人矛盾激化，退军途中烧栈道，魏延欲反攻杨仪，其部属不听令，因与其子数人逃归南郑，途中被马岱斩杀，后被杨仪诛灭三族。

原文

魏延，字文长，义阳人也。以部曲随先主入蜀，数有战功，迁牙门将军。先主为汉中王，迁治成都，当得重将以镇汉川，众论以为必在张飞，飞亦以心自许。先主乃拔延为督汉中镇远将军，领汉中太守，一军尽惊。先主大会群臣，问延曰："今委卿以重任，卿居之欲云何？"延对曰："若曹操举天下而来，请为大王拒之。偏将十万之众至，请为大王吞之。"先主称善，众咸壮其言。先主践尊号，进拜镇北将军。

建兴元年，封都亭侯。五年，诸葛亮驻汉中，更以延为督前部，领丞相司马、凉州刺史。八年，使延西入羌中，魏后将军费瑶、雍州刺史郭淮与延战于阳谿，延大破淮等，迁为前军师征西大将军，假节，进封南郑侯。

延每随亮出，辄欲请兵万人，与亮异道会于潼关，如韩信故事，亮制而不许。延常谓亮为怯，叹恨己才用之不尽。延既善养士卒，勇猛过人，又

性矜高，当时皆避下之。唯杨仪不假借①延，延以为至忿，有如水火。

十二年，亮出北谷口，延为前锋。出亮营十里，延梦头上生角，以问占梦赵直，直诈延曰："夫麒麟有角而不用，此不战而贼欲自破之象也。"退而告人曰："角之为字，刀下用也。头上用刀，其凶甚矣。"

注释

①假借：不宽容，不让步。

译文

　　魏延，字文长，义阳人。他率领私人武装跟随刘备入蜀，屡立战功，被任命为牙门将军。刘备自立为汉中王，迁治所至成都，需要一位重要将领镇守汉川，大家都议论一定是张飞，张飞也心想必定是他自己。先主刘备却提拔魏延为督汉中镇远将军，领汉中太守，全军无人不感到惊讶。刘备大宴群臣，问魏延道："现在对你委以重任，你作何打算？"魏延回答说："若曹操带领天下兵马前来，请让我为大王您去抗击他。如果是其他将领带领十万人马前来，请让我为大王您把他们消灭掉。"刘备闻言叫好，众人也都觉得他出言豪壮。刘备称帝后，又升魏延为镇北将军。

　　建兴元年（223 年），魏延被封为都亭侯。建兴五年（227 年），诸葛亮驻军汉中，更以魏延为督前部，领丞相司马、凉州刺史。建兴八年（230 年），又派遣魏延率军西进羌中，魏国后将军费瑶、雍州刺史郭淮与魏延大战于阳溪，魏延大败郭淮等，由是被迁为前军师征西大将军，假以符节，晋封为南郑侯。

魏延每次随诸葛亮出兵，都想请求单独率领一万人马，与诸葛亮分兵两路进发而会师潼关，像从前韩信所为，诸葛亮总是制止不允。魏延常以为诸葛亮胆小，叹息抱恨自己的才能没有得到充分的发挥。魏延既善于养兵，又勇猛过人，加上性格矜持高傲，当时大家都对他敬而远之。唯有杨仪对他不宽容不让步，魏延对此十分仇恨，两人关系如同水火。

建兴十二年（234 年），诸葛亮出兵北谷口，以魏延为先锋。他距诸葛亮营地十里扎寨，晚上梦见自己头上生角，于是他问善占梦的赵直，赵直骗他说："麒麟有角但它不用角，这是不战而敌人自破的征兆。"退下后赵直对别人说："'角'这个字，刀下加用。头上用刀，这是很可怕的凶兆。"

原文

秋，亮病困，密与长史杨仪、司马费祎、护军姜维等作身殁之后退军节度，令延断后，姜维次之。若延或不从命，军便自发。亮适卒，秘不发丧，仪令祎往揣延意指。延曰："丞相虽亡，吾自见在。府亲官属便可将丧还葬，吾自当率诸军击贼，云何以一人死废天下之事邪？且魏延何人，当为杨仪所部勒，作断后将乎！"因与祎共作行留部分，令祎手书与己连名，告下诸将。

祎绐延曰："当为君还解杨长史，长史文吏，稀更军事，必不违命也。"祎出门驰马而去，延寻悔，追之已不及矣。延遣人觇仪等，遂使欲案亮成规，诸营相次引军还。延大怒，搀仪未发，率所领径先南归，所过烧绝阁道。延、仪各相表叛逆，一日之中，羽檄①交至。

后主以问侍中董允、留府长史蒋琬，琬、允咸保仪疑延。仪等槎②山通道，昼夜兼行，亦继延后。延先至，据南谷口，遣兵逆击仪等，仪等令何平在前御延。平叱延先登曰："公亡，身尚未寒，汝辈何敢乃尔！"延士众知曲在延，莫为用命，军皆散。

延独与其子数人逃亡，奔汉中。仪遣马岱追斩之，致首于仪，仪起自踏之，曰："庸奴！复能作恶不？"遂夷延三族。初，蒋琬率宿卫诸营赴难北行，行数十里，延死问至，乃旋。原延意不北降魏而南还者，但欲除杀仪等。平日诸将素不同，冀时论必当以代亮。本指如此，不便背叛。

注释

①羽檄（xí）：插着羽毛的文书。②槎（chá）：用刀斧砍。

译文

当年秋，诸葛亮病重，便秘密地与长史杨仪、司马费祎、护军姜维等讨论筹划他死后退军的安排，让魏延断后，姜维次之。若魏延不服从军令，便弃他不顾，军队照常行动。诸葛亮病逝后，秘不发丧，杨仪令费祎前去探听魏延的口气。魏延说："丞相虽然死了，我还在。府中的亲属和官员可发丧还葬，我自然应当率领各军去进击敌人，怎么可以因为死了一个人而耽搁国家大事呢？再说我魏延是何等人，岂能受杨仪的指派，做断后的将军！"故此要同费祎一起做出军队去留的行动安排，要求费祎写出文告并由他们共同署名，告诉手下各位将领。

费祎骗他说："我应该回去把您的意见跟杨长史说明，长史是文官，不懂军事，一定不会反对您的意见。"费祎一出魏延营门就飞马而去，魏延随即就后悔了，追他又来不及。魏延派人去观察杨仪等的动静，才知道他们全都准备按照诸葛亮生前安排好的计划，各营依次引兵撤退。魏延得到消息十分震怒，趁杨仪尚未发令撤军，自己率先带领手下的部队直接南归，烧毁所过地方的所有栈道。魏延、杨仪各自上表控告对方叛变，一日之内，文书都传递到朝廷。

刘禅就此事问侍中董允、留府长史蒋琬，蒋、董二人都保杨仪而怀疑魏延。杨仪等劈山开道，昼夜兼行，随魏延之后到达。魏延先到后，占据南谷口，派兵阻击杨仪等，杨仪等命何平在前抵御魏延。何平斥责魏延先行撤退的行动说："丞相归天，尸骨未寒，你们这些人竟敢如此行动！"魏延的兵士知道魏延理短，便不听他的指挥，部队全都散去。

魏延单独与他的儿子等几个人逃往汉中。杨仪派马岱追上将其斩杀，马岱砍下魏延的脑袋交给杨仪，杨仪起身用脚踏踩魏延的头说："庸奴！还能干坏事吗？"于是诛杀魏延三族。开始，蒋琬正率领宿卫各营扶丧北行，行程数十里，魏延被杀的消息传来，他又返回。起初魏延不往北投降魏国而往南返回蜀国，其本意只是为了杀掉杨仪等。平日诸位将领一向不和睦，当时时论也认为，一定由魏延接替诸葛亮，魏延也自视为此，所以没有马上背叛蜀国。

蒋琬传

题解

蒋琬（？—246年），字公琰，三国时代蜀汉的重臣。荆州零陵湘乡（今湖南湘乡）人，"蜀汉四英"之一。初随刘备入蜀，诸葛亮卒后封大将军，辅佐刘禅，主持朝政，统兵御魏。他采取闭关息民政策，使蜀国国力大增。官至大司马，安阳亭侯，谥曰"恭"。

原文

蒋琬，字公琰，零陵湘乡人也。弱冠与外弟泉陵刘敏俱知名。琬以州书佐随先主入蜀，除广都长。先主尝因游观奄至广都，见琬众事不理，时又沈醉，先主大怒，将加罪戮。军师将军诸葛亮请曰："蒋琬，社稷之器，非百里之才也。其为政以安民为本，不以修饰为先，愿主公重加察之。"先主雅敬亮，乃不加罪，仓卒但免官而已。琬见推之后，夜梦有一牛头在门前，流血滂沱。意甚恶之，呼问占梦赵直。直曰："夫见血者，事分明也。牛角及鼻，'公'字之象，君位必当至公，大吉之征也。"顷之，为什邡令。先主为汉中王，琬入为尚书郎。

建兴元年，丞相亮开府，辟琬为东曹掾。举茂才，琬固让刘邕、阴化、庞延、廖淳。亮教答曰："思惟背亲舍德，以殄百姓，众人既不隐于心，实又使远近不解其义，是以君宜显其功举，以明此选之清重也。"迁为参军。

五年，亮住汉中，琬与长史张裔统留府事。八年，代裔为长史，加抚军将军。亮数外出，琬常足食足兵以相供给。亮每言："公琰讬（托）志忠雅，

当与吾共赞①王业者也。"密表后主曰："臣若不幸，后事宜以付琬。"

注释

①赞：参赞，参与处理。

译文

　　蒋琬，字公琰，零陵郡湘乡县人。他二十岁时与表弟泉陵人刘敏都成为当地名人。蒋琬以州书佐的身份跟随先主刘备入蜀，升为广都县县长。刘备曾在一次外出视察时突然前至广都县，看到蒋琬诸般公务都不管，当时又喝得大醉，故此大怒，要将他治罪杀死。军师将军诸葛亮为蒋琬求情说："蒋琬，乃社稷栋梁之材，其才干不止于治理一个百里的小县。他为政以安民为本，不以表面文章夸饰，希望主公深加考察。"刘备一向敬重诸葛亮，于是没有治蒋琬的罪，匆忙之中只罢免了他的官而已。蒋琬被追查后，夜里梦见一个牛头在门前，流血满地。蒋琬心中十分厌恶这个梦，叫来占梦的赵直问其凶吉。赵直说："所谓见血之事，是事情已有分明。牛角和鼻子，是'公'字之象，您的职官一定达到三公，此乃大吉的征兆。"不久，他被任命为什邡县县令。刘备称汉中王，蒋琬入朝为尚书郎。

　　建兴元年（223年），丞相诸葛亮创置相府，征召蒋琬为东曹掾。被荐举茂才，蒋琬坚持让给刘邕、阴化、庞延、廖淳。诸葛亮在教令中回复说："想到您离乡背亲，为百姓奔走，大家既内心不安，又确实使远近之人不理解您的本意，故此您应该显示您因功绩而受荐举，以表明这种选举的清贵与慎重。"之后升蒋琬为参军。

建兴五年（227年），诸葛亮驻守汉中，蒋琬与长史张裔统领留府事宜。建兴八年（230年），蒋琬替代张裔为长史，升任为抚军将军。诸葛亮多次带兵出外，蒋琬常常以足够的粮饷与兵力供应前线。诸葛亮常说："公琰的志向在于忠正清雅地报效国家，他是辅佐我一道共同完成统一大业之人。"他还秘密上表后主刘禅说："为臣若不幸去世，后事应托付蒋琬。"

原文

亮卒，以琬为尚书令，俄而加行都护，假节，领益州刺史，迁大将军，录尚书事，封安阳亭侯。时新丧元帅，远近危悚。琬出类拔萃，处群僚之右，既无戚容，又无喜色，神守举止，有如平日，由是众望渐服。

延熙元年，诏琬曰："寇难未弭，曹叡骄凶，辽东三郡苦其暴虐，遂相纠结，与之离隔。叡大兴众役，还相攻伐。曩①秦之亡，胜、广首难，今有此变，斯乃天时。君其治严，总帅诸军屯住汉中，须吴举动，东西掎角，以乘其衅。"又命琬开府，明年就加为大司马。

东曹掾杨戏素性简略，琬与言论，时不应答。或欲构戏于琬曰："公与戏语而不见应，戏之慢上，不亦甚乎？"琬曰："人心不同，各如其面。面从后言，古人之所诫也。戏欲赞吾是耶，则非其本心，欲反吾言，则显吾之非，是以默然，是戏之快也。"又督农杨敏曾毁琬曰："作事愦愦②，诚非及前人。"或以白琬，主者请推治敏。琬曰："吾实不如前人，无可推也。"主者重据听不推。则乞问其愦愦之状。琬曰："苟其不如，则事不当理，事不当理，则愦愦矣，复何问邪？"后敏坐事系狱，众人犹惧其必死，琬心无适莫，得免重罪。其好恶存道，皆此类也。

注释

①曩（nǎng）：从前。②愦愦：做事糊涂，昏乱。

译文

诸葛亮去世，朝廷任命蒋琬为尚书令，很快又加升都护、假节，兼任益州刺史，升为大将军，录尚书事，封安阳亭侯。当时元帅诸葛亮刚死，远近的人都忧心忡忡。蒋琬才干出类拔萃，处在百官之首，既无悲戚表情，又无欢悦声色，神态举止，一如既往，由是大家心底渐渐佩服。

延熙元年（238年），后主诏命蒋琬说："贼寇反乱未除，曹叡凶狠骄横，辽东三郡

人民难于忍受暴虐，于是相互联合，与魏分离。曹叡大举兴兵征夫，与其相互攻打。往者秦朝灭亡，陈胜、吴广首先发难，如今有此变故，这是天赐良机。您应严整治军，总率各军屯扎汉中，等待东吴举兵北进，两国构成东西掎角之势，伺机进击。"又命蒋琬成立相府，次年就地加官为大司马。

东曹掾杨戏性格素来傲慢不讲礼节，蒋琬同他谈话，他有时不应不答。有人想在蒋琬面前诬陷他，便对蒋琬说："您与杨戏讲话而他不搭理，对上级傲慢，不是太过分了吗？"蒋琬回答说："各人心性不一样，就像人的容貌有差异。当面应承背后非议，这是古人告诫人们注意之事。杨戏想要赞成我，但不是他的本心，想要不赞成我，又怕暴露我的不是，所以默然不应，这正是他的诚实之处啊。"还有督农杨敏曾经毁谤蒋琬说："做事昏昏然，确实不如前人。"有人将此话告诉蒋琬，主管官员请求让他们去追究其事治罪杨敏。蒋琬说："我确实不如前人，没有什么可追究杨敏的。"主管官员再次陈说而蒋琬不允追究。主管官员则请蒋琬去责问杨敏说他昏昏然的情状。蒋琬说："若不如前人，则处事不合理，处事不合理，则昏昏然，还有什么好问的呢？"后来杨敏犯罪坐监，大家都担心他必死无疑，而蒋琬心中不存成见，故杨敏得以免除重罪。蒋琬的好恶爱憎合乎道义，都像这样。

原文

琬以为昔诸葛亮数阚（窥）秦川，道险运艰，竟不能克，不若乘水东下。乃多作舟船，欲由汉、沔袭魏兴、上庸。会旧疾连动，未时得行。而众论咸谓如不克捷，还路甚难，非长策也。于是遣尚书令费祎、中监军姜维等喻指。

琬承命上疏曰："芟①秽弭②难，臣职是掌。自臣奉辞汉中，已经六年，臣既闇弱，加婴疾疢，规方无成，凤夜忧惨。今魏跨带九州，根蒂滋蔓，平除未易。若东西并力，首尾掎角，虽未能速得如志，且当分裂蚕食，先摧其支党。然吴期二三，连不克果，俯仰惟艰，实忘寝食。辄与费祎等议，以凉州胡塞之要，进退有资，贼之所惜。且羌、胡乃心思汉如渴，又昔偏军入羌，郭淮破走，算其长短，以为事首，宜以姜维为凉州刺史。若维征行，衔持河右，臣当帅军为维镇继。今涪水陆四通，惟急是应，若东北有虞，赴之不难。"由是琬遂还住涪。疾转增剧，至九年卒，谥曰"恭"。

子斌嗣，为绥武将军、汉城护军。魏大将军钟会至汉城，与斌书曰："巴蜀贤智义武之士多矣。至于足下、诸葛思远，譬诸草木，吾气类也。桑梓之敬，古今所敦。西到，欲奉瞻尊大君公侯墓，当洒扫坟茔，奉祠致敬。愿告其所在！"斌答书曰："知惟臭味意眷之隆，雅讬通流，未拒来谓也。亡考昔遭疾疢，亡于涪县，卜云其吉，遂安厝之。知君西迈，乃欲屈驾修敬坟墓。视予犹父，颜子之仁也，闻命感怆，以增情思。"会得斌书报，嘉叹意义，及至涪，如其书云。后主既降邓艾，斌诣会于涪，待以交友之礼。随会至成都，为乱兵所杀。斌弟显，为太子仆，会亦爱其才学，与斌同时死。

注释

①芟（shān）：除去。②弭（mǐ）：平息，停止，消除。

译文

蒋琬考虑到过去诸葛亮数次出兵秦川，因道途险恶、运输艰难，最后都没有什么成果，不如改从水路顺势而下。于是多造战船，打算从汉、沔地区袭击魏国的魏兴、上庸一带。恰逢他旧病连续发作，没有及时去这么做。而大家议论都认为如果不能迅速取胜，退路十分艰难，这并非长远之计。于是派尚书令费祎和中监军姜维等前去见蒋琬陈述这种意见。

蒋琬接受大家的意见，上疏后主说："消灭曹魏平息国难，这是为臣我的职责。自为臣奉命屯守汉中，已过六年，为臣既愚蠢不明，又身患多病，规划方略不得实现，昼夜担心忧虑不安。如今曹魏跨据九州之地，根深蒂固，平靖清除他们很不容易。如果吴、蜀东西合力，首尾成掎角之势，虽说不见得就能迅速实现成功的志愿，尚且可以对魏国进行分割蚕食，先剪除它的枝叶羽翼。然而吴国约定出兵的时间一再推迟，几次不能实现，确实左右为难，令人寝食不安。每与费祎等人商议，认为凉州胡人地区乃边塞要地，进退有据，敌人很重视这块地盘。况且羌、胡民族都十分思念汉朝，另外我们过去偏军入羌，郭淮失败逃走，考虑事情长短得失，认为最重要的事情，应当以姜维为凉州刺史。如果姜维出征，与敌人对峙河右之地，为臣则统领大军后援姜维。如今涪地水陆四通，可以应急，如果东北一线有战事，奔赴救援不难。"于是蒋琬退还驻守涪县。后蒋琬病情加剧，至延熙九年（246 年）去世，谥号为"恭"。

他的儿子蒋斌继承了爵位，任绥武将军、汉城护军。魏国大将军钟会至汉城，给蒋斌的信说："巴蜀之地贤智文武之人才太多了，至于您与诸葛思远，譬如草木，与我为同类之人。敬重桑梓先贤，古今称道。今日来蜀，打算瞻仰尊父大人的墓地，理当洒扫墓茔，进行祭祀以表敬意。希望您告诉我尊父大人的坟地所在。"蒋斌回答说："得知您以我为知己，愿与您为志趣相投之人，您高雅地请求，我不便拒绝您的要求。亡父当年患病，逝于涪县，占卜者说那是一块风水宝地，于是在其处安葬。知道您西来蜀地，竟要屈驾瞻视墓地以表敬意。颜回视孔子如父，这是他的仁德啊。知悉您的命令颇为感伤，更增我的情思。"钟会收到蒋斌的回信，深深赞叹他的真意高义，到了涪县后，像致蒋斌的信中所说的那样祭扫了蒋琬的坟墓。后主刘禅投降邓艾后，蒋斌前往涪县归降钟会，钟会以朋友的礼节接待他。他跟随钟会到成都，被乱兵所杀。蒋斌弟弟蒋显，为太子仆，钟会也爱其才学，他与哥哥蒋斌同时死于乱兵。

法正传

蜀
书

题解

　　法正（176 年—220 年），字孝直，后汉司隶，右扶风郿（今陕西眉县）人，东汉末名门法氏之后，善策奇谋，故陈寿誉其可比魏国的程昱和郭嘉，是三国时期蜀汉的重臣。本为刘璋部下，后投归刘备，屡划奇谋，深受刘备信任。刘备在世时，唯独法正有谥号，死后追谥曰"翼"。

原文

　　法正，字孝直，扶风郿人也。祖父真，有清节高名。建安初，天下饥荒，正与同郡孟达俱入蜀依刘璋，久之为新都令，后召署军议校尉。既不任用，又为其州邑俱侨客①者所谤无行，志意不得。益州别驾张松与正相善，忖璋不足与有为，常窃叹息。

　　松于荆州见曹公还，劝璋绝曹公而自结先主。璋曰："谁可使者？"松乃举正，正辞让，不得已而往。正既还，为松称说先主有雄略，密谋协规，愿共戴奉②，而未有缘。后因璋闻曹公欲遣将征张鲁之有惧心也，松遂说璋宜迎先主，使之讨鲁，复令正衔命。

　　正既宣旨，阴献策于先主曰："以明将军之英才，乘刘牧之懦弱。张松，州之股肱，以响应于内。然后资益州之殷富，冯（凭）天府之险阻，以此成业，犹反掌也。"先主然之，溯江而西，与璋会涪。北至葭萌，南还取璋。

　　郑度说璋曰："左将军县（悬）军袭我，兵不满万，士众未附，野谷是资，军无辎重。其计莫若尽驱巴西、梓潼民内涪水以西，其仓廪野谷，一皆烧除，高垒深沟，静以待之。彼至，请战，勿许，久无所资，不过百日，必将自走。走而击之，则必禽（擒）耳。"

注释

①侨客：寄居某地。②戴奉：爱戴，敬奉。

译文

　　法正，字孝直，扶风郡郿县人。祖父法真，节操清白而享有高尚名声。建安初年，天下饥荒，法正与同郡人孟达一道入蜀依附刘璋，过了很久才被任命为新都县令，后来被召到成都代理军议校尉。法正既得不到重用，又遭到侨居蜀地的同郡县人的诽谤，说他品行不端，故法正感到很不得志。益州别驾张松与法正交好，张松暗忖跟着刘璋不会有什么作为，常常暗自叹息。

　　张松出使到荆州见曹操后归蜀，劝说刘璋与曹操断绝关系而与刘备结盟。刘璋问："谁可为使者前往？"张松于是举荐法正，法正推辞，最后勉强接受命令前往荆州。法正返蜀后，向张松夸赞刘备有雄才大略，于是两人密谋商定，决心共同拥戴刘备，但一时找不到机会。后来刘璋听说曹操打算派遣兵将进攻张鲁而心怀恐惧，于是张松乘机劝刘璋应当迎请刘备入蜀，让刘备担负征伐张鲁的责任，刘璋再次派遣法正前往荆州。

法正向刘备转述了刘璋的意图后，即私下向刘备献计说："凭将军的英才，对付懦弱的刘璋。张松，是州里的得力人才，让他在成都做内应。然后将军借助益州的富庶和天府之国的险要地势，以此等条件来成就霸业，实为易如反掌。"刘备听从了法正的计策，领兵沿长江逆流而上，西进与刘璋相会于涪城。随后刘备率军北上葭萌，接着又率军掉头南返进攻刘璋。

郑度劝说刘璋："刘备领孤军进袭我们，军队不满万人，百姓尚未向他归附，全靠临时征集民间的粮草，军队严重缺乏物资。对付他们最好的计策是把巴西、梓潼两地的百姓全部迁往涪水以西，把那里田地里、粮仓里的粮食全部烧掉，修筑高垒深挖壕沟，镇静地等待他们的到来。他们来后，向我们挑战，我们坚守不出，他们时间一长就会断绝粮草供应，不出一百天，必然自行退走。他军一退，我军进追，这样即可生擒刘备。"

原文

先主闻而恶之，以问正。正曰："终不能用，无可忧也。"璋果如正言，谓其群下曰："吾闻拒敌以安民，未闻动民以避敌也。"于是黜度①，不用其计。及军围雒城，正笺与璋曰：

正受性无术，盟好违损，惧左右不明本末，必并归咎，蒙耻没身，辱及执事，是以损身于外，不敢反命。恐圣听秽恶其声，故中间不有笺敬。顾念宿遇，瞻望恨恨②。然惟前后披露腹心。自从始初以至于终，实不藏情，有所不尽，但愚闇（暗）策薄，精诚不感，以致于此耳。今国事已危，祸害在速，虽捐放于外，言足憎尤，犹贪极所怀，以尽余忠。明将军本心，正之所知也，实为区区不欲失左将军之意，而卒至于是者，左右不达英雄从事之道，谓可违信黩③誓，而以意气相致。日月相迁，趋求顺耳悦目，随阿遂指，不图远虑为国深计故也。事变既成，又不量强弱之势，以为左将军县远之众，粮谷无储，欲得以多击少，旷日相持。而从关至此，所历辄破，离宫别屯，日自零落。雒下虽有万兵，皆坏陈之卒，破军之将。若欲争一旦之战，则兵将势力，实不相当。各欲远期计粮者，今此营守已固，谷米已积，而明将军土地日削，百姓日困，敌对遂多，所供远旷。愚意计之，谓必先竭，将不复以持久也。空尔相守，犹不相堪。

注释

①黜：降职或罢免。②恨恨（liàng liàng）：惆怅。悲伤。③黩：污辱，玷污。

译文

刘备听到这一消息甚为愤怒，问法正如何应对。法正说："刘璋最终不会听用郑度的计谋，将军不必担忧。"刘璋果然如法正所料，对他的部下说："我只听说出军抗敌以保护百姓，未听说迁移百姓以躲避敌人。"于是罢免郑度，不用其计。待刘备的军队包围雒城，法正写信给刘璋说：

法正我禀性缺乏才智，现在您与左将军友好的结盟受到损害，我担心您身旁的人不明事情的来龙去脉，必定会把所有过错都归咎到我一人身上，使我终生蒙受耻辱，也使您连带受辱，故而失身流落在外，不敢回去复命。怕您厌恶我的言语，所以这期间也不敢向您写信致意。回想起往日您对我的恩情，我常常翘首西望，心中极为悲伤惆怅。然而我考虑还是把事情的前因后果说清楚以披露自己的心迹。从事情的初始直到最终，我绝没有隐瞒任何真情，有言不尽意、表白不清之处，是我愚笨拙劣，诚意没能将您打动，以致造成今天这种局面。现在国事危急，大祸临头，虽然我流落在外，张口就会增加您对我的怨恨，我觉得还是应该把心中要说的话说出来，以剖明自己的忠心。将军你的本心，法正我是了解的，实际是谨慎小心，不愿得罪左将军，而最终还是引起矛盾，是因为您身边的人不明白英雄处世的道理，以为可以违背信义、誓约，凭着意气办事。他们长期以来，追求顺耳悦目，阿谀奉承，趋炎附势，皆因他们缺乏远虑，不为国家作长远打算。事变发生以后，他们又不能估量双方势力的强弱形势，以为左将军孤军远道而入，缺乏粮草储备，故想以多击少，旷日相持。而左将军自白水关到此，所过郡县全被攻破，将军您所有的行宫、营寨，日益孤立衰落。雒下虽有兵马上万，但都是败阵之卒、破军之将。如果打算凭此军队争一时战斗的胜利，那么兵将势力确实不相当。打算长期相持来消耗左将军的粮草也行不通，因为左将军的营地已扎守坚固，粮草已有了积囤，而将军您的地盘日益减少，百姓日益困穷，敌对力量越来越多，军需供应又被远远隔开。以臣愚见，真正粮草先竭、无法坚持长久的却是将军。照目前两边情况相持下去，将军实难维持。

原文

今张益德数万之众，已定巴东，入犍为界①，分平资中、德阳，三道并侵，将何以御之？本为明将军计者，必谓此军县远无粮，馈运不及，兵少无继。今荆州道通，众数十倍，加孙车骑遣弟及李异、甘宁等为其后继。若争客主之势，以土地相胜者，今此全有巴东，广汉、犍为，过半已定，巴西一郡，复非明将军之有也。

计益州所仰惟蜀，蜀亦破坏，三分亡二，吏民疲困，思为乱者十户而八。若敌远则百姓不能堪役，敌近则一旦易主矣。广汉诸县，是明比也。又鱼复与关头实为益州福祸之门，今二门悉开，坚城皆下，诸军并破，兵将俱尽，而敌家数道并进，已入心腹，坐守都、雒，存亡之势，昭然可见。斯乃大略，其外较耳，其余屈曲，难以辞极也。以正下愚，犹知此事不可复成，况明将军左右明智用谋之士，岂当不见此数哉？旦夕偷幸，求容取媚，不虑远图，莫肯尽心献良计耳。若事穷势迫，将各索生，求济门户，展转反覆，与今计异，不为明将军尽死难也，而尊门犹当受其忧。正虽获不忠之谤，然心自谓不负圣德，顾惟分义，实窃痛心。左将军从本举来，旧心依依，实无薄意。愚以为可图变化，以保尊门。

注释

①犍：犍为，地名，位于川西平原西南边缘。

译文

现在张益德率领数万之众，已平定巴东，进入犍为境界，并分兵平定资中、德阳，正三路向前挺进，您如何抵挡得住？原来替将军谋划的人，肯定说左将军是孤军远来而缺乏粮草，运送不及，而且兵少无援。如今荆州入蜀的道路已被开通，左将军的军队比原来增强几十倍，还有东吴孙权将军已派遣他的弟弟及李异、甘宁等领兵做后援。比较双方的形势变化，如果您想凭土地广大来取胜，而今对方已完全占领了巴东、广汉、犍为也大半被攻占，巴西郡又非将军所有了。

计算起来益州所能凭依的只有蜀郡，而蜀郡已经不复完整，益州土地已三分失二，官员百姓已疲惫不堪，每十户人家就有八户企图起来作乱。如果敌军离得远则百姓忍受不了长久的劳役，敌军逼近则他们就会投降反叛。广汉郡各县就是明证。此外鱼复县与白水关实在是决定益州祸福成败的门户，如今两门全被打开，坚固的城池皆被攻破，各路军队都被击败，能战的兵将已损失殆尽，而敌军几路进击，已攻入益州的心腹之地，而您仅能困守成都、雒城二地，谁存谁亡的局势，昭然可见。这只是大致情形，比较明显易见，至于其余曲折隐伏的因素，就难以一一用文字表述清楚了。像我法正这种下愚之人，尚且明白如此局面再难扭转，何况将军您身旁聪明多智的谋士，岂能不明白事情的必然后果？他们靠暂时的苟且侥幸，乞求容身，献媚邀宠，不作长久打算，不肯尽心献上良策。如果事情危急，大势已去，他们将各自谋生逃命，保全自家门户，调身转背，就会做出与现在完全不同的打算，绝不会为将军您尽忠死节，而您的家口还会受到他们带来的忧患。我法正虽已蒙受不忠的诽谤，但扪心自问我并未有负于您的恩德，顾念我们之间的君臣名义，我实在为将军疾首痛心。左将军为了国家的根本利益而举兵前来，对您的旧情仍在，并无敌意。我窃以为您可以根据事情的变化而改变策略，以便保全自己的家族。

原文

　　十九年，进围成都，璋蜀郡太守许靖将逾城降，事觉，不果。璋以危亡在近，故不诛靖。璋既稽服①，先主以此薄靖不用也。正说曰："天下有获虚誉而无其实者，许靖是也。然今主公始创大业，天下之人不可户说，靖之浮称，播流四海，若其不礼，天下之人以是谓主公为贱贤也。宜加敬重，以眩远近。追昔燕王之待郭隗。"先主于是乃厚待靖。以正为蜀郡太守、扬武将军，外统都畿②，内为谋主。一餐之德，睚眦之怨，无不报复，擅杀毁伤己者数人。

　　或谓诸葛亮曰："法正于蜀郡太纵横③，将军宜启主公，抑其威福。"亮答曰："主公之在公安也，北畏曹公之强，东惮孙权之逼，近则惧孙夫人生变于肘腋之下，当斯之时，进退狼跋④。法孝直为之辅翼，令翻然翱翔，不可复制，如何禁止法正使不得行其意邪？"初，孙权以妹妻先主，妹才捷刚猛，有诸兄之风。侍婢百余人，皆亲执刀侍立，先主每入，衷心常凛凛。亮又知先主雅爱信正，故言如此。

注释

　　①稽服：拜服。敬服。②畿（jī）：古代称靠近国都的地方。③纵横：肆意妄为。④进退狼跋：语出《诗经》，意为受不利因素所困，进退两难。

译文

　　建安十九年（215年），刘备进军围困成都，刘璋的蜀郡太守许靖企图越城投降，事情败露，并未成功。刘璋因益州即将被攻陷，故此没有处决许靖。刘璋投降后，刘备因许靖背主之事而看不起许靖，对他不加任用。法正劝刘备说："天下有的是博得虚名而无真正德才之人，像许靖即是如此。然而今日主公起手开创大业，天下之人又不可能挨家挨户地去说明，而许靖的虚名，已传播于天下，如果对他不能待之以礼，天下之人则会因此说主公在轻贱贤才。所以对许靖应该敬重以待，以此昭示远近。您是在追效古代燕昭王厚待郭隗的做法。"刘备于是厚待并起用许靖。任命法正为蜀郡太守、扬武将军，在外统领都城及京郊地区，在内则为刘备的主要谋臣。法正胸襟偏狭，一饭之德，小小怨隙，无不回报，并擅自处死几个毁谤过他的人。

　　有人对诸葛亮说："法正在蜀郡太横行了，将军您应禀告主公，对他作威作福的行为加以约制。"诸葛亮回答说："主公在公安时，害怕北面曹操强盛，担心东面孙权威逼，身边又恐惧孙夫人生变，当时的情景真是进退两难，狼狈不堪。法孝直成为主公的辅佐后，使主公展翅飞腾，不再受人制抑，如今怎么能禁止法正不按自己的意气办事呢？"当初，孙权将妹妹许配刘备为妻，孙权妹妹才思敏捷、性情刚猛，大有她几位兄长的性格气度。在她身旁总是侍立着一百多名持刀的侍婢，刘备每次进她的房间，心中都恐惧不安。诸葛亮又明知刘备十分信任、喜爱法正，故此才这么讲。

原文

二十二年，正说先主曰："曹操一举而降张鲁，定汉中，不因此势以图巴、蜀，而留夏侯渊、张郃屯守，身遽北还。此非其智不逮而力不足也，必将内有忧偪（逼）故耳。今策渊、郃才略，不胜国之将帅，举众往讨，则必可克。克之之日，广农积谷，观衅伺隙，上可以倾覆寇敌，尊奖王室，中可以蚕食雍、凉，广拓境土，下可以固守要害，为持久之计。此盖天以与我，时不可失也！"先主善其策，乃率诸将进兵汉中，正亦从行。

二十四年，先主自阳平南渡沔水，缘山稍前，于定军、兴势作营。渊将兵来争其地。正曰："可击矣。"先主命黄忠乘高鼓噪攻之，大破渊军，渊等授首。曹公西征，闻正之策，曰："吾故知玄德不办有此，必为人所教也。"

先主立为汉中王，以正为尚书令、护军将军。明年卒，时年四十五。先主为之流涕者累日。谥曰翼侯。赐子邈爵关内侯，官至奉车都尉、汉阳太守。

诸葛亮与正，虽好尚不同，以公义相取。亮每奇正智术。先主既即尊号，将东征孙权以复关羽之耻，群臣多谏，一不从。章武二年，大军败绩，还住白帝。亮叹曰："法孝直若在，则能制主上，令不东行。就复东行，必不倾危矣。"

蜀书

273

译文

建安二十二年（217年），法正劝刘备说："曹操一战就降伏张鲁，平定汉中，但他没有乘此破竹之势而进取巴、蜀，却留下夏侯渊、张郃镇守汉中，自己率军北还。这样做并非他智谋不行，兵力不足，必定是自己内部有忧患迫使他这样。现在分析夏侯渊、张郃的才干谋略，并无比我国将帅高明之处，如果我们举兵征伐，一定能取得成功。取胜之后，可以在那里大力发展生产，广积粮食，寻找时机出兵进击，这样上可以消灭敌寇、安辅汉室，中可以蚕食占取雍、凉二州，开拓疆土，下可以固守险要，为长远割据一方之计。这大概是上天有意给我们良机，机不可失！"刘备十分赞同法正的计策，于是率领诸将领兵挺进汉中，法正也随同前往。

建安二十四年（219年），刘备从阳平关南渡沔水，随着山势走向逐步向前推进，在定军、兴势两山扎下营寨。夏侯渊领兵前来争夺要地。法正说："可以出击。"刘备令黄忠依山势居高临下击鼓呐喊，向夏侯渊军队发起攻击，将夏侯渊军打得大败，并将夏侯渊等斩首。曹操正领兵西征乌丸，听到法正这一计策，说："我本来算定刘玄德想不到这步棋，一定是人家教他的。"

刘备被拥立为汉中王，任命法正为尚书令、护军将军。第二年法正即去世，年仅四十五岁。刘备为法正之死一连痛哭了好几天。法正被追谥为翼侯，他的儿子法邈被赐爵为关内侯，官至奉车都尉、汉阳太守。

诸葛亮与法正，虽说二人志趣不同，但都能以大局为重互相取长补短。诸葛亮常常惊奇法正的智术谋略。刘备称帝后，准备东征孙权为关羽报仇雪耻，许多大臣都劝谏阻止，但刘备一概不听。章武二年（222年），刘备大军被吴军击败，退驻白帝城。诸葛亮叹息说："法孝直如果在世，一定能劝阻主上，使他不进军东吴。即使进军东吴，也不会遭到如此惨败。"

吴书

孙坚传

题解

　　孙坚（155年—191年），字文台，吴郡富春县（今浙江杭州富阳）人，东汉末期军阀将领。据《三国志》记载，孙氏是春秋孙武的后裔。史书说他"容貌不凡，性阔达，好奇节"，小说《三国演义》中称他为"江东猛虎"。孙坚曾参与讨伐黄巾军以及讨伐董卓的战役，后与刘表作战时阵亡。因官至破虏将军，又称"孙破虏"。吴国建立后，追谥为武烈皇帝。

原文

　　孙坚字文台，吴郡富春人，盖孙武之后也。少为县吏。年十七，与父共载船至钱唐（塘），会海贼胡玉等从匏里上掠取贾人财物，方于岸上分之。行旅皆住，船不敢进。坚谓父曰："此贼可击，请讨之。"父曰："非尔所图也。"坚行操刀上岸，以手东西指麾，若分部人兵以罗遮①贼状。贼望见，以为官兵捕之，即委财物散走。坚追，斩得一级以还。父大惊。由是显闻，府召署假尉②。

　　会稽妖贼许昌起于句章，自称阳明皇帝，与其子韶扇（煽）动诸县，众以万数。坚以郡司马募召精勇，得千余人，与州郡合讨破之。是岁，熹平元年也。刺史臧旻列上功状，诏书除坚盐渎丞，数岁徙盱眙丞，又徙下邳丞。

中平元年，黄巾贼帅张角起于魏郡，讬（托）有神灵，遣八使以善道教化天下，而潜相连结，自称黄天泰平。三月甲子，三十六方一旦俱发，天下响应，燔烧郡县，杀害长吏。汉遣车骑将军皇甫嵩、中郎将朱儁将兵讨击之。儁表请坚为佐军司马，乡里少年随在下邳者皆愿从。坚又募诸商旅及淮、泗精兵，合千许人，与儁并力奋击，所向无前。汝、颍贼困迫，走保宛城。坚身当一面，登城先入，众乃蚁附，遂大破之。儁具以状闻上，拜坚别部司马。边章、韩遂作乱凉州。中郎将董卓拒讨无功。

注释

①罗遮：包围截击。②假尉：代理县尉。尉，为古代负责地方治安的官员。

译文

　　孙坚，字文台，吴郡富春人，大概是孙武的后代。他年轻时做过县吏。十七岁那年，他与父亲一同坐船到钱塘，正碰上海盗胡玉等从匏里这个地方上岸抢掠商人钱财后，在岸上分赃。来往行人都不敢靠近，过路船只也不敢前行。孙坚对其父说："这些强盗可以捉拿住，请让我去干。"他的父亲说："这种事不是你能干得了的。"孙坚当即拿起刀上了岸，用手东指西指，就像在分派几股队伍去包围强盗的样子。那些贼人见他如此情形，以为是官兵来捕捉他们，吓得赶紧扔掉抢来的钱财四散而逃。孙坚紧追上去，砍下一个强盗的脑袋带回来。他的父亲对此大为惊讶。
自此孙坚声名大振，州府召他为代理县尉。

会稽郡贼人许昌在句章县谋反，自称阳明皇帝，与他的儿子许韶煽动起周围各县，共召集几万人。孙坚以郡司马的身份招募精兵，共得千余人，与州郡共同合作讨伐并消灭了许昌。这一年，是熹平元年（172年）。刺史臧旻上奏罗列孙坚的功绩，皇帝下诏任命孙坚为盐渎丞，几年后改任盱眙县丞，后又改任下邳县丞。

中平元年（184年），黄巾军首领张角在魏郡发动起义，假托自己受神灵保佑，派遣八人前往青、徐、幽、冀、荆、扬、兖、豫八州宣扬太平道来教化民众，而各州贼人暗中互相串联，自称黄天泰平。三月初五，三十六万信徒一同举起义旗，天下百姓纷纷响应，焚郡烧县，斩官杀吏。汉朝廷派遣车骑将军皇甫嵩、中郎将朱儁，领兵征讨。朱儁上表请派任孙坚为佐军司马，自在家乡时就一直跟随孙坚的、当时在下邳的青年们都自愿随他去从军战斗。孙坚又招募各路商人及淮河、泗水一带的精兵一千多名，与朱儁协力奋战，所向无敌。汝、颖一带的起义军战斗失利，逃至宛城坚守。孙坚独当一面，身先士卒，登上城墙，众兵卒蜂拥而上，大破起义军。朱儁将孙坚作战行为奏明朝廷，朝廷诏命孙坚为别部司马。边章、韩遂在凉州作乱，中郎将董卓征御无功。

原文

中平三年，遣司空张温行车骑将军，西讨章等。温表请坚与参军事，屯长安。温以诏书召卓，卓良久乃诣温。温责让卓，卓应对不顺。坚时在坐，前耳语谓温曰："卓不怖罪而鸱张大语，宜以召不时至，陈军法斩之。"温曰："卓素著威名于陇蜀之间，今日杀之，西行无依。"坚曰："明公亲率王兵，威震天下，何赖于卓？观卓所言，不假明公，轻上无礼，一罪也。章、遂跋扈经年，当以时进讨，而卓云未可，沮军[1]疑众，二罪也。卓受任无功，应召稽留，而轩昂自高，三罪也。古之名将，仗钺[2]临众，未有不断斩以示威者也，是以穰苴斩庄贾，魏绛戮杨干。今明公垂意于卓，不即加诛，亏损威刑，于是在矣。"

温不忍发举，乃曰："君且还，卓将疑人。"坚因起出。章、遂闻大兵向至，党众离散，皆乞降。军还，议者以军未临敌，不断功赏，然闻坚数卓三罪，劝温斩之，无不叹息。拜坚议郎。时长沙贼区星自称将军，众万余人，攻围城邑，乃以坚为长沙太守。到郡亲率将士，施设方略，旬月之间，克破星等。周朝、郭石亦帅徒众起于零、桂，与星相应。遂越境寻讨，三郡肃然。汉朝录前后功，封坚乌程侯。

注释

①沮军: 打击士气。②钺(yuè): 古代兵器, 青铜制, 像斧, 比斧大, 圆刃可砍劈, 商及西周盛行。

译文

　　中平三年（186 年），朝廷派司空张温代行车骑将军职权，西往讨伐边章等。张温上表请派孙坚参与军事，屯守长安。张温以诏书召见董卓，董卓过了好久才来见张温。张温责备董卓，董卓回话很不客气。孙坚当时也在座，向前与张温耳语说："董卓不害怕自己有罪，反而出言狂妄，应当以不按时应召前来之罪，按军法杀掉他。"张温说："董卓一向在陇、蜀一带享有威名，现在杀掉他，西进讨伐就没有依靠了。"孙坚说："您亲领皇家军队，威震天下，还依赖什么董卓？看董卓今天的谈话，并不想听您的，轻上无礼，是第一条罪状。边章、韩遂胡作非为已一年多，应当及时进讨，而董卓反说不可，沮丧军心，疑惑将士，是第二条罪状。董卓接受重任而毫无战功，召其前来又滞缓不前，反倒狂妄自傲，是第三条罪状。古代名将，带兵临阵，无不果断地斩处违犯军纪者，来显扬威严，故此有了司马穰苴斩庄贾、魏绛杀杨干的事。现在您对董卓留情，不立即斩杀，如此必然使军威受到损害。"

　　张温不忍心执行军法，于是就说："你暂时先回营，免得董卓会怀疑你。"孙坚于是起身离去。边章、韩遂听说大兵压境，其党徒纷纷离散，都请求投降。军队班师后，朝廷议事大臣们认为军队并未与敌交战，不能判功论赏，然而他们听说孙坚指陈董卓三大罪状，劝张温斩杀董卓，无不叹息。孙坚被任为议郎。其时长沙贼寇区星自称将军，聚众万余人，围攻长沙城邑，于是朝廷任命孙坚为长沙太守。孙坚到长沙后亲率将士，拟定进攻计划，不及一月，就击破区星等人。周朝、郭石也率领徒众在零陵、桂阳等地起事，与区星相呼应。于是孙坚越境追寻讨伐，三郡全都得以安定。汉朝廷根据孙坚前后建立的功绩，封他为乌程侯。

原文

　　灵帝崩，卓擅朝政，横恣京城。诸州郡并兴义兵，欲以讨卓。坚亦举兵。荆州刺史王叡素遇坚无礼，坚过杀之。比至南阳，众数万人。南阳太守张咨闻军至，晏然自若。坚以牛酒礼咨，咨明日亦答诣坚。酒酣，长沙主簿入白坚："前移南阳，而道路不治，军资不具，请收主簿推问意故。"咨大惧欲去，兵陈四周不得出。有顷，主簿复入白坚："南阳太守稽停义兵，使贼不时讨，请收出案军法从事。"便牵咨于军门斩之。郡中震栗，无求不获。

　　前到鲁阳，与袁术相见。术表坚行破虏将军，领豫州刺史。遂治兵于鲁阳城。当进军讨卓，遣长史公仇称将兵从事还州督促军粮。施帐幔于城东门外，祖道送称，官属并会。卓遣步骑数万人逆坚，轻骑数十先到。坚方行酒谈笑，敕部曲整顿行陈，无得妄动。后骑渐益，坚徐罢坐，导引入城，乃谓左右曰："向坚所以不即起者，恐兵相蹈籍，诸君不得入耳。"卓兵见坚士众甚整，不敢攻城，乃引还。

译文

汉灵帝死后，董卓独专朝政，横行霸道于京城。各州郡都兴起义兵，要讨伐董卓。孙坚也举兵响应。荆州刺史王叡素日待孙坚无礼，孙坚过荆州时顺道杀了他。军至南阳，队伍发展到几万人。南阳太守张咨听说孙坚军已到，泰然自若。孙坚以牛、酒向张咨献礼，张咨次日也回访酬答孙坚。饮酒正酣畅时，长沙主簿进来对孙坚说："前有文书传给南阳太守，但至今道路尚未修整，军用钱粮尚未备足，请将他逮捕交付主簿问个明白。"张咨恐惧，打算离开，但兵士围立四周不能走出。过了一会儿，长沙主簿又进来告知孙坚："南阳太守故意拖延义兵，使之不能及时讨伐贼寇，请将他逮捕，按军法处置。"于是孙坚把张咨拖往军门外斩首。南阳郡城震惊万分，义兵的要求都得到了满足。

孙坚兵进鲁阳，与袁术相见。袁术上表推荐孙坚为破虏将军，兼豫州刺史。于是孙坚驻守鲁阳城整顿军队。当要进军讨伐董卓时，孙坚派长史公仇称为从事，领兵回州督办军粮。孙坚在城东门外装饰帐幔，设宴给公仇称饯行，诸将及其下属都会聚席间。董卓这时派遣步兵、骑兵数万人来迎击孙坚，有数十名轻骑兵先到。孙坚正饮酒谈笑，命令部队整顿军阵，不得妄动。随后骑兵渐渐多起来，孙坚才慢慢离座带领大家入城，于是对身边人说："刚才我之所以不立即起身，是怕兵士混乱拥挤，诸位不能进城来。"董卓的军队见孙坚的兵士颇为严整，于是不敢攻城，就退了兵。

原文

坚移屯梁东，大为卓军所攻，坚与数十骑溃围而出。坚常著赤罽帻[1]，乃脱帻令亲近将祖茂著之。卓骑争逐茂，故坚从间道得免。茂困迫，下马，以帻冠冢间烧柱，因伏草中。卓骑望见，围绕数重，定近觉是柱，乃去。坚复相收兵，合战于阳人，大破卓军，枭其都督华雄等。是时，或间坚于术，术怀疑，不运军粮。阳人去鲁阳百余里，坚夜驰见术，画地计校，曰："所以出身不顾，上为国家讨贼，下慰将军家门之私雠。坚与卓非有骨肉之怨也，而将军受谮润[2]之言，还相嫌疑！"术踧踖[3]，即调发军粮。坚还屯。

卓惮坚猛壮，乃遣将军李傕等来求和亲，令坚列疏子弟任刺史、郡守者，

许表用之。坚曰："卓逆天无道，荡覆王室，今不夷汝三族，县示四海，则吾死不瞑目，岂将与乃和亲邪？"复进军大谷，拒雒九十里。卓寻徙都西入关，焚烧雒邑。坚乃前入至雒，修诸陵，平塞卓所发掘。讫，引军还，住鲁阳。

初平三年，术使坚征荆州，击刘表。表遣黄祖逆于樊、邓之间。坚击破之，追渡汉水，遂围襄阳，单马行岘山，为祖军士所射杀。兄子贲，帅将士众就术，术复表贲为豫州刺史。坚四子：策、权、翊、匡。权既称尊号，谥坚曰武烈皇帝。

注释

①罽（jì）帻：毛织物制的头巾。②潛（zèn）润：日积月累的谗言。③踧唶（cù jiè）：恭敬小心的样子。

译文

孙坚移军驻扎梁郡东，受到了董卓军队的猛烈攻击，孙坚与几十个骑兵突围而去。孙坚经常戴着红色包头巾，这时便脱下头巾令亲近将领祖茂戴上。董卓的骑兵争着追赶祖茂，所以孙坚拣小路逃脱。祖茂被追得走投无路，于是下马把头巾放在坟墓间的烧柱上，

自己潜伏在草丛中。董卓骑兵望见，便将烧柱包围了好几层，等到走近看时，才发现是根柱子，于是离去。孙坚再收集自己的军队，在阳人这个地方与董卓军队交战，将董卓军队打得大败，并将其都督华雄等斩首。这时，有人在袁术面前拨弄孙坚的是非，袁术对孙坚起了疑心，便不给他送运军粮。阳人距鲁阳一百多里地，孙坚连夜骑马见到袁术，他用刀划着地对袁术说："我所以如此献身不顾，上为国家讨伐逆贼，下为将军报家门私仇。我孙坚与董卓并无刻骨仇恨，而将军您却听信小人拨弄之言，居然对我起怀疑！"袁术对孙坚顿时恭敬起来，并很不自在，当即调发军粮。孙坚返回驻地。

董卓害怕孙坚勇猛激壮，于是派将军李傕等前来请求与孙坚和亲，让孙坚列出要任刺史、郡守的子弟的名单，答允上表任用他们。孙坚说："董卓大逆不道，荡覆王室，如今不诛其三族，示众全国，我死也不瞑目，难道还要与他和亲？"孙坚再次进兵大谷关，直抵洛阳九十里外之地。董卓立即迁都往西入函谷关，焚烧了雒邑。孙坚于是前进到雒地，修复各座皇陵，将董卓所挖掘的坟墓填充好。完事之后，引军返回，再次驻扎鲁阳。

初平三年（192 年），袁术派孙坚出征荆州攻打刘表。刘表派黄祖在樊、邓一带迎击。孙坚击败黄祖，追过汉水，然后包围了襄阳，单枪匹马登上岘山观察敌情，被黄祖的军士用箭射死。孙坚的侄儿孙贲率领将士投奔袁术，袁术又上表，推荐孙贲为豫州刺史。孙坚有四个儿子：孙策、孙权、孙翊、孙匡。孙权称帝登基后，追谥孙坚为"武烈皇帝"。

孙策传

题解

　　孙策（175 年—200 年），字伯符，吴郡富春（今浙江杭州富阳）人，孙坚之嫡长子，孙权之长兄，东吴政权的奠定者，《三国演义》称其武勇犹如西楚霸王项羽，故有"小霸王"的美誉。孙坚死后，为继承父业，孙策初屈事袁术，后脱离袁术，逐渐统一江东。在一次狩猎中为刺客所伤，不久后身亡，年仅二十六岁。孙权称帝后，追谥孙策为长沙桓王。

原文

　　策，字伯符。坚初兴义兵，策将母徙居舒，与周瑜相友，收合士大夫，江淮间人咸向之。坚薨，还葬曲阿，已乃渡江居江都。徐州牧陶谦深忌策。策舅吴景，时为丹杨太守，策乃载母徙曲阿，与吕范、孙河俱就景，因缘召募得数百人。

　　兴平元年，从袁术。术甚奇之，以坚部曲还策。太傅马日磾杖节安集①关东，在寿春以礼辟策，表拜怀义校尉。术大将乔蕤、张勋皆倾心敬焉。术常叹曰："使术有子如孙郎，死复何恨！"策骑士有罪，逃入术营，隐于内厩，策指使人就斩之。讫，诣术谢。术曰："兵人好叛，当共疾之，何为谢也？"由是军中益畏惮之。

　　术初许策为九江太守，已而更用丹杨陈纪。后术欲攻徐州，从庐江太守陆康求米三万斛。康不与，术大怒。策昔曾诣康，康不见，使主簿接之，策尝衔恨。术遣策攻康，谓曰："前错用陈纪，每恨本意不遂。今若得康，庐江真卿有也。"策攻康，拔之，术复用其故吏刘勋为太守，策益失望。

注释

①安集：安抚。

译文

　　孙策，字伯符。孙坚当初兴义兵，孙策领着母亲迁往舒县居住，与周瑜结为好友，招纳会聚了很多上流社会人物，江淮一带的人都投奔他。孙坚死后，孙策将他归葬曲阿，自己渡江居住在江都。徐州牧陶谦忌恨孙策。孙策的舅父吴景，当时任丹杨太守，孙策于是带着母亲迁居曲阿，与吕范、孙河一起投靠吴景，并依赖吴景招募数百人。

　　兴平元年（194 年），孙策前往跟随袁术。袁术认识到孙策非是一般之人，便将孙坚的部队交还孙策。太傅马日磾执符节安抚关东，在寿春以礼征召孙策，上表奏请任孙策为怀义校尉。袁术的大将乔蕤、张勋都倾心敬重孙策。袁术常常叹息说："如果我袁术有孙郎这样的儿子，死也瞑目无憾啊！"孙策有个骑兵犯了罪，逃进了袁术的军营，藏躲在马厩中，孙策派人前往杀掉他。过后，他又前往袁术处赔礼请罪。袁术说："兵士叛变，理当惩处，有什么可请罪的呢？"从此军中的人更加敬畏孙策。

　　袁术当初答允让孙策任九江太守，过后改用丹杨（在今安徽宣城）人陈纪。后来袁术准备攻打徐州，向庐江太守陆康求派军粮三万斛。陆康不给，袁术大怒。孙策以前曾求见过陆康，陆康不见，只让自己的主簿接待他，孙策因此对陆康怀有恨心。袁术派孙策攻打陆康，对孙策说："先前我错用陈纪，常恨我的本意未能兑现。如今你如果能抓获陆康，庐江就真正属于你所有了。"孙策攻打陆康，打败了他，袁术再次任用他过去的下属刘勋为庐江太守，孙策更为失望。

原文

　　先是，刘繇为扬州剌史，州旧治寿春。寿春，术已据之，繇乃渡江治曲阿。时吴景尚在丹杨，策从兄贲又为丹杨都尉，繇至，皆迫逐之。景、贲退舍历阳。繇遣樊能、于麋东屯横江津，张英屯当利口，以距术。术自用故吏琅邪（琊）惠衢为扬州剌史，更以景为督军中郎将，与贲共将兵击英等，连年不克。策乃说术，乞助景等平定江东。术表策为折冲校尉，行殄寇将军，兵财千余，骑数十匹，宾客愿从者数百人。比至历阳，众五六千。策母先自曲阿徙于历阳，策又徙母阜陵，渡江转斗，所向皆破，莫敢当其锋，而军令整肃，百姓怀之。

　　策为人，美姿颜，好笑语，性阔达听受，善于用人，是以士民见者，莫不尽心，乐为致死。刘繇弃军遁逃，诸郡守皆捐城郭奔走。吴人严白虎等众各万余人，处处屯聚。吴景等欲先击破虎等，乃至会稽。策曰："虎等群盗，非有大志，此成禽（擒）耳。"遂引兵渡浙江，据会稽，屠东冶，乃攻破虎等。尽更置长吏，策自领会稽太守，复以吴景为丹杨太守，以孙贲为豫章太守，分豫章为庐陵郡，以贲弟辅为庐陵太守，丹杨朱治为吴郡太守，彭城张昭、广陵张纮、秦松、陈端等为谋主。

译文

　　起先，刘繇为扬州剌史，州府原来设在寿春。袁术已占领寿春，刘繇于是渡江以曲阿为州府治所。此时，吴景尚在丹杨，孙策的堂兄孙贲又是丹杨都尉，刘繇到后，把他们都撵走了。吴景、孙贲退居历阳。刘繇派樊能、于麋东往驻扎横江津，张英驻扎当利口，以抵御袁术。袁术任用自己过去的下属琅琊人惠衢为扬州剌史，又任用吴景为督军中郎将，与孙贲共同领兵进击张英等，一连几年都未能攻克。孙策于是劝说袁术，请他派自己助吴景等人平定江东。袁术上表任命孙策为折冲校尉，代理殄寇将军，只给他配备一千多士卒及相应军需品，战马几十匹，宾客中愿意跟随者有几百人。及至历阳，孙策的兵众发展到五、六千人。孙策的母亲已先从曲阿迁来历阳，孙策又将母亲迁往阜陵居住，然后渡江转战，所向势若破竹，无人敢与他交锋，而且军令很严整，百姓们都依附他。

　　孙策为人喜好修饰外表，善于谈笑，性格豁达开朗，乐于接受意见，又善于用人，所以兵士和百姓对待他，没有不尽心尽力的，都愿意效死于他。刘繇弃军自己逃走，各州郡的太守们也都纷纷弃城逃跑。吴郡人严白虎等手下有一万多人，严守各自的地盘。吴景等想先击破严白虎等，然后再到会稽。孙策说："严白虎等盗贼，心无大志，凭此就能将其擒获。"于是率兵渡过长江到达浙江，占据会稽，屠城东冶后，攻破严白虎等盗众。孙策将原有长吏全部更换，自己兼任会稽太守，又以吴景为丹杨太守，以孙贲为豫章太守，分豫章另置庐陵郡，以孙贲弟弟孙辅为庐陵太守，丹杨人朱治为吴郡太守，彭城人张昭，广陵人张纮、秦松、陈端等为谋士。

原文

时袁术借（僭）号，策以书责而绝之。曹公表策为讨逆将军，封为吴侯。后术死，长史杨弘、大将张勋等将其众欲就策，庐江太守刘勋要击，悉虏之，收其珍宝以归。策闻之，伪与勋好盟。勋新得术众，时豫章上缭宗民万余家在江东，策劝勋攻取之。勋既行，策轻军晨夜袭拔庐江，勋众尽降，勋独与麾下数百人自归曹公。是时袁绍方强，而策并江东，曹公力未能逞，且欲抚之。乃以弟女配策小弟匡，又为子章取贲女，皆礼辟策弟权、翊，又命扬州刺史严象举权茂才。

建安五年，曹公与袁绍相拒于官渡，策阴欲袭许，迎汉帝，密治兵，部署诸将。未发，会为故吴郡太守许贡客所杀。先是，策杀贡，贡小子与客亡匿江边。策单骑出，卒（猝）与客遇，客击伤策。创甚，请张昭等谓曰："中国方乱，夫以吴越之众，三江之固，足以观成败。公等善相吾弟！"呼权佩以印绶，谓曰："举江东之众，决机于两陈之间，与天下争衡，卿不如我。举贤任能，各尽其心，以保江东，我不如卿。"至夜卒，时年二十六。

权称尊号，追谥策曰长沙桓王，封子绍为吴侯，后改封上虞侯。绍卒，子奉嗣。孙皓时，讹言谓奉当立，诛死。

注释

①诣：拜见。②借（jiàn）：古同"僭"，超越身份，冒用在上者的职权、名义行事。

译文

此时袁术擅自称帝，孙策去信谴责并与他绝交。曹操上表举荐孙策为讨逆将军，并封爵吴侯。袁术死后，长史杨弘、大将张勋等想率领部下投靠孙策，庐江太守刘勋半路截击，并将他们全部俘虏，收缴了他们所带的珍宝后返还。孙策听说后，假意与刘勋结盟为友。刘勋得到袁术的军队，此时豫章上缭的宗民有一万多户在江东，孙策劝刘勋前往攻取。刘勋出兵后，孙策率领部下轻装奔袭，一夜间即占有庐江，刘勋的军队全部投降，刘勋只带着几百个部下投归曹操。这时袁绍的势力正强大起来，而孙策又吞并了江东，曹操已无力东顾，就打算对孙策实行安抚。于是把弟弟的女儿许配给孙策的小弟孙匡，又为儿子曹章娶了孙贲的女儿，用礼征召孙策的弟弟孙权、孙翊，并令扬州刺史严象举荐孙权为茂才。

建安五年（200年），曹操与袁绍在官渡对垒相持，孙策暗中盘算袭击许昌，迎取汉献帝，便秘密整顿军队、部署将领。还未行动，他就被过去的吴郡太守许贡的门客所杀害。起先，孙策杀许贡，许贡的小儿子与门客逃亡隐居在长江边。这次孙策单枪匹马外出，猝然与许贡的门客相遇，门客击伤了他。孙策伤势甚重，就请张昭等前来说："中原正在大乱之中，凭我们吴越的兵众，三江的险固，足以观其虎斗成败。您各位要好好帮助我弟弟！"又招呼孙权，将印绶交予他，对他说："率领江东兵众，决战两阵之间，横行争衡天下，你不如我。但举贤任能，使其各尽其心，用以保守江东，我不如你。"到夜间孙策便死去，时年二十六岁。

孙权登基称帝后，追谥孙策为长沙桓王，封孙策的儿子孙绍为吴侯，后改封为上虞侯。孙绍死后，他的儿子孙奉继承爵位。孙皓为帝时，谣传孙奉应为皇帝，于是孙皓将其诛杀。

吴 主 传

题解

　　孙权（182 年—252 年），字仲谋，祖籍吴郡富春（今浙江富阳），生于下邳（今江苏徐州睢宁西北），吴国开国皇帝，229 年—252 年在位。孙权幼年跟随兄长孙策平定江东，孙策英年早逝，继位为江东之主。他仁贤用能、挽救了江东危局，保住了父兄基业。建安十三年（208 年），孙权与刘备联盟，大败曹操于赤壁，天下三分局面初步形成。章武二年（222 年），孙权称吴王，建兴七年（229 年）称帝，建立吴国。252 年病逝，享年七十一岁，庙号太祖，谥号大皇帝。

原文

　　孙权，字仲谋。兄策既定诸郡，时权年十五，以为阳羡长。郡察孝廉，州举茂才，行奉义校尉。汉以策远脩（修）职贡，遣使者刘琬加锡命。琬语人曰："吾观孙氏兄弟虽各才秀明达，然皆禄祚不终，惟中弟孝廉，形貌奇伟，骨体不恒，有大贵之表，年又最寿，尔试识之。"

　　建安四年，从策征庐江太守刘勋。勋破，进讨黄祖于沙羡。五年，策薨，以事授权，权哭未及息。策长史张昭谓权曰："孝廉，此宁哭时邪？且周公立法而伯禽不师，非欲违父，时不得行也。况今奸宄竞逐，豺狼满道，乃欲哀亲戚，顾礼制，是犹开门而揖盗，未可以为仁也。"乃改易权服，扶令上马，使出巡军。

　　是时惟有会稽、吴郡、丹杨、豫章、庐陵，然深险之地犹未尽从，而天下英豪布在州郡，宾旅寄寓之士以安危去就为意，未有君臣之固。张昭、周瑜等谓权可与共成大业，故委心而服事焉。曹公表权为讨虏将军，领会稽太守，屯吴，使丞之郡行文书事。待张昭以师傅之礼，而周瑜、程普、吕范等为将率。招延俊秀，聘求名士，鲁肃、诸葛瑾等始为宾客。分部诸将，镇抚山越，讨不从命。七年，权母吴氏薨。

译文

　　孙权，字仲谋。他的哥哥孙策平定江东诸郡时，他时年十五岁，被任命为阳羡县县长。曾被郡里察举为孝廉，州里推荐为秀才，代理奉义校尉。汉朝廷考虑到孙策远在江东，还能够尽臣子的职责交纳贡物，于是派遣使者刘琬赐给他爵位、官服。刘琬对人说："我看孙家兄弟们虽说个个才华出众、深明事理，但都富贵不终、寿命不永，只有老二孙权孝廉，体态相貌奇伟，不同于凡人，有大贵之相，寿命又最长，你们可以待以后看我的话得到应验。"

　　建安四年（199年），孙权跟随孙策征讨庐江太守刘勋。刘勋败逃后，孙权又进军沙羡讨伐黄祖。建安五年（200年），孙策去世，把军政大事托付给孙权，孙权痛哭不已。孙策的长史张昭对孙权说："孝廉，这是哭的时候吗？即使周公所订立的丧礼，他的儿子伯禽也没有遵守，并非他想违逆父训，只是由于当时的形势不得已而已。况且如今奸诈犯上的人竞相角逐，豺狼当道，你却要发泄个人的悲痛，顾念礼制，不啻在打开门户，招引盗贼，这样做并不能说是仁啊。"于是张昭改换孙权所穿的丧服，扶他上马，外出巡察军营。

　　此时孙权只占有会稽、吴郡、丹杨、豫章、庐陵，而且这五郡的边远险要之地尚未完全归顺，而天下豪杰英雄各州郡皆有，客居江东的人士，则以个人的安危随意去留，君臣之间没有建立稳固的关系。张昭、周瑜等认识到可与孙权一起成就大事业，故此甘心臣服听命于他。曹操上表奏请任命孙权为讨虏将军，兼任会稽太守，驻守吴郡，派使丞至会稽郡行文书事。孙权以太师太傅之礼对待张昭，以周瑜、程普、吕范等为将军统领兵卒。广招贤能，礼聘名士，鲁肃、诸葛瑾等做了他的幕僚。他分遣部署诸将，镇压、抚恤山越族，讨伐那些不服从者。建安七年（202 年），孙权的母亲吴氏去世。

原文

　　八年，权西伐黄祖，破其舟军，惟城未克，而山寇复动。还过豫章，使吕范平鄱阳，程普讨乐安，太史慈领海昏，韩当、周泰、吕蒙等为剧县①令长。九年，权弟丹杨太守翊为左右所害，以从兄瑜代翊。十年，权使贺齐讨上饶，分为建平县。十二年，西征黄祖，虏其人民而还。十三年春，权复征黄祖，祖先遣舟兵拒军。都尉吕蒙破其前锋，而凌统、董袭等尽锐攻之，遂屠其城。祖挺身亡走，骑士冯则追枭其首，虏其男女数万口。是岁，使贺齐讨黟、歙，分歙为始新、新定、犁阳、休阳县，以六县为新都郡。荆州牧刘表死，鲁肃乞奉命吊表二子，且以观变。肃未到，而曹公已临其境，表子琮举众以降。刘备欲南济江，肃与相见，因传权旨，为陈成败。备进住夏口，使诸葛亮诣权，权遣周瑜、程普等行。

　　是时曹公新得表众，形势甚盛，诸议者皆望风畏惧，多劝权迎之。惟瑜、肃执拒之议，意与权同。瑜、普为左右督，各领万人，与备俱进，遇于赤壁，大破曹公军。公烧其余船引退，士卒饥疫，死者大半。备、瑜等复追至南郡，曹公遂北还，留曹仁、徐晃于江陵，使乐进守襄阳。时甘宁在夷陵，为仁党所围。用吕蒙计，留凌统以拒仁，以其半救宁，军以胜反。权自率众围合肥，使张昭攻九江之当涂。昭兵不利，权攻城逾月不能下。曹公自荆州还，遣张喜将骑赴合肥，未至，权退。

注释

　　①剧县：难以治理的县份。

译文

建安八年（203年），孙权往西讨伐黄祖，击败黄祖的水军，只有城池尚未攻克，而此时山越贼寇又开始叛乱。孙权撤军路过豫章，派吕范平定鄱阳，程普讨伐乐安，太史慈统领海昏，韩当、周泰、吕蒙等都被任命为那些难以治理的各县的县令或县长。建安九年（204年），孙权的弟弟丹杨太守孙翊被手下人杀死，孙权任命堂兄孙瑜接任孙翊的丹杨太守职务。建安十年（205年），孙权派贺齐讨伐上饶，分置建平县。建安十二年（207年），孙权西征黄祖，掳掠他的百姓而返。建安十三年（208年）春，孙权再次征伐黄祖，黄祖先派水军抗击。都尉吕蒙打败了黄祖的先锋部队，凌统、董袭等以全部精兵攻城，攻克后屠城。黄祖脱身逃走，骑士冯则追击砍下了他的头，俘虏黄祖的部属男女数万人。当年，孙权派贺齐讨伐黟县和歙县，分析歙县为始新、新定、犁阳、休阳等县，以六县之地设置新都郡。荆州牧刘表死，鲁肃请求奉命去吊丧并安慰刘表的两个儿子，借机观察荆州的变化。鲁肃未及荆州，而曹操已兵压荆州之境，刘表的小儿子刘琮率众投降曹操。刘备南渡长江，鲁肃与他相见，向他转述了孙权的计划，并向他陈述成败的情势。刘备进驻夏口，派诸葛亮去拜谒孙权，孙权派遣周瑜、程普等率军前往。

当时，曹操新得刘表的军马，声势浩大，孙权的谋士们闻讯都深感畏惧，不少人劝孙权迎降曹操。只有周瑜、鲁肃坚持抗击曹操的主张，意见与孙权相合。孙权派周瑜、程普为左、右都督，各自领兵一万人，与刘备一起进军，在赤壁与曹军相遇，大败曹操军队。曹操烧毁了未来得及撤退的船只，领兵撤退，士卒因饥饿瘟疫，死亡大半。刘备、周瑜等又追击到南郡，曹操只好撤回北方，留曹仁、徐晃在江陵，派乐进镇守襄阳。当时甘宁在夷陵，被曹仁的部队所包围。孙权采纳吕蒙的计策，留下凌统抵御曹仁，用其中一半兵力驰救甘宁，吴军胜利返归。孙权亲自率军围困合肥，派张昭率军攻打九江郡的当涂县。张昭出兵不利，孙权攻合肥一个多月，未能破城。曹操自荆州北还，派张喜率领骑兵奔赴合肥救援，还未到达，孙权已退兵。

原文

十四年，瑜、仁相守岁余，所杀伤甚众。仁委城走。权以瑜为南郡太守。刘备表权行车骑将军，领徐州牧。备领荆州牧，屯公安。十五年，分豫章为鄱阳郡，分长沙为汉昌郡，以鲁肃为太守，屯陆口。十六年，权徙治秣陵。明年，城石头，改秣陵为建业①。闻曹公将来侵，作濡须坞。十八年正月，曹公攻濡须，权与相拒月余。曹公望权军，叹其齐肃，乃退。初，曹公恐江滨郡县为权所略，征令内移。民转相惊，自庐江、九江、蕲春、广陵户十余万皆东渡江，江西遂虚，合肥以南惟有皖城。

吴 书

十九年五月，权征皖城。闰月，克之，获庐江太守朱光及参军董和，男女数万口。是岁刘备定蜀。权以备已得益州，令诸葛瑾从求荆州诸郡。备不许，曰："吾方图凉州，凉州定，乃尽以荆州与吴耳。"权曰："此假而不反，而欲以虚辞引岁。"遂置南三郡长吏，关羽尽逐之。权大怒，乃遣吕蒙督鲜于丹、徐忠、孙规等兵二万取长沙、零陵、桂阳三郡，使鲁肃以万人屯巴丘以御关羽。权住陆口，为诸军节度。蒙到，二郡皆服，惟零陵太守郝普未下。

会备到公安，使关羽将三万兵至益阳，权乃召蒙等使还助肃。蒙使人诱普，普降。尽得三郡将守，因引军还，与孙皎、潘璋并鲁肃兵并进。拒羽于益阳，未战，会曹公入汉中。备惧失益州，使使求和。权令诸葛瑾报，更寻盟好，遂分荆州、长沙、江夏、桂阳以东属权，南郡、零陵、武陵以西属备。备归，而曹公已还。权反（返）自陆口，遂征合肥，合肥未下，彻军还。兵皆就路，权与凌统、甘宁等在津北为魏将张辽所袭，统等以死扞（捍）权，权乘骏马越津桥得去。

注释

①秣（mò）陵、建业：均为今江苏南京的旧称。南京称建业，自孙权始。

译文

建安十四年（209年），周瑜和曹仁对垒相持一年多，被杀死的兵卒很多。曹仁弃城逃走。孙权以周瑜为南郡太守。刘备上表奏封孙权代理车骑将军，兼任徐州牧。刘备兼任荆州牧，驻守公安。建安十五年（210年），孙权分豫章郡，另置鄱阳郡，分长沙郡，另置汉昌郡，任命鲁肃为郡太守，驻守陆口。建安十六年（211年），孙权将治所迁至秣陵。次年，修筑石头城，改秣陵为建业。东吴听说曹操将南下侵犯，修筑了濡须坞。建安十八年（213年）正月，曹操攻打濡须坞，孙权与之相持一个多月。曹操望见孙权军队，感叹军容严整，于是撤退。起初，曹操担心长江北岸各郡县被孙权占夺，下令百姓内移。百姓反而自相惊扰，自庐江、九江、蕲春、广陵一带计十余万户皆东渡长江，长江西岸一线空虚无人，合肥以南只有皖城尚存。

建安十九年（214年）五月，孙权征讨皖城。是年闰月，攻破皖城，俘获庐江太守朱光及参军董和，男女百姓数万人。当年，刘备平定蜀地。孙权考虑到刘备既已得到益州，便派诸葛瑾前往向刘备讨还荆州各郡。刘备不答允，说："我正在图取凉州，凉州如果平定，就将荆州全部归还吴国。"孙权说："这是借而不还，而用空话搪塞拖延时间。"于是设置了荆州南部三个郡的太守，结果关羽把这些人全都撵走。孙权大怒，就派遣吕蒙指挥鲜于丹、徐忠、孙规等领兵二万，攻取长沙、零陵、桂阳三郡，派鲁肃领一万人马驻守巴丘，用以防御关羽。孙权住在陆口，为各路军队的指挥。吕蒙军队一到，长沙、

桂阳二郡全部归服，只有零陵太守郝普不愿归降。

　　正好刘备来到公安，派关羽领兵三万挺进益阳，孙权于是召回吕蒙等人支援鲁肃。吕蒙派人诱降郝普，郝普投降东吴。吕蒙得到三郡的将领、太守后，领兵东还，与孙皎、潘璋归并鲁肃军队共同前进。他们在益阳抗击关羽，还未交战，适逢曹操进军汉中。刘备害怕丢失益州，便派使向孙权求和。孙权派诸葛瑾回访，两国重新结好为盟，于是分荆州，长沙、江夏、桂阳以东地区归属孙权，南郡、零陵、武陵以西地区归属刘备。刘备返归，而曹操已经退兵。孙权从陆口返还，然后征讨合肥，未能攻下合肥，便撤军东归。兵士全部上路后，孙权与凌统、甘宁等在逍遥津以北被魏国大将张辽所袭击，凌统等拼死保护住孙权，孙权骑着骏马冲过津桥才逃脱而去。

原文

　　二十一年冬，曹公次于居巢，遂攻濡须。二十二年春，权令都尉徐详诣曹公请降，公报使脩（修）好，誓重结婚。二十三年十月，权将如吴，亲乘马射虎于庱亭①。马为虎所伤，权投以双戟，虎却废②，常从张世击以戈，获之。

　　二十四年，关羽围曹仁于襄阳，曹公遣左将军于禁救之。会汉水暴起，羽以舟兵尽虏禁等步骑三万送江陵，惟城未拔。权内惮羽，外欲以为己功，笺与曹公，乞以讨羽自效。曹公且欲使羽与权相持以斗之，驿传权书，使曹仁以弩射示羽。羽犹豫不能去。闰月，权征羽，先遣吕蒙袭公安，获将军士仁。蒙到南郡，南郡太守糜芳以城降。蒙据江陵，抚其老弱，释于禁之囚。陆逊别取宜都，获秭归、枝江、夷道，还屯夷陵，守峡口以备蜀。

　　关羽还当阳，西保麦城。权使诱之。羽伪降，立幡旗为象人③于城上，因遁走，兵皆解散，尚十余骑。权先使朱然、潘璋断其径路。十二月，璋司马马忠获羽及其子平、都督赵累等于章乡，遂定荆州。是岁大疫，尽除荆州民租税。曹公表权为骠骑将军，假节，领荆州牧，封南昌侯。权遣校尉梁寓奉贡于汉，及令王惇市马，又遣朱光等归。

注释

　　①庱（chěng）亭：古为驿站，在今江苏吴县境内。②却废：负伤逃走。③象人：假人。

译文

建安二十一年（216年）冬，曹操进驻居巢，又前来攻打濡须坞。建安二十二年（217年）春，孙权命都尉徐详拜访曹操请求归降，曹操派使者回复孙权同意修好，立誓重新结为姻亲。建安二十三年（218年）十月，孙权将前往吴郡，行前亲自骑马在庱亭射虎。他的马被虎咬伤，他掷出双戟刺虎，虎受伤后退却，常从张世上前用戈击虎，捕获了这只虎。

建安二十四年（219年），关羽在襄阳围攻曹仁，曹操派遣左将军于禁前往救援。正碰上汉江洪水暴涨，关羽用水军将于禁等步骑兵三万多人全部捕获，押送到江陵，只留襄阳城未攻下。孙权内心畏惧关羽，对外又想讨伐关羽向曹操表功，于是写信给曹操，请求讨伐关羽来效力。曹操正想让关羽与孙权互相争斗，就叫驿站传送孙权的书信给曹仁，让曹仁用箭将信射出城给关羽。关羽看信后犹豫不决，但未撤围。十月，孙权征讨关羽，先派吕蒙袭击公安，俘虏公安守将士仁。吕蒙率军至南郡，南郡太守麋芳献城投降。吕蒙占据江陵，抚恤那里的老弱兵民，释放被囚禁的于禁。陆逊则另率军攻取宜都郡，得到秭归、枝江、夷道，退军驻守夷陵，固守峡口，以防御蜀军的进攻。

关羽还军当阳，向西退保麦城。孙权派人前往诱降。关羽假装投降，在城楼上竖起旗帜，摆置草人迷惑孙权，自己乘机逃走，兵士们都散离了，只有十几名骑兵跟随他。孙权先派朱然、潘璋在关羽的必经之路上截击。十二月，潘璋的司马马忠在章乡抓获关羽及其子关平、都督赵累等，于是孙权平定荆州。这年瘟疫流行，孙权免除荆州百姓的所有租税。曹操上表任命孙权为骠骑将军，赐假节，兼任荆州牧，封爵南昌侯。孙权派遣校尉梁寓向汉朝廷敬奉贡品，又令王惇购买马匹，又将原先魏国的俘虏朱光等人送归北方。

原文

二十五年春正月，曹公薨，太子丕代为丞相魏王，改年为延康。秋，魏将梅敷使张俭求见抚纳。南阳阴、酂、筑阳、山都、中卢五县民五千家来附。冬，魏嗣王称尊号，改元为黄初。

二年四月，刘备称帝于蜀。权自公安都鄂，改名武昌，以武昌、下雉、寻阳、阳新、柴桑、沙羡六县为武昌郡。五月，建业言甘露降。八月，城武昌，下令诸将曰："夫存不忘亡，安必虑危，古之善教。昔隽不疑汉之名臣，于安平之世而刀剑不离于身，盖君子之于武备，不可以已。况今处身疆畔（叛），豺狼交接，而可轻忽不思变难哉？顷闻诸将出入，各尚谦约，不从人兵，甚非备虑爱身之谓。夫保己遗名，以安君亲，孰与危辱？宜深警戒，务崇其大，副孤意焉。"自魏文帝践阼，权使命称藩，及遣于禁等还。十一月，策命权曰……

译文

建安二十五年（220年）正月，曹操去世，太子曹丕接替曹操作了丞相魏王，改年号为延康。秋天，魏将梅敷派张俭前来东吴请求安抚接纳。南阳郡的阴、酂、筑阳、山都、中卢五县的百姓五千多户，前来归附孙权。冬天，继位的魏王曹丕称帝，改元为黄初。

黄初二年（221年）四月，刘备称帝于蜀。孙权自公安迁都鄂州，改鄂州为武昌，以武昌、下雉、寻阳、阳新、柴桑、沙羡六县设置武昌郡。五月，建业报讯天降甘露。八月，修筑武昌城，孙权下令给诸将："存不忘亡，居安思危，是古代有益的教训。古有隽不疑为汉代的名臣，居太平年代而刀剑不离身，这是君子不能松弛武备的缘故。何况今日处于魏、蜀争战之地，与豺狼打交道，岂能轻率地不顾虑到突发的事变？近来听说各位将军出入时，崇尚谦虚约简，不带兵器、侍从，这并非周全考虑爱护自身的行为。保全自己以留名后世，使君王与家人都放心，这与崇尚谦虚简约相比，何者更使自己处于危险受辱的境地？应该深以为警戒，务必从大处着想，这才符合我的思想。"自从魏文帝曹丕称帝，孙权派使者去请求成为魏的藩属，并把于禁等送回北方。十一月，曹丕册封孙权的文书说……

原文

是岁，刘备帅军来伐，至巫山、秭归，使使诱导武陵蛮夷，假与印传，许之封赏。于是诸县及五溪民皆反为蜀。权以陆逊为督，督朱然、潘璋等以拒之。遣都尉赵咨使魏。魏帝问曰："吴王何等主也？"咨对曰："聪明仁智，雄略之主也。"帝问其状，咨曰："纳鲁肃于凡品，是其聪也。拔吕蒙于行陈，是其明也。获于禁而不害，是其仁也。取荆州而兵不血刃，是其智也。据三州虎视于天下，是其雄也。屈身于陛下，是其略也。"欲封权子登，权以登年幼，上书辞封，重遣西曹掾沈珩陈谢，并献方物。立登为王太子。

黄武元年春正月，陆逊部将军宋谦等攻蜀五屯，皆破之，斩其将。三月，鄱阳言黄龙见。蜀军分据险地，前后五十余营，逊随轻重以兵应拒，自正月至闰月，大破之。临陈所斩及投兵降首数万人。刘备奔走，仅以身免。

初，权外托事魏，而诚心不款。魏欲遣侍中辛毗、尚书桓阶往与盟誓，并征任子，权辞让不受。秋九月，魏乃命曹休、张辽、臧霸出洞口，曹仁出濡须，曹真、夏侯尚、张郃、徐晃围南郡。权遣吕范等督五军，以舟军拒休等，诸葛瑾、潘璋、杨粲救南郡，朱桓以濡须督拒仁。

译文

这一年，刘备率军前来讨伐，兵至巫山、秭归一带，并派遣使者前往诱降武陵的少数民族部落，授给他们印信，答应封赏他们。于是各县及五溪一带的夷民皆叛吴降蜀。孙权任命陆逊为都督，率领朱然、潘璋等领兵前往抵抗。同时派遣都尉赵咨出使魏国。魏文帝曹丕问赵咨："吴王是怎样的君主？"赵咨回答说："他是聪明仁智、雄才大略的君主。"曹丕问其具体情形，赵咨回答说："从普通阶层中起用鲁肃，是他的聪明。在一般兵士中提拔吕蒙，是他的明智。俘获于禁而不杀，是他的仁慈。攻取荆州而兵不血刃，是他的智慧。占领三州之地而虎视天下，是他的雄才。屈身称臣于您，是他的谋略。"曹丕打算封孙权的长子孙登为侯，孙权以孙登年幼为借口，上书辞谢，重新派遣西曹掾沈珩前去致谢，并献上地方特产贡品。孙权自己立孙登为吴王太子。

黄武元年（222年）正月，陆逊帐下将军宋谦等攻打蜀军的五个兵营，都攻破了，并杀了守将。三月，鄱阳传说出现了黄龙。蜀军分头占据险要地方，前后连设五十多个兵营，陆逊根据各营强弱派出相应兵将抵抗，从正月至六月，彻底击败蜀军。蜀军临阵被斩杀和放下武器投降者有几万人。刘备逃跑，仅保得自身不死。

当初，孙权对外假托归服曹魏，但并非真心。魏国于是派侍中辛毗、尚书桓阶前来东吴与之立誓结盟，并征召孙权的儿子去做人质，孙权推辞不受。九月，魏国就命令曹休、张辽、臧霸出兵洞口，曹仁出兵濡须坞，曹真、夏侯尚、张郃、徐晃率军围攻南郡。孙权派遣吕范等率领五个军，从水路抵御曹休等，诸葛瑾、潘璋、杨粲前往救援南郡，朱桓以濡须督的身份抵御曹仁。

原文

时扬、越蛮夷多未平集，内难未弭，故权卑辞上书，求自改厉，"若罪在难除，必不见置，当奉还土地民人，乞寄命交州，以终余年。"文帝报曰："君生于扰攘之际，本有从横之志，降身奉国，以享兹祚。自君策名已来，贡献盈路。讨备之功，国朝仰成。埋而掘之，古人之所耻。朕之与君，大义已定，岂乐劳师远临江汉？廊庙之议，王者所不得专。三公上君过失，皆有本末。朕以不明，虽有曾母投杼之疑，犹冀言者不信，以为国福。故先遣使者犒劳，又遣尚书、侍中践脩前言，以定任子。君遂设辞，不欲使进，议者怪之。又前都尉浩周劝君遣子，乃实朝臣交谋，以此卜君，君果有辞，外引隗嚣遣子不终，内喻窦融守忠而已。世殊时异，人各有心。浩周之还，口陈指麾，益令议者发明众嫌，终始之本，无所据仗，故遂俯仰从群臣议。今省上事，款诚深至，心用慨然，凄怆动容。即日下诏，敕诸军但深沟高垒，不得妄进。若君必效忠节，以解疑议，登身朝到，夕召兵还。此言之诚，有如大江！"权遂改年，临江拒守。

冬十一月，大风，范等兵溺死者数千，余军还江南。曹休使臧霸以轻船五百、敢死万人袭攻徐陵，烧攻城车，杀略数千人。将军全琮、徐盛追斩魏将尹卢，杀获数百。十二月，权使太中大夫郑泉聘刘备于白帝，始复通也。然犹与魏文帝相往来，至后年乃绝。是岁，改夷陵为西陵。

译文

其时扬、越地方的少数民族大多尚未平定，内患并未消除，故此孙权恭敬谦卑地上书魏文帝，请求允许自己改正罪过，说："如果我的罪行难以除去，必不见置，理当奉还您赏赐的土地与人民，请求让我寄身交州，了却余生。"魏文帝回信说："您生在天下大乱之世，本就有纵横天下的大志，却降低身份服事魏国，享有现在的封赏。自您被册封为吴王以来，奉献的贡品不绝于路。讨伐刘备的功业，国家仰仗您取得成功。如果做人反复无常，古人视之为可耻之事。朕与您之间，君臣的名分已经确定，难道乐意劳苦军队远征江、汉吗？朝廷的议论，做君主的也不得独断专行。三公上奏您的过失，都是有根有据。朕以不贤明之识，虽有曾母投杼之疑惑，但还是相信他们所言不可信，并以此为国家幸事。故此先派使者来犒劳您，再遣尚书、侍中来与您重修前盟，与您商定送太子为人质一事。您却借口推辞，不打算让太子前来，众议颇为奇怪。又让前都尉浩周劝您送太子来，那实际是朝臣们共同商定的计划，以此来试探您的诚意，您果然借口推辞，对外援引隗嚣送子入质而最终背叛为例，对内则自喻窦融，虽不送子入质却做到坚贞不渝。时势不同，人心各异。浩周返朝后，口说手指地为您说情，越发让议事的大臣们明确对您的诸多嫌疑，您所谓始终服事朝廷的保证，没有任何依据，故此我勉强同意了大臣们的建议。现在看了您的上表，诚恳深刻，令人内心感慨，伤感动容。我即日下诏，命令各路军队深挖战壕，高筑壁垒，不可轻举妄进。如果您一定要表示自己的忠节，解除大家对您的嫌疑，孙登早上来朝为人质，晚上我就下令所有军队撤返。我所说的话，其中诚意如长江一样不可改流！"孙权于是改了年号，沿着长江布兵坚守。

十一月，大风劲刮江面，吕范等人的兵卒淹死数千，其余的全部都撤回江南。曹休指挥臧霸率领轻捷战船五百艘、敢死队一万人偷袭徐陵，烧掉攻城战车，杀夺数千人。吴国将军全琮、徐盛追杀魏国将领尹卢，斩俘数百人。十二月，孙权派太中大夫郑泉前往白帝城拜谒刘备，蜀、吴两国自此重新通好。但孙权与魏文帝之间仍有使节往来，到第二年才正式断绝关系。这年，孙权改夷陵为西陵。

原文

二年春正月，曹真分军据江陵中州。是月，城江夏山，改四分，用乾象历。三月，曹仁遣将军常彫等，以兵五千，乘油船，晨渡濡须中州。仁子泰因引军急攻朱桓，桓兵拒之，遣将军严圭等击破彫等。是月，魏军皆退。夏四月，权群臣劝即尊号，权不许。刘备薨于白帝。五月，曲阿言甘露降。先是戏口守将晋宗杀将王直，以众叛如魏。魏以为蕲春太守，数犯边境。六月，权令将军贺齐督糜芳、刘邵等袭蕲春，邵等生虏宗。冬十一月，蜀使中郎将邓芝来聘。

三年夏，遣辅义中郎将张温聘于蜀。秋八月，赦死罪。九月，魏文帝出广陵，望大江，曰"彼有人焉，未可图也！"乃还。四年夏五月，丞相孙邵卒。六月，以太常顾雍为丞相。皖口言木连理。冬十二月，鄱阳贼彭绮自称将军，攻没诸县，众数万人。是岁地连震。

五年春，令曰："军兴日久，民离农畔（叛），父子夫妇，不听相恤，孤甚愍之。今北虏缩窜，方外无事，其下州郡，有以宽息。"是时陆逊以所在少谷，表令诸将增广农亩。权报曰："甚善。今孤父子亲自受田，车中八牛以为四耦。虽未及古人，亦欲与众均等其劳也。"

译文

黄武二年（223年）正月，曹真拨一部分军队占据江陵中州。当月，孙权在江夏修筑山城，改正四分历，使用乾象历。三月，曹仁派将军常彫等，领兵五千，乘坐油船，清晨渡至濡须坞江心小岛。曹仁之子曹泰领兵猛攻朱桓，朱桓率兵抗击，并派将军严圭等击败常彫等。当月，魏军全部撤退。四月，孙权的大臣们进劝他赶快称帝，孙权不答应。刘备死于白帝城。五月，曲阿报说天降甘露。先前，戏口守将晋宗杀死将军王直，率领部下逃奔投降魏国。魏国任命晋宗为蕲春太守，屡次侵犯吴国边境。六月，孙权命令将军贺齐率领糜芳、刘邵等袭击蕲春，刘邵等活捉晋宗。十一月，蜀国派遣中郎将邓芝前来吴国访问。

黄武三年（224年）夏，孙权派遣辅义中郎将张温访问蜀国。八月，孙权大赦犯死罪的囚犯。九月，曹丕出巡广陵，面对长江，感叹地说："长江那边有能人把守，不可谋取啊！"于是返归。黄武四年（225年）五月，丞相孙邵去世。六月，任命太常顾雍为丞相。皖口传言，树木长成连理枝。十二月，鄱阳贼寇彭绮自称将军，攻陷周围数县，有兵卒几万人。这年连续发生地震。

黄武五年（226年）春，孙权下令："战争多年，百姓荒农，父子夫妇之间不能体贴抚爱，寡人深表同情。如今北方敌人已退缩逃窜，中原之外已没有战事，因此命令各州郡守，对百姓实行宽容安息政策。"这时陆逊因驻守的地方缺粮，上表请求孙权令诸将广开农田。孙权回复说："主意很好。即日起我父子亲自领受一份农田，用给我驾车的八条牛分拉四犁耕作。虽然比不上古代圣贤。也可以与大家一样劳动。"

原文

秋七月，权闻魏文帝崩，征江夏，围石阳，不克而还。苍梧言凤皇见。分三郡恶地^①十县，置东安郡，以全琮为太守，平讨山越。冬十月，陆逊陈便宜，劝以施德缓刑，宽赋息调。又云："忠谠之言，不能极陈，求容小臣，数以利闻。"权报曰："夫法令之设，欲以遏恶防邪，儆戒未然也，焉得不有刑罚以威小人乎？此为先令后诛，不欲使有犯者耳。君以为太重者，孤亦何利其然，但不得已而为之耳。今承来意，当重谘谋，务从其可。且近臣有尽规之谏，亲戚有补察之箴，所以匡君正主明忠信也。《书》载'予违汝弼，汝无面从^②'，孤岂不乐忠言以自裨补邪？而云'不敢极陈'，何得为忠谠哉？若小臣之中，有可纳用者，宁得以人废言而不采择乎？但诌媚取容，虽闇亦所明识也。至于发调者，徒以天下未定，事以众济。若徒守江东，脩崇宽政，兵自足用，复用多为？顾坐自守可陋耳！若不豫调，恐临时未可便用也。又孤与君分义特异，荣戚实同，来表云不敢随众容身苟免，此实甘心所望于君也。"于是令有司尽写科条，使郎中褚逢赍以就逊及诸葛瑾，意所不安，令损益之。是岁，分交州置广州，俄复旧。六年春正月，诸将获彭绮。闰月，韩当子综以其众降魏。

注释

①恶地：贫瘠之地。②予违汝弼，汝无面从：我有过失你必须纠正，我错了你不可跟着附和。

译文

七月，孙权听说魏文帝曹丕去世，兴兵征讨江夏郡，围攻石阳城，无功而返。苍梧传说出现了凤凰。孙权分三郡边界的穷险地区，设十个县，置东安郡，任命全琮为该郡太守，平定讨伐山越族的反叛。十月，陆逊上表向孙权陈说眼下应该办理的事情，劝孙权广施恩德、减轻刑罚，放宽田赋的征收，停止征收户税。又说："忠直之言，不敢全部陈述，求得容身的小臣，常进功利之语。"孙权回复说："设置法令，是想以此抑恶防邪，防患于未然，怎能不设置刑罚以威服小人呢？这叫作先以法令制约，后依法律制裁，不想有人犯罪违法而已。你以为刑罚太重，我又何曾乐意将刑罚作为有利之物，只是不得已这样做而已。现在根据来信所言，应当重新咨询商讨一下，务必使其中可行的切实实行。而且身边宫廷的大臣有尽力规谏的责任，皇亲国戚也应提出补过误、察得失的建议，用以纠正君主过失，表明自己忠义。《尚书》有言，'我有过失你必须纠正。我错了你不可跟着顺从'。寡人难道不乐意听取忠言来弥补自己的欠缺吗？而你却说'不敢全部陈述'，怎能算是忠直的劝谏呢？如果小臣之中，有可以采纳的意见，难道能够因人废言而不予采纳吗？如果是谄媚拍马的言行，我虽愚笨，但也能识别清楚。至于征发户税的事，只是因为天下尚未平定，事业须得大家出力支持才能成功。如果只是守住江东，推行宽容政策，兵力自然够用，多有户税又有何用？然而坐守江东，不求进取，实为浅陋啊！如果不预先征收户税，恐怕临时征用就不那么方便了。此外，我与你名分虽然有异，但荣辱喜忧相同，来表中说不敢随大流苟安容身，这确实是我对你的真切希望。"于是孙权命令有关主管官员写好全部的法令条款，派郎中褚逢送给陆逊和诸葛瑾过目，如果觉得有什么不妥当之处，让他们着手增削修改。当年，孙权分析交州另置广州，不久又复合为交州。黄武六年（227年）正月，东吴诸将俘获彭绮等。十二月，韩当之子韩综率领部下投降魏国。

原文

七年春三月，封子虑为建昌侯。罢东安郡。夏五月，鄱阳太守周鲂伪叛，诱魏将曹休。秋八月，权至皖口，使将军陆逊督诸将大破休于石亭。大司马吕范卒。是岁，改合浦为珠官郡。

黄龙元年春，公卿百司皆劝权正尊号。夏四月，夏口、武昌并言黄龙、凤凰见。丙申，南郊即皇帝位，是日大赦，改年。追尊父破虏将军坚为武烈皇帝，母吴氏为武烈皇后，兄讨逆将军策为长沙桓王。吴王太子登为皇太子。将吏皆进爵加赏。初，兴平中，吴中童谣曰："黄金车，班兰耳，闿昌门，

出天子。"五月，使校尉张刚、管笃之辽东。

六月，蜀遣卫尉陈震庆权践位。权乃参（叁）分天下，豫、青、徐、幽属吴，兖、冀、并、凉属蜀。其司州之土，以函谷关为界。造为盟曰……秋九月，权迁都建业，因故府不改馆，征上大将军陆逊辅太子登，掌武昌留事。

译文

黄武七年（228年）三月，孙权封儿子孙虑为建昌侯。撤东安郡。五月，鄱阳太守周鲂假装叛离东吴，引诱魏将曹休。八月，孙权前往皖口，派将军陆逊督率诸将在石亭把曹休打得大败。东吴大司马吕范去世。当年，孙权改合浦郡为珠官郡。

黄龙元年（229年）春，东吴公卿百官都进劝孙权正式称帝。四月，夏口、武昌都传言有黄龙、凤凰出现。十三日，孙权在南郊正式登基为帝，当日大赦，改年号。追谥父亲破虏将军孙坚为武烈皇帝，母亲吴氏为武烈皇后，哥哥讨逆将军孙策为长沙桓王。立吴王太子孙登为皇太子。将军官吏都晋爵加赏。当初，汉献帝兴平年间，吴中有童谣："黄金车，斑斓耳，闿昌门，出天子。"五月，孙权派遣校尉张刚、管笃出使辽东。

六月，蜀国派卫尉陈震前来庆贺孙权登基。孙权于是与蜀使商议平分天下，豫、青、徐、幽四州属吴，兖、冀、并、凉四州属蜀。司州的土地，以函谷关为界分属两国。制定盟书说……九月，孙权迁都建业，就住在原来的府邸中，不再另建新宫殿，征召上大将军陆逊辅佐太子孙登，掌管迁都后武昌的事宜。

原文

二年春正月，魏作合肥新城。诏立都讲祭酒，以教学诸子。遣将军卫温、诸葛直将甲士万人浮海求夷洲及亶洲。亶洲在海中，长老传言秦始皇帝遣方士徐福将童男童女数千人入海，求蓬莱神山及仙药，止此洲不还，世相承有数万家。其上人民，时有至会稽货布，会稽东县人海行，亦有遭风流移至亶洲者。所在绝远，卒不可得至，但得夷洲数千人还。

三年春二月，遣太常潘濬率众五万讨武陵蛮夷。卫温、诸葛直皆以违诏无功，下狱诛。夏，有野蚕成茧，大如卵。由拳野稻自生，改为禾兴县。中郎将孙布诈降以诱魏将王凌，凌以军迎布。冬十月，权以大兵潜伏于阜陵俟之，凌觉而走。会稽南始平言嘉禾生。十二月丁卯，大赦，改明年元也。

嘉禾元年春正月，建昌侯虑卒。三月，遣将军周贺、校尉裴潜乘海之辽东。秋九月，魏将田豫要击，斩贺于成山。冬十月，魏辽东太守公孙渊遣校尉宿舒、阆中令孙综称藩于权，并献貂马。权大悦，加渊爵位。

译文

黄龙二年（230年）正月，魏国建合肥新城。孙权下诏立都讲祭酒，以便教育几个儿子。孙权派遣将军卫温、诸葛直率领穿铠甲的兵士上万人，航海寻求夷洲和亶洲。亶洲在大海之间，长辈人传说秦始皇派遣方士徐福率领童男童女几千人泛行海上，寻找蓬莱仙山和仙药，定居在亶洲就没有回来，世代相传现已有几万户人家。那里的人，时常有人到会稽一带来买卖布匹，会稽东部的人航海，也有遇上大暴风漂流到亶洲去的。亶洲遥远，卫温他们最终还是没能到那里，只带了几千名夷洲的人返回。

黄龙三年（231年）二月，孙权派遣太常潘濬率领五万人马征讨武陵少数民族。卫温、诸葛直都以违背诏令无功而返，而被下狱处死。夏天，有野蚕作茧，大如鸡蛋。由拳县野稻自然生长，故改其县名为禾兴县。吴中郎将孙布假装投降以引诱魏将王凌，王凌率军前来迎孙布。十月，孙权率大队人马潜伏在阜陵等候王凌的到来，王凌发觉后率军退走。会稽郡南始平县传有嘉禾生出。十二月二十九日，大赦，改第二年为嘉禾元年（232年）。

嘉禾元年（232年）正月，吴建昌侯孙虑去世。三月，孙权派遣将军周贺、校尉裴潜航海到辽东。九月，魏国将领田豫半路截击，在成山斩杀周贺。十二月，魏国辽东太守公孙渊派校尉宿舒、阆中令孙综前来向孙权称藩，并进献貂皮、良马。孙权大喜，加封公孙渊爵位。

原文

二年春正月，诏曰："朕以不德，肇受元命，夙夜兢兢[①]，不遑假寝[②]。思平世难，救济黎庶，上答神祇，下慰民望。是以眷眷，勤求俊杰，将与戮力，共定海内，苟在同心，与之偕老。今使持节督幽州领青州牧辽东太守燕王，久胁贼虏，隔在一方，虽乃心于国，其路靡缘。今因天命，远遣二使，款诚显露，章表殷勤，朕之得此，何喜如之！虽汤遇伊尹，周获吕望，世祖未定而得河右，方之今日，岂复是过？普天一统，于是定矣。《书》不云乎，'一人有庆，兆民赖之'。其大赦天下，与之更始，其明下州郡，咸使闻知。特下燕国，奉宣诏恩，令普天率土备闻斯庆。"

三月，遣舒、综还，使太常张弥、执金吾许晏、将军贺达等将兵万人，金宝珍货，九锡备物，乘海授渊。举朝大臣，自丞相雍已下皆谏，以为渊未可信，而宠待太厚，但可遣吏兵数百护送舒、综，权终不听。渊果斩弥等，送其首于魏，没其兵资。权大怒，欲自征渊，尚书仆射薛综等切谏乃止。是岁，权向合肥新城，遣将军全琮征六安，皆不克还。

注释

①兢兢：小心翼翼。②不遑假寝：来不及睡觉休息。

译文

嘉禾二年（233年）正月，孙权下诏说："朕以无德之人，开始承受上天赋予的重大使命，日夜小心翼翼，就连睡觉的时间也不例外。心想平定天下祸乱，救抚百姓，上报神灵，下符民望。故此真心诚意，不断地努力招罗杰出人才，将与他们合力同心，共同平定天下，如能同心共志，我将与其共存共亡。现在使持节督幽州军事兼青州牧辽东太守、燕王公孙渊，长期受到曹魏胁迫，远隔一方，虽然他尽心朝廷，却无缘受恩。现在他顺应天命，从遥远的地方派遣二位使者，前来表显忠心，用奏章抒发深情，朕得到这些，还有什么喜事可以超过它呢？即使商汤得到伊尹，周文王得到吕望，光武皇帝未平天下之先得到河右，与今天我的心情相比，岂能超越？普天一统，由此事业的基础已定。《尚书》不是有言吗，'君主一人有了喜庆，亿万臣民就会因此得到幸福'。我要大赦天下，给犯罪者改过自新的机会，命令下达各州郡，让全国人都知晓。特下诏书给燕国，让他们传扬皇恩，让普天下都闻知这值得大庆的事。"

三月，孙权送宿舒、孙综返归辽东，并派太常张弥、执金吾许晏、将军贺达等领兵万人，带上金银财宝、奇货异物，加上"九锡"之礼的全套用品，经海路送给公孙渊。举朝大臣，自丞相顾雍而下全都规劝孙权，认为公孙渊其人不可信，对他的恩宠礼遇不要太过分，只需派遣官兵数百人护送宿舒、孙琮回去即可，孙权到底还是没有接受规劝。后来公孙渊果然将张弥等杀死，将他们的首级送到魏国，没收了他们的兵马、物品。孙权大怒，企图亲自征讨公孙渊，尚书仆射薛综等极力谏阻，孙权才中止这个计划。当年，孙权举兵进攻合肥新城，派将军全琮征讨六安，都无功撤返。

原文

三年春正月，诏曰："兵久不辍，民困于役，岁或不登。其宽诸逋①，勿复督课②。"夏五月，权遣陆逊、诸葛瑾等屯江夏、沔口；孙韶、张承等向广陵、淮阳；权率大众围合肥新城。是时蜀相诸葛亮出武功，权谓魏明帝不能远出，而帝遣兵助司马宣王拒亮，自率水军东征。未至寿春，权退还，孙韶亦罢。秋八月，以诸葛恪为丹杨太守，讨山越。九月朔，陨霜伤谷。冬十一月，太常潘濬平武陵蛮夷，事毕，还武昌。诏复曲阿为云阳，丹徒为武进。庐陵贼李桓、罗厉等为乱。

四年夏，遣吕岱讨桓等。秋七月，有雹。魏使以马求易珠玑、翡翠、玳瑁，权曰："此皆孤所不用，而可得马，何苦而不听其交易？"

五年春，铸大钱，一当五百。诏使吏民输铜，计铜畀直（值）③；设盗铸之科。二月，武昌言甘露降于礼宾殿。辅吴将军张昭卒。中郎将吾粲获李桓，将军唐咨获罗厉等。自十月不雨，至于夏。冬十月，彗星见于东方。鄱阳贼彭旦等为乱。

注释

①逋（bū）：拖欠的（租税）。②督课：督促征收。③畀（bì）直：按数量支付相应的钱。

译文

　　嘉禾三年（234年）正月，孙权下诏："战争长期不停，百姓苦于徭役，年成有时歉收。要放宽各种拖欠的租税，不要再督促课征。"五月，孙权派遣陆逊、诸葛瑾等驻军江夏、沔口，派孙韶、张承等进军广陵、淮阳，孙权自己亲率大军进围合肥新城。这时，蜀丞相诸葛亮率军出武功，孙权以为魏明帝不可能远征南方，但魏明帝却派兵援助司马懿抵抗诸葛亮的进攻，自己亲率水军东征东吴。魏明帝还未到达寿春，孙权就退兵回返，孙韶也停止进军广陵等地。八月，孙权任命诸葛恪为丹杨太守，讨伐山越部族。九月初一，大霜冻坏稻谷。十一月，太常潘濬平定武陵少数民族，战事结束，还军武昌。孙权下诏恢复曲阿县的旧名云阳县，丹徒的旧名武进县。庐陵贼寇李桓、罗厉等起兵叛乱。

　　嘉禾四年（235年）夏，孙权派吕岱领兵讨伐李桓等。七月，有冰雹。魏国派遣使节请求以马换珠玑、翡翠、玳瑁，孙权说："这些东西都于我无所用，却可用来换马，这种交换何乐而不为呢？"

　　嘉禾五年（236年）春，东吴铸造大钱，一枚当小钱五百。孙权下诏要全国官民交铜，按铜数量付钱；设立禁止私铸铜钱的法律。二月，武昌报告甘露降落在礼宾殿。辅吴将军张昭去世。吴国中郎将吾粲俘获李桓，将军唐咨俘获罗厉等。自去年十月不下雨，一直到今年夏。十月，彗星出现在东方。鄱阳贼寇彭旦等作乱。

原文

　　六年春正月，诏曰："……方事之殷，国家多难，凡在官司，宜各尽节，先公后私，而不恭承，甚非谓也。中外群僚，其更平议，务令得中，详为节度。"顾谭议，以为"奔丧立科，轻则不足以禁孝子之情，重则本非应死之罪，虽严刑益设，违夺必少。若偶有犯者，加其刑则恩所不忍，有减则法废不行。愚以为长吏在远，苟不告语，势不得知。比选代之间，若有传者，必加大辟，则长吏无废职之负，孝子无犯重之刑"。

　　将军胡综议，以为"丧纪之礼，虽有典制，苟无其时，所不得行。方今戎事军国异容，而长吏遭丧，知有科禁，公敢干突，苟念闻忧不奔之耻，不计为臣犯禁之罪，此由科防本轻所致。忠节在国，孝道立家，出身为臣，焉得兼之？故为忠臣不得为孝子。宜定科文，示以大辟，若故违犯，有罪无赦。以杀止杀，行之一人，其后必绝"。

丞相雍奏从大辟。其后吴令孟宗丧母奔赴，已而自拘于武昌以听刑。陆逊陈其素行，因为之请，权乃减宗一等，后不得以为比，因此遂绝。二月，陆逊讨彭旦等，其年，皆破之。冬十月，遣卫将军全琮袭六安，不克。诸葛恪平山越事毕，北屯庐江。

译文

嘉禾六年（237年）正月，下诏说："……现在正值国家多事之秋，凡在职官吏，应当各尽臣节，先公后私，但是实际上很多人却不恭敬照办，很不成道理。朝廷内外的官员们，请重新商议此事，务必使这方面的法令合情合理，详细地制定出适中的条例。"顾谭建议，指出"为奔丧订立法令，轻了则不能禁止孝子奔丧的哀情，重了则本来离职奔丧不为死罪，虽然增设严刑，违背规定夺情者必定会减少。如果偶有违法之人，加重对他的刑罚，则对于私情来说于心不忍，减轻对他的刑罚，则法令弃废不得实行。我认为官员在远地任职，如有丧事而不通知，他一定不会知道，在选派接替他的职任人选期间，如果谁将消息传递他，则要将其处以死罪，这样官吏没有擅离职守的过失，孝子也不会犯死罪受刑"。

将军胡综建议，指出"丧事之礼，虽有典章法度，如不顺从时宜，必然难以实行。现在正值战争年代，故与平常应有所区别，如官员遇到丧事，明知有科条禁例，却公然触犯，如果只考虑到孝子不去奔丧的羞耻，而不考虑到做臣子触犯禁律之罪，这就是由于条例禁令太轻所造成。为臣之人，以忠义为国，以孝道立家，献身为臣，忠孝岂可两全？故此是忠臣难为孝子。应当制定出法令条例，用死刑来警戒，如果依旧触犯者，有罪绝不赦免。以死刑来阻止人们犯死罪，只要在一个人的身上先实行，必然使这种行为绝迹"。

丞相顾雍奏请违法奔丧应处以死罪。此后吴县县令孟宗违法奔母丧归家，事后在武昌自己将自己拘禁起来听候处罚。陆逊向孙权说明孟宗的平时作为，并借机为孟宗求情，孙权于是给孟宗减刑一等，并申明下不为例，于是违法奔丧的事绝迹。二月，陆逊讨伐彭旦等，当年，将他们全都击败。十月，遣卫将军全琮袭击六安，没有攻克。诸葛恪平定山越叛乱后，率军北往驻扎庐江。

原文

赤乌元年春，铸当千大钱。夏，吕岱讨庐陵贼，毕，还陆口。秋八月，武昌言麒麟见。有司奏言麒麟者太平之应，宜改年号。诏曰："间者赤乌集于殿前，朕所亲见，若神灵以为嘉祥者，改年宜以赤乌为元。"群臣奏曰：

"昔武王伐纣，有赤乌之祥，君臣观之，遂有天下，圣人书策载述最详者，以为近事既嘉，亲见又明也。"于是改年。步夫人卒，追赠皇后。

初，权信任校事吕壹，壹性苛惨，用法深刻。太子登数谏，权不纳，大臣由是莫敢言。后壹奸罪发露伏诛，权引咎责躬，乃使中书郎袁礼告谢诸大将，因问时事所当损益。礼还，复有诏责数诸葛瑾、步骘、朱然、吕岱等曰……

二年春三月，遣使者羊衜、郑胄、将军孙怡之辽东，击魏守将张持、高虑等，虏得男女。零陵言甘露降。夏五月，城沙羡。冬十月，将军蒋秘南讨夷贼。秘所领都督廖式杀临贺太守严纲等，自称平南将军，与弟潜共攻零陵、桂阳，及摇动交州、苍梧、郁林诸郡，众数万人。遣将军吕岱、唐咨讨之，岁余皆破。

译文

赤乌元年（238年）春，东吴铸造一枚可当小钱一千的大钱。夏，吕岱征讨庐陵贼寇，完事后，返还陆口。八月，武昌报告说有麒麟出现。有关官吏上奏说麒麟是天下太平的征兆，应当改年号。孙权下诏说："近来红色乌鸦飞集在宫殿前，朕亲眼所见，如果神灵真的降下吉祥，则年号应改为赤乌。"群臣奏请说："古代周武王伐纣，有红色乌鸦征兆吉祥，君臣们看到了它，于是取得天下，圣人在书策上作了最为详尽的记载，臣等认为近来的事已很吉祥，陛下亲眼所见更证明是祥瑞。"于是更改年号。步夫人去世，追赠为皇后。

当初，孙权信任校事吕壹，吕壹本性苛刻残忍，执法严酷。太子孙登屡次进谏，孙权都不采纳，大臣们于是都不敢进言。后来吕壹奸邪的罪行败露被处死，孙权自我批评承认错误，于是派中书郎袁礼代自己向各位大将致歉，借机向大家询问政事应该作些什么样的变革。袁礼回来后，孙权又下诏书责备诸葛瑾、步骘、朱然、吕岱等说……

赤乌二年（239年）三月，孙权派遣使者羊衜、郑胄、将军孙怡前往辽东，袭击魏国守将张持、高虑等，俘获不少男女人口。零陵报告天降甘露。五月，东吴修筑沙羡城。十月，将军蒋秘南往征讨少数民族叛乱者。蒋秘所部都督廖式杀临贺太守严纲等，自称平南将军，与他的弟弟廖潜共同进攻零陵、桂阳，并骚扰惊动交州、苍梧、郁林各郡，兵众达数万人。孙权派遣将军吕岱、唐咨前往讨伐，一年多时间将他们全部击败。

原文

三年春正月，诏曰："盖君非民不立，民非谷不生。顷者以来，民多征役，岁又水旱，年谷有损，而吏或不良，侵夺民时，以致饥困。自今以来，督军郡守，其谨察非法，当农桑时，以役事扰民者，举正以闻。"夏四月，

大赦，诏诸郡县治城郭，起谯楼，穿堑发渠，以备盗贼。冬十一月，民饥，诏开仓廪以赈贫穷。

四年春正月，大雪，平地深三尺，鸟兽死者大半。夏四月，遣卫将军全琮略淮南，决芍陂，烧安城邸阁，收其人民。威北将军诸葛恪攻六安。琮与魏将王凌战于芍陂，中郎将秦晃等十余人战死。车骑将军朱然围樊，大将军诸葛瑾取柤中。五月，太子登卒。是月，魏太傅司马宣王救樊。六月，军还。闰月，大将军瑾卒。秋八月，陆逊城邾。

五年春正月，立子和为太子，大赦，改禾兴为嘉兴。百官奏立皇后及四王，诏曰："今天下未定，民物劳瘁，且有功者或未录，饥寒者尚未恤，猥割土壤以丰子弟，崇爵位以宠妃妾，孤甚不取。其释此议。"三月，海盐县言黄龙见。夏四月，禁进献御，减太官膳。秋七月，遣将军聂友、校尉陆凯以兵三万讨珠崖、儋耳。是岁大疫，有司又奏立后及诸王。八月，立子霸为鲁王。

译文

赤乌三年（240年）正月，孙权下诏："君主没有百姓不能立，百姓没有五谷无以生。近期以来，百姓所负赋税徭役甚重，又碰上水旱灾害的年岁，粮食歉收，而官吏或有不良者，侵占百姓务农时间，以致造成人民饥饿困苦。自今以后，督军郡守，要严谨地督察非法行为，在农桑时节，以服役事侵扰百姓者，就向上举报于我。"四月，大赦，下诏命令各郡县修整城郭，添建谯楼，挖堑壕沟渠，以防盗贼。十一月，百姓饥荒，孙权下诏各地打开粮仓，赈救穷苦百姓。

赤乌四年（241年）正月，天降大雪，平地雪深三尺，鸟兽冻饿死亡大半。四月，孙权派遣卫将军全琮攻略淮南，决开芍陂，焚烧安城的仓库，俘虏那里的百姓。威北将军诸葛恪进攻六安。全琮与魏国将军王凌在芍陂交战，东吴中郎将秦晃等十余人战死。车骑将军朱然围攻樊城，大将军诸葛瑾攻取柤中城。五月，吴太子孙登去世。当月，魏国太傅司马懿解救樊城。六月，吴军撤回。六月，大将军诸葛瑾去世。八月，陆逊筑邾城。

赤乌五年（242年）正月，孙权立儿子孙和为太子，大赦，改禾兴县为嘉兴县。百官上奏请册立皇后及四王，孙权下诏说："现在天下尚未平定，百姓劳苦，物资贫乏，况且有功之人有的尚未论功行赏，饥寒之人还没有受到抚恤，滥割土地使子弟富裕，提高爵位来宠幸妃妾，寡人极不赞同。还是放弃这种议论吧。"三月，海盐县报告黄龙出现。四月，禁止进献御用物品，减少皇室膳食的供应。七月，孙权派遣将军聂友、校尉陆凯率兵三万攻讨珠崖、儋耳。这年瘟疫大流行，有关官员又上奏请册立皇后及诸王。八月，孙权立儿子孙霸为鲁王。

原文

六年春正月，新都言白虎见。诸葛恪征六安，破魏将谢顺营，收其民人。冬十一月，丞相顾雍卒。十二月，扶南王范旃遣使献乐人及方物。是岁，司马宣王率军入舒，诸葛恪自皖迁于柴桑。

七年春正月，以上大将军陆逊为丞相。秋，宛陵言嘉禾生。是岁，步骘、朱然等各上疏云："自蜀还者，咸言欲背盟与魏交通，多作舟船，缮治城郭。又蒋琬守汉中，闻司马懿南向，不出兵乘虚以掎角之，反委汉中，还近成都。事已彰灼，无所复疑，宜为之备。"权揆其不然，曰："吾待蜀不薄，聘享盟誓，无所负之，何以致此？又司马懿前来入舒，旬日便退，蜀在万里，何知缓急而便出兵乎？昔魏欲入汉川，此间始严，亦未举动，会闻魏还而止，蜀宁可复以此有疑邪？又人家治国，舟船城郭，何得不护？今此间治军，宁复欲以御蜀邪？人言苦不可信，朕为诸君破家保之。"蜀竟自无谋，如权所筹。

八年春二月，丞相陆逊卒。夏，雷霆犯宫门柱，又击南津大桥楹。茶陵县鸿水溢出，流漂居民二百余家。秋七月，将军马茂等图逆，夷三族。八月，大赦。遣校尉陈勋将屯田及作士三万人凿句容中道，自小其至云阳西城，通会市，作邸阁。

译文

赤乌六年（243年）正月，新都报告有白虎出现。诸葛恪征伐六安，攻破魏国将领谢顺的军营，俘虏那里的百姓。冬十一月，丞相顾雍逝世。十二月，扶南国王范旃派遣使者进献歌舞艺伎和本国土产。当年，司马懿率军进入舒县，诸葛恪率军从皖城迁屯柴桑。

赤乌七年（244年）正月，孙权任命大将军陆逊为丞相。秋，宛陵报告有嘉禾生长。当年，步骘、朱然等各上疏说："从蜀国回来的人都说蜀国要背叛盟约而与魏国交往，制造了很多战船，修治城郭。而且蒋琬驻守汉中，打听到司马懿率兵南下，而不出兵乘虚夹击敌人，反而弃离汉中，撤兵靠近成都。事情已十分明白，没有什么可怀疑的了，应当为此及早做好准备。"孙权推测蜀国不会这么做，说："我们对待蜀国不薄，派人访问，结盟立誓，没有对不起他们的地方，怎么会弄到如此地步呢？再说司马懿率兵南进舒城，十来天就撤兵退去，蜀国远隔万里之遥，怎会知道事情的缓急而立即出兵呢？从前魏国打算进兵汉川，我们这边刚开始戒备，也没有派兵出击的行动，难道蜀国也可以因此而怀疑我们吗？况且人家治国，舟船城郭，怎么可以不加以修缮保护呢？现在我们这里也在训练军队，难道也可被人怀疑为是用来抵御蜀国吗？人家传言切不可信，朕可以为大家破家来担保这种事。"蜀国终究没有做出那种谋划，正如孙权所剖析。

赤乌八年（245年）二月，丞相陆逊去世。夏，雷电击中皇宫的门柱，又击中南津大

桥的桥栏。茶陵县洪水漫溢，冲毁居民二百多户。七月，将军马茂等人图谋反叛，被诛灭三族。八月，大赦天下。孙权派遣校尉陈勋率领屯田的士兵和工匠三万人，开凿句容城中路运河，自小其到云阳西城，通商市，建仓库。

原文

九年春二月，车骑将军朱然征魏柤中，斩获千余。夏四月，武昌言甘露降。秋九月，以骠骑将军步骘为丞相，车骑将军朱然为左大司马，卫将军全琮为右大司马，镇南将军吕岱为上大将军，威北将军诸葛恪为大将军。

十年春正月，右大司马全琮卒。二月，权适南宫。三月，改作太初宫，诸将及州郡皆义作。夏五月，丞相步骘卒。冬十月，赦死罪。

十一年春正月，朱然城江陵。二月，地仍震。三月，宫成。夏四月，雨雹，云阳言黄龙见。五月，鄱阳言白虎仁。诏曰："古者圣王积行累善，脩身行道，以有天下，故符瑞应之，所以表德也。朕以不明，何以臻兹？书云'虽休勿休'，公卿百司，其勉脩所职，以匡不逮。"

十二年春三月，左大司马朱然卒。四月，有两乌衔鹊堕东馆。丙寅，骠骑将军朱据领丞相，燎鹊以祭。

十三年夏五月，日至，荧惑入南斗。秋七月，犯魁第二星而东。八月，丹杨、句容及故鄣、宁国诸山崩，鸿水溢。诏原逋责，给贷种食。废太子和，处故鄣。鲁王霸赐死。冬十月，魏将文钦伪叛以诱朱异，权遣吕据就异以迎钦。异等持重，钦不敢进。十一月，立子亮为太子。遣军十万，作堂邑涂塘以淹北道。十二月，魏大将军王昶围南郡，荆州刺史王基攻西陵，遣将军戴烈、陆凯往拒之，皆引还。是岁，神人授书，告以改年、立后。

译文

赤乌九年（246年）二月，车骑将军朱然出征魏国的柤中城，斩杀俘获一千余人。四月，武昌报告天降甘露。九月，孙权用骠骑将军步骘为丞相，车骑将军朱然为左大司马，卫将军全琮为右大司马，镇南将军吕岱为上大将军，威北将军诸葛恪为大将军。

赤乌十年（247年）正月，右大司马全琮去世。二月，孙权到南宫。三月，改建太初宫，诸将及州郡官员都参加义务劳动。五月，丞相步骘去世。十月，赦免死囚。

赤乌十一年（248年）正月，朱然修建江陵城。二月，连续地震。三月，太初宫建成。四月，下冰雹，云阳报告有黄龙出现。五月，鄱阳报告有白虎不伤人。孙权下诏说："古代圣明帝王积德行善，修身行仁，因而占有天下，故此吉祥的征兆出来应验，用来表彰他的高尚德行。朕并不英明，怎能达到这种境地？《尚书》有言：'虽然取得好成绩，但不可自我满足'，公卿百官们，你们还要努力尽好自己的职责，以补正朕考虑不足之处。"

赤乌十二年（249年）三月，左大司马朱然去世。四月，有两只乌鸦叼衔着喜鹊丢落在东宫。九日，骠骑将军朱据兼任丞相，烧喜鹊祭神。

赤乌十三年（250年）五月，夏至日，火星入南斗域内。七月，火星又经过北斗第二星向东运行。八月，丹杨、句容及故鄣、宁国的许多山崩塌，洪水泛滥。孙权下诏免去拖欠的赋税，借贷给百姓种子和粮食。孙权废太子孙和，将他流放到故鄣。鲁王孙霸被赐死。十月，魏国将领文钦假意叛魏引诱朱异，孙权派遣吕据往朱异那儿去迎接文钦。朱异等都很稳重谨慎，文钦不敢进兵。十一月，孙权册立儿子孙亮为太子。孙权调遣军队十万，修筑堂邑的涂塘坝来淹没往北的道路。十二月，魏国大将军王昶围攻南郡，荆州刺史王基进攻西陵，孙权派遣将军戴烈、陆凯率军前往抵抗，王昶、王基都领兵返回。当年，神人授予天书，告知应改年号、立皇后。

原文

太元元年夏五月，立皇后潘氏，大赦，改年。初临海罗阳县有神，自称王表。周旋民间，语言饮食，与人无异，然不见其形。又有一婢，名纺绩。是月，遣中书郎李崇赍辅国将军罗阳王印绶迎表。表随崇俱出，与崇及所在郡守令长谈论，崇等无以易。所历山川，辄遣婢与其神相闻。

秋七月，崇与表至，权于苍龙门外为立第舍，数使近臣赍酒食往。表说水旱小事，往往有验。秋八月朔，大风，江海涌溢，平地深八尺，吴高陵松柏斯拔，郡城南门飞落。冬十一月，大赦。权祭南郊还，寝疾。十二月，

驿征大将军恪，拜为太子太傅。诏省徭役，减征赋，除民所患苦。

二年春正月，立故太子和为南阳王，居长沙。子奋为齐王，居武昌。子休为琅邪（琊）王，居虎林。二月，大赦，改元为神凤。皇后潘氏薨。诸将吏数诣王表请福，表亡去。夏四月，权薨，时年七十一，谥曰大皇帝。秋七月，葬蒋陵。

评曰：孙权屈身忍辱，任才尚计，有句践之奇，英人之杰矣。故能自擅江表，成鼎峙之业。然性多嫌忌，果于杀戮，暨臻末年，弥以滋甚。至于谗说殄行，胤嗣废毙，岂所谓"贻厥孙谋，以燕翼子"者哉？其后叶陵迟，遂致覆国，未必不由此也。

译文

太元元年（251年）五月，册立潘氏为皇后，大赦天下，改年号。当初，临海郡罗阳县有所谓神人，自称王表。他周游民间，语言饮食，跟常人没有什么区别，但却看不到他的形体。他有一婢女，名叫纺绩。这个月，孙权派遣中郎将李崇带着辅国将军罗阳王的印绶去迎请王表。王表随同李崇一起出门，与李崇及所经过地方的郡守县令谈论，李崇等不能驳倒他。所经过的山川，王表总要派婢女向所在神灵报告。

七月，李崇与王表到达，孙权专门给他在苍龙门外修建了宅第，多次派身边的侍臣给他送去酒食。王表预言一些水旱小事，往往都得到应验。八月初一，天刮大风，江海浪翻涛涌，平地水深八尺，吴郡高陵的松柏被连根拔起，郡城南门被大风吹上天又掉下来。十一月，大赦天下。孙权祭祀南郊回来后，即生病卧床。十二月，遣驿使传书召大将军诸葛恪回来，拜封为太子太傅。孙权下诏省徭役、减征赋，解除百姓因赋税徭役带来的苦累。

太元二年（252年）正月，孙权立原太子孙和为南阳王，居长沙。儿子孙奋为齐王，居武昌。儿子孙休为琅琊王，居虎林。二月，大赦天下，改年号为神凤。皇后潘氏去世。各位将军、官吏多次到王表那里请求赐福，王表逃走。四月，孙权病逝，时年七十一岁，谥号为大皇帝。七月，安葬于蒋陵。

史官评论说：孙权识大体，可以忍辱负重，能任用人才为自己计谋，像越王勾践那样奇特，是英雄中的佼佼者了。所以他能独霸江东，能成就与其他势力鼎足的基业。但孙权性格多猜忌，轻率地做出杀人的决定，这个缺点到了暨臻（孙权称帝后的一个年号）末年特别严重。以至于谗言四起，污蔑横行，连太子都被废除后杀害，这难道就是孙权"为子孙谋福利，以保佑子孙的帝祚"的谋划吗？他的后代孙皓昏庸暴虐，以致吴国灭亡，我看还是由这些事造成的。

吴书

周瑜传

三
国
志
精
粹

题解

周瑜（175年—210年），字公瑾，东吴四英将第一位，庐江舒城（今安徽庐江）人。幼年与孙策相识，结为生死之交。孙策脱离袁术自立后，周瑜主动投奔，在孙策平定江东的战争中起到了谋士和武将的双重作用，用计谋收服了太史慈。208年，曹操南下，目标直指江东，孙权战和未定。周瑜及时从鄱阳湖赶回，正确分析了曹操远来的种种弊端，使孙权决定与曹操一战。周瑜身为水军大都督，用火攻之计大破曹操，这就是有名的赤壁之战。其后，周瑜攻打南郡，中毒箭。210年，周瑜领兵攻打西川，行至巴丘时箭伤发作，英年早逝，年仅三十六岁。

原文

周瑜，字公瑾，庐江舒人也。从祖父景，景子忠，皆为汉太尉。父异，洛阳令。瑜长壮①有姿貌。初，孙坚兴义兵讨董卓，徙家于舒。坚子策与瑜同年，独相友善，瑜推道南大宅以舍策，升堂拜母，有无通共。瑜从父尚为丹杨太守，瑜往省之。会策将东渡，到历阳，驰书报瑜，瑜将兵迎策。策大喜曰："吾得卿，谐也。"遂从攻横江、当利，皆拔之。乃渡江击秣陵，破笮融、薛礼，转下湖孰、江乘，进入曲阿，刘繇奔走，而策之众已数万矣。因谓瑜曰："吾以此众取吴会平山越已足，卿还镇丹杨。"瑜还。

顷之，袁术遣从弟胤代尚为太守，而瑜与尚俱还寿春。术欲以瑜为将，瑜观术终无所成，故求为居巢长，欲假涂（途）东归，术听之。遂自居巢还吴。

是岁，建安三年也。策亲自迎瑜，授建威中郎将，即与兵二千人，骑五十匹。瑜时年二十四，吴中皆呼为周郎。以瑜恩信著于庐江，出备牛渚，后领春谷长。顷之，策欲取荆州，以瑜为中护军，领江夏太守，从攻皖，拔之。时得桥公②两女，皆国色也。策自纳大桥，瑜纳小桥。复进寻阳，破刘勋，讨江夏，还定豫章、庐陵，留镇巴丘。

注释

①长壮：身材魁伟。②桥公：即乔公。乔，古作"桥"。

译文

　　周瑜，字公瑾，庐江郡舒县人。他的堂祖父周景、周景的儿子周忠，都在汉朝当过太尉。周瑜的父亲周异，做过洛阳县令。周瑜身体修长健壮、相貌俊美。当初，孙坚举义兵讨伐董卓，将家眷迁置舒县。孙坚的儿子孙策和周瑜同年，周瑜与孙策交谊深厚，周瑜将大路南面一所大宅院让与孙策居住，还经常去后堂拜见孙策的母亲，各种生活所需两家共通有无。周瑜的叔父周尚为丹杨太守，周瑜前往看望。正好赶上孙策预备东渡长江，到了历阳，孙策派人送信告知周瑜，周瑜领兵前来迎接孙策。孙策十分高兴地说："我有您的帮助，一切都会成功的。"于是周瑜跟随孙策前往攻打横江、当利，全都攻克了。随即又渡江进击秣陵，打败笮融、薛礼，转而攻下湖孰、江乘，进军曲阿，刘繇逃走，这个时候孙策的军队已扩展到几万人。于是他对周瑜说："我用这支队伍攻取吴、会两郡，平定山越，已经足够了。你还是回军镇守丹杨。"周瑜便回到丹杨。不久，袁术派自己的

堂弟袁胤替代周尚为丹杨太守，于是周瑜和周尚都回到寿春。袁术打算任命周瑜为将领，周瑜分析袁术最终不会有什么大的作为，因此只请求袁术让他担任居巢县县长，目的是打算借道回到江东，袁术同意他的要求。周瑜于是经居巢回到吴郡。这年为建安三年（198年）。孙策亲自前来迎接周瑜，授任他建威中郎将，当下便调拨给他二千兵卒及五十坐骑。周瑜当时二十四岁，吴郡的人都称呼他为"周郎"。孙策因周瑜恩信声震庐江，便派他外出守备牛渚，后又兼职春谷县县长。不久，孙策打算攻取荆州，任命周瑜为中护军，兼任江夏太守，周瑜跟随孙策进军皖城，并将其攻克。当时得到乔公两个女儿，都有倾国之色。孙策自己娶了大乔，周瑜就娶了小乔。接着进军寻阳，打败刘勋，征讨江夏，还军平定豫章、庐陵，周瑜留守巴丘。

原文

　　五年，策薨，权统事。瑜将兵赴丧，遂留吴，以中护军与长史张昭共掌众事。十一年，督孙瑜等讨麻、保二屯，枭其渠帅^①，囚俘万余口，还备宫亭。江夏太守黄祖遣将邓龙将兵数千人入柴桑，瑜追讨击，生虏龙送吴。十三年春，权讨江夏，瑜为前部大督。其年九月，曹公入荆州，刘琮举众降，曹公得其水军，船步兵数十万，将士闻之皆恐。权延见群下，问以计策。议者咸曰："曹公豺虎也，然讬（托）名汉相，挟天子以征四方，动以朝廷为辞，今日拒之，事更不顺。且将军大势，可以拒操者，长江也。今操得荆州，奄有其地，刘表治水军，蒙冲^②斗舰，乃以千数，操悉浮以沿江，兼有步兵，水陆俱下，此为长江之险，已与我共之矣。而势力众寡，又不可论。愚谓大计不如迎之。"

　　瑜曰："不然。操虽讬（托）名汉相，其实汉贼也。将军以神武雄才，兼仗父兄之烈，割据江东，地方数千里，兵精足用，英雄乐业，尚当横行天下，为汉家除残去秽。况操自送死，而可迎之邪？请为将军筹之。今使北土已安，操无内忧，能旷日持久，来争疆场，又能与我校胜负于船楫间乎？今北土既未平安，加马超、韩遂尚在关西，为操后患。且舍鞍马，仗舟楫，与吴越争衡，本非中国所长。又今盛寒，马无稿草^③，驱中国士众远涉江湖之间，不习水土，必生疾病。此数四者，用兵之患也，而操皆冒行之。将军禽（擒）操，宜在今日。瑜请得精兵三万人，进住夏口，保为将军破之。"权曰："老贼欲废汉自立久矣，徒忌二袁、吕布、刘表与孤耳。今数雄已灭，惟孤尚存，孤与老贼，势不两立。君言当击，甚与孤合，此天以君授孤也。"

注释

译文

建安五年（200年），孙策去世，由孙权统领军国事务。周瑜领兵前来吊丧，于是留在吴郡，以中护军身份与长史张昭一同掌管军政大事。建安十一年，周瑜督率孙瑜等讨伐麻、保二屯，将它们的首领斩首，俘虏余众一万多人，回兵驻守宫亭。江夏太守黄祖派遣部将邓龙带领数千人马进入柴桑，周瑜追击征伐，将邓龙活捉后送往吴郡。建安十三年（208年）春，孙权征讨江夏，周瑜被任为前部大督。当年九月，曹操攻入荆州，刘琮率众投降，曹操得到刘琮的水军，水、步两军发展到几十万人，东吴的将士听到这一消息都非常惊恐。孙权召集部下，征询对策。大家都议论说："曹操乃豺虎之人，然而他借着汉丞相的名义，挟天子以征服天下，动辄就说是朝廷旨意，如今要抗拒他，事情更不顺利。况且将军您所处的形势，能够抵御曹操的，就是长江天险。现在曹操占有荆州全部，加上刘表原先训练好的水军，大船战舰，乃至千数，曹操将它们全部摆开沿江直下，并兼有步兵，水陆两路一齐进发，所谓长江天险，已成为曹操与我方共有的了。而在实力上敌众我寡极为悬殊，不能相提并论。因此最好的方法是向他投降。"

周瑜说："不对。曹操虽说名为汉相，其实是汉贼。将军您以神明威武的雄才，兼有父兄的伟烈功业，割据江东，占地几千里，兵精粮足，英雄乐业，正当横行天下，为汉家铲除奸邪祸患的时候。何况现在是曹操自己前来送死，怎么能反而向他投降呢？请让我为您分析算计一下：如果现在北方局势完全稳定，曹操没有了后顾之忧，当然可以与我们旷日持久地争夺疆土。但能够与我方在水战中争个胜负吗？现在北方的局势既没有得到稳定，加之马超、韩遂在函谷关之西，成为曹操后方之患。况且舍弃骑兵优势，依仗所缴获的战船，来与我吴越之地的军队在水战中争雄，本就不是他们中原人的长处。如今又值严寒季节，军马缺乏草料，驱使中原的士兵远道来到南方江湖之上，水土不服，必然生发疾病。上面所说的四点，都是用兵之中的大忌，而曹操全然不顾，逆向而行。将军要擒获曹操，现在正是最好时机。我请求率领精兵三万，进驻夏口，保证替您打败曹操。"孙权说："曹操老贼企图废除汉室自立为帝，蓄谋已久，只是顾忌袁术、袁绍、吕布、刘表与我而已。如今他们几位都被歼灭，只有我一人独存，我与老贼，势不两立。你所说应当对他进行抗击，与我的想法完全一致，这是老天爷将你送来协助我的呀。"

原文

时刘备为曹公所破，欲引南渡江，与鲁肃遇于当阳，遂共图计，因进住夏口①，遣诸葛亮诣权，权遂遣瑜及程普等与备并力逆曹公，遇于赤壁。时曹公军众已有疾病，初一交战，公军败退，引次江北。瑜等在南岸。瑜部将黄盖曰："今寇众我寡，难与持久。然观操军船舰首尾相接，可烧而走也。"

乃取蒙冲斗舰数十艘，实以薪草，膏油灌其中，裹以帷幕，上建牙旗，先书报曹公，欺以欲降。又豫备走舸，各系大船后，因引次俱前。曹公军吏士皆延颈观望，指言盖降。盖放诸船，同时发火。时风盛猛，悉延烧岸上营落。顷之，烟炎张天，人马烧溺死者甚众，军遂败退，还保南郡。备与瑜等复共追。曹公留曹仁等守江陵城，径自北归。

瑜与程普又进南郡，与仁相对，各隔大江。兵未交锋，瑜即遣甘宁前据夷陵。仁分兵骑别攻围宁。宁告急于瑜。瑜用吕蒙计，留凌统以守其后，身与蒙上救宁。宁围既解，乃渡屯北岸，克期大战。瑜亲跨马擽②陈（阵），会流矢中右肋，疮甚，便还。后仁闻瑜卧未起，勒兵就陈（阵）。瑜乃自兴，案行军营，激扬吏士，仁由是遂退。

注释

①夏口：今湖北武昌。②擽（lì）：攻击。

译文

当时，刘备被曹操打败，企图南撤渡过长江，与鲁肃在当阳相遇，于是两人共同商议抗曹大计，由是刘备也进驻夏口，委派诸葛亮前往拜谒孙权，孙权于是派遣周瑜与程普等与刘备合力迎击曹操，两军相遇于赤壁。此时曹操军队的士兵中有不少人染有疾病，刚一交战，曹军即败，退兵驻扎长江北岸。周瑜等驻军长江南岸。周瑜的部将黄盖说："如今敌众我寡，难以与之进行持久战。然而观察曹军战船全都首尾相接，可以用火攻将其打败。"

于是周瑜调拨几十艘大船战舰，船内装满柴草，在柴草上浇满油膏，外面罩上帷幕，上面插上牙旗，先让黄盖写信给曹操，欺骗他说要前来投降。又预备一些轻便快捷的小船，分别系在大船的后面，于是船队依次向前驶去。曹操军中官兵都伸长脖子在观望，指点船队说黄盖来投降了。黄盖命解开各小船，将大船同时点火。当时风势威猛，大火蔓延江北烧到岸上的曹军营寨。片刻之间，烟火冲天，曹军人马被烧死淹死者不计其数，于是全军败退，返还拒守南郡。刘备与周瑜等又合力追击。曹操留下曹仁等驻守江陵城，自己径直退还北方。

周瑜与程普又领军挺进南郡，隔着大江与曹仁对垒。兵未交锋，周瑜即派甘宁前去占据夷陵。曹仁分派出一支部队前去围攻甘宁。甘宁向周瑜告急。周瑜采用吕蒙的计策，留下凌统镇守后方，自己与吕蒙往上游解救甘宁。甘宁之围被解后，周瑜军队便渡江驻扎在北岸，约定日期与曹仁军队大战。周瑜亲自跨马掠阵，被乱箭射中右胸，伤势严重，只好退起。后来曹仁听说周瑜卧床未起，便率兵出战。周瑜于是强行起床，带伤巡察军营，激励将士勇气，曹仁于是撤军。

原文

　　权拜瑜偏将军，领南郡太守。以下隽、汉昌、刘阳、州陵为奉邑，屯据江陵。刘备以左将军领荆州牧，治公安。备诣京见权，瑜上疏曰："刘备以枭雄之姿，而有关羽、张飞熊虎之将，必非久屈为人用者。愚谓大计，宜徙备置吴，盛为筑宫室，多其美女玩好，以娱其耳目，分此二人，各置一方，使如瑜者得挟与攻战，大事可定也。今猥①割土地以资业之，聚此三人，俱在疆场，恐蛟龙得云雨，终非池中物也。"权以曹公在北方，当广揽英雄，又恐备难卒（猝）制，故不纳。

　　是时刘璋为益州牧，外有张鲁寇侵，瑜乃诣京见权曰："今曹操新折衄②，方忧在腹心，未能与将军连兵相事也。乞与奋威俱进取蜀，得蜀而并张鲁，因留奋威固守其地，好与马超结援。瑜还与将军据襄阳以蹙③操，北方可图也。"权许之。瑜还江陵，为行装，而道于巴丘④病卒，时年三十六。权素服举哀，感动左右。丧当还吴，又迎之芜湖，众事费度，一为供给。后著令曰："故将军周瑜、程普，其有人客，皆不得问。"

　　初瑜见友于策，太妃又使权以兄奉之。是时权位为将军，诸将宾客为礼尚简，而瑜独先尽敬，便执臣节。性度恢廓，大率为得人，惟与程普不睦。瑜少精意于音乐，虽三爵之后⑤，其有阙误⑥，瑜必知之，知之必顾，故时人谣曰："曲有误，周郎顾。"

①猥：迁就，勉强。②折衄：受挫。③蹙：逼迫。④巴丘：在今湖南岳阳。⑤三爵之后：谓略有醉意。⑥阙误：错误。

译文

孙权任命周瑜为偏将军，兼任南郡太守。以下隽、汉昌、刘阳、州陵作为他的奉邑，屯据江陵。刘备以左将军身份兼任荆州牧，治所设在公安。刘备前往京口拜谒孙权，周瑜上奏说："刘备是枭雄，且有关羽、张飞熊虎般的猛将，他一定不会长久屈身为他人所用。依我的愚见，现在最好的方法便是将刘备迁置吴郡，为他修建最豪华的宫室，多给他一些美女及他喜爱的东西，以此满足他的享受，再把关羽、张飞二人分开，各安置在不同的地方，派遣像我这样的人挟制他们，让他们与我们一道作战，大事即可成功。如今迁就他割让土地来资助，让这三个人聚在一起，又都安放在边界疆场，恐怕是蛟龙获得云雨，终非池中所容纳得了的。"孙权考虑到曹操在北方，应当广招天下英雄为是，又担心刘备并非一时制服得了的，因此没有采纳周瑜的建议。

其时刘璋正任益州牧，北面有张鲁为寇相侵，周瑜于是到京口拜见孙权说："现在曹操刚受挫折，正担心自己内部发生变乱，不能同您对阵作战。请允许我和奋威将军孙瑜一起进军攻取蜀地，得到蜀地之后再吞并张鲁，然后留奋威将军在那里固守，以便与马超结援呼应。我再回来与您一起占据襄阳进击曹操，这样攻取北方就有希望了。"孙权同意此番言论。周瑜回到江陵，准备行装，然而路过巴丘的时候即发病去世了，年仅三十六岁。孙权身穿素服哀悼，感动所有部下。当周瑜灵柩运还吴郡时，孙权又往芜湖迎接，举办丧事的所有费用，全部供用不缺。后来又颁布谕令："已故将军周瑜、程普，他们家的仆役、佃客，都不能要他们纳税服役。"

当初周瑜被孙策作为好友相待，孙策的母亲又让孙权以尊奉兄长的礼仪对待周瑜。那时孙权的职位还是个将军，各位将军及宾客对他只行一般的礼节，唯有周瑜最先对他表示尊敬，对孙权执臣子礼节。周瑜性情开朗，宽宏大量，很得人心，只与程普不相和睦。周瑜年少的时候曾精心钻研音乐，即使在饮酒三爵之后，弹奏者有什么差错，他也一定能够听得出来，听出来就会回头望一望，所以当时有人编出歌谣："曲有误，周郎顾。"

鲁肃传

吴书

题解

　　鲁肃（172年—217年），字子敬，临淮东城（今安徽定远）人，少时与周瑜结为好友，后一起投奔孙策。孙权主事后，曾为孙权提出鼎足江东的战略规划，因此得到孙权的赏识。周瑜死后，代替周瑜领兵守陆口。此后鲁肃为索取荆州而邀荆州守将关羽相见，然而却无功而返。建安二十二年（217年）去世，年仅四十六岁，孙权亲自为鲁肃发丧，诸葛亮亦渡江吊唁。

原文

　　鲁肃，字子敬，临淮东城人也。生而失父，与祖母居。家富于财，性好施与。尔时天下已乱，肃不治家事，大散财货，摽卖田地，以赈穷弊结士为务，甚得乡邑欢心。周瑜为居巢长，将数百人故过候肃，并求资粮。肃家有两囷①米，各三千斛②，肃乃指一囷与周瑜，瑜益知其奇也，遂相亲结，定侨、札之分。袁术闻其名，就署东城长。肃见术无纲纪，不足与立事，乃携老弱将轻侠少年百余人，南到居巢就瑜。瑜之东渡，因与同行，留家曲阿。

　　会祖母亡，还葬东城。刘子扬与肃友善，遗肃书曰："方今天下豪杰并起，吾子姿才，尤宜今日。急还迎老母，无事滞于东城。近郑宝者，今在巢湖，拥众万余，处地肥饶，庐江间人多依就之，况吾徒乎？观其形势，又可博集，时不可失，足下速之。"肃答然其计。葬毕还曲阿，欲北行。会瑜已徙肃母到吴，肃具以状语瑜。

注释

①囷：（qūn）古代一种圆形谷仓。②斛：旧量器名，亦是容量单位，东汉时一斛为十斗，约合今 15 公斤。

译文

鲁肃，字子敬，临淮郡东城人。他出生不久便失去了父亲，和祖母一起生活。他的家庭富有，性格豪爽，颇爱施舍。其时天下已经大乱，鲁肃不治家事，大量散发家中钱财，标价出卖田地，以救济穷人、结交士人为要务，深得当地人们欢心。周瑜任居巢县县长，率领几百人有意去拜访鲁肃，并请求资助粮食。鲁肃家有两仓米，各三千斛，他于是用手指一仓就让周瑜取去，周瑜就更加了解到他的与众不同，于是与他亲近交结，他们之间的情谊有如公孙侨与季札一样。袁术听到鲁肃的名声，就任命他为东城县长。鲁肃见袁术没有制度法纪，不会成就大事，于是携带族中老弱之人和有侠气的青少年一百多人，南往至居巢投奔周瑜。周瑜率兵东渡长江，鲁肃与他同行，将家属留在曲阿。

时逢他的祖母亡故，便将灵柩送归东城安葬。刘子扬与鲁肃关系很好，他写信对鲁肃说："当今天下豪杰蜂起，凭你的资质才干，尤其适宜于当今社会形势。你还是赶快回去接走老母亲，不可滞留东城。现今郑宝这个人，在巢湖拥有一万多兵众，占据富饶的地区，庐江郡许多人都前往依附他，何况我们这些人呢？看他的情形，还会聚集更多的人众，机不可失，你应该速去那儿。"鲁肃听从了他的劝说。安葬完祖母后返还曲阿，鲁肃就打算北往巢湖。正巧周瑜已把鲁肃的母亲接到吴郡，鲁肃便把打算投奔郑宝的事告诉周瑜。

原文

时孙策已薨，权尚住吴，瑜谓肃曰："昔马援答光武云'当今之世，非但君择臣，臣亦择君'。今主人亲贤贵士，纳奇录异，且吾闻先哲秘论，承运代刘氏者，必兴于东南，推步事势，当其历数。终构帝基，以协天符，是烈士攀龙附凤驰骛①之秋。吾方达此，足下不须以子扬之言介意也。"肃从其言。瑜因荐肃才宜佐时，当广求其比，以成功业，不可令去也。权即见肃，与语甚悦之。众宾罢退，肃亦辞出，乃独引肃还，合榻对饮。因密议曰："今汉室倾危，四方云扰，孤承父兄余业，思有桓文之功。君既惠顾，何以佐之？"

肃对曰："昔高帝区区欲尊事义帝而不获者，以项羽为害也。今之曹操，

犹昔项羽，将军何由得为桓、文乎？肃窃料之，汉室不可复兴，曹操不可卒除。为将军计，惟有鼎足江东，以观天下之衅。规模如此，亦自无嫌。何者？北方诚多务也。因其多务，剿除黄祖，进伐刘表，竟长江所极，据而有之，然后建号帝王以图天下，此高帝之业也。"权曰："今尽力一方，冀以辅汉耳，此言非所及也。"张昭非肃谦下不足，颇訾毁②之，云肃年少粗疏，未可用。权不以介意，益贵重之，赐肃母衣服帏帐，居处杂物，富拟其旧。

注释

①驰骛：驰骋奔走。②訾毁：诋毁，轻视。

译文

　　当时孙策已去世，孙权尚在吴郡，周瑜对鲁肃说："过去马援答复光武帝说过，'当今时势，不仅君主可以选臣下，臣下也可以选择君主'。如今吴主亲信贤人智士，接纳奇才异能，况且我听说古代哲人的神秘论证，接承天命替代刘氏者，必定起于东南，推算历数观察形势，最终会造建起帝王基业，与天命相符合，也正在东南。现在正是有识有志之士归附英杰的时代。我正要把你推荐给此地的孙将军，你不必把刘子扬的话放在心上。"鲁肃听从了他的劝说。周瑜因此向孙权推荐鲁肃有辅佐济世之才，认为应当对这种人广为招致，以成就帝王的功业，而不可让他们离去。孙权立即接见了鲁肃，同他谈话后非常欣悦。各位宾客告退后，鲁肃也告辞出来，而孙权却单独把他召回，两人合榻对饮。于是孙权与鲁肃秘密商议："当今汉室如大厦即倾，四方纷乱不已，我继承父兄创立的基业，企望建成齐桓、晋文那样的功业。既然您惠顾于我，请问有何良策助我成功？"

鲁肃回答说："过去汉高祖耿耿忠心想尊崇义帝而最后无成，这是因为项羽阻挠破坏。如今曹操，犹如过去项羽，将军您怎么可能成为齐桓公、晋文公呢？以鲁肃私见，汉朝廷已不可复兴，曹操也不可能一下子就被除掉。为将军考虑，只有鼎足江东，以观天下形势。天下局势如此，据有一方自然也不会招来嫌猜忌恨。为什么呢？因为北方正是多事之秋。您正好趁这种变局，剿除黄祖，进伐刘表，将地盘一直扩大到长江上游，然后称帝建号以便进而夺取天下，这如同汉高祖建立大业啊。"孙权说："我现在在一方尽力，只是希望辅佐汉室而已，你所说的非我所能及。"张昭责怪鲁肃不够谦虚，对他颇有诋毁，说鲁肃年少粗疏，不可重用。孙权不以张昭的话为然，反而更加看重鲁肃，赐给鲁肃母亲衣服、帷帐及日用杂物，使鲁肃家庭变得与原先一样富有。

原文

刘表死。肃进说曰："夫荆楚与国邻接，水流顺北，外带江汉，内阻山陵，有金城之固，沃野万里，士民殷富，若据而有之，此帝王之资也。今表新亡，二子素不辑睦，军中诸将，各有彼此。加刘备天下枭雄，与操有隙，寄寓于表，表恶其能而不能用也。若备与彼协心，上下齐同，则宜抚安，与结盟好。如有离违，宜别图之，以济大事。肃请得奉命吊表二子，并慰劳其军中用事者，及说备使抚表众，同心一意，共治曹操，备必喜而从命。如其克谐，天下可定也。今不速往，恐为操所先。"权即遣肃行。

到夏口，闻曹公已向荆州，晨夜兼道。比至南郡，而表子琮已降曹公，备惶遽奔走，欲南渡江。肃径迎之，到当阳长坂，与备会，宣腾权旨，及陈江东强固，劝备与权并力。备甚欢悦。时诸葛亮与备相随，肃谓亮曰"我子瑜友也"，即共定交。备遂到夏口，遣亮使权，肃亦反命。

会权得曹公欲东之问，与诸将议，皆劝权迎之，而肃独不言。权起更衣，肃追于宇下，权知其意，执肃手曰："卿欲何言？"肃对曰："向察众人之议，专欲误将军，不足与图大事。今肃可迎操耳，如将军，不可也。何以言之？今肃迎操，操当以肃还付乡党，品其名位，犹不失下曹从事，乘犊车，从吏卒，交游士林，累官故不失州郡也。将军迎操，欲安所归？愿早定大计，莫用众人之议也。"权叹息曰："此诸人持议，甚失孤望。今卿廓开大计，正与孤同，此天以卿赐我也。"

译文

刘表死后，鲁肃劝说孙权："荆楚之地与我们吴国邻接，长江水从其北部流过，外连江、汉，内隔山陵，有如金城一样坚固，沃野万里，士民富足，如果占有这块地盘，就是打下了建立帝王之业的基础。如今刘表刚刚去世，两个儿子素来不和，军中的将领也由此分为两派。加之刘备是天下有名的枭雄，与曹操存在矛盾，寄身在刘表那里，刘表嫉妒他的才能而不敢重用。如果刘备与刘表的儿子们协力同心，上下合力，我们则应该安抚他们，与他们结盟友好。如果他们之间离心离德，我们就应另作打算，以成就自己的大事。我请求奉命前往荆州向刘表的儿子们吊唁，并慰劳他们军队中的将领，以及劝说刘备安抚刘表的部下，同心一意，共同对付曹操，刘备一定乐于从命。如果这件事处理得好，则天下就可以平定了。现在如不速去荆州，恐怕就让曹操赶在前面了。"孙权当即派遣鲁肃前往。

鲁肃行至夏口，听说曹操已向荆州进军，日夜兼程。待鲁肃赶到南郡，刘表的儿子刘琮已经投降了曹操，刘备惊惶奔走，准备南渡长江。鲁肃直接去迎见刘备，到当阳长坂坡，与刘备会见，向刘备详细转述了孙权的意图，并陈述了江东的强盛巩固，劝说刘备与孙权合作抗曹。刘备十分高兴。这时诸葛亮正跟随着刘备，鲁肃对诸葛亮说"我是你哥哥的朋友"，两人当即结下交情。刘备于是到夏口，派诸葛亮出使东吴拜见孙权，鲁肃也返回复命。

当时孙权正得到曹操要东进的信息，就与全体将领们商议，大家都劝孙权迎接曹操，只有鲁肃一言不发。孙权起身如厕，鲁肃追到屋檐下，孙权知道他的意思，握着他的手说："你想说什么？"鲁肃回答说："刚才观察众人议论，只会断送将军的前程，不足以与他们共谋大事。当今我鲁肃可以归附曹操，对于将军来说却不能。为什么这么讲？如今我归附曹操，曹操理当送我回到故乡，品评我的声名地位，总还能做个小官，乘牛车，有随从，交游士大夫，慢慢升迁上去，也少不了做个州郡长官。而将军您归附曹操，将把您作如何安置呢？希望您早定大计，再莫听取众人的议论。"孙权叹息说："这些人的主张，太让我失望了，现在你阐明长远大计，正与我的想法一致，这是上天将你赐给我啊。"

原文

时周瑜受使至鄱阳，肃劝追召瑜还。遂任瑜以行事，以肃为赞军校尉，助画方略。曹公破走，肃即先还，权大请诸将迎肃。肃将入阁[1]拜，权起礼之，因谓曰："子敬，孤持鞍下马相迎，足以显卿未？"肃趋进曰："未也。"众人闻之，无不愕然。就坐，徐举鞭言曰："愿至尊威德加乎四海，总括九州，克成帝业，更以安车软轮征肃，始当显耳。"权抚掌欢笑。后备诣京见权，求都督荆州，惟肃劝权借之，共拒曹公。曹公闻权以土地业[2]备，方作书，落笔于地。周瑜病困，上疏曰："当今天下，方有事役，是瑜乃心夙夜所忧，愿至尊先虑未然，然后康乐。今既与曹操为敌，刘备近在公安，边境密迩，百姓未附，宜得良将以镇抚之。鲁肃智略足任，乞以代瑜。瑜陨踣之日，所怀尽矣。"即拜肃奋武校尉，代瑜领兵。瑜士众四千余人，奉邑四县，皆属焉。令程普领南郡太守。肃初住江陵，后下屯陆口，威恩大行，众增万余人，拜汉昌太守、偏将军。十九年，从权破皖城，转横江将军。

注释

①阁：宫中小门。②业：资助。

译文

当时周瑜接受使命前往鄱阳，鲁肃劝孙权赶快追召周瑜返还。于是孙权任命周瑜为行事，任命鲁肃为赞军校尉，协助策划作战方案。曹操败逃赤壁后，鲁肃先返归吴郡，孙权大张声势请诸将迎接鲁肃。鲁肃将入殿门拜见孙权，孙权起身行礼，因而问鲁肃："子敬，我扶鞍下马迎接你，足以表彰你的功劳吧？"鲁肃碎步跑上前说："还没有啊。"大家听到这种回答，无不惊愕。就座后，鲁肃缓缓举起马鞭说："我希望您的威德遍及四海、总括九州，完成帝王大业，再用软轮小轿车召见我，这才算显扬我。"孙权拍手欢笑。后来刘备前来京口拜见孙权，请求都督荆州，只有鲁肃劝孙权将荆州借给刘备，以便共同抗击曹操。曹操听到孙权将土地资助刘备，当时他正在写信，震惊得把笔都掉在地上。

周瑜病危，上奏疏说："当今天下，正值混乱多事，这正是我日夜忧心的事，愿陛下预先考虑尚未发生的事，然后才想到安逸享受。现在既然与曹操为敌，刘备近在公安，边境附近的百姓尚未归附，应当用良将前往驻守镇抚。鲁肃的智谋才略足以胜任，请求起用他来接替我。我死之日，也就没有牵挂的事了。"孙权当即任命鲁肃为奋武校尉，代替周瑜统领军队。周瑜部下四千多人、四个县的奉邑，全归属于鲁肃。孙权又任命程普兼任南郡太守。鲁肃起初驻守江陵，后又顺江移驻陆口，恩威并用，兵众增加到一万多人，于是孙权任命他为汉昌太守、偏将军。建安十九年（214年），鲁肃随孙权攻破皖城，转升为横江将军。

原文

先是，益州牧刘璋纲维颓弛，周瑜、甘宁并劝权取蜀，权以咨备，备内欲自规，乃伪报曰："备与璋讬（托）为宗室，冀凭英灵，以匡汉朝。今璋得罪左右，备独辣惧，非所敢闻，愿加宽贷。若不获请，备当放发归于山林。"后备西图璋，留关羽守，权曰："猾虏乃敢挟诈！"及羽与肃邻界，数生狐疑，疆场纷错，肃常以欢好抚之。备既定益州，权求长沙、零、桂，备不承旨，

权遣吕蒙率众进取。备闻，自还公安，遣羽争三郡。肃住益阳，与羽相拒。

肃邀羽相见，各驻兵马百步上，但诸将军单刀俱会。肃因责数羽曰："国家区区本以土地借卿家者，卿家军败远来，无以为资故也。今已得益州，既无奉还之意，但求三郡，又不从命。"语未究竟，坐有一人曰："夫土地者，惟德所在耳，何常之有！"肃厉声呵之，辞色甚切。羽操刀起谓曰："此自国家事，是人何知！"目使之去。备遂割湘水为界，于是罢军。

肃年四十六，建安二十二年卒。权为举哀，又临其葬。诸葛亮亦为发哀。权称尊号，临坛，顾谓公卿曰："昔鲁子敬尝道此，可谓明于事势矣。"肃遗腹子淑既壮，濡须督张承谓终当到（至）。永安中，为昭武将军、都亭侯、武昌督。建衡中，假节，迁夏口督。所在严整，有方干。凤皇三年卒。子睦袭爵，领兵马。

译文

先前，益州牧刘璋纲常废弛法纪无度，周瑜、甘宁都劝说孙权攻取蜀地。孙权以此事询问刘备，刘备内心在替自己规划，表面上仍假意回答说："我刘备与刘璋托名为皇族后裔，希望借助先人英灵，以匡救汉室。如今刘璋得罪了大家，我独自心内惊惧不安，不敢听说攻取蜀地的话语，希望您对他实行宽恕。如果这个请求没有得到答复，我当披散头发归隐山林。"后来刘备西进图谋刘璋，留关羽镇守荆州，孙权说："狡猾的东西竟敢要弄诈术。"及至关羽与鲁肃双方辖区接邻，常心生猜疑，双方边界纷错交叉，鲁肃常以友好姿态进行安抚。刘备平定益州后，孙权要求他归还长沙、零陵、桂阳三郡，刘备不答应这一要求，孙权就派吕蒙率领众军进攻夺取。刘备闻讯，亲自带兵回到公安，派遣关羽争夺三郡。鲁肃驻兵益阳，与关羽相对抗。

鲁肃邀请关羽相见，各自所率兵马都停留在百步之外，只是各位将军带着自己的佩刀在阵前会面。鲁肃因而责问关羽说："我们国家真心诚意将土地借给你们，是因为你们兵败远方而来，无有立足之地。现在已经得到益州，既然没有奉还荆州意思，那么就只求你们归还三郡，而你们还不从命。"话未说完，在座的有一人插话说："说到土地，只有仁德之人才能占有，哪来一家永远占住不放的道理。"鲁肃大声地斥责那人，言语脸色十分严厉。关羽拿刀站起身来说："这些自然是国家大事，他知道什么！"同时使眼色让那人离开。刘备于是以湘水划界，与东吴平分荆州之地，两国就此罢兵。

鲁肃享年四十六岁，于建安二十二年（217年）去世。孙权为他举行葬礼，又亲自参加他的葬礼。诸葛亮也为鲁肃哀悼。孙权称帝时，登临祭坛，回头对各位大臣说："过去鲁肃常对我说到这件事，可说他真是明白天下大势啊！"鲁肃的遗腹子鲁淑长成人后，濡须督张承说他最终能成大事。永安年间，鲁淑任昭武将军，被封为都亭侯、武昌督。建衡年间，被授予节杖，升任为夏口督。他所在辖区纪律严明，办事能干有策略。凤凰三年（274年）去世。他的儿子鲁睦承袭了他的爵位，接掌他的兵马。

黄盖传

题解

　　黄盖，生卒年不详，字公覆，零陵泉陵（今湖南永州零陵）人。东汉末名将，历仕孙坚、孙策、孙权。208 年赤壁之战时，黄盖前往曹营诈降，并趁机以火攻大破曹操的军队，是赤壁之战主要功臣之一，他也因此而被后人广为传颂。小说《三国演义》在演绎这一史实时，虚构了"苦肉计"的情节。

原文

　　黄盖，字公覆，零陵泉陵人也。初为郡吏，察孝廉，辟公府。孙坚举义兵，盖从之。坚南破山贼，北走董卓，拜盖别部司马。坚薨，盖随策及权，擐甲周旋，蹈刃屠城。诸山越不宾，有寇难之县，辄用盖为守长。石城县吏，特难检御，盖乃署两掾，分主诸曹。教曰："令长不德，徒以武功为官，不以文吏为称。今贼寇未平，有军旅之务，一以文书委付两掾，当检摄诸曹，纠摘（摘）谬误。两掾所署，事入诺出，若有奸欺，终不加以鞭杖，宜各尽心，无为众先。"

　　初皆布威，夙夜恭职。久之，吏以盖不视文书，渐容人事。盖亦嫌外懈怠，时有所省，各得两掾不奉法数事。乃悉请诸掾吏，赐酒食，因出事诘问。两掾辞屈，皆叩头谢罪。盖曰："前已相敕，终不以鞭杖相加，非相欺也。"遂杀之。县中震栗。后转春谷长，寻阳令。凡守九县，所在平定。迁丹杨都尉，抑强扶弱，山越怀附。

盖姿貌严毅，善于养众，每所征讨，士卒皆争为先。建安中，随周瑜拒曹公于赤壁，建策火攻，语在瑜传。拜武锋中郎将。武陵蛮夷反乱，攻守城邑，乃以盖领太守。时郡兵才五百人，自以不敌，因开城门，贼半入，乃击之，斩首数百，余皆奔走，尽归邑落。诛讨魁帅，附从者赦之。自春讫夏，寇乱尽平，诸幽邃巴、醴、由、诞邑侯君长，皆改操易节，奉礼请见，郡境遂清。后长沙益阳县为山贼所攻，盖又平讨。加偏将军，病卒于官。盖当官决断，事无留滞，国人思之。及权践阼，追论其功，赐子柄爵关内侯。

译文

　　黄盖，字公覆，零陵郡泉陵人。他起始当过郡里的小官，被察举为孝廉，征召进公府。孙坚举义兵，黄盖跟随他。孙坚南向击败山中草寇，北往打跑董卓，于是任命黄盖为别部司马。孙坚去世，黄盖先后追随孙策、孙权，披甲转战南北，冒死攻城略地。山越诸部族有的不愿归服孙吴，或者有贼寇作乱的县份，总是用黄盖为那里的地方行政长官。石城县的官吏，特别难以约束管理，黄盖便任命两个掾史，分别主管各部门。他教导这两个人说："我这位县令没什么才能，只是凭武功得官，不是做文官的料。如今贼寇未被平定，我常有军旅任务，把一应公文处理事务全托付你们两位，你们应当监督检查各个部门，纠正揭发他们的错误。你们在本职范围内，办理或应承事情，若有蒙骗奸欺行为，我绝不会仅仅加以鞭抽杖击的处罚了事，你们应当各自尽力尽心，不要率先违法。"

　　开始两个掾史畏惧黄盖威严，日日尽忠职守。久而久之，这些吏员以为黄盖不看文书，渐渐荒疏了公务。黄盖也不满他们的松懈懒散，不时有所省察，掌握到他们各有不守法的几个事例。于是把县内所有官吏请来，设宴酒肉招待，拿出违法乱纪的事例责问。两名掾史无话可说，都叩头请罪。黄盖说："以前已告诫过你们，最终不会仅仅以鞭、杖来惩罚你们，绝不是骗你们的。"于是杀死这两个人。全县官吏震惊战栗。后来他转任春谷县县长、寻阳县县令。他前后任职过的九个县，全都平安稳定。又升任丹杨都尉，抑豪强济贫弱，使山越诚心归附。

　　黄盖外表形象严肃刚毅，善于照顾下属，每次出兵作战，士卒都奋勇争先。建安年间，黄盖随周瑜在赤壁抗击曹操，献出火攻计策，其策载于《周瑜传》中。黄盖被任命为武锋中郎将。武陵少数民族部落造反，攻守城邑，孙权于是任命黄盖兼任武陵太守。当时武陵郡的兵员仅五百人，考虑到自己手头兵力难抵挡敌人的进攻。于是大开城门，让叛军人马进入一半后，才突然袭击他们，斩杀敌人数百人，其余全都逃走，回到各自的村落。黄盖诛杀了这些反叛者的首领，将所有附从的人都赦免不问。从春到夏，叛乱全都平定，各僻远的地方巴、醴、由、诞的邑侯君长，都改变了自己的行为，捧着礼物求见，武陵郡境内由是太平。后来长沙郡益阳县遭到山寇攻打，黄盖又去讨伐平定。孙权加授他偏将军，不久病死在职任上。黄盖处理事情果断，从不拖延，吴国人都怀念他。及至孙权登上帝位，追论他平生功绩，赐予他的儿子黄柄爵位为关内侯。

程普传

题解

　　程普（？—215 年），字德谋，右北平土垠（今河北丰唐山）人。东汉末东吴武将，历仕孙坚、孙策、孙权三任君主。他曾跟随孙坚讨伐黄巾、董卓，又助孙策平定江东。孙策死后，他与张昭等人共同辅佐孙权，并讨伐江东境内的山贼，功勋卓著。程普在东吴诸将中年岁最长，被人们尊称为"程公"。

原文

　　程普，字德谋，右北平土垠人也。初为州郡吏，有容貌计略，善于应对。从孙坚征伐，讨黄巾于宛、邓，破董卓于阳人，攻城野战，身被创夷。坚薨，复随孙策在淮南，从攻庐江，拔之，还俱东渡。策到横江、当利，破张英、于麋等，转下秣陵、湖孰、句容、曲阿，普皆有功，增兵二千，骑五十匹。进破乌程、石木、波门、陵传、余杭，普功为多。

　　策入会稽，以普为吴郡都尉，治钱唐。后徙丹杨都尉，居石城。复讨宣城、泾、安吴、陵阳、春谷诸贼，皆破之。策尝攻祖郎，大为所围，普与一骑共蔽扞策，驱马疾呼，以矛突贼，贼披，策因随出。后拜荡寇中郎将，领零陵太守，从讨刘勋于寻阳，进攻黄祖于沙羡，还镇石城。

　　策薨，与张昭等共辅孙权，遂周旋三郡，平讨不服。又从征江夏，还过豫章，别讨乐安。乐安平定，代太史慈备海昏，与周瑜为左右督，破曹公于乌林，又进攻南郡，走曹仁。拜裨将军，领江夏太守，治沙羡，食四县。先出诸将，普最年长，时人皆呼程公。性好施与，喜士大夫。周瑜卒，代领南郡太守。权分荆州与刘备，普复还领江夏，迁荡寇将军，卒。权称尊号，追论普功，封子咨为亭侯。

译文

程普，字德谋，右北平郡土垠人。他起初做过州郡小官，颇有容貌风姿、计谋策略，善于应答论对。跟随孙坚转战征讨，在宛县、邓县进击黄巾，在阳人打败董卓，攻城野战，身上多次受伤。孙坚去世，程普又在淮南跟随孙策，跟着他攻打庐江，破城后，回师一起东渡长江。孙策率军前至横江、当利，击败张英、于麋等，转而进攻秣陵、湖孰、句容、曲阿，程普都立下战功，孙策给他添加兵员二千、战马五十匹。又进而攻破乌程、石木、波门、陵传、余杭，程普立的战功最多。

孙策进入会稽，任命程普为吴郡都尉，治所设在钱塘。后又转任丹杨都尉，据守石城，又进讨宣城、泾县、安吴、陵阳、春谷等处贼寇，将他们全都打败。孙策曾攻打祖郎，被敌人团团围住，程普同一名骑兵一起保护着孙策，驱马疾呼猛突，用长矛刺敌，敌人往两边分开，孙策由是得以随程普冲出重围。后来程普被任命为荡寇中郎将，兼任零陵太守，随孙策前往寻阳讨伐刘勋，在沙羡进击黄祖，回师后仍镇守石城。

孙策去世后，程普与张昭等共同辅佐孙权，于是转战三郡之地，平定讨伐各种不归服的势力。又随孙权出征江夏，回师路过豫章，单独领军讨伐乐安。平定乐安后，程普代替太史慈驻防海昏，与周瑜分任左右督，在乌林战败曹操，又进攻南郡，打跑曹仁。程普被任命为裨将军，兼任江夏太守，治所设在沙羡，封邑四县。吴国早期的将领，以程普年龄最大，当时人们称呼他"程公"。程普天性乐于施予，喜爱结交士大夫。周瑜去世后，他接替周瑜兼任南郡太守。孙权将荆州分让刘备，程普又回到江夏兼任江夏太守，升为荡寇将军，不久去世。孙权称帝后，追论程普平生战功，封他的儿子程咨为亭侯。

吴书

太史慈传

三国志精粹

题解

太史慈（166年—206年），字子义，东莱黄县（今山东龙口黄城集）人。东汉末年武将，官至建昌都尉。弓马熟练，箭法精良。原为刘繇部下，后被孙策收降。孙权主事后，因太史慈能制刘磐，便将管理南方的要务委托给他。建安十一年（206年）太史慈病逝。据《吴书》载，太史慈死前说："丈夫生世，当带七尺之剑，以升天子之阶。今所志未从，奈何而死乎！"《三国演义》演绎为："大丈夫生于乱世，当带三尺剑立不世之功。今所志未遂，奈何死乎！"言讫而亡，年四十一岁。

原文

太史慈，字子义，东莱黄人也。少好学，仕郡奏曹史。会郡与州有隙，曲直未分，以先闻者为善。时州章已去，郡守恐后之，求可使者。慈年二十一，以选行，晨夜取道，到洛阳，诣公车门①，见州吏始欲求通。慈问曰："君欲通章邪？"吏曰："然。"问："章安在？"曰："车上。"慈曰："章题署得无误邪？取来视之。"吏殊不知其东莱人也，因为取章。慈已先怀刀，便截败之。吏踊跃大呼，言："人坏我章！"

慈将至车间，与语曰："向使君不以章相与，吾亦无因得败之。是为吉凶祸福等耳，吾不独受此罪。岂若默然俱出去，可以存易亡，无事俱就刑辟②。"吏言："君为郡败吾章，已得如意，欲复亡为？"

慈答曰："初受郡遣，但来视章通与未耳。吾用意太过，乃相败章。今还，亦恐以此见谴怒，故俱欲去尔。"吏然慈言，即日俱去。慈既与出城，因遁还通郡章。州家闻之，更遣吏通章，有司以格章之故不复见理，州受其短③。由是知名，而为州家所疾，恐受其祸，乃避之辽东。

注释

①公车门：汉代官署名，为卫尉的下属机构。上书事及征召等事宜，经由此处受理。②刑辟：刑罚。③短：危害。

译文

太史慈，字子义，东莱郡黄县人。他年少时好学，在郡里任奏曹史。适逢郡府与州府闹矛盾，谁是谁非未得结论，先上报者就处于有利地位。这时州里的奏章已送走，郡太守担心自己落后，便寻求可放心委派的人。太史慈当时二十一岁，郡太守便挑选了他。他上路后日夜兼程，到达洛阳，至负责接纳上奏的公车门门口，看到州里派来送奏章的小官正在请求通报，太史慈问他："你想通报奏章？"那人答："正是。"太史慈说："奏章在哪里？"那人答："在车上。"太史慈说："奏章的签署没有什么不对的地方吧？拿来看看。"那人一点也不知道他是东莱郡派来的人，就为他拿来了奏章。太史慈已先在怀里藏好了刀，夺过奏章就把它砍坏了。那人急得直跳脚，大声呼叫："有人砍坏了我的奏章！"

太史慈带他到车子中间，对他说："要是你不把奏章给我，我也无法砍坏它。现在我们两人吉凶祸福是同样的了，我不会独自因此获罪。还不如我们都不吭声一起逃走罢了，这样可以活命，不会一起受到死刑的处罚。"那位小官说："你为郡里弄坏我的奏章，目的已经达到，还逃个什么呢？"

太史慈回答说："起初受郡里派遣，只是来看奏章报上去没有。我算计得过分了，才把奏章弄坏。现在回去，同样担心因此被谴责迁怒，故此想与你一起逃走。"那小官认为太史慈的话有道理，当天就同他一起逃走了。太史慈与那小官一起出城后，又借机悄悄跑转来送上郡里的奏章。州里听说后，又换派一个小官去送奏章，上级主管官员因奏章内容与郡里有矛盾而未再受理，州里因理短而受害。太史慈由是出了名，但被州里所痛恨。他担心受其坑害，就躲避到辽东。

原文

　　北海①相孔融闻而奇之，数遣人讯问②其母，并致饷遗。时融以黄巾寇暴，出屯都昌③，为贼管亥所围。慈从辽东还，母谓慈曰："汝与孔北海未尝相见，至汝行后，赡恤④殷勤，过于故旧，今为贼所围，汝宜赴之。"慈留三日，单步径至都昌。时围尚未密，夜伺间隙，得入见融，因求兵出斫贼。融不听，欲待外救。未有至者，而围日偪（逼）⑤。

　　融欲告急平原相刘备，城中人无由得出，慈自请求行。融曰："今贼围甚密，众人皆言不可，卿意虽壮，无乃实难乎？"慈对曰："昔府君倾意于老母，老母感遇，遣慈赴府君之急，固以慈有可取，而来必有益也。今众人言不可，慈亦言不可，岂府君爱顾之义，老母遣慈之意邪？事已急矣，愿府君无疑。"融乃然之。

　　于是严行蓐食⑥，须明，便带鞬⑦摄弓上马，将两骑自随，各作一的⑧持之，开门直出。外围下左右人并惊骇，兵马互出。慈引马至城下堑内，植所持的各一，出射之，射之毕，径入门。明晨复如此，围下人或起或卧，慈复植的，射之毕，复入门。

注释

　　①北海：在今山东潍坊昌乐县东南。②讯问：慰问。③都昌：属北海军，在今山东青州临朐县东北。④赡恤：救济，抚恤。⑤偪（逼）（bī）：逼近。⑥严行：仔细准备行装。蓐食：早晨未起身，在床席上进餐。谓早餐时间很早。⑦鞬（jiān）：马上的盛弓器。⑧的（dì）：古称箭靶子为"的"。

译文

　　北海相孔融听说这件事后认为太史慈是个奇才，多次派人问候太史慈的母亲，并送去馈赠的物品。当时孔融因为黄巾军攻州掠府，出兵驻守都昌，被起义军管亥所包围。太史慈从辽东回来，他母亲对他说："你与孔北海从未见过面，从你避走之后，他对我一直体恤殷勤，胜过故交老友，现在他受到贼兵包围，你当速去救助。"太史慈在家停留仅三天，即一人步行到都昌。此时包围得还不十分严密，太史慈等到夜间，乘人不备进去见孔融，请求孔融派兵随他出城砍杀。孔融不听，想等待外面的援兵来解救，但一直未见救兵，而包围一天比一天紧逼。

　　孔融想向平原相刘备告急，城里人没有办法冲出，太史慈主动请求派他去。孔融说："如今贼兵包围得十分严密，大家都认为不能出去，你的决心虽然很大，恐怕实在困难吧？"太史慈回答："过去您倾意赡待我的老母亲，她感激恩遇，特让我来奔救您的急难，她本来认为我有可取的地方，来了必定有益。现在大家都说不行，如果我附和说不行，这难道就是您爱护照顾的道义、老母让我前来的目的吗？事情已十分迫急，希望您不要

再犹豫了。"孔融于是答应他的请求。

于是太史慈收拾好行装，早早地吃了饭，等到天明，便带上箭囊提着弓弩上马，令两名骑兵跟随在后，各做一个箭靶子拿在手上，打开城门径直出去。外面包围的人都很惊骇，步兵、骑兵错杂冲出。太史慈策马来到城下的壕沟内，插好随从所拿的两个靶子，然后跃出壕沟射靶，射完后，径直进入城门。第二天早晨又是这样，城外包围的人有的站起来，有的趴卧着，太史慈再插好靶，射完后又进城去。

原文

明晨复出如此，无复起者，于是下鞭马直突围中驰去。比贼觉知，慈行已过，又射杀数人，皆应弦而倒，故无敢追者。遂到平原，说备曰："慈，东莱之鄙人也，与孔北海亲非骨肉，比非乡党，特以名志相好，有分灾共患之义。今管亥暴乱，北海被围，孤穷无援，危在旦夕。以君有仁义之名，能救人之急，故北海区区①，延颈恃仰，使慈冒白刃，突重围，从万死之中自讬于君，惟君所以存之。"备敛容答曰："孔北海知世间有刘备邪！"即遣精兵三千人随慈。贼闻兵至，解围散走。融既得济，益奇贵慈，曰："卿吾之少友也。"事毕，还启其母，母曰："我喜汝有以报孔北海也。"

扬州刺史刘繇与慈同郡，慈自辽东还，未与相见，暂渡江到曲阿②见繇，未去。会孙策至，或劝繇可以慈为大将军，繇曰："我若用子义，许子将不当笑我邪？"但使慈侦视轻重。时独与一骑卒遇策。策从骑十三，皆韩当、宋谦、黄盖辈也。慈便前斗，正与策对。策刺慈马，而揽得慈项上手戟，慈亦得策兜鍪③。会两家兵骑并各来赴，于是解散。

注释

①区区：谦辞，犹言鄙人。②曲阿：今属江苏扬州。③兜鍪（móu）：古代作战时戴的盔。

译文

第三天早晨还是这样，城外的包围者再没有站起来，太史慈于是用鞭猛抽马直向包围圈冲去。等到贼军明白过来时，他已突围而去，且射死了好几个人，都是应弦倒地，故此无人敢追赶他。太史慈于是到了平原，对刘备说："我是东莱的小百姓，与孔北海并非骨肉至亲，也不是同乡故旧，只是因为相互仰慕名声志趣相投而友好，有分灾共难的情义。如今管亥暴乱，孔融被围，孤军困窘无援，危在旦夕。考虑到您有仁义之名，能够救人于急难之中，故此孔北海极为仰慕，延颈以望，仰仗于您，才让我冒着枪林刀丛，突破重围，从万死之中将自己托付给您，只有您才能救他活命。"

刘备严肃地回答说："孔北海知道这人间还有我刘备在啊！"当即派精兵三千跟随太史慈前去救助。起义军听说救兵已到，撤围逃散而去。孔融得以解围后，更加认为太史慈是个奇才而加以敬重，说："您是我的年少朋友。"事情结束后，太史慈回家禀告母亲，母亲说："我很高兴你能这样报答孔北海。"

扬州刺史刘繇与太史慈是同郡人，太史慈从辽东回来，未能与他相见，不久渡江到曲阿见到刘繇，尚未离去，适逢孙策率军前来。有人劝刘繇可以用太史慈为大将军，刘繇说："如果我用太史慈，许劭不讥笑我吗？"只派太史慈去侦察孙策的兵力如何。当时太史慈只带一个骑兵与孙策猝然相遇。孙策的随从有十三人，都是韩当、宋谦、黄盖这类的人物。太史慈便冲上去挑战，正与孙策相对。孙策刺太史慈的坐骑，夺走太史慈插在身背后的手戟，太史慈也得到了孙策的头盔。正好两边的步骑大队人马都赶来，于是各自罢手散开。

慈当与繇俱奔豫章^①，而遁于芜湖，亡入山中，称丹杨^②太守。是时，策已平定宣城以东，惟泾以西六县未服。慈因进住泾县，立屯府，大为山越所附。策躬自攻讨，遂见囚执。策即解缚，捉其手曰："宁识神亭时邪？若卿尔时得我云何？"慈曰："未可量也。"策大笑曰："今日之事，当与卿共之。"即署门下督，还吴授兵，拜折冲中郎将。

后刘繇亡于豫章，士众万余人未有所附，策命慈往抚安焉。左右皆曰："慈必北去不还。"策曰："子义舍我，当复与谁？"饯送昌门，把腕别曰："何时能还？"答曰："不过六十日。"果如期而反。刘表从子磐，骁勇，数为寇于艾、西安^③诸县。策于是分海昏、建昌^④左右六县，以慈为建昌都尉，治海昏，并督诸将拒磐。磐绝迹不复为寇。

慈长七尺七寸，美须髯，猿臂善射，弦不虚发。尝从策讨麻、保贼，贼于屯里缘楼上行詈^⑤，以手持楼棼^⑥，慈引弓射之，矢贯手着棼，围外万人莫不称善。其妙如此。曹公闻其名，遗慈书，以箧封之，发省无所道，而但贮当归。孙权统事，以慈能制磐，遂委南方之事。年四十一，建安十一年卒。子享，官至越骑校尉。

注释

①豫章：今江西南昌。②丹杨：在今安徽宣城。③艾：在今江西修水西。西安：在今江西武宁西。④海昏（hūn）：在今江西永修。建昌：在今江西奉新西。⑤詈（lì）：骂，责骂。⑥棼（fén）：阁楼的栋柱。

译文

太史慈本当同刘繇一道逃往豫章，可是他悄悄前住芜湖，藏在山中，自称丹杨太守。这时，孙策军队已平定宣城以东地区，只剩下泾县以西六县没有归服。太史慈因而进驻泾县，设立屯府，招来大量的山越夷民前来归附。孙策亲自率军前来攻打，于是太史慈被擒获。孙策当即给他松绑，握住他的手说："还记得在神亭的时候吗？如果你当时抓住我，该会怎么处置？"太史慈说："很难说我会怎么处置。"孙策放声大笑说："今日国家大事，我当与你共同为之。"当即任命太史慈为门下督，返还吴郡后又授给他兵马，升为折冲中郎将。

后来刘繇在豫章去世，部下一万多人无所归属，孙策命太史慈前去安抚他们。孙策身边的人说："太史慈此番北去一定不返回。"孙策说："子义除了我，还能归服谁？"于是在昌门为太史慈饯行，牵着他的手说："何时能回来？"太史慈回答说："不过六十天。"

后来果然如期而归。刘表的侄儿刘磐，骁勇过人，多次侵犯艾县、西安县等地方。孙策于是分出海昏、建昌周围六县，任太史慈为建昌都尉，治所设在海昏，并且督率诸将抵御刘磐。刘磐从此不见踪影，不来侵犯各县了。

太史慈身长七尺七寸，胡须蓄得很漂亮，手臂很长，善于射箭，且弦不虚发。曾跟随孙策征讨麻、保一带贼寇，贼兵在军营里沿着楼台咒骂，手扶着楼柱，太史慈引弓搭箭，一箭穿透那人的手并钉在楼柱上，包围的上万名兵士无人不称好。其箭法就是如此之妙。曹操听到太史慈的名声，便给他送来书信，用小匣子密封着，打开一看，里面并无什么书信，只是装了中药材当归。孙权掌权之后，考虑到太史慈能制服刘磐，于是将管理南方的事务委托给他。太史慈四十一岁，建安十一年（206年）去世。儿子太史享，官至越骑校尉。

吕蒙传

题解

吕蒙（178年—220年），字子明，东汉末年名将，汝南富陂（今安徽阜南）人。少年时依附姊夫邓当，随孙策为将，以胆气称，累封别部司马。孙权主事后，渐受重用。后代鲁肃守陆口，设计袭取荆州，击败蜀汉名将关羽，拜南郡太守，封孱陵侯，不久卧病，不治而亡，享年四十二岁。吕蒙发愤勤学的故事，已成为古代将领笃志力学的典范。"士别三日，当刮目相看"正是典出其人。

原文

吕蒙，字子明，汝南富陂人也。少南渡，依姊夫邓当。当为孙策将，数讨山越。蒙年十五六，窃随当击贼，当顾见大惊，呵叱不能禁止。归以告蒙母，母恚欲罚之，蒙曰："贫贱难可居，脱误有功，富贵可致。且不探虎穴，安得虎子？"母哀而舍之。时当职吏以蒙年小轻之，曰："彼竖子何能为？此欲以肉喂虎耳。"他日与蒙会，又蚩（嗤）辱之。蒙大怒，引刀杀吏，出走，逃邑子郑长家。出因校尉袁雄自首，承间为言，策召见，奇之，引置左右。

数岁，邓当死，张昭荐蒙代当，拜别部司马。权统事，料诸小将兵少而用薄者，欲并合之。蒙阴赊贳①，为兵作绛衣行縢②，及简日③，陈列赫然，兵人练习，权见之大悦，增其兵。从讨丹杨，所向有功，拜平北都尉，领广德长。从征黄祖，祖令都督陈就逆以水军出战。蒙勒前锋，亲枭就首，将士乘胜，进攻其城。祖闻就死，委城走，兵追禽（擒）之。权曰："事之克，由陈就先获也。"以蒙为横野中郎将，赐钱千万。

注释

①阴：暗地里。赊贳（shì）：借贷，租赁。②行縢：绑腿。③简日：检阅的日子。

译文

吕蒙，字子明，汝南郡富陂县人。他少年时南渡长江，依附姐夫邓当过活。邓当是孙策的部将，多次征伐山越。吕蒙十五六岁时，偷偷地跟随邓当的队伍去袭击山越反叛者，邓当回头看到了吕蒙，大吃一惊，大声呵斥制止他，但他不听。回来后邓当将此事告诉吕蒙母亲，他母亲很生气并要处罚他，吕蒙说："这贫贱的日子难以生活下去，说不定获得功劳，就能取得富贵。再说不入虎穴，焉得虎子？"他母亲怜惜他，就饶恕了他。当时邓当部下的官吏因为吕蒙年纪小而轻视他，说："那小子能干什么事，不过是想拿肉来喂老虎罢了。"过些日子碰到吕蒙，又嗤笑侮辱他。吕蒙十分愤怒，当即抽刀就把那个小官员杀死，随即拔腿就逃走，逃到同乡郑长家。后来又自己出来通过校尉袁雄向上面自首，袁雄趁机替他求情，孙策于是召见他，感觉到他非同一般，便留在自己身边。

几年后，邓当去世，张昭举荐吕蒙接替邓当领兵，被任命为别部司马。孙权统领国家事务后，考虑到那些小将军兵员少而费用不足，打算将这些部队合并。吕蒙暗中借贷，为将士们做了大红衣服和绑腿，等到检阅那一天，他的部队队列齐整威武，士兵个个训练有素，孙权见了非常高兴，于是给他增添兵员。他跟随孙权进讨丹杨，每战都立有功绩，被提升为平北都尉，兼任广德县县长。吕蒙跟随孙权征讨黄祖，黄祖命令都督陈就率领水军迎战孙权。吕蒙率领先锋部队，亲手斩下陈就的头，全军将士乘胜进击攻城。黄祖听说陈就被杀，弃城逃走，东吴兵士追击活捉了他。孙权说："这次战事的成功，起因于先捉住了陈就。"于是任命吕蒙为横野中郎将，赐钱千万。

原文

是岁，又与周瑜、程普等西破曹公于乌林，围曹仁于南郡。益州将袭肃举军来附，瑜表以肃兵益蒙，蒙盛称肃有胆用。且慕化远来，于义宜益不宜夺也。权善其言，还肃兵。

瑜使甘宁前据夷陵，曹仁分众围宁，宁困急，使使请救。诸将以兵少不足分，蒙谓瑜、普曰："留凌公绩，蒙与君行，解围释急，势亦不久，蒙保公绩能十日守也。"又说瑜分遣三百人柴断险道，贼走可得其马。瑜从之。

军到夷陵，即日交战，所杀过半。敌夜遁去，行遇柴道，骑皆舍马步走。兵追蹙击，获马三百匹，方船载还。于是将士形势自倍，乃渡江立屯，与

相攻击，曹仁退走。遂据南郡，抚定荆州。还，拜偏将军，领寻阳令。

　　鲁肃代周瑜，当之陆口，过蒙屯下。肃意尚轻蒙，或说肃曰："吕将军功名日显，不可以故意待也，君宜顾之。"遂往诣蒙。酒酣，蒙问肃曰："君受重任，与关羽为邻，将何计略以备不虞？"肃造次①应曰："临时施宜。"蒙曰："今东西虽为一家，而关羽实熊虎也，计安可不豫定②？"因为肃画五策。肃于是越席就之，拊其背曰："吕子明，吾不知卿才略所及乃至于此也。"遂拜蒙母，结友而别。

注释

　　①造次：应付，敷衍。②豫定：事先确定。

译文

　　同年，吕蒙又与周瑜、程普等西向乌林击败曹操，在南郡包围曹仁。益州将领袭肃率领军队前来归附，周瑜上表建议将袭肃的部队交给吕蒙，吕蒙盛赞袭肃有胆略才干，且能仰慕教化远程来附，从道义上讲应增加他的兵员而不应当夺取他的队伍。孙权认为此话很有道理，就把部队归还袭肃。

周瑜派遣甘宁前往占领夷陵，曹仁分派部分军队去进攻甘宁，甘宁被围情势危急，便派人请求救援。众将领都认为兵力不足不能再分，吕蒙对周瑜、程普说："留下凌公绩，我与您一道，前去救急解围，按情势不会要太多的时间，我保证凌公绩能固守十天。"他又建议周瑜分派三百人去用木柴堵断险要路口，敌人逃跑时可以得到他们的马匹。周瑜听从了他的计谋。部队赶到夷陵，当天就与曹军交战，杀伤敌军过半。敌人连夜逃走，行至木柴阻塞的山道时，骑兵都弃马步行逃走。吴军急追直撵，缴获战马三百匹，用船只载回东吴。于是吴军将士士气倍增，就渡江建立据点，进击敌人。曹仁后退逃走，于是又占据南郡，安抚平定荆州。吕蒙回京后，被升为偏将军，兼任寻阳县县令。

鲁肃代替周瑜后，前往陆口，路过吕蒙军营。鲁肃有点轻视吕蒙，有人对鲁肃说："吕将军功名日益显赫，不可用旧眼光看他，您应当去拜访他。"于是鲁肃拜访吕蒙。饮酒正酣时，吕蒙问鲁肃说："您身负重任，与关羽结邻，打算用什么计谋来防备意外的变故呢？"鲁肃很不经意地回答说："具体情况因时而定。"吕蒙说："现在吴、蜀虽然联盟，然而关羽实为熊虎之将，岂可不预先订好计谋策略？"于是替鲁肃策划了五种应对方案。鲁肃于是离席走到吕蒙身边，拍着他的背说："吕子明啊，我真没想到你的才干谋略竟能达到如此的水平。"于是前去拜见吕蒙的母亲，与吕蒙结成朋友而别。

原文

时蒙与成当、宋定、徐顾屯次比近，三将死，子弟幼弱，权悉以兵并蒙。蒙固辞，陈启顾等皆勤劳国事，子弟虽小，不可废也。书三上，权乃听。蒙于是又为择师，使辅导之。其操心率如此。

魏使庐江谢奇为蕲春典农，屯皖田乡，数为边寇。蒙使人诱之，不从，则伺隙袭击，奇遂缩退，其部伍孙子才、宋豪等，皆携负老弱，诣蒙降。后从权拒曹公于濡须，数进奇计，又劝权夹水口立坞，所以备御甚精，曹公不能下而退。

曹公遣朱光为庐江太守，屯皖，大开稻田，又令间人招诱鄱阳贼帅，使作内应。蒙曰："皖田肥美，若一收孰（熟），彼众必增，如是数岁，操态见矣，宜早除之。"乃具陈其状。于是权亲征皖，引见诸将，问以计策。蒙乃荐甘宁为升城督，督攻在前，蒙以精锐继之。侵晨进攻，蒙手执枹鼓，士卒皆腾踊自升，食时破之。

既而张辽至夹石，闻城已拔，乃退。权嘉其功，即拜庐江太守，所得人马皆分与之，别赐寻阳屯田六百户，官属三十人。蒙还寻阳，未期而卢陵贼起，诸将讨击不能禽（擒），权曰："鸷鸟累百，不如一鹗。"复令蒙讨之。蒙至，诛其首恶，余皆释放，复为平民。

译文

当时吕蒙的军营与成当、宋定、徐顾的军营彼此挨连，这三位将领死后，他们的子弟都很小，孙权想把他们的军队全部合并给吕蒙。吕蒙坚决推辞，上书陈说徐顾等都辛勤操劳国事，他们的子弟虽说幼小，但不能废除他们的兵权。连续上书三次，孙权才答应他的请求。吕蒙于是又给这三家的子弟挑选老师，让老师辅导这些孩子。对此类事情，他都是如此尽心。

魏国派庐江人谢奇为蕲春典农都尉，在皖县屯垦，多次侵犯东吴边境。吕蒙派人引诱他投降，他不答应，于是吕蒙寻机袭击，谢奇被迫退缩回去，他的部下孙子才、宋豪等，都扶老携幼，前来投降吕蒙。后来吕蒙跟随孙权在濡须抗击曹操，多次进献妙计，又劝孙权在濡须口两面都建起堡坞，防御工事做得很精细，曹操攻占不下只好退兵。

曹操派遣朱光为庐江太守，驻兵皖县，大力开垦稻田，又令间谍招诱鄱阳贼兵头领，让他们做内应。吕蒙说："皖县田地肥沃，如果粮食丰收，他们的兵员就会添增，这样一连几年，曹操的态度就露出来了，应该早点除掉他们。"于是向孙权详细地陈述了情况。孙权由此亲自征讨皖县，召见各位将领，询问有何计策。吕蒙就推荐甘宁为升城督，在前线督率攻城，吕蒙自己率领精兵紧随其后。凌晨就进攻，吕蒙亲自击鼓，将士们踊跃登城，到早饭时分即攻破皖城。

待张辽率军赶至夹石时，听说皖城已被吴军攻破，只好引兵退还。孙权嘉奖吕蒙的功劳，当即升任吕蒙为庐江太守，所缴获的兵卒车马都分归他，另外加赏寻阳屯田客六百人，属官三十人。吕蒙回到寻阳，不及一年庐陵的贼寇又在闹事，诸将领征讨不能擒获，孙权说："鸷鸟一百，不如一鹗。"又命令吕蒙前往征讨。吕蒙到庐陵后，即杀死贼寇的首领，将其他的人全部释放，恢复他们平民身份。

原文

是时刘备令关羽镇守，专有荆土，权命蒙西取长沙、零、桂三郡。蒙移书二郡，望风归服，惟零陵太守郝普城守不降。而备自蜀亲至公安，遣羽争三郡。权时住陆口，使鲁肃将万人屯益阳拒羽，而飞书召蒙，使舍零陵，急还助肃。初，蒙既定长沙，当之零陵，过酃①，载南阳邓玄之，玄之者郝普之旧也，欲令诱普。及被书当还，蒙秘之。夜召诸将，授以方略，晨当攻城。

顾谓玄之曰："郝子太闻世间有忠义事，亦欲为之，而不知时也。左将军在汉中，为夏侯渊所围。关羽在南郡，今至尊身自临之。近者破樊本屯，救酃，逆为孙规所破。此皆目前之事，君所亲见也。彼方首尾倒悬，救死不给，岂有余力复营此哉？今吾士卒精锐，人思致命。至尊遣兵，相继于道。今子太以旦夕之命，待不可望之救。犹牛蹄中鱼，冀赖江汉，其不可恃亦明矣。若子太必能一士卒之心，保孤城之守，尚能稽延旦夕，以待所归者，可也。今吾计力度虑，而以攻此，曾不移日，而城必破，城破之后，身死何益于事，而令百岁老母，戴白受诛，岂不痛哉？度此家不得外问，谓援可恃，故至于此耳。君可见之，为陈祸福。"

注释

①酃（líng）：今属湖南衡阳。

译文

这时刘备令关羽镇守荆州，占有荆州全部土地，孙权命令吕蒙西进夺取长沙、零陵、桂阳三郡。吕蒙致信长沙、桂阳二郡，二郡守将望风而归服东吴，只有零陵太守郝普固守城池不降。刘备亲自从蜀地赶至公安，派遣关羽争夺这三郡的地盘。孙权当时驻扎在陆口，派鲁肃率领一万人马驻扎益阳抵御关羽，用愉信急召吕蒙，让他放弃零陵，急速返归援助鲁肃。当初，吕蒙已经平定长沙，正要向零陵进军，经过酃县时，南阳人邓玄之与他同车，邓玄之是郝普的老朋友，吕蒙想让他诱劝郝普投降。接到孙权召他返还的信后，吕蒙秘而不宣，当夜召集众将领，授以攻城计谋，定下次日凌晨攻城。

他回头对邓玄之说："郝子太知道世间存有忠义，也想行忠义之事，但不明白时势。左将军刘备在汉中，被夏侯渊围困住。关羽在南郡，而今我们主上亲自前抵南郡。近来攻破樊城关羽的大本营，关羽派兵解救酃县，又被孙规击败。这些都是近期发生的事，您都亲眼所见。他们现在首尾各处一方，自救都来不及，哪有余力再营救零陵啊？现在我们的士卒精锐，人人都想为国立功，主上正调遣大军，相继上路进发。眼下子太的性命朝夕难保，却苦等毫无希望的救援，就同牛脚印坑中积水里的鱼，还希望用江、汉的水来活命，其不能依赖也是很清楚的事。如果子太能够使将士齐心，坚守孤城，尚能苟延残喘一些日子，以等待后来有所投靠，这也算可行。如今我缜密计划安排好兵力，用来攻城，过不了一天，就会将城攻破，城破之后，他自己身死于事无补，而让百岁的老母，满头白发受人诛杀，岂不痛心？我猜想他是得不到外面的信息，还以为有外援依靠，故此才顽固到今天这个地步。您可前去见他，向他陈述这种利害。"

原文

玄之见普，具宣蒙意，普惧而听之。玄之先出报蒙："普寻后当至。"蒙豫敕四将，各选百人，普出，便入守城门。须臾普出，蒙迎执其手，与俱下船。语毕，出书示之。因拊手大笑。普见书，知备在公安，而羽在益阳，惭恨入地。蒙留孙皎，委以后事，即日引军赴益阳。刘备请盟，权乃归普等。割湘水，以零陵还之。以寻阳、阳新为蒙奉邑。师还，遂征合肥，既撤兵，为张辽等所袭，蒙与凌统以死扞卫。后曹公又大出濡须，权以蒙为督，据前所立坞，置强弩万张于其上，以拒曹公。曹公前锋屯未就，蒙攻破之，曹公引退。拜蒙左护军、虎威将军。

鲁肃卒，蒙西屯陆口，肃军人马万余尽以属蒙。又拜汉昌太守，食下隽、刘（浏）阳、汉昌、州陵。与关羽分土接境，知羽骁雄，有并兼心，且居国上流，其势难久。初，鲁肃等以为曹公尚存，祸难始构，宜相辅协，与之同仇，不可失也。蒙乃密陈计策曰："今令征虏守南郡，潘璋住白帝，蒋钦将游兵万人循江上下，应敌所在，蒙为国家前据襄阳，如此，何忧于操，何赖于羽？且羽君臣，矜其诈力，所在反复，不可以腹心待也。今羽所以未便东向者，以至尊圣明，蒙等尚存也。今不于强壮时图之，一旦僵仆，欲复陈力，其可得邪？"

译文

邓玄之前去见郝普，详细地转述了吕蒙的意思，郝普听后因惧怕而服从。邓玄之先出城向吕蒙汇报，说郝普随后就来。吕蒙预先吩咐四位将领，各挑选一百人，郝普一出城，他们就马上进去守住城门。一会儿郝普出了城，吕蒙迎上去握着他的手问候，同他一起下船。寒暄完毕，取出孙权写给他的信让郝普看，并拍手大笑。郝普看了信，方知刘备驻扎在公安，而关羽近在益阳，惭愧悔恨，恨不得钻入地下。吕蒙留下孙皎，将善后事宜委托他，自己当天便率领部队赶赴益阳。刘备请求与孙权结盟和好，孙权于是归还郝普等人，划湘水为界，将零陵郡退还刘备。又以寻阳、阳新作为吕蒙的奉邑。吕蒙班师回还，于是前去征讨合肥，撤军时，受到张辽等人的袭击，吕蒙与凌统冒死保卫着孙权。后来曹操又大军进攻濡须，孙权用吕蒙为濡须督，凭借以前所建的堡坞，在堡城上设置强弩一万具，以抵御曹军的进攻。曹操先锋部队安营未稳，吕蒙即出击打败他们，曹操引军撤退。孙权授予吕蒙为左护军、虎威将军。

鲁肃去世后，吕蒙西向驻守陆口，鲁肃军马万余人全归吕蒙节制。又被任命为汉昌太守，食邑包括下隽、浏阳、汉昌、州陵。吕蒙与关羽分荆州而治，边界相接，他深知关羽是个极为勇猛的人物，有兼并邻郡之心，况且关羽居东吴上游，分土而治的形势难以持久。起初，鲁肃等考虑到曹操尚在，对双方都构成威胁，孙、刘应当合作协力，同仇敌忾，不能相互背弃。吕蒙于是秘密向孙权献计说："如今让征虏将军孙皎驻守南郡，潘璋驻守白帝城，蒋钦率领游击部队一万人，沿长江上下行动，随时应对敌方，吕蒙我为国家前去占据襄阳，这样还怕什么曹操，有什么必要依赖关羽呢？况且关羽君臣，玩弄欺骗手段，反复无常，不可把他们作知心朋友看待。现在关羽之所以没有领兵东向，是因为您的圣明，以及臣吕蒙等人还在。现在不趁我们正年轻力壮时消灭他们，一旦我们老死，想再领兵出力，还能办得到吗？"

原文

权深纳其策，又聊复与论取徐州意。蒙对曰："今操远在河北，新破诸袁，抚集幽、冀，未暇东顾。徐土守兵，闻不足言，往自可克。然地势陆通，骁骑所骋，至尊今日得徐州，操后旬必来争，虽以七八万人守之，犹当怀忧。不如取羽，全据长江，形势益张。"权尤以此言为当。及蒙代肃，初至陆口，外倍修恩厚，与羽结好。

后羽讨樊，留兵将备公安、南郡。蒙上疏曰："羽讨樊而多留备兵，必恐蒙图其后故也。蒙常有病，乞分士众还建业，以治疾为名。羽闻之，必撤备兵，尽赴襄阳。大军浮江，昼夜驰上，袭其空虚，则南郡可下，而羽可擒也。"遂称病笃，权乃露檄召蒙还，阴与图计。

羽果信之，稍撤兵以赴樊。魏使于禁救樊，羽尽擒禁等，人马数万，托以粮乏，擅取湘关米。权闻之，遂行。先遣蒙在前。蒙至寻阳，尽伏其精兵舳舻中，使白衣摇橹，作商贾人服，昼夜兼行，至羽所置江边屯候，尽收缚之，是故羽不闻知。遂到南郡，士仁、糜芳皆降。

译文

孙权非常赞同他的计策，又顺便与他闲谈到攻取徐州的问题，吕蒙回答说："如今曹操远在黄河之北，刚打败袁氏，正安定幽州、冀州的社会秩序，没有时间顾及东面。徐州地方的守兵，听说还不怎么强，前去攻占能够取胜。然而那地方只有陆路相通，是骁勇的骑兵长足驰骋之地，您今天得到徐州，那么曹操不出十天就会来争夺，虽然用七八万兵力守着它，还是免不了常常担惊受怕。不如攻取关羽的地盘，占据整个长江流域，形势就更为壮观。"孙权觉得这些话分析得特别有道理。及至吕蒙接手鲁肃，初到陆口，表面上倍加与关羽修好结盟，恩赠更为厚重。后来关羽征讨樊城，留下部分兵力驻守公安、南郡。吕蒙上疏指出："关羽征讨樊城而多留防守的部队，必定是担心我谋取他的后方。

我时常患病，请分派一部分兵力回建业，以我治病为名。关羽听到这一消息后，必定撤走留守后方的部队，尽数开往襄阳。那时我们大部队从水路昼夜逆流而上，袭击蜀军空虚所在，则南郡可得，而关羽也就可以擒获了。"于是假装病重，孙权就公开发布文书召吕蒙回建业，暗中与他密商计策。

关羽果然信以为真，逐渐撤走南郡的留守部队开赴樊城。魏国派遣于禁救援樊城，关羽将于禁等全部抓获，夺得人马数万，借口缺粮，擅自取走吴国运往吴、蜀交界处湘关的大米。孙权听说，即开始行动，先遣吕蒙为前锋。吕蒙军至寻阳，将精兵全部埋伏在大船之中，让平民百姓摇橹，船中坐着的人都打扮成商人的模样，昼夜兼程，来到关羽设在江边的哨所，将哨兵们全部俘虏，所以关羽根本没有听到东吴进军的消息。吴军抵达南郡，士仁、麋芳都投降吕蒙。

原文

蒙入据城，尽得羽及将士家属，皆抚慰，约令军中不得干历人家，有所求取。蒙麾下士，是汝南人，取民家一笠，以覆官铠，官铠虽公，蒙犹以为犯军令，不可以乡里故而废法，遂垂涕斩之。于是军中震栗，道不拾遗。蒙旦暮使亲近存恤耆老，问所不足，疾病者给医药，饥寒者赐衣粮。羽府藏财宝，皆封闭以待权至。羽还，在道路，数使人与蒙相闻，蒙辄厚遇其使，周游城中，家家致问，或手书示信。羽人还，私相参讯，咸知家门无恙，见待过于平时，故羽吏士无斗心。会权寻至，羽自知孤穷，乃走麦城，西至漳乡，众皆委羽而降。权使朱然、潘璋断其径路，即父子俱获，荆州遂定。

以蒙为南郡太守，封孱陵侯，赐钱一亿，黄金五百斤。蒙固辞金钱，权不许。封爵未下，会蒙疾发，权时在公安，迎置内殿。所以治护者万方，募封内有能愈蒙疾者，赐千金。时有针加①，权为之惨戚。欲数见其颜色，又恐劳动。常穿壁瞻之，见小能下食则喜，顾左右言笑，不然则咄唶②，夜不能寐。病中瘳③，为下赦令，群臣毕贺。后更增笃④，权自临视，命道士于星辰下为之请命。年四十二，遂卒于内殿。时权哀痛甚，为之降损⑤。蒙未死时，所得金宝诸赐尽付府藏，敕主者命绝之日皆上还，丧事务约。权闻之，益以悲感。

注释

①针加：即扎针治疗。②咄唶：叹息。③中瘳：中间好转。④增笃：病情加重。⑤降损：减少各种娱乐活动，减少了食量。

译文

吕蒙进入城中，尽得关羽和其他将士的家眷，对他们进行安抚劝慰，命令吴军不得干扰百姓，不能索要任何东西。吕蒙帐下有一个兵士，是汝南人，拿了百姓家一个斗笠，用来遮盖铠甲，铠甲虽是公家物品，但吕蒙仍然认为他违犯军令，不能以同乡的关系而废除法令，于是流着泪杀了这个兵。于是全军震惊，做到路不拾遗。吕蒙日日派出亲近的将士去慰问抚恤城中的老年人，询问他们缺少什么，有病者给他派医送药，饥寒者给他送粮送衣。关羽府中所藏的财货，都封存起来等待孙权前来处置。关羽在返回江陵的路上，多次派人与吕蒙互通消息，吕蒙都厚待关羽派来的人，让他们周游城中，到各家致意问候，或者让家人亲自给军中的将士写信说明情况。关羽的使者回到关羽军中后，将士们私下里互相探询，都知道家中安然无恙，所受的待遇比过去更好，故此关羽全军将士失去了斗志。正逢孙权大军紧接着来到江陵，关羽自知势孤力穷，于是逃往麦城，西行到漳乡，兵士们都离开关羽投降孙权。孙权派朱然、潘璋卡住关羽必经的道路，将他们父子二人全都抓住，于是吕蒙平定了荆州。

　　孙权任命吕蒙为南郡太守，封孱陵侯，赐钱一亿，黄金五百斤。吕蒙坚决不接受黄金和钱，孙权不答应。封爵令尚未颁发，适逢吕蒙发病，当时孙权在公安，把吕蒙接来安置在自己的内殿，用了千万种药方给他治病，并在国中招募能治好吕蒙的疾病者，赐予千金。有时医者用针扎刺吕蒙，孙权为吕蒙的疼痛而痛苦难过。孙权想常去探望他的病情如何，又怕他为自己而过于劳累。孙权常在壁上凿洞观望吕蒙，见吕蒙能稍稍吃点东西就高兴，对身边的人有说有笑，否则叹息不止，夜不能寐。吕蒙病情有所好转，孙权就下令大赦，群臣全都上前庆贺。后来吕蒙病情加重，孙权亲自到病榻前探望，命令道士在星辰下为吕蒙祈求延寿。吕蒙四十二岁时死在孙权内殿。当时孙权悲痛异常，为此减少各种娱乐活动，减少了食量。吕蒙死前，把孙权赏赐给自己的金银珠宝等赐物全部交付府库收存，嘱咐主管人员在他死后全数上交，丧事务必简约。孙权听说这些，益发悲痛感动。

原文

　　蒙少不修书传，每陈大事，常口占为笺疏。常以部曲事为江夏太守蔡遗所白，蒙无恨意。及豫章太守顾邵卒，权问所用，蒙因荐遗奉职佳史。权笑曰："君欲为祁奚①耶？"于是用之。甘宁粗暴好杀，既常失蒙意，又时违权令，权怒之，蒙辄陈请："天下未定，斗将如宁难得，宜容忍之。"权遂厚宁，卒得其用。蒙子霸袭爵，与守冢三百家，复田五十顷。霸卒，兄琮袭侯。琮卒，弟睦嗣。

　　孙权与陆逊论周瑜、鲁肃及蒙曰："公瑾雄烈，胆略兼人，遂破孟德，开拓荆州，邈焉难继，君今继之。公瑾昔要子敬来东，致达于孤，孤与宴语，便及大略帝王之业，此一快也。后孟德因获刘琮之势，张言方率数十万众水步俱下。孤普请诸将，咨问所宜，无适先对。至子布、文表，俱言宜遣使修檄迎之，子敬即驳言不可，劝孤急呼公瑾，付任以众，逆而击之，此二快也。且其决计策意，出张、苏②远矣。后虽劝吾借玄德地，是其一短，不足以损其二长也。周公不求备于一人，故孤忘其短而贵其长，常以比方邓禹也。又子明少时，孤谓不辞剧易，果敢有胆而已。及身长大，学问开益，筹略奇至，可以次于公瑾，但言议英发不及之耳。图取关羽，胜于子敬。子敬答孤书云：'帝王之起，皆有驱除，羽不足忌。'此子敬内不能办，外为大言耳，孤亦恕之，不苟责也。然其作军屯营，不失令行禁止，部界无废负，路无拾遗，其法亦美也。”

注释

①君欲为祁奚：谓吕蒙外举不避仇，内举不避亲。②张、苏：张仪、苏秦，俱为战国时策士。

译文

　　吕蒙年少时不学习经典书籍，每次要向上级汇报大事，常常口述让别人记录后作为奏书。他曾因自己亲兵的事受到江夏太守蔡遗的弹劾，但无怨恨之意。及至豫章太守顾邵去世，孙权问吕蒙用谁接替为好，吕蒙举荐蔡遗担当这个职务，说他是个好官吏。孙权笑着说："你想当祁奚吗？"于是任用蔡遗。甘宁粗暴好杀，既常常令吕蒙不满意，又不时违背孙权的命令，孙权很恼火，吕蒙多次替甘宁求情说："天下尚未平定，像甘宁那样的猛将很难得，应当对他宽容忍耐些。"孙权于是厚待甘宁，后来尽得其用。吕蒙儿子吕霸承袭吕蒙的爵位，受到赏赐守护坟墓的人三百家，及加赏的免税田亩五十顷。吕霸死后，他的哥哥吕琮承袭侯爵。吕琮死后，他弟弟吕睦续承其爵。

　　孙权与陆逊评论周瑜、鲁肃和吕蒙时说："公瑾雄威刚烈，胆略过人，所以能打败曹操，开拓荆州，确实难找接替他的人，现在由你接替了。公瑾过去要子敬到江东来，将他推荐给我，我和他饮酒交谈，他就提出了统一天下建立帝王基业的谋略，这是第一件令人快慰之事。后来曹操因为得到刘琮的力量，扬言要率领数十万兵众水陆共进东吴。我将所有将领召请来，询问如何处置，没人率先提出适当的计策。至于子布、文表，都说应该派人送降书迎接曹操，子敬当即反驳说不可，劝我迅将公瑾召回，委以重任授以军队，前往迎击曹操，这是第二件令人快意之事。而且他的谋划，远远超过张仪、苏秦之计谋。后来他虽然劝我借地刘备，是其一大不是，但不足以损折他的两大长处。周公对人不求全责备，故我忘其短而敬其长，常将他比作邓禹。又子明（吕蒙字）年少之时，我只以为他不畏劳苦，行事果敢有胆量而已。及至他长成以后，学问增进思想开通，奇谋异略，可说仅次于公瑾，但言谈议论才气英发不及公瑾。在图谋打败关羽方面，胜过子敬。子敬在给我的回信中说：'帝王的兴起，都有要驱除的敌手，关羽不足以让人担忧。'这是子敬实际上不能办到，表面上说说大话而已，我也宽恕了他，不随意责备。但是他统领军队，没有损失任何营寨，能令行禁止，部下辖区内没有荒于职守的官吏，路不拾遗，他的治理措施也颇为完善。"

甘宁传

题解

　　甘宁，字兴霸，巴郡临江（今重庆忠县）人，少年任侠，后折节读书。建安九年（204年）率八百健儿依刘表，不见进用。建安十年转投黄祖，黄祖又以凡人待之。建安十三年（208年）归吴见用于孙权。破黄祖、据楚关，攻曹仁、取夷陵，镇益阳、拒关羽，守西陵、获朱光，百骑袭曹营。孙权说："孟德有张辽，孤有甘兴霸，足可敌矣。"甘宁智勇双全，仗义疏财，深得士卒拥戴。

原文

　　甘宁，字兴霸，巴郡临江人也。少有气力，好游侠，招合轻薄少年，为之渠帅。群聚相随，挟持弓弩，负毦①带铃，民闻铃声，即知是宁。人与相逢，及属城长吏，接待隆厚者乃与交欢。不尔，即放所将夺其资货，于长吏界中有所贼害，作其发负②，至二十余年。止不攻劫，颇读诸子，乃往依刘表，因居南阳，不见进用，后转托黄祖，祖又以凡人畜③之。于是归吴。

　　周瑜、吕蒙皆共荐达，孙权加异，同于旧臣。宁陈计曰："今汉祚日微，曹操弥憍（骄），终为篡盗④。南荆之地，山陵形便，江川流通，诚是国之西势也。宁已观刘表，虑既不远，儿子又劣，非能承业传基者也。至尊当早规之，不可后操。图之之计，宜先取黄祖。祖今年老，昏耄已甚，财谷并乏，左右欺弄，务于货利，侵求吏士，吏士心怨，舟船战具，顿废不修，怠于耕农，军无法伍。至尊今往，其破可必。一破祖军，鼓行而西，西据楚关，大势弥广，即可渐规巴蜀。"权深纳之。

张昭时在坐，难曰："吴下业业⑤，若军果行，恐必致乱。"宁谓昭曰："国家以萧何之任付君，君居守而忧乱，奚以希慕古人乎？"权举酒属宁曰："兴霸，今年行讨，如此酒矣，决以付卿。卿但当勉建方略，令必克祖，则卿之功，何嫌张长史之言乎。"权遂西，果禽（擒）祖，尽获其士众。遂授宁兵，屯当口。

注释

①毦（ěr）：用鸟羽兽毛做的装饰品。②发负：悔过自新。发：或为"废"字误写。负：罪过。③畜：闲置一旁。④篡盗：篡权。⑤业业：危惧貌。

译文

甘宁，字兴霸，巴郡临江人。他年轻时很有气力，好行侠仗义，召集一批轻薄少年，成为他们的头领。他们结伙成群形成一个帮派，持弓弩带箭羽，骑着系有铃铛的马，百姓一听到马铃声，就知道是甘宁来了。大家与他相交结，即使是他所在的城中官吏，隆重接待他的人，他才与之结交欢娱。否则，他就放任所带的轻薄手下强夺他人财产，这样做了一些害人的事，等他猛然觉悟，已二十多岁了。于是放弃过去那种攻打、抢劫的行为，攻读不少的诸子书籍，由是前往依附刘表，就此住在南阳，不受刘表重用，他后来又转往黄祖那里寻求依托，黄祖也一样将他作平常人养着。这样，甘宁就归附了东吴。

周瑜、吕蒙都共同推荐他显达于朝，孙权加倍看重他，视同旧臣一样。甘宁献计说："如今汉家运数日益衰微，曹操更为骄横专断，最终要成为篡汉的国贼。南荆地区，山势屏障利便，江河流畅通行，确是我国西边的有利地势。我早已看出刘表考虑问题无远见，儿子们又差劣，不是能继传他基业的料子。主上应当尽早设谋进取，不可落在曹操之后。图谋刘表的计划，第一步先从黄祖下手。黄祖如今年老，昏聩无能，军资粮食都很缺乏，身边的人在愚弄欺瞒他，而他一味地贪图钱财，在下属官吏兵士们头上克扣索取，这些人都心怀怨恨，而战船及各种作战器具，破损而不加修整，荒误农耕，军队缺乏训练。主上现在前往进取，必定将他打败。一旦击败黄祖的队伍，即可击鼓西进，前据楚关，军势即增大扩广，这样可逐渐谋取巴蜀之地了。"孙权对他的建议十分赞同。

当时张昭在座，他诘难甘宁说："吴国自身危急，如果军队真的西征，恐怕必然导致国内大乱。"甘宁回答张昭："国家将萧何那样的重任交给阁下，而您却保守，担心出乱子，用什么来追慕古人呢？"孙权举起酒杯敬送给甘宁说："兴霸，今年即出征西进，如同这杯酒，我决定把它拜托给你了。你尽管勉力提出作战方略，使我们一定能打败黄祖，如此就是你立了大功，何必计较张长史的话呢？"孙权于是西征，果然擒获黄祖，并俘虏了他的全部军队。于是调拨给甘宁军队，让他驻扎在当口。

原文

后随周瑜拒破曹公于乌林①。攻曹仁于南郡，未拔，宁建计先径进取夷陵，往即得其城，因入守之。时手下有数百兵，并所新得，仅满千人。曹仁乃令五六千人围宁。宁受攻累日，敌设高楼，雨射城中，士众皆惧，惟宁谈笑自若。遣使报瑜，瑜用吕蒙计，帅诸将解围。

后随鲁肃镇益阳②，拒关羽。羽号有三万人，自择选锐士五千人，投县上流十余里浅濑③，云欲夜涉渡。肃与诸将议。宁时有三百兵，乃曰："可复以五百人益吾，吾往对之，保羽闻吾咳唾，不敢涉水，涉水即是吾擒。"肃便选千兵益宁，宁乃夜往。羽闻之，住不渡，而结柴营，今遂名此处为"关羽濑"。权嘉宁功，拜西陵太守，领阳新、下雉两县。后从攻皖，为升城督。宁手持练，身缘城，为吏士先，卒破获朱光。计功，吕蒙为最。宁次之，拜折冲将军。

后曹公出濡须④，宁为前部督，受敕出斫敌前营。权特赐米酒众殽⑤，宁乃料赐手下百余人食。食毕，宁先以银碗酌酒，自饮两碗，乃酌与其都督。都督伏，不肯时持。宁引白削⑥置膝上，呵谓之曰："卿见知于至尊，孰与甘宁？甘宁尚不惜死，卿何以独惜死乎？"都督见宁色厉，即起拜持酒，通酌兵各一银碗。至二更时，衔枚出斫敌。敌惊动，遂退。宁益贵重，增兵二千人。宁虽粗猛好杀，然开爽有计略，轻财敬士，能厚养健儿，健儿亦乐为用命。

注释

①乌林：乌林矶，在今湖北洪湖东南，长江北岸。②益阳：今湖南益阳。③浅濑：从沙石上流过的急水。④濡须：在今安徽无为北，孙权曾建有濡须口，为战时港口。⑤殽（xiáo）：古同"肴"，菜肴。⑥白削：犹言白刃。

译文

后来甘宁又跟随周瑜在乌林抵抗并打败了曹操。在南郡攻打曹仁，未能攻破城池，甘宁献计先直接进取夷陵，他率军前往当即拿下了这座城池，于是进城驻守。当时他手下有兵数百人，加上刚俘虏过来的人员，也只刚满一千。曹仁却派出五六千人围攻甘宁。甘宁被攻打了好几天，敌方架起攻城高楼，从楼上将箭像雨点般地射入城内，兵士们都非常害怕，只有甘宁谈笑自如。他派人将情况报告周瑜，周瑜采用吕蒙的计谋，率领诸将前来给甘宁解了围。

后来甘宁随鲁肃镇守益阳，抵御关羽。关羽号称有三万兵马，他亲自挑选精锐兵卒五千人，投物堵住县城上游十多里的浅水地带，说要夜里涉水渡河。鲁肃与各位将领商

议对策。甘宁当时有兵三百人，于是说："能否再给我增添五百人，我前去对付他，保证关羽一听到我咳嗽、吐口水的声音，就不敢渡河，如他敢渡过来就要被我擒获。"鲁肃便挑选一千人增补甘宁队伍，甘宁于是连夜前往。关羽听说甘宁到了，就停止渡河行动，就地修造柴木营房，如今那地方就叫作"关羽濑"。孙权嘉赏甘宁的功绩，升任他为西陵太守，下属阳新、下雉两县。后来甘宁跟随孙权攻打皖县，为升城督。他手持练绳，亲自爬上城墙，身先士卒，终于攻破皖城，俘获朱光。战后评功，吕蒙第一，甘宁第二，被任命为折冲将军。

后来曹操出兵濡须，甘宁为吴军前部督，受命出击袭击敌人前营，孙权特地赐赏米酒和很多菜肴给他，甘宁于是将这些酒菜分给手下一百多人吃。吃完后，甘宁先用银酒碗斟酒，自饮了两碗，接着便斟上酒递给他的都督。都督伏下身子，不肯马上接酒。甘宁操起一把雪亮的刀放在膝上，呵斥都督说："你受主上所知遇，与甘宁相比怎样？我甘宁尚且不怕死，你为什么独独怕死？"都督见甘宁声色严厉，当即起身拜谢接酒，全体兵士也都领酒一碗。到二更时分，众人口里衔着一根短木棍出击袭击敌人。敌营惊惧动摇，于是败退。甘宁更加受到孙权的看重，给他增兵二千。甘宁虽说凶猛鲁莽好杀，但性格开朗并有计谋，轻财敬士，能厚待英勇善战的兵士，这些兵士也乐于为他效命。

原文

　　建安二十年，从攻合肥，会疫疾，军旅皆已引出，唯车下虎士千余人，并吕蒙、蒋钦、凌统及宁，从权逍遥津北。张辽觇望^①知之，即将步骑奄^②至。宁引弓射敌，与统等死战。宁厉声问鼓吹^③何以不作，壮气毅然，权尤嘉之。

　　宁厨下儿曾有过，走投吕蒙。蒙恐宁杀之，故不即还。后宁赍礼礼蒙母，临当与升堂，乃出厨下儿还宁。宁许蒙不杀。斯须还船，缚置桑树，自挽弓射杀之。毕，敕船人更增舸缆，解衣卧船中。蒙大怒，击鼓会兵，欲就船攻宁。宁闻之，故卧不起。

　　蒙母徒跣^④出谏蒙曰："至尊待汝如骨肉，属汝以大事，何有以私怒而欲攻杀甘宁？宁死之日，纵至尊不问，汝是为臣下非法。"蒙素至孝，闻母言，即豁然意释，自至宁船，笑呼之曰："兴霸，老母待卿食，急上！"宁涕泣歔欷^⑤曰："负卿。"与蒙俱还见母，欢宴竟日。宁卒，权痛惜之。子瓌，以罪徙会稽，无几死。

注释

　　①觇望：窥视，观望。②奄：忽然，突然。③鼓吹：吹鼓手，指军乐队。④跣（xiǎn）：光着脚，不穿鞋袜。⑤歔欷（xū xī）：叹息。

译文

　　建安二十年（215 年），他跟随孙权攻打合肥，正碰上疾疫流行，军队都已撤出，只有孙权车下虎士一千多人，以及吕蒙、蒋钦、凌统及甘宁，跟随孙权在逍遥津的北岸。张辽观望后知道吴军的实情，当即率领步、骑兵突袭杀来。甘宁引弓射敌，与凌统等拼死苦战。甘宁厉声问军中吹鼓手们为什么不奏军乐，壮气刚毅凛然，孙权特别嘉赏他。

　　甘宁厨中一个仆人曾犯有过错，逃到吕蒙那儿。吕蒙怕甘宁把仆人杀死，故没有马上送还。后来甘宁带着礼物来拜见吕蒙的母亲，到将要与甘宁进入后堂时，吕蒙才将那个厨人送还甘宁。甘宁答应吕蒙不杀那人。过了一会儿回往船上，甘宁将仆人绑在桑树上，亲手用箭射死了那个人。完事后，甘宁命令船上人再增加几根船缆，自己脱衣躺在船上。吕蒙大怒，击鼓集合兵士，要上船攻杀甘宁。甘宁听到这种情况，故意躺着不起来。

　　吕蒙母亲赤着脚跑出来劝吕蒙说："主上待你如同骨肉，把大事托付给你，怎么能因个人的愤怒而想攻杀甘宁呢？甘宁要是死了，纵然主上不责问你，你作为臣子这样做也是非法的。"吕蒙一向非常孝顺，听了母亲的话，即豁然醒悟，怒意顿释，亲自来到甘宁的船前，笑着招呼甘宁："兴霸，老母正等你吃饭，快上岸吧！"甘宁流泪唏嘘地说："我有负于您。"便与吕蒙一起回去拜见吕母，欢畅地宴饮一天。甘宁死后，孙权十分痛惜。甘宁的儿子甘瓌，因犯罪迁居会稽，不久死去。

陆逊传

三国志精粹

题解

　　陆逊（183年—245年），字伯言，孙权的侄女婿，是可与周瑜、鲁肃、吕蒙比肩的东吴将领，其受到孙权的重视程度，更是在这三人之上。建安二十四年（219年），陆逊与吕蒙联手，从关羽手中夺取荆州，在军事上崭露头角。黄武元年（222年），夷陵之战，陆逊运用后发制人、疲敌制胜的策略，使得刘备败走白帝城，由此名闻天下。以后，陆逊在东吴出将入相，晚年因卷入立嗣之争，力保太子孙和而受孙权责罚，忧愤而死，葬于苏州。

原文

　　陆逊，字伯言，吴郡吴人也。本名议，世江东大族。逊少孤，随从祖庐江太守康在官。袁术与康有隙，将攻康，康遣逊及亲戚还吴。逊年长于康子绩数岁，为之纲纪①门户。孙权为将军，逊年二十一，始仕幕府，历东西曹令史，出为海昌屯田都尉，并领县事。县连年亢旱②，逊开仓谷以振贫民，劝督农桑，百姓蒙赖③。

　　时吴、会稽、丹杨多有伏匿④，逊陈便宜，乞与募焉。会稽山贼大帅潘临，旧为所在毒害，历年不禽（擒）。逊以手下召兵，讨治深险，所向皆服，部曲已有二千余人。鄱阳贼帅尤突作乱，复往讨之，拜定威校尉，军屯利浦。

　　权以兄策女配逊，数访⑤世务，逊建议曰："方今英雄棋跱⑥，豺狼窥望，克敌宁乱，非众不济。而山寇旧恶，依阻深地。夫腹心未平，难以图远，可大部伍，取其精锐。"权纳其策，以为帐下右部督。会丹杨贼帅费栈受

曹公印绶，扇动山越，为作内应，权遣逊讨栈。栈支党多而往兵少，逊乃益施牙幢⑦，分布鼓角，夜潜山谷间，鼓噪而前，应时破散。遂部伍东三郡，强者为兵，羸者补户，得精卒数万人，宿恶荡除，所过肃清，还屯芜湖。

注释

①纲纪：总管。②亢旱：大旱。③蒙赖：受益。④伏匿：这里指为躲避战乱、赋税而逃亡的人。⑤访：咨询。⑥棋跱：相持。⑦牙幢：即牙旗。

译文

陆逊，字伯言，吴郡吴县（今江苏苏州）人。原名陆议，世代为江东大族。陆逊很小的时候就死了父亲，跟随堂祖父庐江太守陆康到他的任所生活。袁术与陆康有矛盾，准备进击陆康，陆康便让陆逊和亲眷们回吴县。陆逊比陆康的儿子陆绩大几岁，便替陆康管理家族的事务。孙权成为将军的时候，陆逊二十一岁，开始在孙权幕府任职，历任东西曹令史，出任海昌县屯田都尉，兼管县里政务。该县连年大旱，陆逊打开官仓放粮救济贫民，鼓励督促种田养蚕，百姓得到很多益处。

当时吴县、会稽、丹杨都有不少隐避在山林中躲避战乱的人，陆逊向朝廷陈述当前亟须解决的事宜，请求准许他招募这些人。会稽山越贼人大头领潘临，一直是该地区的祸患，很多年来官府不能将他们擒获。陆逊让部下召集新兵，讨伐藏身险境地区的乱寇，所到之处无不降服，他的部队已发展到二千多人。鄱阳郡贼寇首领尤突作乱，陆逊又前往征讨，被授予定威校尉，军队驻扎在利浦。

孙权将哥哥孙策的女儿许配给陆逊，多次向他征询对时局的意见，陆逊建议说："当今的英雄各踞一方相持争雄，豺狼般的敌人窥测时机，要战胜敌人平定战乱，没有大量的人马不能成事，而山越贼寇与我们怀有旧怨，依山踞险。我们的内乱还没有平定就不能图谋远方敌人，应当扩充军队，挑选精锐兵卒。"孙权采纳了他的计策，任命他为帐下右部督。正逢丹杨贼寇首领费栈接受曹操的任命，煽动山越部族作乱，为曹操做内应，孙权派遣陆逊前去讨伐费栈。费栈的党羽很多，但是陆逊讨伐的兵却很少，陆逊便增设不少旗旌，分置战鼓、号角，深夜潜伏山谷之间，鼓噪而进，费栈人马一下子被打败逃散。于是陆逊整编东三郡的部队，强壮者留在军营，老弱者回到地方落户，这样得精兵几万人，将旧有的贼患全部铲净，军队所过之地社会即得安宁，于是回师驻扎芜湖。

原文

会稽太守淳于式表逊枉取民人，愁扰所在。逊后诣都，言次，称式佳吏，权曰："式白君而君荐之，何也？"逊对曰："式意欲养民，是以白逊。

若逊复毁式以乱圣听，不可长也。"权曰："此诚长者之事，顾人不能为耳。"

吕蒙称疾诣建业，逊往见之，谓曰："关羽接境，如何远下，后不当可忧也？"蒙曰："诚如来言，然我病笃。"逊曰："羽矜其骁气，陵轹于人。始有大功，意骄志逸，但务北进，未嫌于我，有相闻病，必益无备。今出其不意，自可擒制。下见至尊，宜好为计。"

蒙曰："羽素勇猛，既难为敌，且已据荆州，恩信大行，兼始有功，胆势益盛，未易图也。"蒙至都，权问："谁可代卿者？"蒙对曰："陆逊意思深长，才堪负重，观其规虑，终可大任。而未有远名，非羽所忌，无复是过。若用之，当令外自韬隐，内察形便，然后可克。"权乃召逊，拜偏将车右部督代蒙。

译文

会稽太守淳于式上表奏劾陆逊违法征用民众，所辖区域的百姓受其扰乱而愁苦不堪。陆逊后来到达都城，言谈之中，称赞淳于式是个好官，孙权问他："淳于式控告你而你却推举他，是什么原因？"陆逊回答说："淳于式的心意想休养百姓，所以控告我。如果我再诋毁他以混淆陛下视听，此类风气不可长。"孙权说："这确实是忠厚诚实者所为，一般人是不能做到的。"

吕蒙称病前往建业，陆逊前去拜见他，问吕蒙说："关羽和您的辖区接境，您怎么远离防区东下，不会有后顾之忧吗？"吕蒙说："正如你所说，然而我的病很重。"陆逊说："关羽自恃他的骁勇胆气，欺负别人。刚刚建立大功，意气骄横，志向狂肆，只顾北往进攻魏国，对我国未存戒心，他若听到您病重，必然更加不为防备。现在出其不意地出击他，一定能够将他擒拿制服。您见到主上，应好好计划。"

吕蒙说："关羽一向勇猛，本就难以与他对抗，而且他又占据荆州，广施恩信于人，再加上他刚建有大功，胆量和威势更加盛壮，不容易图谋他。"吕蒙到京后，孙权问他："谁可以接替您？"吕蒙回答说："陆逊考虑事情深远，有担当重任的才干，看他的规划谋筹，最终可以承担大任。而且他还没有很大的名声，不为关羽所顾忌害怕，没有人更比他合适。如果用他，应让他表面上隐藏起真实的意图，暗中观察有利形势，然后可以击败关羽。"孙权于是召见陆逊，任命他为偏将军右部督代替吕蒙。

原文

逊至陆口，书与羽曰："前承观衅①而动，以律行师，小举大克，一何巍巍！敌国败绩，利在同盟，闻庆拊节，想遂席卷，共奖王纲。近以不敏，受任来西，延慕光尘，思禀良规。"又曰："于禁等见获，遐迩欣叹，以为将军之勋足以长世，虽昔晋文城濮之师，淮阴拔赵之略，蔑以尚兹②。闻徐晃等少骑驻旌，阘望麾葆。操猾虏也，忿不思难，恐潜增众，以逞其心。虽云师老，犹有骁悍。且战捷之后，常苦轻敌，古人杖术，军胜弥警，愿将军广为方计，以全独克。仆书生疏迟，忝所不堪，喜邻威德，乐自倾尽，虽未合策，犹可怀也。傥（倘）明注仰，有以察之。"

羽览逊书，有谦下自讬（托）之意，意大安，无复所嫌。逊具启形状，陈其可禽之要。权乃潜军而上，使逊与吕蒙为前部，至即克公安、南郡。逊径进，领宜都太守，拜抚边将军，封华亭侯。备宜都太守樊友委郡走，诸城长吏及蛮夷君长皆降。逊请金银铜印，以假授初附。是岁建安二十四年十一月也。

注释

①衅：可乘之机。②蔑以尚兹：没有比这功劳更大。蔑：没有。尚：比某为高。兹：这件事。

译文

陆逊到陆口后，写信给关羽说："以前承您观察对方形势而行动，依据兵法军纪指挥大军，以小规模的行动大获全胜，这是多么伟大的功绩！敌国吃了败仗，对我们的同盟有利，听到您胜利的喜讯而击节叫好，想借机与您一起完成席卷天下的功业，共辅朝廷同振纲纪。最近我这愚笨之人，受命西来此地，非常仰慕您的风采，颇想受到您的有益教诲。"又说："于禁等人为您所俘获，远近都对您钦佩赞叹，认为将军您的功勋永世长存，即使是当年晋文公出师城濮击退楚国，淮阴侯谋取赵国，也未能超过将军的功绩。听说徐晃等以少数骑兵驻扎，窥测您的动向。曹操这个狡猾的敌人，因失败而愤怒不会想到危难，恐怕会暗中增添兵马，以求达到他的野心。虽说他的军队长期作战，但还有一些骁悍之将卒。况且人们在打了胜仗之后，常常会产生轻敌思想，古人根据兵法，军队获胜后备加警惕，希望将军多方采取措施，以保住自己的全胜。我书生意气粗疏迟钝，颇为惭愧自己力不胜任这个职位，十分高兴与将军为邻，钦佩您的威望德行，乐意向您倾诉心中所想，所说的即使不能合乎您的策略，但仍然可以看出我的心情。倘若能表明我对您的关注仰慕之情，您会明察其意的。"

关羽看过陆逊的信，内容含有谦虚依附的意思，心中十分高兴，再没有戒备之处。陆逊将这些情况详细报告孙权，指出可以擒获关羽的要点。孙权于是悄悄领兵西上，任命陆逊与吕蒙为先锋，东吴大军一到就攻克了公安、南郡。陆逊率军长驱直入，兼任宜都太守，被授为抚边将军，封华亭侯。刘备的宜都太守樊友弃城而逃，各城邑长官和各少数民族头领纷纷投降。陆逊请发给金银铜印，以便授任那些刚投降归附的人物。这一年是建安二十四年（219 年）十一月。

原文

逊遣将军李异、谢旌等将三千人，攻蜀将詹晏、陈凤。异将水军，旌将步兵，断绝险要，即破晏等，生降得凤。又攻房陵太守邓辅、南乡太守郭睦，大破之。秭归大姓文布、邓凯等合夷兵数千人，首尾西方。逊复部旌讨破布、凯。布、凯脱走，蜀以为将。逊令人诱之，布帅众还降。前后斩获招纳，凡数万计。权以逊为右护军、镇西将军，进封娄侯。

时荆州士人新还，仕进或未得所，逊上疏曰："昔汉高受命，招延英异。光武中兴，群俊毕至。苟可以熙隆道教者，未必远近。今荆州始定，人物未达，臣愚惓惓，乞普加覆载抽拔①之恩，令并获自进，然后四海延颈②，思归大化。"权敬纳其言。

黄武元年，刘备率大众来向西界，权命逊为大都督、假节，督朱然、潘璋、宋谦、韩当、徐盛、鲜于丹、孙桓等五万人拒之。备从巫峡、建平连围至夷陵界，立数十屯，以金锦爵赏诱动诸夷，使将军冯习为大督，张南为前部，辅匡、赵融、廖淳、傅彤等各为别督，先遣吴班将数千人于平地立营，欲以挑战。诸将皆欲击之，逊曰："此必有谲，且观之。"备知其计不可，乃引伏兵八千，从谷中出。

注释

①覆：打击。载：挽救。抽拔：提拔。②延颈：翘首期待。

译文

　　陆逊派遣将军李异、谢旌等领兵三千，攻打蜀将詹晏、陈凤。李异率领水军，谢旌率领步兵，扼守险要之处，很快打败詹晏等，陈凤被擒投降。进而又攻击蜀国房陵太守邓辅、南乡太守郭睦，大败他们。秭归的豪族文布、邓凯等集合少数民族兵士几千人，联合蜀国。陆逊又部署谢旌击败文布、邓凯。文布、邓凯逃走，蜀国任命他们为将军。陆逊派人引诱他们，文布率军又转来投降。陆逊前后斩杀、俘获、招降的有几万人。孙权任命他为右护军、镇西将军，进封娄侯。

　　当时荆州士人刚归附东吴，仕进之人有的还未得到妥当的安置，陆逊上疏说："过去汉高祖承受天命，招延优异英才，光武帝中兴，广大的俊杰都去归附，只要他们有益于道德教化的兴隆，不必区分远近亲疏。如今荆州刚刚平定，有声望之人没有得到显达，为臣恭敬恳切地请求您普遍给予他们供职提拔的恩德，使他们都得到进身的机会，然后天下人就会延颈仰望，都想归附具有盛大教化的吴国。"孙权敬佩并采纳了他的建议。

　　黄武元年（222年），刘备亲自率领大军来到吴国西部边界，孙权命令陆逊为大都督，授予节杖，督率朱然、潘璋、宋谦、韩当、徐盛、鲜于丹、孙桓等所部五万人马抵御刘备。刘备从巫峡、建平至夷陵边界，连接扎营几十座，以金银锦缎和爵位的赏赐引诱各少数民族部落，任命冯习为大都督，张南为前锋，辅匡、赵融、廖淳、傅肜为各分部都督，先派吴班带领数千人在平地扎营，想以此向吴军挑战。东吴各将都想进击吴班，陆逊说："蜀军此举必定有诈，暂且观察一下。"刘备知道自己的计谋不得逞，于是带领八千名伏兵，从山谷中撤出。

原文

　　逊曰："所以不听诸君击班者，揣之必有巧故也。"逊上疏曰："夷陵要害，国之关限，虽为易得，亦复易失。失之非徒损一郡之地，荆州可忧。今日争之，当令必谐。备干天常，不守窟穴，而敢自送。臣虽不材，凭奉威灵，以顺讨逆，破坏在近。寻备前后行军，多败少成，推此论之，不足为戚。臣初嫌之，水陆俱进，今反舍船就步，处处结营，察其布置，必无他变。伏愿至尊高枕，不以为念也。"诸将并曰："攻备当在初，今乃令入五六百里，相衔持经七八月，其诸要害皆以固守，击之必无利矣。"

　　逊曰："备是猾虏，更尝事多，其军始集，思虑精专，未可干也。今住已久，不得我便，兵疲意沮，计不复生，犄角此寇，正在今日。"乃先攻一营，不利。

吴书

诸将皆曰："空杀兵耳。"逊曰："吾已晓破之之术。"乃敕各持一把茅，以火攻拔之。一尔势成，通率诸军同时俱攻，斩张南、冯习及胡王沙摩柯等首，破其四十余营。备将杜路、刘宁等穷逼请降。

备升马鞍山，陈兵自绕。逊督促诸军四面蹙之，土崩瓦解，死者万数。备因夜遁，驿人自担烧铙铠断后，仅得入白帝城。其舟船器械，水步军资，一时略尽，尸骸漂流，塞江而下。备大惭恚，曰："吾乃为逊所折辱，岂非天邪！"

译文

陆逊说："我之所以不听从各位进击吴班主张的原因，是揣测到蜀军必有诈伪的缘故。"陆逊上奏疏说："夷陵是军事要害之地，我国重要的关隘，虽说容易夺取，但也容易丢失。失去夷陵并非只是损失一郡的土地，荆州也由此令人担忧。现在争夺此地，务必取得成功。刘备违背天理，不守着自己的老巢，而竟敢自来送死。为臣虽说不才，但凭借陛下的声威，以有道伐无道，击破歼灭蜀军即在眼前。考察刘备前后带兵作战，总是胜少败多，推而论之，此人没有什么令人担忧的。为臣起初担心他水陆并进，如今他反而舍弃舟船专以步兵作战，处处扎营相连，观察他的军事部署，肯定没有什么大的变化。希望陛下高枕无忧，不必挂念。"众将领都说："进击刘备应当在他刚进军的时候，如今让他深入境内五六百里，相互对峙七八个月，很多要害关隘都被他们控制坚守，现在出击必然对我们不利。"

陆逊说："刘备是个狡猾的敌人，经历的事情很多，他的军队刚刚集结时，考虑精密用心专一，不可轻易进犯他。如今他驻扎时间很长了，没有占到我们的便宜，军队疲惫情绪沮丧，再也想不出新的计策，抗击这种敌人，现在正是时候。"于是陆逊先出兵进攻蜀军一处营寨，未得到便宜。众将领都说："这是白白让兵卒去送死。"陆逊说："我已掌握到打败敌人的办法了。"于是命令全军将士每人拿着一把茅柴，用火攻的办法攻破蜀军的营寨。顷刻间形成熊熊大火，陆逊便率领各军同时进攻，斩杀蜀将张南、冯习及胡王沙摩柯等人，攻破蜀军四十多处营寨。刘备的将领杜路、刘宁等走投无路而被迫请降。

刘备登上马鞍山，列阵布军防守。陆逊督促各军四面收围紧逼，蜀军土崩瓦解，死者数以万计。刘备乘黑夜逃走，驿站里的人自动收集兵卒扔下的铠甲、铙钹，在隘口烧化以阻断追兵的道路，刘备才得以逃入白帝城。蜀军船只军器、水军步兵的物资，一下子全都丢失殆尽，兵卒尸体随水漂流，拥塞江面而下。刘备十分羞愧愤恨，说："我竟受到陆逊这小子的侮辱，岂非天意啊！"

吴书

原文

初，孙桓别讨备前锋于夷道，为备所围，求救于逊。逊曰："未可。"诸将曰："孙安东公族，见围已困，奈何不救？"逊曰："安东得士众心，城牢粮足，无可忧也。待吾计展，欲不救安东，安东自解。"及方略大施，备果奔溃。桓后见逊曰："前实怨不见救，定至今日，乃知调度自有方耳。"

当御备时，诸将军或是孙策时旧将，或公室贵戚，各自矜恃[①]，不相听从。逊案（按）剑曰："刘备天下知名，曹操所惮，今在境界，此强对也。诸君并荷国恩，当相辑睦，共翦此虏，上报所受，而不相顺，非所谓也。仆虽书生，受命主上。国家所以屈诸君使相承望者，以仆有尺寸可称，能忍辱负重故也。各任其事，岂复得辞！军令有常，不可犯矣。"

及至破备，计多出逊，诸将乃服。权闻之，曰："君何以初不启诸将违节度者邪？"逊对曰："受恩深重，任过其才。又此诸将或任腹心，或堪爪牙，或是功臣，皆国家所当与共克定大事者。臣虽驽懦，窃慕相如、寇恂相下之义，以济国事。"权大笑称善，加拜逊辅国将军，领荆州牧，即改封江陵侯。

注释

①各自矜恃：各有所恃。

译文

　　起初，孙桓另率一支队伍在夷道进击刘备的前锋部队，被刘备军队包围，于是向陆逊求援。陆逊说："不行。"众将领说："安东将军是主上的同族，他受到围困，怎能不去救援？"陆逊说："安东将军得到官兵拥戴，城池坚固粮草充足，没有什么令人担忧的。待我的计谋全面施行，即使不去救他，他的围也自然被解。"到陆逊的计谋全面施行实现后，刘备军队果然奔逃溃散。孙桓后来见到陆逊说："开始我确实怨您不来相救，如今胜局已定，才知道您的调度自有良方。"

　　正值抵御刘备期间，诸位将领或是孙策时期的老将，或是皇亲国戚，各有所恃，骄傲不服。陆逊手把剑柄说："刘备天下闻名，连曹操都对他有所畏惧，如今他进军我国境界，这是非同一般的敌人。各位都深受国家恩泽，应当相互和睦，共同歼灭这个强敌，上报所受的主恩，而现在互不和顺，这并非我们应做的事。我虽是一介书生，但接受主上的委命。国家之所以委屈各位来听从我的指挥，是认为我还有一些长处可用，能忍辱负重的原因。各自承受自己的责任，岂能再互相推诿！军令有恒定的条文，切不可犯。"

　　等到打败刘备，计谋大多出自陆逊本人，众将这才诚服。孙权听说后，说："你当时怎么不上告诸将不服从指挥约束的事呢？"陆逊回答说："我深受国恩，所负重任超越自己的实际能力。况且这些将领或是陛下亲信，或是我军勇将，或是国家功臣，都是国家理当依靠来共同建立大业的人。为臣虽说笨鲁懦弱，心中暗慕蔺相如、寇恂谦虚居下的道义，以成就国家大事。"孙权大笑称好，加授陆逊辅国将军，兼任荆州牧，随后又改封为江陵侯。

原文

　　又备既住白帝，徐盛、潘璋、宋谦等各竞表言备必可禽（擒），乞复攻之。权以问逊，逊与朱然、骆统以为曹丕大合士众，外讬（托）助国讨备，内实有奸心，谨决计辄还。无几，魏军果出，三方受敌也。备寻病亡，子禅袭位，诸葛亮秉政，与权连和。时事所宜，权辄令逊语亮，并刻权印，以置逊所。权每与禅、亮书，常过示逊，轻重可否，有所不安，便令改定，以印封行之。

　　七年，权使鄱阳太守周鲂谲[①]魏大司马曹休，休果举众入皖，乃召逊假黄钺，为大都督，逆休。休既觉知，耻见欺诱，自恃兵马精多，遂交战。逊自为中部，令朱桓、全琮为左右翼，三道俱进，果冲休伏兵，因驱走之，追亡逐北，径至夹石，斩获万余，牛马骡驴车乘万两，军资器械略尽。休还，疽发背死。诸军振旅过武昌，权令左右以御盖覆逊，入出殿门，凡所赐逊，皆御物上珍，于时莫与为比。遣还西陵。

注释

①谲：欺诈，引诱。

译文

当时，刘备驻在白帝城，徐盛、潘璋、宋谦等争相上奏说必能擒获刘备，请求再出兵进击。孙权以此事征询陆逊，陆逊与朱然、骆统认为，曹丕正大规模集结军队，表面上找借口说助吴国共讨刘备，实际上心怀险恶奸计，因此应自行决断将兵撤还。不久，魏军果然出动，吴国三面受到进攻。不久刘备病死，其子刘禅继位，诸葛亮执掌国政，与孙权通好联盟。政事中应当处理的问题，孙权总是令陆逊告知诸葛亮，并刻孙权的印玺放在陆逊的官署。孙权每次给刘禅、诸葛亮的书信，都让陆逊过目，措辞语气轻重，有所不妥之处，便叫陆逊修改定稿，然后用孙权印玺封好送走。

黄武七年（228年），孙权让鄱阳太守周鲂诈骗魏国大司马曹休，曹休果然中计进军皖县，孙权于是征召陆逊赐以黄钺，任命为大都督，迎击曹休。曹休发觉受骗，耻于被欺，自恃兵马众多精良，即同陆逊交战。陆逊自领中路军，令朱然、全琮率领左右两翼军队，三路一齐进击，果然冲散曹休的伏兵，因势尽力驱赶，往北追击败逃跑的敌人，一直追到夹石，斩杀俘获一万多人，缴获牛、马、骡、驴车一万多辆，将魏军军用物资、兵器抢掠干净。曹休败还后，发背疽而死。吴军各军整顿过武昌，孙权命令左右侍从用御伞遮护陆逊出入宫殿大门，凡是赐予陆逊的东西，都是御用的上等珍品，其时没有谁能同此相比。随后陆逊被派回西陵。

原文

黄龙元年，拜上大将军、右都护。是岁，权东巡建业，留太子、皇子及尚书九官，征逊辅太子，并掌荆州及豫章三郡事，董督①军国。时建昌侯虑于堂前作斗鸭栏，颇施小巧，逊正色曰："君侯宜勤览经典以自新益，用此何为？"虑即时毁彻之。射声校尉松于公子中最亲，戏兵不整，逊对之髡其职吏。南阳谢景善刘廙②先刑后礼之论，逊呵景曰："礼之长于刑久矣，廙以细辩而诡先圣之教，皆非也。君今侍东宫，宜遵仁义以彰德音，若彼之谈，不须讲也。"

逊虽身在外，乃心于国，上疏陈时事曰："臣以为科法严峻，下犯者多。顷年以来，将吏罹罪，虽不慎可责，然天下未一，当图进取，小宜恩贷，以安下情。且世务日兴，良能为先，自非奸秽入身，难忍之过，乞复显用，展其力效。此乃圣王忘过记功，以成王业。昔汉高舍陈平之愆，用其奇略，终建勋祚，功垂千载。夫峻法严刑，非帝王之隆业。有罚无恕，非怀远之弘规也。"

注释

①董督：总管。②刘廙（yì）：字恭嗣，南阳（今河南南阳）人，三国时魏名士。初从荆州牧刘表，后投奔曹操，甚受器重，为黄门侍郎。曹丕继位，擢为侍中。

译文

黄龙元年（229年），陆逊被任命为上大将军、右都护。当年，孙权东巡建业，留太子、皇子及尚书等九卿在武昌，征召陆逊辅佐太子，并掌管荆州及豫章三郡政务，处理和督察军国大事。当时建昌侯孙虑在堂前建起一座斗鸭栏，建造颇为精致小巧，陆逊严肃地说："您应当勤读经典，增加自己的新知，玩弄这些东西有什么用？"孙虑当即就拆毁了斗鸭栏。射声校尉孙松在公子中最亲近孙权，他不整军纪，放纵士兵，陆逊当着他的面将他的手下罚以剃光头发。南阳人谢景称赞刘廙先刑后礼的理论，陆逊呵斥谢景说："礼治优于刑治，久为历史所证明，刘廙以琐屑的狡辩来歪曲先圣的教诲，完全是错误的。您如今在东宫侍奉，应当遵奉仁义以显扬善言，像刘廙之谈不必讲了。"

陆逊虽任职在外，但心中却牵挂着朝廷大事，他上疏陈述时事说："为臣认为法令条例过于严厉，下边触犯的人太多。近几年来，将领官吏犯罪，虽然由于自身不谨慎应受到谴责，然而天下尚未统一，理当谋求进取，小错应受到宽待，以安定下面的情绪。而且当前要办的事一天比一天多，应首先考虑人的优良才能，只要不是邪恶之人，没有犯过无可容忍的罪过，请求还是提拔重用他们，施展他们为国效力的才干。这是圣明君主忘人之过记人之功，完成帝王大业的原因。过去汉高祖不计较陈平的过失，采用他的奇计妙略，最终建成大汉，功垂千载。严刑峻法，不是帝王建立大业的做法，只有惩罚而无宽恕，非是抚招远方人才归附的大计。"

原文

权欲遣偏师取夷州及朱崖，皆以谘逊，逊上疏曰："臣愚以为四海未定，当须民力，以济时务。今兵兴历年，见众损减，陛下忧劳圣虑，忘寝与食，将远规夷州，以定大事，臣反覆思惟，未见其利，万里袭取，风波难测，民易水土，必致疾疫，今驱见众，经涉不毛，欲益更损，欲利反害。又朱崖绝险，民犹禽兽，得其民不足济事，无其兵不足亏众。今江东见众，自足图事，但当畜力而后动耳。昔桓王创基，兵不一旅，而开大业。陛下承运，拓定江表。臣闻治乱讨逆，须兵为威，农桑衣食，民之本业，而干戈未戢，民有饥寒。臣愚以为宜育养士民，宽其租赋，众克在和，义以劝勇，则河渭可平，九有一统矣。"权遂征夷州，得不补失。及公孙渊背盟，权欲往征，逊上疏曰……权用纳焉。

译文

孙权打算派遣一支非主力部队前去夺取夷州及朱崖，都要咨询陆逊，陆逊上书说："为臣认为全国尚未平定，正需要集中民力，成就当今大事。现在用兵多年，人口损失减少，陛下忧虑，废寝忘食，又要远道谋取夷州，成就大业。我反复考虑，看不出这种举动的益处。万里远程去谋求疆土，风险难测，兵民不服异地水土，必定导致疾病流行，如今驱使大军，跋涉荒芜之地，企图得益反而损失更大，幻想获利反而遭受祸患。又朱崖乃绝险之地，那里未被开化的人犹如野兽，得到这些人也不能帮助我们成就大事，没有那里的兵也不使我的军力减弱。现在江东的人众，已足够用来图谋大事，只是应先积蓄力量然后再行动而已。过去桓王创立基业，兵员不足五百，就开创了甚大局面。陛下承受天命，开拓平定江南大地。为臣听说治乱世讨叛逆，必须凭借兵力之威，而农桑衣食，百姓的本业，只因战火不熄，百姓就挨饥受寒。为臣愚见，应该育养兵卒百姓，放宽对征赋的收敛，依靠民力取胜，重在让他们和睦同心，用道义鼓舞其勇敢献身，于是则黄河、渭水流域可得平定，九州可以统一。"孙权依然去征讨夷州，结果得不偿失。当公孙渊背叛盟约后，孙权打算前往征讨，陆逊上疏说……孙权听取了他的意见。

原文

嘉禾五年，权北征，使逊与诸葛瑾攻襄阳。逊遣亲人韩扁赍表奉报，还，遇敌于沔中，钞（抄）逻①得扁。瑾闻之甚惧，书与逊云："大驾已旋，贼得韩扁，具知吾阔狭②。且水乾（干），宜当急去。"逊未答，方催人种葑豆③，与诸将弈棋射戏如常。瑾曰："伯言多智略，其当有以。"自来见逊，逊曰："贼知大驾以旋，无所复戚，得专力于吾。又已守要害之处，兵将意动，且当自定以安之，施设变术，然后出耳。今便示退，贼当谓吾怖，仍来相蹙，必败之势也。"

乃密与瑾立计，令瑾督舟船，逊悉上兵马，以向襄阳城。敌素惮逊，遽还赴城。瑾便引船出，逊徐整部伍，张拓声势，步趋船，敌不敢干④。军到白围，讬（托）言住猎，潜遣将军周峻、张梁等击江夏新市、安陆、石阳，石阳市盛，峻等奄至，人皆捐物入城。城门噎不得关，敌乃自研杀己民，然后得阖。斩首获生，凡千余人。其所生得，皆加营护，不令兵士干扰侵侮。将家属来者，使就料视。若亡其妻子者，即给衣粮，厚加慰劳，发遣令还，或有感慕相携而归者。邻境怀之，江夏功曹赵濯、弋阳备将裴生及夷王梅颐等，并帅支党来附逊。逊倾财帛，周赡经恤。

又魏江夏太守逯式兼领兵马，颇作边害，而与北旧将文聘子休宿不协。逊闻其然，即假作答式书云："得报恳恻，知与休久结嫌隙，势不两存，欲来归附，辄以密呈来书表闻，撰众相迎。宜潜速严，更示定期。"以书置界上，式兵得书以见式，式惶惧，遂自送妻子还洛。由是吏士不复亲附，遂以免罢。

注释

①钞：打劫。逻：巡逻。②阔狭：兵力虚实。③荠：韭菜一类的蔬菜。豆：豆类蔬菜。④干：阻挡。

译文

嘉禾五年（236年），孙权北征魏国，派陆逊与诸葛瑾攻打襄阳。陆逊派亲信韩扁带着奏章进呈孙权，返程时在沔中遇上敌军，敌人巡逻部队抓到韩扁。诸葛瑾听说后十分恐惧，写信给陆逊说："主上大驾已返归，敌人捉住韩扁，完全掌握到我们的底细。而且现在江水干涸，应当赶紧撤军。"陆逊没有回信，正在督促人们种芜菁、豆子，自己与诸位将领下棋、射戏如同平常。诸葛瑾说："伯言足智多谋，他必定有好办法。"于是亲自前来会见陆逊，陆逊说："敌人知道主上大驾东归，没有什么可担忧的，可以专门对付我们。再者他们已把守住要害之处，我军将士思想动摇，这就需要我们镇定，稳住军心，施展灵变的计策，然后退兵。现在就表示出要退兵，敌人一定认为我们害怕，因而前来进逼，这是必败的形势。"

于是与诸葛瑾秘密设计，让诸葛瑾督率船队，陆逊带领全部兵马，向襄阳发起进攻。敌人向来惧怕陆逊，于是迅即退回城内。诸葛瑾便带领船队出现在江边，陆逊从容地整顿队伍，虚张声势，缓步上船，敌军不敢进犯。军队行至白围，陆逊假说要住下打猎，却暗遣将军周峻、张梁等袭击江夏郡新市、安陆、石阳，石阳此时正是赶集热闹的时候，周峻等领兵突然杀到，人们都丢下货物纷纷逃进城去。城门被堵塞无法关闭，敌兵便砍杀自己的民众，然后城门才得以关上。吴军斩俘计千余人。那些被活捉的人，都得到保护，不准兵卒干扰侵侮。带家眷前来之人，派人前往照看料理。如果失去妻子儿女的，就给他们衣服、粮食，优厚慰劳，打发他们回家，有的人因此受到感动倾慕而相携前来归附。邻境地区的人们也心向陆逊，魏国江夏功曹赵濯、弋阳备将裴生及少数民族首领梅颐等人，都率领党羽部下前来依附陆逊。陆逊拿出所有财物，周到地赡恤他们。

又有魏国江夏太守逯式，兼领当地兵马，颇为吴国边境之患，但与魏国老将文聘的儿子文休一向不和。陆逊听说这一情况，即假装给逯式回信说："得到您言辞恳切的来信，知道您与文休久结怨恨，势不两立，打算前来归附我国，我立即秘密将您的来信呈报给朝廷，并召集人马前来迎接您。您应当暗中迅速整装，再告知归附的准确时间。"吴军将信放在两国的境界上，逯式的士兵捡到后向他报告，逯式惶恐不安，于是亲自送妻子儿女返回洛阳。自此后逯式的部下再也不亲近依附他，因此被罢官免职。

原文

六年，中郎将周祗乞于鄱阳召募，事下问逊。逊以为此郡民易动难安，不可与召，恐致贼寇。而祗固陈取之，郡民吴遽等果作贼杀祗，攻没诸县。豫章、庐陵宿恶民，并应遽为寇。逊自闻，辄讨即破，遽等相率降，逊料得精兵八千余人，三郡平。

时中书典校吕壹，窃弄权柄，擅作威福，逊与太常潘濬同心忧之，言至流涕。后权诛壹，深以自责，语在权传。时谢渊、谢厷（宏）等各陈便宜，欲兴利改作，以事下逊。逊议曰："国以民为本，强由民力，财由民出。夫民殷国弱，民瘠国强者，未之有也。故为国者，得民则治，失之则乱，若不受利，而令尽用立效，亦为难也。是以诗叹'宜民宜人，受禄于天'。乞垂圣恩，宁济百姓，数年之间，国用少丰，然后更图。"

赤乌七年，代顾雍为丞相，诏曰："朕以不德，应期践运，王涂未一，奸宄充路，夙夜战惧，不惶鉴寐。惟君天资聪叡，明德显融，统任上将，匡国弭难。夫有超世之功者，必应光大之宠。怀文武之才者，必荷社稷之重。昔伊尹隆①汤，吕尚翼②周，内外之任，君实兼之。今以君为丞相，使使持节守太常傅常授印绶。君其茂昭明德，脩（修）乃懿绩，敬服王命，绥靖四方。於乎（呜呼）！总司三事，以训群寮（僚），可不敬与！君其勖③之。其州牧都护领武昌事如故。"

注释

①隆：兴隆。②翼：辅佐。③勖：勉励。

译文

嘉禾六年（237年），中郎将周祗请求在鄱阳招募士卒，孙权将此事下询陆逊。陆逊考虑到该郡民众容易发动扰乱，难于安分守己，不可前往招募，恐怕由此招致他们成为贼寇。而周祗坚持要求招募，郡民吴遽等人果然作乱，杀死周祗，攻占了几个县城。豫章、庐陵的惯匪，一起响应吴遽为寇作乱。陆逊听说，当即前往征讨，将他们打败，吴遽等相继投降，陆逊从中挑选精兵八千余人，三郡由此平定。

当时中书典校吕壹，窃据要职，滥用权柄，作威作福，陆逊与太常潘濬对此都很忧虑，谈到此事以致流泪。后来孙权诛杀吕壹，并深深责备自己，自责言论见《孙权传》。其时谢渊、谢厷等各自陈述当前应办事宜，打算改变一些政治措施，为国家兴办一些有益的事情，孙权将此事下交陆逊审定。陆逊建议："国以民为本，强盛取决于民力，财货也出自民众。民富而国弱，民贫而国强，这种事从古未有。故此治理国家者，得到民心则国家得治，失去民心则国家有乱。如果不让人民得到利益，而想让他们竭力效劳，实在难于做到。是以《诗经》有言慨叹'便益人民，上天赐福'。请求陛下广施圣恩，安抚赈济百姓，数年之间，国家财力小有丰裕，然后再考虑其他事情。"

赤乌七年（244年），陆逊接替顾雍担任丞相，孙权的诏书说："我以无德之人，承应天命，登上大位，天下尚未统一，奸乱之徒充塞道路，我朝夕忧恐，顾不上休息。唯您天资聪颖，美德显著，担任上将重职，辅佐朝廷除乱。有盖世之功者，就应受到广大的荣耀，兼具文武才干的人，定要担当社稷重任。过去伊尹使商汤兴隆，吕尚辅佐西周，如今朝廷内外大事，实由您一人肩负。今以您为丞相，遣使持节太常傅常授予您印章绶带。您自当发扬光大高尚的美德，建树美好的功业，恭服遵从王命，安抚平定四方。呜呼！总管三公职事，训导群臣百官，能不恭敬去办吗！您自勉努力吧。您原来担任的荆州牧、右都护兼武昌留守等职仍旧。"

原文

先是，二宫并阙，中外职司，多遣子弟给侍。全琮报逊，逊以为子弟苟有才，不忧不用，不宜私出以要荣利。若其不佳，终为取祸。且闻二宫势敌，必有彼此，此古人之厚忌也。琮子寄，果阿附鲁王，轻为交构①。

逊书与琮曰："卿不师日磾②，而宿留阿寄，终为足下门户致祸矣。"琮既不纳，更以致隙。及太子有不安之议，逊上疏陈："太子正统，宜有盘石之固，鲁王藩臣，当使宠秩有差，彼此得所，上下获安。谨叩头流血以闻。"书三四上，及求诣都，欲口论嫡庶之分，以匡得失。既不听许，而逊外生（甥）顾谭、顾承、姚信，并以亲附太子，枉见流徙。太子太傅吾粲坐数与逊交书，下狱死。权累遣中使责让逊，逊愤恚致卒，时年六十三，家无余财。

初，暨艳造营府之论，逊谏戒之，以为必祸。又谓诸葛恪曰："在我前者，吾必奉之同升。在我下者，则扶持之。今观君气陵其上，意蔑乎下，

非安德之基也。"又广陵杨竺少获声名,而逊谓之终败,劝竺兄穆令与别族。其先睹如此。长子延早夭,次子抗袭爵。孙休时,追谥逊曰昭侯。

注释

①交构:结成党羽。②日磾(mì dī):即金日磾,字翁叔。原为驻牧武威的匈奴休屠王太子,幼年时为大将军卫青俘获,充为官奴。为人忠信持重,后为汉武帝启用。汉武帝因获休屠王祭天金人故赐其姓为金。其幼子戏谑宫廷,金日磾怒而杀之。汉武帝病重,托霍光与金日磾辅佐太子刘弗陵,并遗诏封秺侯。

译文

早先,太子与鲁王两宫并立,朝廷内外的官员,大多派遣子弟担任侍臣。全琮报知陆逊自己也想这么办,陆逊认为这些子弟如果有才干,不愁得到任用,但不能私自托请为官邀利取荣。如果不行,给他们功名职位最终只会招惹祸患。况且听说两宫势均力敌,这些子弟必会各为彼此结成帮派,这是古人最为忌讳之事。全琮的儿子全寄,果然奉承依附鲁王,轻率地与鲁王结成党羽。

陆逊写信给全琮说:"您不效法汉朝的金日磾,而庇护您的儿子阿寄,最终会给您的家族招来祸患。"全琮不仅不接受陆逊规劝,反而与陆逊结下怨隙。等到太子孙和有在位不稳的议论后,陆逊上疏陈述说:"太子为皇位正统继承人,地位应稳如磐石,鲁王为藩臣,应当在荣宠赐赏和地位上与太子有所差别,这样他们各得其所,上下才能得到安宁。为臣谨向陛下叩首流血,陈述己见。"他上书多次,并请求前至京城,想亲口与孙权阐明嫡庶之分,以纠正得失。孙权并不听从他的意见,而且陆逊的外甥顾谭、顾承、姚信,都因为亲附太子,无辜地遭到流放。太子太傅吾粲因多次与陆逊有书往来而获罪,被关进监狱致死。孙权多次派遣宫中使者前往责备陆逊,陆逊悲愤痛恨而死,时年六十三岁,死时家无余财。

当初,暨艳提出建造武将府第的论调,陆逊规劝告诫他,认为必定会由此招祸。陆逊又对诸葛恪说:"品位在我之上的人,我一定服事他与我一道升迁。在我之下的人,我则帮助扶持他。现在看您气势侵凌上级,心里蔑视下属,这并非能巩固自己德行的基础。"又有广陵人杨竺,年轻时就很有名气,而陆逊认为他最终会惹祸败亡,便劝杨竺的哥哥杨穆与杨竺分开生活另立门户。他的先见之明大抵如此。陆逊的长子陆延早年夭折,次子陆抗继承了他的爵位。孙休在位,追赠陆逊的谥号为昭侯。

陆抗传

三国志精粹

题解

陆抗（226年—274年），字幼节，吴郡吴县（今江苏苏州）人。吴国后期名将，陆逊次子，孙策外孙。年二十为建武校尉，领其父众五千余人。后迁立节中郎将、镇军将军等。孙皓为帝，任镇军大将军、都督西陵、信陵、夷道、乐乡、公安诸军事，驻乐乡（今湖北江陵西南）。凤凰元年（272年），击退晋将羊祜进攻，并攻杀叛将西陵督步阐。后拜大司马、荆州牧，卒于官，终年四十九岁。陆抗死后，吴国再无良将可与西晋抗衡。279年，晋军伐吴，晋龙骧将军王濬率水陆大军沿江而下，其作战方略与陆抗所忧虑的完全一样。

原文

抗，字幼节，孙策外孙也。逊卒时，年二十，拜建武校尉，领逊众五千人，送葬东还，诣都谢恩。孙权以杨竺所白逊二十事问抗，禁绝宾客，中使临诘，抗无所顾问，事事条答，权意渐解。

赤乌九年，迁立节中郎将，与诸葛恪换屯柴桑。抗临去，皆更缮完城围，葺其墙屋，居庐桑果，不得妄败。恪入屯，俨然若新。而恪柴桑故屯，颇有毁坏，深以为惭。

太元元年，就都治病。病差^①当还，权涕泣与别，谓曰："吾前听用谗言，与汝父大义不笃，以此负汝。前后所问，一焚灭之，莫令人见也。"建兴元年，拜奋威将军。

太平二年，魏将诸葛诞举寿春降，拜抗为柴桑督，赴寿春，破魏牙门将

偏将军，迁征北将军。永安二年，拜镇军将军，都督西陵，自关羽至白帝。

三年，假节。孙皓即位，加镇军大将军，领益州牧。建衡二年，大司马施绩卒，拜抗都督信陵、西陵、夷道、乐乡，公安诸军事，治乐乡。

注释

①病差：病稍稍痊愈。

译文

陆抗，字幼节，是孙策的外孙。陆逊死时，陆抗二十岁，被任命为建武校尉，接领陆逊亲兵五千人，送父灵柩东归，途中到都城向孙权谢恩。孙权以杨竺控告陆逊的二十件事来责问陆抗，禁绝他拜会宾客，派宫中使者临门盘诘，陆抗不假思索，事事都做出有条理的辩答，孙权心中不满渐渐消退。

赤乌九年（246年），陆抗被升为立节中郎将，与诸葛恪换防驻守柴桑。陆抗临走时，将城墙全部修整好，房屋也作了修缮，周围的桑树果树，不许妄自损坏。诸葛恪前来军营，一切整修如新。而诸葛恪柴桑的旧营，毁坏却颇为严重，诸葛恪因此深感惭愧。

太元元年（251年），陆抗到京城治病。病稍稍痊愈，该回去时，孙权流泪与他告别，对他说："我过去听用谗言，对你父亲在君臣大义上不笃厚，因此亏待了你。我前后责问的材料，一把火烧灭干净，不要让人再见到。"建兴元年（252年），陆抗被任命为奋威将军。

太平二年（257年），魏国将领诸葛诞献寿春城归降东吴，陆抗被授任柴桑督，前赴寿春，打败魏国牙门将偏将军，被升任为征北将军。永安二年（259年），陆抗又被任命为镇军将军，都督西陵，负责自关羽濑至白帝城的军事事务。

永安三年（260年），授予他节杖。孙皓即位，加授陆抗镇军大将军，兼任益州牧。建衡二年（270年），大司马施绩去世，陆抗被任命为信陵、西陵、夷道、乐乡、公安各地军事的都督，治所设在乐乡。

原文

抗闻都下政令多阙，忧深虑远，乃上疏曰："臣闻德均则众者胜寡，力侔则安者制危，盖六国所以兼并于强秦，西楚所以北面于汉高也。今敌跨制九服，非徒关右之地。割据九州，岂但鸿沟以西而已。国家外无连国之援，内非西楚之强，庶政陵迟，黎民未义，而议者所恃，徒以长川峻山，限带封域，此乃守国之末事，非智者之所先也。臣每远惟战国存亡之符，近览刘氏倾覆之衅，考之典籍，验之行事，中夜抚枕，临餐忘食。昔匈奴未灭，去病辞馆。汉道未纯，贾生哀泣。况臣王室之出，世荷光宠，身名否泰①，与国同慽②，死生契阔，义无苟且，夙夜忧怛，念至情惨。夫事君之义犯而勿欺，人臣之节匪躬是殉，谨陈时宜十七条如左。"十七条失本，故不载。

时何定弄权，阉官预政。抗上疏曰："臣闻开国承家，小人勿用，靖谮庸回，唐书攸戒，是以雅人所以怨刺，仲尼所以叹息也。春秋已来，爰及秦、汉，倾覆之衅，未有不由斯者也。小人不明理道，所见既浅，虽使竭情尽节，犹不足任，况其奸心素笃，而憎爱移易哉？苟患失之，无所不至。今委以聪明之任，假以专制之威，而冀雍熙之声作，肃清之化立，不可得也。方今见吏，殊才③虽少，然或冠冕之胄，少渐道教，或清苦自立，资能足用，自可随才授职，抑黜群小，然后俗化可清，庶政无秽也。"

注释

三国志精粹

①身名否（pǐ）泰：身份、名誉的荣辱、沉浮。否：厄运。泰：好运。②慽（qī）：忧愁，悲哀。③殊才：特别（出色）的人才。

译文

陆抗听说朝廷政令多有失误之处，深为忧虑，于是上疏说："为臣听说君主德行相等，而民众多者胜过民众少者，国力相等，则安定之国制服混乱之国，这大概是六国所以被强秦兼并，西楚所以为汉高祖打败的原因罢。如今敌国跨踞四方，并非只有关右之地。割据九州，岂止鸿沟以西的土地而已。我国外无盟国可援，内无西楚那样强大，政务缺乏生气，百姓不得安定，而议论国事者所依恃的条件，只不过大江高山，围隔着我国的疆域，这不过是守卫国家最次的条件，不是明智之人首要考虑的事情。臣下常常追忆战国各国存亡的迹象，近观刘汉王朝灭亡的征兆，考证典籍，应验实事，深夜抚枕不能入睡，面对饭菜忘记进餐。从前匈奴未被破灭，霍去病辞却皇上为他所造府第。汉朝治国之道未得完美，贾谊为之悲哀哭泣。况且我为王室血缘所出，世代蒙受光荣的恩宠，个人的身名安危，与国家休戚相关，生死离合，义无苟且，早晚忧虑，想到这些就十分心痛。事奉君上的道义在于犯颜直谏而不欺瞒，身为臣下的节操不在屈膝卑躬而是殉节，谨陈当今急务十七条如下。"十七条失去原本，故此不作记载。

当时何定玩弄权柄，宦官干预朝政，陆抗上疏说："为臣听说创建国家、继承家业，不用小人，听小人潜谮，用奸邪之才，《尧典》对此作过告诫，因此诗人为此写诗讽刺，仲尼为此而叹息。春秋以来，降至秦汉，朝代灭亡之征兆，没有一个不是由此而起。小人不明治国之道理，见识浅陋，即使他们竭尽心力保全名节，也不能胜任，更何况这类人向来颇存奸邪之心，爱憎情感又变化无常呢？如果害怕失去他们，则此类无所不至。如今委他们以朝廷重任，借他们以专制权威，还希望出现和乐的盛世之音，清明纯正的社会风气，这是绝不可能之事。如今任职官吏，特别出色的人才虽少，然而他们或是王

室贵族的后代，自小受到道德教化的浸染，或是清苦自立之人，其资质才能值得任用，自然可以根据他们的才干授官任职，抑制、黜退小人，然后社会风气才可纯净，朝中政务不致玷污。"

原文

凤皇元年，西陵督步阐据城以叛，遣使降晋。抗闻之，日部分诸军，令将军左奕、吾彦、蔡贡等径赴西陵，敕军营更筑严围，自赤谿至故市，内以围阐，外以御寇，昼夜催切，如敌以至，众甚苦之。诸将咸谏曰："今及三军之锐，亟以攻阐，比晋救至，阐必可拔。何事于围，而以弊士民之力乎？"抗曰："此城处势既固，粮谷又足，且所缮修备御之具，皆抗所宿规。今反身攻之，既非可卒克，且北救必至，至而无备，表里受难，何以御之？"诸将咸欲攻阐，抗每不许。宜都太守雷谭言至恳切，抗欲服众，听令一攻。攻果无利，围备始合。

晋车骑将军羊祜率师向江陵，诸将咸以抗不宜上，抗曰："江陵城固兵足，无所忧患。假令敌没江陵，必不能守，所损者小。如使西陵槃（盘）结，则南山群夷皆当扰动，则所忧虑，难可竟言也。吾宁弃江陵而赴西陵，况江陵牢固乎。"初，江陵平衍[1]，道路通利，抗敕江陵督张咸作大堰遏水，渐渍平中[2]，以绝寇叛。祜欲因所遏水，浮船运粮，扬声将破堰以通步车。抗闻，使咸亟破之。诸将皆惑，屡谏不听。祜至当阳，闻堰败，乃改船以车运，大费损功力。晋巴东监军徐胤率水军诣建平，荆州刺史杨肇至西陵。抗令张咸固守其城。公安督孙遵巡南岸御祜。水军督留虑、镇西将军朱琬拒胤。身率三军，凭围对肇。

注释

①平衍：地势平坦。②渐渍平中：渐渐淹没平坦低洼的地方。

译文

凤凰元年（272年），西陵督步阐占据城池发动叛乱，派人前往晋国投降。陆抗听到这一消息，当日部署各军，命令将军左奕、吾彦、蔡贡等直接挺进西陵，下令各军军营再加修坚固的围墙，自赤溪到故市，对内则围困步阐，对外则防止敌军，陆抗日夜催促督责，如同敌军已经来到，全军将士甚感困苦。诸将都劝谏陆抗说："现在以三军精锐，急速进攻步阐，等到晋军救援前来，步阐一定已被攻克。何必劳累修筑围墙，让士兵和百姓困苦不堪呢？"陆抗说："这座城池城墙坚固地势险要，城内粮草充裕，而且所修缮的防御工事和配置的防御器械，都是我以前详细规划安排的。现在我们反过来去攻打，既不能很快攻克，且北方救兵一定要赶来，敌人来后我们没有防备，则里外受敌，以什么抵抗他们呢？"诸将都想急于攻打步阐，陆抗总是不答允。宜都太守雷谭的请求极为恳切，陆抗为了使众将信服，便听任他们去攻打一次。进攻果然不利，防御围墙由是得以完工。

晋车骑将军羊祜率军向江陵进发，诸将都认为陆抗不宜率军西上，陆抗说："江陵城池坚固兵力充足，没有什么担忧的。假如敌人攻占江陵，也一定防守不住，我们所受损失很小。但如果让西陵与敌人联合起来，则南山诸族夷人将骚动扰乱，则我忧虑的事情，就不是一下子说得清楚的。我宁愿放弃江陵而奔赴西陵，何况江陵十分牢固。"当初，江陵地势平旷，道路通便，陆抗下令江陵督张咸修造一道大堰拦水，浸没平原中心，借以阻止敌人进攻和内部叛乱。羊祜想利用大堰蓄的水域，浮船运粮，扬言要毁掉大堰让步兵通行。陆抗听说，让张咸当即毁掉大堰，众将领都颇为困惑，多次劝谏，陆抗不听。羊祜至当阳，听说大堰已毁，乃改船运为车运，耗费了大量的时间和精力。晋国巴东监军徐胤率水军前至建平，荆州刺史杨肇前至西陵。陆抗命令张咸固守江陵，公安督孙遵巡视长江南岸抵御羊祜，水军督留虑、镇西将军朱琬抵御徐胤，陆抗亲自统率三军，凭借军营围墙对抗杨肇。

原文

　　将军朱乔、营都督俞赞亡诣①肇。抗曰："赞军中旧吏，知吾虚实者，吾常虑夷兵素不简练，若敌攻围，必先此处。"即夜易夷民，皆以旧将充之。明日，肇果攻故夷兵处，抗命旋军击之，矢石雨下，肇众伤死者相属。肇至经月，计屈夜遁。抗欲追之，而虑阐畜力项领，伺视间隙，兵不足分，于是但鸣鼓戒众，若将追者。肇众凶惧，悉解甲挺走，抗使轻兵蹑之，肇大破败，祜等皆引军还。抗遂陷西陵城，诛夷阐族及其大将吏，自此以下，所请赦者数万口。脩治城围，东还乐乡，貌无矜色，谦冲如常，故得将士欢心。加拜都护。

　　闻武昌左部督薛莹征下狱，抗上疏曰："夫俊乂者，国家之良宝，社稷之贵资，庶政所以伦叙，四门所以穆清也。故大司农楼玄、散骑中常侍王蕃、少府李勖，皆当世秀颖，一时显器，既蒙初宠，从容列位，而并旋受诛殒，或圮族替祀，或投弃荒裔。盖周礼有赦贤之辟，春秋有宥善之义，书曰：'与其杀不辜，宁失不经。'而蕃等罪名未定，大辟以加，心经忠义，身被极刑，岂不痛哉！且已死之刑，固无所识，至乃焚烁流漂，弃之水滨，惧非先王之正典，或甫侯②之所戒也。是以百姓哀耸，士民同感。蕃、勖永已，悔亦靡及，诚望陛下赦召玄出，而顷闻薛莹卒见逮录③。莹父综纳言先帝，傅弼文皇，及莹承基，内厉名行，今之所坐，罪在可宥。臣惧有司未详其事，如复诛戮，益失民望，乞垂天恩，原赦莹罪，哀矜庶狱，清澄刑网，则天下幸甚！"

注释

　　①亡诣：逃跑到。②甫侯：周宣王大臣，负责狱讼，作"甫刑"。③逮录：遭到逮捕审讯。

译文

　　吴国将军朱齐、营都督俞赞逃跑投降杨肇。陆抗说："俞赞曾在我军中担任官吏，是知道我方虚实底细的人，我常担心夷兵素不精练，如果敌人攻围，必定先从夷兵防守处下手。"当夜就撤换夷兵，全用吴军老将替代设防。次日，杨肇果然进攻原先夷兵的防守处，陆抗下令守军反击，箭石如雨下，杨肇兵卒死伤累累。杨肇到达西陵后一个多月，无计可施而连夜逃遁。陆抗打算追击他，又担心步阐积蓄全力伺机出兵进击吴军要害之处，兵力不够分配，于是告诫将士，只击鼓做出要追击的样子。杨肇的军队颇为恐惧，全都抛盔弃甲争相逃命，陆抗派轻装的部队随后追赶，杨肇被打得大败，羊祜等都率军撤走。陆抗于是攻占西陵城，诛杀步阐全家及其部下首要的将吏，自将军以下，经陆抗请求朝廷而得到赦免的人有几万。陆抗修治西陵城墙和防御工事，还军东归乐乡，脸上毫无骄矜之色，谦逊如常，所以以深得将士衷心拥戴。陆抗被加授都护。

陆抗听说武昌左部督薛莹受惩被征召下狱，上疏说："才德出众者，国家之瑰宝，社稷之财富，各种政务有了他们才有条理秩序，四方人才有了他们才能教化成德。已故大司农楼玄、散骑中常侍王蕃、少府李勖，都是当世优异人才，一代显著人士，他们起初蒙受主上恩宠，从容任官行职，而后来不久即被诛杀，有的被灭族绝嗣，有的被弃荒远之地。《周礼》上有赦免贤人之刑法，《春秋》里有宽恕善人的义理。《尚书》有言：'与其杀害无辜，宁可违犯成法。'王蕃等罪名尚未被确定，即被处以死罪，他们心怀忠义，却身遭极刑，岂不令人心痛！且受刑死去，本已无知觉，竟然还要将其焚尸扬灰，抛尸流水，露尸水边，恐怕这并非先王之正典，或许为甫侯立法时所要戒免。因此百姓哀痛惊惧，士民同悲。王蕃、李勖已死，后悔已来不及，我诚恳地希望陛下赦免楼玄出狱。而近闻薛莹又遭逮捕。薛莹的父亲薛综曾为先帝献策，辅佐过文皇帝，到薛莹继承父业，注意品行的修养，如今坐罪，实属可以宽恕。为臣担心有关主管官员不知事情详情，如再将他杀害，更加失去百姓的期望，乞求主上施恩，原谅赦免薛莹的罪过，哀怜众犯，清澄法纲，则是天下的幸事。"

原文

时师旅仍动，百姓疲弊，抗上疏曰："臣闻易贵随时，传美观衅，故有夏多罪而殷汤用师，纣作淫虐而周武授钺。苟无其时，玉台有忧伤之虑，孟津有反旆之军。今不务富国强兵，力农畜谷，使文武之才效展其用，百揆之署无旷厥职，明黜陟以厉庶尹，审刑罚以示劝沮，训诸司以德，而抚百姓以仁，然后顺天乘运，席卷宇内，而听诸将徇名，穷兵黩武，动费万计，士卒彫瘁，寇不为衰，而我已大病矣！今争帝王之资，而昧十百之利，此人臣之奸便，非国家之良策也。昔齐鲁三战，鲁人再克而亡不旋踵[1]。何则？大小之势异也。况今师所克获，不补所丧哉？且阻兵无众，古之明鉴，诚宜蹔（暂）息进取小规，以畜士民之力，观衅伺隙，庶无悔吝。"

注释

[1]亡不旋踵：很短时间内就亡国了。旋踵：掉转脚跟。形容时间短促。

译文

当时军队频繁出征，百姓疲惫不堪，陆抗上疏说："为臣听说《周易》重视顺应时势，

《左传》赞美伺机进击，所以夏桀罪孽甚多商汤王才出兵讨伐，商纣荒淫暴虐周武王才授钺出征。如果时机不到，则商汤王宁肯被囚禁于玉台做忧伤的思虑，周武王宁愿在孟津撤军而不做轻妄举动。如今我们不致力于富国强兵，勤勉农耕广积粮食，让文武人才得以施展运用，百官衙门公署不得玩忽职守，使黜陟分明以激励各级官吏，使刑罚得当以表明劝惩奖抑，以道德教育各级官吏，用仁义安抚全国百姓，然后顺承天命，利用时机，席卷天下。如果听任诸将舍身求名，穷兵黩武，动辄耗费数以万计的国家钱财，使士卒困苦疲惫，敌人并没有因此衰败，而我们自己却已困乏不堪！如今只去争取做帝王的资格，而被小小利益遮障双眼，这是臣子的奸恶，不是为国之良策。过去齐、鲁两国交战三次，鲁国胜了两次而很快就灭亡了，这是什么原因？因为两国大小实力强弱不同。何况如今用兵征战所获得的战果，还不能补偿所遭受的损失。况且滥用兵力就得不到人民的支持，这是古代已有的明鉴，实在应暂停出兵征战的计划，来积蓄军民的力量，静待时机，就不会有什么悔恨的事发生。"

原文

二年春，就拜大司马、荆州牧。三年夏，疾病，上疏曰："西陵、建平，国之蕃表，既处下流，受敌二境。若敌汜舟顺流，舳舻千里，星奔电迈，俄然行至，非可恃援他部以救倒县（悬）也。此乃社稷安危之机，非徒封疆侵陵小害也。臣父逊昔在西垂陈言，以为西陵国之西门，虽云易守，亦复易失。若有不守，非但失一郡，则荆州非吴有也。如其有虞，当倾国争之。

臣往在西陵，得涉逊迹，前乞精兵三万，而主者循常，未肯差赴。自步阐以后，益更损耗。今臣所统千里，受敌四处，外御强对，内怀百蛮，而上下见兵财有数万，羸弊日久，难以待变。臣愚以为诸王幼冲，未统国事，可且立傅相[①]，辅导贤姿，无用兵马，以妨要务。又黄门竖宦开立占募，兵民怨役，逋逃入占。乞特诏简阅，一切料出，以补疆场受敌常处，使臣所部足满八万，省息众务，信其赏罚，虽韩、白复生，无所展巧。若兵不增，此制不改，而欲克谐大事，此臣之所深慼也。若臣死之后，乞以西方为属。愿陛下思览臣言，则臣死且不朽。"秋遂卒，子晏嗣。晏及弟景、玄、机、云、分领抗兵。晏为裨将军、夷道监。

注释

①傅：亲王的辅导老师。相：亲王封国的行政长官。

译文

凤凰二年（273年）春，陆抗在驻地被授予大司马、荆州牧。凤凰三年（274年）夏，陆抗患病，上疏说："西陵、建平，是我国边防屏障，地处长江下流，受到魏、蜀两方威胁。如果敌人船只顺江而下，舟船千里奔袭，顷刻即至，无法依靠别处援军来解危救难。这是国家安危的关键之处，并非仅为边境被侵扰的小患。为臣的父亲陆逊从前在西部边界上书阐明过己见，认为西陵是我国的西大门，虽说容易防守，也容易丢失。如果西陵失守，不只丢失一郡之地，则整个荆州也将不属吴国所有了。如果西陵有所不测，应当倾尽全国兵力前往争夺。

为臣过去驻守西陵，得以遵行父亲陆逊的做法。过去乞请以三万精兵守之，而主管军务官员按照常规，不肯派遣那么多兵力前往。自步阐事件以后，兵力消耗甚臣。如今为臣所统的千里之地，四处受敌，对外要抵御强敌，对内要镇抚各蛮夷部族，而手下现有兵员军资仅万数的配置，羸弱疲困的状况存在很久，很难应付事变。臣愚以为诸位王子年纪尚幼，尚未管理过国事，应当设置傅相，辅导他们教育他们成为贤能，不应动用兵马，以此妨碍国家当前应该急切办理的事务。还有，黄门内的宦官私自确定自己可以招募家丁的制度，导致兵民怨愤服役，纷纷逃到宦官门下。乞请通过精简考选特诏兵士，一切根据需要来安排，将其中多余兵力补充前方常常受敌侵扰之处的军队，使我所辖地域的部队能补足八万，节简政务，赏罚有信，即便韩信、白起复生，也无法施展他们的巧计。如果军队不增强，宫中制度不改变，而想成就大事，这是为臣深以为忧的事情。如果我死之后，请求陛下以西部边境为重。希望陛下考虑我的意见，则我死而不朽。"当年秋天，陆抗去世，其子陆晏继承爵位。陆晏及其弟弟陆景、陆玄、陆机、陆云，分别带领陆抗的部队。陆晏为裨将军、夷道监。

原文

天纪四年，晋军伐吴，龙骧将军王濬顺流东下，所至辄克，终如抗虑。景字士仁，以尚公主拜骑都尉，封毗陵侯，既领抗兵，拜偏将军、中夏督，澡身好学，著书数十篇也。二月壬戌，晏为王濬别军所杀。癸亥，景亦遇害，时年三十一。景妻，孙皓嫡妹，与景俱张承外孙也。

评曰：刘备天下称雄，一世所惮，陆逊春秋方壮，威名未著，摧而克之，罔不如志。予既奇逊之谋略，又叹权之识才，所以济大事也。及逊忠诚恳至，忧国亡身，庶几社稷之臣矣。抗贞亮筹干，咸有父风，奕世载美，具体而微，可谓克构者哉！

译文

天纪四年（280 年），晋军进伐吴国，龙骧将军王濬顺江东下，所到之处攻无不克，结果正如陆抗生前所料。陆景，字士仁，因为娶了公主而被任命为骑都尉，封毗陵侯，带领陆抗的军队后，被任为偏将军、中夏督，他修身好学，著书几十篇。二月五日，陆晏被王濬的分支部队所杀。二月六日，陆景也被杀害，时年三十一岁。陆景之妻是孙皓嫡母所生的妹妹，与陆景都是张承的外孙。

评论说：刘备在天下称雄，孙权忌惮，陆逊年轻力壮，还没有什么威名，打败了刘备。世人奇于陆逊的谋略，又感叹孙权的识才之能，所以才能成大事。至于陆逊忠诚恳切，忧国身死，可算是国家的栋梁之臣了。陆抗忠正诚信，谋略才干，都有父亲的风范，他们世代获得美名，比起父辈陆抗具备了所有的德业，只是规模略小，可以说是能继承父业的人啊！

吴书

三国志精粹

张昭传

题解

　　张昭（156 年—236 年），字子布，徐州彭城（今江苏徐州）人。东汉末年，张昭为避战乱而南渡至扬州。孙策创业时，任命其为长史、抚军中郎将，文武之事，都委任于张昭。孙策临死前，将弟弟孙权托付给张昭，张昭率群臣辅立孙权。魏黄初二年（221年），拜张昭为绥远将军，封由拳侯。孙权置丞相，众人推举张昭，孙权以张昭敢于直谏、性格刚直而不用。孙权称帝后，张昭以年老多病为由，上还官位及所统领的部属，一度不参与政事，在家著《春秋左氏传解》及《论语注》。嘉禾五年（236 年）去世，谥曰"文"。

原文

　　张昭，字子布，彭城人也。少好学，善隶书，从白侯子安受左氏春秋，博览众书，与琅邪（琊）赵昱、东海王朗俱发名①友善。弱冠察孝廉，不就，与朗共论旧君讳事，州里才士陈琳等皆称善之。刺史陶谦举茂才，不应，谦以为轻己，遂见拘执。昱倾身营救，方以得免。

　　汉末大乱，徐方士民多避难扬土，昭皆南渡江。孙策创业，命昭为长史、抚军中郎将，升堂拜母，如比肩②之旧，文武之事，一以委昭。昭每得北方士大夫书疏，专归美③于昭，昭欲嘿（默）而不宣，则惧有私，宣之则恐非宜，进退不安。策闻之，欢笑曰："昔管仲相齐，一则仲父，二则仲父，而桓公为霸者宗。今子布贤，我能用之，其功名独不在我乎！"

380

策临亡，以弟权讬（托）昭，昭率群僚立而辅之。上表汉室，下移属城，中外将校，各令奉职。权悲感未视事，昭谓权曰："夫为人后者，贵能负荷先轨④，克昌堂构⑤，以成勋业也。方今天下鼎沸，群盗满山，孝廉何得寝伏哀戚，肆匹夫之情哉？"乃身自扶权上马，陈兵而出，然后众心知有所归。昭复为权长史，授任如前。后刘备表权行车骑将军，昭为军师。

注释

①发名：少年得名。②比肩：一起长大的同辈朋友。③归美：赞美。④负荷先轨：承担起先辈的遗志。⑤堂构：堂，立堂基。构，盖屋。比喻父兄的遗业。

译文

张昭，字子布，彭城人。他年少时好学，擅长隶书，跟白侯子安学习《左氏春秋》，博览群书，与琅琊人赵昱、东海人王朗一道出名，互为友好。成年后被举荐过孝廉，但是他推辞未就，与王朗一起讨论以往君王避讳之事，州里的才士陈琳等对他颇为称赏。刺史陶谦举荐他为茂才，他不应召，陶谦认为这是张昭轻视自己，于是将他抓起来。赵昱竭尽全力解救，才使他得以脱身。

汉末天下大乱，徐州一带士民大多避难到扬州地区，张昭亦南渡长江。孙策创建东吴基业，任命张昭为长史、抚军中郎将，同他一道登堂拜见母亲，如同辈的密友，国家军政大事，全部托付给张昭。张昭每每得到北方士大夫的来信来函，他们都将功劳归于张昭一人。张昭想匿而不宣，又担心有私情之嫌，呈报上去则考虑到恐有不妥，进退两难，

吴书

内不自安。孙策听到这种情况后，高兴地笑着说："古代管仲为齐国国相，人家开口仲父、闭口仲父，而齐桓公则称霸诸侯为天下所尊崇。如今子布甚贤，我能重用，他的功名难道不为我所有吗？"

孙策临终前，将弟弟孙权托付给张昭，张昭率领百官拥立孙权并辅佐他。向汉朝廷上奏章，给各属县发公文，对朝中内外将校则令他们各守其职。孙权因为悲伤而没有过问政事，张昭就对他说："作为国家的继承人，重要就是能继承先辈遗业，使之繁荣昌盛，之后建立伟大的功业。现今天下动荡不安，盗贼占山蜂起，作为孝廉的您怎么能卧床哀伤，像个常人那样去放纵自己的感情呢？"于是他亲自将孙权扶上马，侍卫随后列队而出，这才使众人心里感到有所归靠。张昭又成为孙权的长史，与从前接受同样的职位。后来刘备上表任命孙权兼为车骑将军，张昭为军师。

原文

权每田猎，常乘马射虎，虎常突前攀持马鞍。昭变色而前曰："将军何有当尔？夫为人君者，谓能驾御英雄，驱使群贤，岂谓驰逐于原野，校勇于猛兽者乎？如有一旦之患，奈天下笑何？"权谢昭曰："年少虑事不远，以此惭君。"然犹不能已，乃作射虎车，为方目，间不置盖，一人为御，自于中射之。时有逸群①之兽，辄复犯车，而权每手击以为乐。昭虽谏争，常笑而不答。

魏黄初二年，遣使者邢贞拜权为吴王。贞入门，不下车。昭谓贞曰："夫礼无不敬，故法无不行。而君敢自尊大，岂以江南寡弱，无方寸之刃故乎！"贞即遽下车。拜昭为绥远将军，封由拳侯。

权于武昌，临钓台，饮酒大醉。权使人以水洒群臣曰："今日酣饮，惟醉堕台中，乃当止耳。"昭正色不言，出外车中坐。权遣人呼昭还，谓曰："为共作乐耳，公何为怒乎？"昭对曰："昔纣为糟丘酒池长夜之饮，当时亦以为乐，不以为恶也。"权默然，有惭色，遂罢酒。

初，权当置丞相，众议归昭。权曰："方今多事，职统者责重，非所以优之也。"后孙邵卒，百寮（僚）复举昭，权曰："孤岂为子布有爱乎？领丞相事烦，而此公性刚，所言不从，怨咎②将兴，非所以益之也。"乃用顾雍。

注释

①逸群：脱离群体。②怨咎：怨恨之心。

译文

孙权每次打猎，常乘马射虎，老虎曾猛扑上前抓住他所坐的马鞍。张昭神色大变，上前对孙权说："将军您为什么这样做？为人君者，指的是要能驾驭英雄，驱使群贤的人，怎么能在原野奔驰追逐，与猛兽比武较量？如果万一有个好歹，受天下取笑该怎么办？"孙权向张昭表示歉意："我年轻考虑问题不深远，此事有愧于您。"然而孙权并不放弃围猎的癖好，于是做了一辆射虎车，车上开有方孔，孔洞上并没有板盖，由一人为他驾驭，他自己坐在车中从方孔向外射猎。常有脱群的猛兽，动辄冲犯他的车子，而孙权却常以亲手击杀野兽为乐。张昭虽说竭力劝谏，他却总是笑笑而已。

魏黄初二年（221 年），魏国派遣使者邢贞任命孙权为吴王。邢贞进宫门后不下车。张昭对邢贞说："如果礼节上没有不恭敬这一条，那么法律也没有不能惩治的对象。你胆敢妄自尊大，难道是认为江南人寡势弱，连一把用以执法行刑的小刀子都不存在吗？"邢贞连忙下车。张昭又被任命为绥远将军，封爵由拳侯。

孙权抵达武昌的时候，登临钓台，饮酒大醉。他让人用水泼洒大臣们说："今日痛饮，只有醉倒在台上，才能罢休。"张昭神情严肃不发一言，起身走到外面的车中坐着。孙权派人喊他进来，对他说："只是为了大家在一起高兴高兴而已，您为什么发火呢？"张昭回答说："从前商纣王作酒糟山、美酒池而长饮通宵达旦，当时他也认为是作乐，而不以为是在做坏事啊。"孙权沉默无言，面露愧色，于是宣布停止宴饮。

当初，孙权决定设置丞相，大家都认为张昭适合。孙权说："如今天下多乱，执掌丞相工作的人责任重大，这个职位并非是优待人的东西。"后来孙邵去世，百官又共同推举张昭，孙权说："孤人岂是对子布吝啬呢，只是考虑到丞相的事务繁杂，而他性情刚烈，他的话要是没有被听从采纳，就会产生怨恨诘难，这对他并无益处。"于是任用顾雍为丞相。

原文

权既称尊号，昭以老病，上还官位及所统领。更拜辅吴将军，班亚三司，改封娄侯，食邑万户。在里宅无事，乃著春秋左氏传解及论语注。权尝问卫尉严畯："宁念小时所暗书不？"畯因诵孝经"仲尼居"。昭曰："严畯鄙生，臣请为陛下诵之。"乃诵"君子之事上"，咸以昭为知所诵。

昭每朝见，辞气壮厉①，义形于色，曾以直言逆旨，中不进见。后蜀使来，称蜀德美，而群臣莫拒，权叹曰："使张公在座，彼不折则废，安复自夸乎？"

明日，遣中使劳问，因请见昭。昭避席谢，权跪止之。

昭坐定，仰曰："昔太后、桓王不以老臣属陛下，而以陛下属老臣，是以思尽臣节，以报厚恩，使泯没之后，有可称述，而意虑浅短，违逆盛旨，自分幽沦，长弃沟壑，不图复蒙引见，得奉帷幄。然臣愚心所以事国，志在忠益，毕命而已。若乃变心易虑，以偷荣取容，此臣所不能也。"权辞谢焉。

注释

①壮厉：激昂慷慨。

译文

孙权登基称帝，张昭因为年老多病，即把官职及所统的军队奉上归还。孙权改任他为辅吴将军，地位仅次于三公，后改封为娄侯，食邑一万户。张昭居家无事，于是著述《春秋左氏传解》和《论语注》。孙权曾经问卫尉严畯说："你记得小时候熟读过的书吗？"严畯于是就背诵了《孝经》中"仲尼居"一节。张昭说："严畯是浅陋书生，臣下我请求为陛下背诵。"于是背诵了"君子之事上"一段，大家都认为张昭明白该在皇上面前背诵什么。

张昭每次上朝，言谈吐辞雄壮严厉，义形于色，曾经因为直言而忤逆孙权的旨意，中断过一段时间的入朝觐见。后来蜀国的使者来到东吴，称颂蜀国大臣的德行高尚，东吴群臣中无人出面应对，孙权叹息说："如果张公在座，此人不待别人使他折服就会丧气，哪里还敢自吹自擂呢？"第二天，他就派宫中使臣前往慰劳张昭，并乘机请张昭进见。张昭离席向孙权赔罪致歉，孙权跪下将他制止。

张昭坐定后，抬头道："过去太后、桓王不把老臣托付给陛下，而将陛下托付给老臣，正因如此老臣想尽身为臣子的节操，来报答这般厚恩，使自己在百年之后，有可为人称道之处。但我见识思虑浅短，违逆陛下圣明的意旨，自己认为死后必将尸骸永远丢弃在沟壑中，没有想到又蒙召见，得以报效陛下于朝廷，只是我这颗愚暗的心用来服事国家，志在忠贞不移，死而后已。如果说要我改变思想，以求得世间的尊荣和陛下的欢心，这一点为臣是绝对做不出来的。"孙权向他深表歉意。

原文

权以公孙渊称藩，遣张弥、许晏至辽东拜渊为燕王，昭谏曰："渊背魏惧讨，远来求援，非本志也。若渊改图，欲自明于魏，两使不反，不亦取笑于天下乎？"权与相反覆，昭意弥切。权不能堪，案刀而怒曰："吴国士人入宫则拜孤，出宫则拜君，孤之敬君，亦为至矣，而数于众中折孤，

三国志精粹

孤尝恐失计。"昭熟视权曰："臣虽知言不用，每竭愚忠者，诚以太后临崩，呼老臣于床下，遗诏顾命之言故在耳。"因涕泣横流。权掷刀致地，与昭对泣。然卒遣弥、晏往。

昭忿言之不用，称疾不朝。权恨之，土塞其门，昭又于内以土封之。渊果杀弥、晏。权数慰谢昭，昭固不起，权因出过其门呼昭，昭辞疾笃。权烧其门，欲以恐之，昭更闭户。权使人灭火，住门良久，昭诸子共扶昭起，权载以还宫，深自克责。昭不得已，然后朝会。

昭容貌矜严，有威风，权常曰："孤与张公言，不敢妄也。"举邦惮之。年八十一，嘉禾五年卒。遗令幅巾素棺，敛以时服。权素服临吊，谥曰文侯。长子承已自封侯，少子休袭爵。

译文

孙权因为公孙渊派人前来称藩，就派张弥、许晏前往辽东任命公孙渊为燕王，张昭劝谏说："公孙渊背叛魏国，害怕受到征讨，所以才远道前来请求支援，这并不是他的本意。如果公孙渊改变意图，想向魏国表明心迹，我们的两位使者就回不来了，这不是要让天下人取笑吗？"孙权与他反复争辩，但是张昭更加坚持自己的观点。孙权实难忍受，按刀在手愤怒地说："吴国的官员士人进宫则向我拜谒，出宫则向您致礼。孤家对您的敬重，也算到了顶，而您却屡次在大庭广众中反驳孤家，孤家真担心自己会做出失策的事。"张昭久久地注视着孙权说："为臣虽说知道自己的话不会被采用，而每每竭尽愚忠，确是因为太后临终之时，将老臣叫到床前，遗诏顾命的话语总在我的耳边啊！"说着涕泣交流。孙权把刀扔在地上，与张昭相对而泣。然而孙权最终还是派张弥、许晏去了辽东。

张昭愤恨自己的忠言未被采纳，就声称有病不再上朝。孙权对此很恼恨，用土堵塞住张昭家的大门，张昭又在里面用土把门封死。公孙渊果然杀害了张弥、许晏。孙权多次派人慰问张昭并赔不是，张昭坚决不起床，孙权因故路过张昭家门喊他出来相见，张昭以病重相推辞。孙权放火烧他家的大门，想用这种方法将他吓出来，而张昭反而又将内室的门窗关严。孙权让人熄灭了火，在门外站立很长一段时间，张昭的几个儿子一起把张昭搀扶起来，孙权用车把他带进宫中，自我作了深深的谴责。张昭不得已，于是又恢复朝见。

张昭容貌庄严端重，有威严，孙权常说："孤与张公谈话，不敢随便信口而言。"整个国家的人都敬畏他。他八十一岁，即嘉禾五年（236年）去世。留下遗嘱，要求对他用幅布束发，用不上漆色的棺材，以平常的穿着装殓。孙权亲自素服吊唁，追谥他为文侯。张昭长子张承已被封侯，故由小儿子张休继承爵位。

诸葛瑾传

三国志精粹

题解

诸葛瑾（174年—241年），字子瑜，琅琊阳都（今山东沂南）人，蜀汉丞相诸葛亮的胞兄。东吴重臣，其子诸葛恪在东吴官至太傅。生于经学世家，治《诗经》《尚书》及《左氏春秋》。诸葛瑾胸怀宽广，温厚诚信，深得孙权信赖，在世时努力缓和蜀汉与东吴的关系。且公私分明，在出使蜀国时，虽与诸葛亮阔别多年，兄弟聚面只谈论公务，私下不相往来。

原文

诸葛瑾，字子瑜，琅邪（琊）阳都人也。汉末避乱江东。值孙策卒，孙权姊婿曲阿弘咨见而异之，荐之于权，与鲁肃等并见宾待，后为权长史，转中司马。建安二十年，权遣瑾使蜀通好刘备，与其弟亮俱公会相见，退无私面。与权谈说谏喻，未尝切愕，微见风彩，粗陈指归，如有未合，则舍而及他，徐复托事造端，以物类相求，于是权意往往而释。

吴郡太守朱治，权举将也，权曾有以望①之，而素加敬，难自诘让②，忿忿不解。瑾揣知其故，而不敢显陈，乃乞以意私自问，遂于权前为书，泛论物理，因以己心遥往忖度之。毕，以呈权，权喜，笑曰："孤意解矣。颜氏之德，使人加亲，岂谓此邪？"

权又怪校尉殷模，罪至不测③。群下多为之言，权怒益甚，与相反覆，惟瑾默然，权曰："子瑜何独不言？"瑾避席曰："瑾与殷模等遭本州倾覆，

生类殄尽④。弃坟墓，携老弱，披草莱，归圣化，在流隶⑤之中，蒙生成之福，不能躬相督厉，陈答万一，至令模孤负恩惠，自陷罪戾。臣谢过不暇，诚不敢有言。"权闻之怆然，乃曰："特为君赦之。"

注释

①望：怨恨。②诘让：诘难斥责。③不测：一时无法确定。④生类殄尽：生灵遭受屠灭。⑤隶：通"离"，流离。

译文

　　诸葛瑾，字子瑜，琅琊郡阳都人。汉朝末年他避乱江东。正值孙策去世，孙权的姐夫曲阿人弘咨见诸葛瑾非同一般人，将他推荐给孙权，与鲁肃等一同被当作宾客礼待，诸葛瑾后来为孙权的长史，转任中司马。建安二十年（215 年），孙权派遣诸葛瑾出使蜀国与刘备结好，诸葛瑾与弟弟诸葛亮都以公事相见，公事之后没有任何私下的会见。诸葛瑾同孙权无论谈话、劝谏，从不急迫直言，只是稍微表示出自己的倾向，大略道出自己的意图，点到为止。如有与孙权心意不合时，他便放弃正在进行的内容而转向其他的话题，渐渐地再借其他事情从头开始，以对同类事情的看法求得孙权的赞同，于是孙权的思想也往往得到开导。

　　吴郡太守朱治，是举荐孙权为孝廉的将领，孙权曾对他有怨恨的地方，只因平时对他很敬重，难于亲自责备他，故而心内愤恨无法排解。诸葛瑾揣摩到其中的缘故，又不敢公开明白地说出口，于是请求孙权让他对孙权的心思进行揣测，这样他就在孙权面前写信，广泛地阐明事物的常理，借题用自己的思想迂回地推测分析孙权的内心活动。写完后，他将信呈交孙权，孙权看后很高兴，笑着说："我的疙瘩让你给解开了。颜渊之德，是要人更为亲善和睦，难道不是这个意思吗？"

　　孙权又责备过校尉殷模，罪名一时无法确定。很多大臣为殷模求情，孙权更加愤怒，与求情的人反复论争，只有诸葛瑾默不作声。孙权说："子瑜怎么不说话？"诸葛瑾离开座席，说："臣下与殷模等因遭受故土沦陷，生灵灭绝。离弃祖坟，携老带幼，披荆斩棘，前来归顺圣明的教化，在流亡贱民中，蒙主公生身养命之福，不能

自我互相督责砥砺，以报答万分之一的恩德，致使殷模辜负圣上的恩惠，自我陷入罪恶之中。为臣认罪尚来不及，确实不敢说什么。"孙权听后很为伤感，于是说："我特为您而赦免他。"

原文

后从讨关羽，封宣城侯，以绥南将军代吕蒙领南郡太守，住公安①。刘备东伐吴，吴王求和，瑾与备笺曰："奄闻旗鼓来至白帝，或恐议臣以吴王侵取此州，危害关羽，怨深祸大，不宜答和，此用心于小，未留意于大者也。试为陛下论其轻重，及其大小。陛下若抑威损忿，蹔（暂）省②瑾言者，计可立决，不复咨之于群后也。陛下以关羽之亲何如先帝？荆州大小孰与海内？俱应仇疾，谁当先后？若审此数，易于反掌。"时或言瑾别遣亲人与备相闻，权曰："孤与子瑜有死生不易之誓，子瑜之不负孤，犹孤之不负子瑜也。"

黄武元年，迁左将军，督公安，假节，封宛陵侯。虞翻以狂直流徙，惟瑾屡为之说。翻与所亲书曰："诸葛敦仁，则天活物，比蒙清论，有以保分。恶积罪深，见忌殷重，虽有祁老③之救，德无羊舌④，解释难冀也。"

注释

①公安：今湖北荆州公安县。②蹔（zàn）省：姑且审查。③祁老：姬姓，祁氏，名奚，字黄羊，春秋时晋国人，因食邑于祁，遂为祁氏。祁奚在位约六十年，为四朝元老。他忠公体国，急公好义，誉满朝野，深受爱戴。④羊舌：即羊舌肸，姬姓，羊舌氏，名肸，字叔向，春秋后期晋国贤臣，历事晋悼公、平公、昭公三世，以正直和才识见称于时。

译文

后来诸葛瑾跟随孙权讨伐关羽，被封为宣城侯，以绥南将军的身份接替吕蒙兼任南郡太守，驻守公安。刘备东伐吴国，吴王孙权求和，诸葛瑾给刘备去信说："陛然听说您的大军从白帝城出发，有人担心您的议事大臣会认为吴王侵夺此州，杀害关羽，怨深祸大，不当答应和解，这种思想认识只是从小处用心，没有从大局考虑。我试为陛下分析此事的轻重大小。陛下如能抑制威势，消减愤怒，姑且审查一下我的意见，主意就可立即确定，不需再咨询各位大臣。陛下同关羽之亲能比上同汉朝先皇之亲吗？荆州的大小能比上整个国家吗？对曹操和孙权都应仇恨，谁应放在第一位？如果审查权衡这些，做出决定就易如反掌。"当时有人说诸葛瑾另派亲信前与刘备报讯，孙权说："孤与子瑜有死生不变的誓言，子瑜不会背弃我，就像我不会背弃他一样。"

黄武元年（222 年），诸葛瑾升任左将军，督守公安，被授予节杖，封为宛陵侯。虞翻因为狂放直率而被流放，只有诸葛瑾多次替他说情。虞翻在给亲友的信中说："诸葛瑾敦仁厚义，效法上天救活生灵，近来承蒙他仗义执言，为我保全名分，无奈我积怨过多犯罪过深，深为陛下所忌恨，虽有他像祁奚那样相救，而我却无羊舌氏那样的德行，解救是没有什么希望了。"

原文

　　瑾为人有容貌思度，于时服其弘雅。权亦重之，大事咨访。又别咨瑾曰："近得伯言表，以为曹丕已死，毒乱之民，当望旌瓦解，而更静然。闻皆选用忠良，宽刑罚，布恩惠，薄赋省役，以悦民心，其患更深于操时。孤以为不然。操之所行，其惟杀伐小为过差，及离间人骨肉，以为酷耳。至于御将，自古少有。丕之于操，万不及也。今叡之不如丕，犹丕不如操也。其所以务崇小惠，必以其父新死，自度衰微，恐困苦之民一朝崩沮，故强屈曲以求民心，欲以自安住耳，宁是兴隆之渐邪！

　　闻任陈长文、曹子丹辈，或文人诸生，或宗室戚臣，宁能御雄才虎将以制天下乎？夫威柄①不专，则其事乖错，如昔张耳、陈余，非不敦睦，至于秉势，自还相贼，乃事理使然也。又长文之徒，昔所以能守善者，以操笮②其头，畏操威严，故竭心尽意，不敢为非耳。逮丕继业，年已长大，承操之后，以恩情加之，用能感义。

　　今叡幼弱，随人东西，此曹等辈，必当因此弄巧行态，阿党比周，各助所附。如此之日，奸谗并起，更相陷怼，转成嫌贰③。一尔已往，群下争利，主幼不御，其为败也焉得久乎？所以知其然者，自古至今，安有四五人把持刑柄，而不离刺转相蹄齧④者也！强当陵弱，弱当求援，此乱亡之道也。子瑜，卿但侧耳听之，伯言常长于计校，恐此一事小短也。"

注释

　　①威柄：威权，权力。②笮（zé）：压。③嫌贰：离心离德。贰：用心不专。④齧（niè）：同"啮"。

译文

　　诸葛瑾为人雍容大度善思，当时的人们都佩服他的宽宏大量和高雅。孙权也对他甚为看重，每有大事就要征询他的意见。他还单独征询诸葛瑾说：最近收到陆伯言的呈表，以为曹丕已死，深受苦难的北方百姓，应当一见到我们的旌旗就会瓦解，但他们反而更加平静。听说新立魏主全都选用忠良之臣，宽刑罚，施恩惠，减轻赋税徭役，以取悦民心，对我们的祸患比曹操时期更为深重。我认为话不可这样说。曹操的行为，恐怕只有杀戮攻伐算是小过失，谈到他离间他人骨肉，只不过是残酷而已。至于御将用人，则自古少有。曹丕与曹操比，是万万比不上的。如今曹叡比不上曹丕，正像曹丕比不上曹操一样。他之所以极力布施小恩小惠，必然是因为他父亲刚死，考虑到自己能力弱，害怕受困受难的百姓有朝一日起来反抗他的统治，故此勉强自我委屈来换取民心，想用这种手段来稳定自己的皇位，哪里是走向兴隆的趋势啊！

听说他任用陈长文、曹子丹这类人，这些人或是文弱书生，或是皇亲国戚，哪能驾驭雄才虎将以制服天下呢？威权不集中，则国家事情就会错乱不协调，正如过去张耳、陈余，他们并非不想和睦，只是涉及权势，就自相残害，此乃世事的情理使之然。而且陈长文这类人，过去之所以能恪守善道，是因为曹操压住了他们的头，害怕曹操的威严，故能尽心尽意，不敢为非作歹。及至曹丕继承父位，年岁已经很大，他继曹操之后尘，以恩情笼络他们，故此他们还能感恩戴德。

现在曹叡年幼力薄，只能任人摆布，这类人一定会由此而弄巧作态，结党营私，各人扶助各人的依附势力。如此国家局势，奸邪谗佞必然并起，互相陷害仇视，以至彼此憎恶对立。长此以往，在下者群臣夺利争权，在上者君主年幼无力控御，他们的失败还要等好长的时间吗？之所以知道他们必定失败，是因为自古至今，哪有四五人把持国家刑令权柄，而不离心离德转而互相作狗咬狗的争斗呢！强者必然欺凌弱者，弱者必然寻求外援，这确是国家乱亡的规律。子瑜，你只管用心听着，伯言平日能善于从长远之处分析问题，恐怕在这件事上的认识有些不周全吧。"

原文

权称尊号，拜大将军、左都护，领豫州牧。及吕壹诛，权又有诏切磋瑾等，语在权传。瑾辄因事以答，辞顺理正。瑾子恪，名盛当世，权深器异之。然瑾常嫌之，谓非保家之子，每以忧戚。赤乌四年，年六十八卒，遗命令素棺敛以时服，事从省约。

译文

孙权登基称帝后，任命诸葛瑾为大将军、左都护，兼职豫州牧。及至吕壹被诛杀，孙权又有诏书责备诸葛瑾等，这些情况载在《孙权传》里。诸葛瑾回答孙权的询问总是就事回答，话语恭顺而道理正直。诸葛瑾之子诸葛恪名震当时，孙权对他深为器重，另眼相待。然而诸葛瑾却总是嫌弃他，认为他不是个能保全家业的儿子，并常常为此担忧。赤乌四年（241年），诸葛瑾六十八岁去世，留下遗嘱要求用不上漆色的棺材，穿上平日的衣服装殓他，丧事节省俭约。